U0627183

三聯學術

古代中国与罗马的国家权力

〔美〕沃尔特·沙伊德尔 编

杨　砚 等译

Classics & Civilization

生活·讀書·新知 三联书店

图书在版编目（CIP）数据

古代中国与罗马的国家权力／（美）沃尔特 · 沙伊德尔编；杨砚等译．—北京：生活 · 读书 · 新知三联书店，2020.8
(2025.3 重印)
(古典与文明)
ISBN 978－7－108－06798－2

Ⅰ.①古… Ⅱ.①沃… ②杨… Ⅲ.①政治制度史－研究－中国－古代 ②政治制度史－研究－古罗马 Ⅳ.①D691.21 ②D754.69

中国版本图书馆 CIP 数据核字（2020）第 022345 号

本书由中山大学博雅学院古典学丛书出版计划资助，特此致谢。

文字编辑　张　婧
责任编辑　王晨晨
装帧设计　薛　宇
责任印制　李思佳
出版发行　生活 · 讀書 · 新知　三联书店
（北京市东城区美术馆东街 22 号 100010）
网　　址　www.sdxjpc.com
图　　字　01-2018-6780
经　　销　新华书店
印　　刷　北京建宏印刷有限公司
版　　次　2020 年 8 月北京第 1 版
2025 年 3 月北京第 2 次印刷
开　　本　880 毫米 × 1092 毫米　1/32　印张 14.625
字　　数　292 千字
印　　数　5,001－5,600 册
定　　价　58.00 元
（印装查询：01064002715；邮购查询：01084010542）

“古典与文明”丛书
总序

甘阳　吴飞

古典学不是古董学。古典学的生命力植根于历史文明的生长中。进入21世纪以来，中国学界对古典教育与古典研究的兴趣日增并非偶然，而是中国学人走向文明自觉的表现。

西方古典学的学科建设，是在19世纪的德国才得到实现的。但任何一本写西方古典学历史的书，都不会从那个时候才开始写，而是至少从文艺复兴时候开始，甚至一直追溯到希腊化时代乃至古典希腊本身。正如维拉莫威兹所说，西方古典学的本质和意义，在于面对希腊罗马文明，为西方文明注入新的活力。中世纪后期和文艺复兴对西方古典文明的重新发现，是西方文明复兴的前奏。维吉尔之于但丁，罗马共和之于马基雅维利，亚里士多德之于博丹，修昔底德之于霍布斯，希腊科学之于近代科学，都提供了最根本的思考之源。对古代哲学、文学、历史、艺术、科学的大规模而深入的研究，为现代西方文明的思想先驱提供了丰富的资源，使他们获得了思考的动力。可以说，那个时期的古典学术，就是现代西方文明的土壤。数百年古典学术的积累，是现代西方文明的命脉所系。19世纪的古典学科建制，只不过是这一过程的结果。随着现代研究性大学和学科规范的确立，一门规则严谨的古典学学科应运而生。但我们必须看到，西方大学古典学学科的真正基础，乃在于古典教育在中学的普及，特别是拉丁语和古希腊语曾长期为欧洲中学必修，才可能为大学古典学的高深研究源源不断地提供人才。

19世纪古典学的发展不仅在德国而且在整个欧洲都带动了新的一轮文明思考。例如，梅因的《古代法》、巴霍芬的《母权论》、古朗士的《古代城邦》等，都是从古典文明研究出发，在哲学、文献、法学、政治学、历史学、社会学、人类学等领域带来了革命性的影响。尼采的思考也正是这一潮流的产物。20世纪以来弗洛伊德、海德格尔、施特劳斯、福柯等人的思想，无不与他们对古典文明的再思考有关。而20世纪末西方的道德思考重新返回亚里士多德与古典美德伦理学，更显示古典文明始终是现代西方人思考其自身处境的源头。可以说，现代西方文明的每一次自我修正，都离不开对其古典文明的深入发掘。正是在这个意义上，古典学绝不仅仅只是象牙塔中的诸多学科之一而已。

由此，中国学界发展古典学的目的，也绝非仅仅只是为学科而学科，更不是以顶礼膜拜的幼稚心态去简单复制一个英美式的古典学科。晚近十余年来“古典学热”的深刻意义在于，中国学者正在克服以往仅从单线发展的现代性来理解西方文明的偏颇，而能日益走向考察西方文明的源头来重新思考古今中西的复杂问题，更重要的是，中国学界现在已经超越了“五四”以来全面反传统的心态惯习，正在以最大的敬意重新认识中国文明的古典源头。对中外古典的重视意味着现代中国思想界的逐渐成熟和从容，意味着中国学者已经能够从更纵深的视野思考世界文明。正因为如此，我们在高度重视西方古典学丰厚成果的同时，也要看到西方古典学的局限性和多元性。所谓局限性是指，英美大学的古典学系传统上大多只研究古希腊罗马，而其他古典文明研究例如亚述学、埃及学、波斯学、印度学、汉学，以及犹太学等，则都被排除在古典学系以外而被看作所谓东方学等等。这样的学科划分绝非天经地义，因为法国和意大利等的现代古典学就与英美有所不同。例如，著名的西方古典学重镇，韦尔南创立的法国“古代社会比较研究中心”，不仅是古希腊研究的重镇，而且广泛包括埃及学、亚述学、汉学乃至非洲学等各方面专家，在空间上大大突破古希腊罗马的范围。而意大利的古典学研究，则由于意大利历史的特殊性，往往在时间上不完全限于古希腊罗马的时段，而与中世纪及文艺复兴研究多有关联（即使在英美，由于晚近以来所谓“接受研究”成为古典学的显学，也使得古典学的研究边界越来越超出传统的古希腊罗马时期）。

从长远看，中国古典学的未来发展在空间意识上更应参考法国古典学，不仅要研究古希腊罗马，同样也应包括其他的古典文明传统，如此方能参详比较，对全人类的古典文明有更深刻的认识。而在时间意识上，由于中国自身古典学传统的源远流长，更不宜局限于某个历史时期，而应从中国古典学的固有传统出发确定其内在核心。我们应该看到，古典中国的命运与古典西方的命运截然不同。与古希腊文字和典籍在欧洲被遗忘上千年的文明中断相比较，秦火对古代典籍的摧残并未造成中国古典文明的长期中断。汉代对古代典籍的挖掘与整理，对古代文字与制度的考证和辨识，为新兴的政治社会制度灌注了古典的文明精神，堪称“中国古典学的奠基时代”。以今古文经书以及贾逵、马融、卢植、郑玄、服虔、何休、王肃等人的经注为主干，包括司马迁对古史的整理、刘向父子编辑整理的大量子学和其他文献，奠定了一个有着丰富内涵的中国古典学体系。而今古文之间的争论，不同诠释传统之间的较量，乃至学术与政治之间错综复杂的关系，都是古典学术传统的丰富性和内在张力的体现。没有这样一个古典学传统，我们就无法理解自秦汉至隋唐的辉煌文明。

从晚唐到两宋，无论政治图景、社会结构，还是文化格局，都发生了重大变化，旧有的文化和社会模式已然式微，中国社会面临新的文明危机，于是开启了新的一轮古典学重建。首先以古文运动开端，然后是大量新的经解，随后又有士大夫群体仿照古典的模式建立义田、乡约、祠堂，出现了以《周礼》为蓝本的轰轰烈烈的变法；更有众多大师努力诠释新的义理体系和修身模式，理学一脉逐渐展现出其强大的生命力，最终胜出，成为其后数百年新的文明模式。称之为“中国的第二次古典学时代”，或不为过。这次古典重建与汉代那次虽有诸多不同，但同样离不开对三代经典的重新诠释和整理，其结果是一方面确定了十三经体系，另一方面将四书立为新的经典。朱子除了为四书做章句之外，还对《周易》《诗经》《仪礼》《楚辞》等先秦文献都做出了新的诠释，开创了一个新的解释传统，并按照这种诠释编辑《家礼》，使这种新的文明理解落实到了社会生活当中。可以看到，宋明之间的文明架构，仍然是建立在对古典思想的重新诠释上。

在明末清初的大变局之后，清代开始了新的古典学重建，或可称为“中国的第三次古典学时代”：无论清初诸遗老，还是乾嘉盛时的各位大师，虽然学问做法未必相同，但都以重新理解三代为目标，以汉、宋两大古典学传统的异同为入手点。在辨别真伪、考索音训、追溯典章等各方面，清代都取得了巨大的成就，不仅成为几千年传统学术的一大总结，而且可以说确立了中国古典学研究的基本规范。前代习以为常的望文生义之说，经过清人的梳理之后，已经很难再成为严肃的学术话题；对于清人判为伪书的典籍，诚然有争论的空间，但若提不出强有力的理由，就很难再被随意使用。在这些方面，清代古典学与西方19世纪德国古典学的工作性质有惊人的相似之处。清人对《尚书》《周易》《诗经》《三礼》《春秋》等经籍的研究，对《庄子》《墨子》《荀子》《韩非子》《春秋繁露》等书的整理，在文字学、音韵学、版本目录学等方面的成就，都是后人无法绕开的，更何况《四库全书总目提要》成为古代学术的总纲。而民国以后的古典研究，基本是清人工作的延续和发展。

我们不妨说，汉、宋两大古典学传统为中国的古典学研究提供了范例，清人的古典学成就则确立了中国古典学的基本规范。中国今日及今后的古典学研究，自当首先以自觉继承中国“三次古典学时代”的传统和成就为己任，同时汲取现代学术的成果，并与西方古典学等参照比较，以期推陈出新。这里有必要强调，任何把古典学封闭化甚至神秘化的倾向都无助于古典学的发展。古典学固然以“语文学”（philology）的训练为基础，但古典学研究的问题意识、研究路径以及研究方法等，往往并非来自古典学内部而是来自外部，晚近数十年来西方古典学早已被女性主义等各种外部来的学术思想和方法所渗透占领，仅仅是最新的例证而已。历史地看，无论中国还是西方，所谓考据与义理的张力其实是古典学的常态甚至是其内在动力。古典学研究一方面必须以扎实的语文学训练为基础，但另一方面，古典学的发展和新问题的提出总是与时代的大问题相关，总是指向更大的义理问题，指向对古典文明提出新的解释和开展。

中国今日正在走向重建古典学的第四个历史新阶段，中国的文明复兴需要对中国和世界的古典文明做出新的理解和解释。客观地说，这一轮古典学的兴起首先是由引进西方古典学带动的，刘小枫和甘阳教授主编的“经典与解释”丛书在短短十五年间（2000—2015年）出版了三百五十余种重要译著，为中国学界了解西方古典学奠定了基础，同时也为发掘中国自身的古典学传统提供了参照。但我们必须看到，自清末民初以来虽然古典学的研究仍有延续，但古典教育则因为全盘反传统的笼罩而几乎全面中断，以致今日中国的古典学基础以及整体人文学术基础都仍然相当薄弱。在西方古典学和其他古典文明研究方面，国内的积累更是薄弱，一切都只是刚刚起步而已。因此，今日推动古典学发展的当务之急，首在大力推动古典教育的发展，只有当整个社会特别是中国大学都自觉地把古典教育作为人格培养和文明复兴的基础，中国的古典学高深研究方能植根于中国文明的土壤之中生生不息茁壮成长。这套“古典与文明”丛书愿与中国的古典教育和古典研究同步成长！

2017 年 6 月 1 日于北京

目　录

致　谢

本辑八篇文章中的六篇来自2008年3月17—19日在斯坦福大学举办的国际会议“古代中国与罗马的国家权力与社会控制”，该会议由“斯坦福古代中国与地中海帝国比较历史项目”赞助。是次会议也受到了蒋经国基金会通过美国学术团体协会给予的慷慨资助。斯坦福大学的国际研究、比较研究和地区研究学部，以及弗里曼·斯伯格里国际研究所也提供了资金支持。Nicola di Cosmo、Enno Giele、Hsieh Mei-yu、Lai Guolong、Li Yung-ti、Ian Morris、Anna Razeto、Nathan Rosenstein、Michele Salzman也在会议上发表了论文，极大地丰富了我们的讨论，但未收录于本辑中，Albert Dien、Victoria Tin-bor Hui、Agnes Hsu、Roberta Mazza作为回应者出席。感谢Dan Hoyer协助准备待出版的文稿以及Stefan Vranka的编辑指导。

作者简介

彼得·菲比格·邦（Peter Fibiger Bang），哥本哈根大学萨克索研究所（Saxo Institute）历史学副教授，剑桥大学博士。罗马史历史学家，专注比较历史和世界历史，于2005—2009年担任欧洲研究网络的朝贡帝国比较主任，该研究网络由COST（http://tec.saxo.ku.dk）赞助，也曾任图宾根大学和海德堡大学的访问教授。著作有*The Roman Bazaar*：*A Comparative Study of Trade and Markets in a Tributary Empire*，与Chris Bayly合编有*Tributary Empires in Global History*，与Dariusz Kolodziejczyk合编*Universal Empire*：*A Comparative Approach to Imperial Culture and Representation in Eurasian History*，与Walter Scheidel合编*The Oxford Handbook of the State in the Ancient Near East and Mediterranean*。

科里·布伦南（T. Corey Brennan），罗格斯大学（Rutgers University）新布伦威尔斯分校古典学副教授，也曾任教于布林莫尔学院（Bryn Mawr College），2009—2012年被罗马的美国学院任命为Andrew W. Mellon教授。著作有*The Praetorship in the Roman Republic*，并与Harriet I. Flower合编有*East and West*：*Papers in Ancient History*

Presented to Glen W. Bowersock。曾写过数篇有关罗马历史与文化的文章，曾收录于 Michael Loewe 和 Michael Nylan 编辑的对罗马与长安进行比较研究的著作 *China's Early Empires*：*A Re-Appraisal*。

彼得·艾希（Peter Eich），弗莱堡大学（Albert-Ludwigs University of Freiburg）罗马历史与历史人类学教授。研究专长为罗马的行政管理历史，著有 *Zur Metamorphose des politischen Systems in der römischen Kaiserzeit*：*Die Entstehung einer "personalen Bürokratie" im langen dritten Jahrhundert*，并与人合编有 *Der wiederkehrende Leviathan*：*Staatlichkeit und Staatswerdung in Spätantike und Früher Neuzeit*。目前正在写作一部有关晚期罗马帝国政治神学的著作。

陆威仪（Mark Edward Lewis），斯坦福大学李国鼎中华文化讲座教授。研究专长是古代中国历史，著作有 *Sanctioned Violence in Early China*，*Writing and Authority in Early China*，*The Construction of Space in Early China* 和 *The Flood Myths of Early China*，还完成了早期中华帝国历史的三卷本丛书 *The Early Chinese Empires*：*Qin and Han*，*Between Empires*：*The Northern and Southern Dynasties* 和 *China's Cosmopolitan Empire*：*The Tang Dynasty*。目前正在写作题为 *Emotional Communities in Early China* 的著作。

卡洛斯·诺瑞纳（Carlos Noreña），加州大学伯克利分校历史学副教授。研究主要聚焦罗马帝国的政治史和文化史。著作有 *Imperial Ideals in the Roman West*，该书考察了皇帝作为西罗马帝国统一符号的形象。还与 Björn Ewald 合编了 *The Emperor and Rome*：*Space*，*Representation*，*and Ritual*，该书探讨帝制对罗马城市风貌的影响。作品还涉及罗马帝国的物质和视觉文化、罗马城的地形学和城市历史、帝国比较等。目前正在研究罗马帝国生态、国家权力、文化和社会秩序的相互关系。

普鸣（Michael Puett），哈佛大学东亚语言与文明系 Walter C. Klein 中国历史讲座教授。著作有 *The Ambivalence of Creation*：*Debates Concerning Innovation and Artifice in Early China*（《作与不作》）和 *To Become a God*：*Cosmology*，*Sacrifice*，*and Self-Divinization in Early China*（《成神》），以及与 Adam Seligman、Robert Weller、Bennett Simon 合著的 *Ritual and Its Consequences*：*An Essay on the Limits of Sincerity*。

沃尔特·沙伊德尔（Walter Scheidel），斯坦福大学人文学系 Dickason 讲座教授和古典与历史学教授。研究关注古代社会史和经济史、前现代的历史人口统计、世界历史的比较和跨学科研究。独著或（合）编了 14 本著作，包括 *Measuring Sex*，*Age and Death in the Roman Empire*；*Death on the Nile*：*Disease and the Demography of Roman Egypt*；*Debating Roman Demography*；*The Cambridge Economic History of the Greco-Roman World*（与 Ian Morris、Richard Saller 合编）；*Rome and China*：*Comparative Perspectives on Ancient World Empires*；*The Dynamics of Ancient Empires*：*State Power from Assyria to Byzantium*（与 Ian Morris 合编）；*The Oxford Handbook of Roman Studies*（与 Alessandro Barchiesi 合编）；*The Cambridge Companion to the Roman Economy*；*The Oxford Handbook of the State in the Ancient Near East and Mediterranean*（与 Peter Bang 合编）；*Fiscal Regimes and the Political Economy of Premodern States*（与 Andrew Monson 合编）。

高道蕴（Karen Turner），圣十字学院（College of the Holy Cross）

人文学杰出教授和历史学教授，同时也是哈佛法律学院东亚法律研究项目的资深学者。研究集中在法律比较、中国法律史、越南史、亚洲的法律和人权、女性和战争。著作包括 *Even the Women Must Fight*：*Memories of War from North Vietnam*（1998 年）和 *The Limits of the Rule of Law in China*（2000 年），以及多篇文章论及法律历史比较、女性和战争、越南的女性老兵。制作并执导了纪录片 *Hidden Warriors*：*Voices from the Ho Chi Minh Trail*，并以中文出版了一本关于美国理解中国法律史的书。

赵鼎新，芝加哥大学社会学教授。研究涉及社会运动、国家主义、历史社会学和经济发展等领域。著述可见于下列刊物：*American Journal of Sociology*，*American Sociological Review*，*Social Forces*，*Sociology*，*Mobilization*，*China Quarterly* 和 *Problems of Post-Communism*。以英文出版了题为 *Power of Tiananme* 的专著并以中文出版了著作《社会与政治运动讲义》《东周战争与儒法国家的诞生》《民主的限制》。新书 *The Rise of the Confucian-Legalist State and Its Legacies in Chinese History* 将会在牛津大学出版社出版。

的方法，它应该作为一种达致结果的工具，而非结果本身：因此，强调点应放在比较研究能够提出新问题和改进因果解释上。我们也要看到，比较视野倾向于动摇根深蒂固的学科实践：比较视野难以与专业能力的规范性理念相符合（特别是在语文学领域），并且比较视野对互不相关变量的强调可能会与这一观念相冲突——所有历史过程都深嵌于它们各自环境中，因此不能与其分开。这些张力真实存在，但也富有成果，因为它们促使我们去质疑已然确立的学术品位与信念。对比较历史研究的认真投入有可能改变学术知识的生产方式，特别是通过鼓励不同专业领域的紧密协作。更广泛地说，一种比较视野为过度专业化——这个当代专业史学的荼毒——提供了急需的解药。

事实上，对帝国历史的大部分顶级研究都将帝国作为一个有待进行跨文化探索的主题或现象。[8]本书旨在贡献于这一努力。它集中在两类案例研究上，东亚的秦、汉帝国和地中海盆地及其腹地的罗马帝国。一对一的比较可能并不适用于测试更普遍的模型，因为太小的样本不一定能支持一般

---

〔8〕例如，Eisenstadt 1963；Kautsky 1982；Doyle 1986；Mann 1986；Finer 1997；Lieven 2000：3–40；Alcock et al. 2001；Motyl 2001；Howe 2002；Bang and Bayly 2003；Wood 2003；Elliott 2006；Chua 2007；Münkler 2007；Blanton and Fargher 2008；Darwin 2008；Hurlet 2008；Morris and Scheidel 2009；Scheidel 2009a；Turchin 2009；Burbank and Cooper 2010；Parsons 2010；Bang and Bayly 2011；Leitner 2011；Bang and Kolodziejczyk 2012。Cooper 2004、Reynolds 2006、Vasunia 2011 回顾了一些近期的成果。Bang、Bayly 和 Scheidel 即将出版的著作将会进一步扩大范围。

化规律的发现，[9]但比起那些要求更高抽象层次的广泛调查，一对一比较能提供更有深度、更内在于历史状况的探索，这会有效弥补上述不足。

为什么选择中国和罗马？汉帝国与罗马帝国是古代世界最为强大的政权，并且是所有前现代帝国形态中持续时间最久的。它们在全盛时期虽然只占据地球版图很小的一部分，却统辖着近半数的全球人口。它们几乎在同一时间扩张、衰落，在某些方面，它们就像分居欧亚大陆两端的一对双胞胎——汉代的观察者很好地捕捉到了这个意象，他们提及在遥远的西方有“大秦”。尽管汉王朝与罗马帝国之间存在许多相似之处，但这两个政权彼此独立发展，这一事实使它们的相互作用相当有限，极大简化了两者之间的直接比较。[10]只有新、旧世界帝国的比较研究能够提供更有力的自主性例证，但这种比较必须面对更为显著的生态学上的差异。作为一种独立国家形态的自然尝试，欧亚大陆的东、西两大古代帝国在生态环境上大体相似，但因地理上的基本差异而区别开来：罗马是地中海国家，而汉帝国则位于封闭的内陆；罗马的草原边界接近秦的核心区域，而汉王朝远离西部内海。两者的最大不同在于其后：罗马之后的欧

〔9〕 这个问题可参见 Rueschemeyer 2003。

〔10〕 至于它们之间的距离以及彼此之间极其有限的信息交流，可参看 Scheidel 2009a：3–5。Hoppál 在 2011 年的著作是有关后一问题的最新研究成果。当然，还有一些因素同时作用于两个帝国，例如气候变化：可参看 Chase–Dunn，Hall，and Turchin 2007。

洲再没有出现一个大一统的帝国，而汉之后的东亚却有一系列的重建。这些迥异的趋势是否且在多大程度上可以由两大帝国的独有特质所解释，这仍是一个开放（也是被严重忽略了）的问题。[11]

古代欧亚大陆的东西比较并不是什么新鲜事，只是近年来势头开始有所增加，这很大程度上得益于当今中国的崛起：古代历史学家并非在真空中书写历史，他们也不应希望如此。[12]对希腊和中国思想文化的传统强调仍然很强，这带来一大批著作的问世，杰里米·坦纳（Jeremy Tanner）最近对这些文献做了精彩回顾。[13]希腊罗马与早期中国史学传统的比较研究快速升温。[14]如今已经有足够多的研究为一个新的教学和研究领域奠定了基础，这个领域可以被称为“比较古典学”。对国家及其机构的比较研究最终也开始吸引 6
到了更多关注，继 20 世纪 80、90 年代的零星尝试之后，这

---

〔11〕参看 Scheidel 2009b：20–3，2011a。我将在即将出版的 b 著作中更详细探讨这个问题。至于对欧亚大陆东、西两端社会发展的系统性长期比较评估，可参看 Morris 2010，2013。

〔12〕参看 Scheidel 即将出版的 b 著作 。

〔13〕Tanner 2009. 相关研究包括 Raphals 1992；Lloyd 1994，1996，2002，2004，2005，2006；Hall and Ames 1995，1998；Lu 1998；Kuriyama 1999；Jullien 2000；Shankman and Durrant 2000，2002；Cai 2002；Lloyd and Sivin 2002；Anderson 2003；Reding 2004；Sim 2007；Yu 2007；King and Schilling 2011。即将于剑桥大学出版社出版的 Qiaosheng Dong 与 Jenny Zhao 的博士论文也属于这部分研究。

〔14〕Konrad 1967；Mutschler 1997，2003，2006，2007a，2007b，2008a，2008b；Stuurman 2008；Martin 2009，2010；Mittag and Mutschler 2010. 还可参见 Schaberg 1999；Kim 2009；可参考 Poo 2005。

方面的研究兴趣在过去20年明显增加。[15]目前，2008年与2009年出版的两本论文集正体现了这一点，当中探讨了帝国的各种表现形式和多种帝国机构。[16]

撰写比较历史有许多不同的方式，本书阐释了几种研究路径。其中，最具前景的一种是研究特定文明的专家进行合作，这一过程既要确保一致的高水平竞争力，同时也要求合作者有合适的“匹配度”，以便很好地工作。在第一章中，罗马史学家彼得·邦（Peter Bang）与中国史学家高道蕴（Karen Turner）就展现了这一研究路径的有力之处。大多数作者选择从两方面探索一个既定话题：科里·布伦南（Corey Brennan）、陆威仪（Mark Lewis）、卡洛斯·诺瑞纳（Carlos Noreña）和我。彼得·艾希（Peter Eich）、普鸣（Michael Puett）也在某种程度上实践了这一点，他们主要集中在一个案例上。[17]这一形式推进了研究的一致性，但关键取决于

〔15〕Hsing 1980；Evans 1985；Lorenz 1990；Motomura 1991；Gizewski 1994；Adshead 2000：4–21，2004：20–9；Lieven 2000：27–34；Hui 2005；Dettenhofer 2006；Custers 2008；Carlson 2009；Edwards 2009；Burbank and Cooper 2010：23–59；Brennan and Hsing 2010；Zhou 2010. 我自己相关的研究包括：Scheidel 2008a，2009b，2009d，2010a，2011a，2011c，还有即将出版的a、b、c著作。

〔16〕Mutschler and Mittag 2008；Scheidel 2009a.

〔17〕就这一点而言，他们遵循的模板也被Scheidel 2009a论文集所采纳，这与Mutschler、Mittag 2008一书将“中国”与“罗马”不断并置比较的做法有明显不同。对这些研究路径的讨论可详参Kelly 2009、Vasunia 2011。

历史学家是否愿意冒险走出自己本来的专业领域。第三种选择是对同一主题成对的互补文章，例如赵鼎新与彼得·艾希关于汉朝与罗马帝国官僚制的讨论。在这种情况下，比较在本质上更为含蓄，主要产生自主题更狭窄的并置研究。这一进路的优势是可以凸显解释上的差异，在某种程度上，这种差异在共同协作的作者那里难以产生。例如，两位作者有关西周文官制度或中国科举特色的不同看法。正如其所应该达致的，这反映了当代学界丰富多样的立场。以上研究一起探讨了欧亚大陆古代东、西帝国形成中一些最为显著的部分，足够作为比较史学研究实践的引介。

我们的讨论主要涉及四个关键议题：统治者与贵胄之间的关系（第一、二章）；国家官员征召、组织与财政（第三、四、五章）；国家权力与城市化的相互依存（第六、七章）；信仰体系中的政治维度（第八章）。邦与高道蕴通过考察世袭政治（patrimonial politics）提供了背景，聚焦贵胄地位、国家统治者和贵胄的关系。他们的比较视角反映出两大帝国 7
的一些显著不同，例如古代地中海“城市—国家”文化与汉朝城市生活的不同，同时也证实了其他区别，例如可被感察到的汉儒思想与罗马尚武精神的差异。他们观察到汉朝与罗马两个体系都声称反对暴政，并发展出一套有关模范君主的叙述。在他们看来，这样的平行比较“反映出处境的逻辑：共有的组织局限以及社会机构、权力结构、贵胄阶层形成过程上广泛的相似性”。这凸显出比较研究的一项重要益处，即，比较研究能辨识出被“地方性”细节掩盖的广泛模式和找到特定案例之间的显著差异。布伦南比较了汉朝与罗马帝国商讨和决策制定的过程。他借用大量的个案证明了两种环境下正式议会的重要角色，它们皆由习俗的力量所支持。这补充了邦与高道蕴对结构相似性的发现，这些相似性皆由相平行的关注和限制所塑造。

赵鼎新和艾希探究了国家权力中的一个关键议题：国家官员的身份以及他们被征召和管理的方式。赵鼎新强调西周时期已出现了汉帝国官僚传统的雏形，并分析了汉帝国官僚组织复杂的中央化模式。他关注在委托人—代理人（principal–agent）问题中至关重要的考核机制。赵鼎新认为，汉朝的儒家思想在任用官员和管理统治者与贵胄关系方面具有重要作用。该系统的弱点包括帝国行政的内部分化、征召过程的贵族偏好和对地方官员的依赖。他提出，早期中国的官僚化不应被当作早熟的“现代性”征兆：它可以出现于一个多样的环境中，有别于后来西方现代化特征的其他因素。艾希则致力于区分官僚化发展的不同程度，由此对早期中国官僚化概念提出更多质疑。他主要关注的是罗马帝制时期世袭的前官僚结构的出现，这个过程在公元 3 世纪的压力下加速形成并在日后被很好地记录下来。在第四章的第 6 小节，艾希勾勒了罗马晚期的管理体系，这直接与赵鼎新对汉朝的相应描述形成了对比。与赵鼎新一样，艾希讨论了委托人—代理人议题和罗马官员的精神指导，指出罗马缺少像汉帝国儒家思想那样的意识形态基础。通过与早期中国比较，艾希强调罗马国家权力实践过程中军事部门与地方自治的重要性，指出两大帝国中社群管理的方式，并以此作为解释两者长期差异至关重要的变量。

在我自己的文章中，我将国家财政收入与支出记录作 8
为下述议题的指标：国家规模与权力、统治者与纳税人之间的讨价还价以及帝国资源重新分配时的主要受益人——税收的流动揭示了国家的“骨架”。与艾希的结论一致，我们发现罗马帝国和汉朝分别将军事花费与行政官员薪金视为优先，这一差异反映了两大帝国相异的组织与权力结构。两大帝国对贵胄的补偿水平也不相同，罗马最高公职人员颇受青睐。在两大帝国中，国家收入的总体构成份额基本相似，这表明不管各自制度背景如何，前现代国家的征税具有有力的强制性。汉朝的纳税与支出机制长期看来是否更具弹性，并因此更有利于之后帝国的重新统一，这还是一个开放的问题，有待进一步的研究。

本书中有两篇文章探讨了城市化问题。城市化是国家权力建立与实践中的一个关键因素。诺瑞纳提出，因为国家权力在城市化构成方面有重要作用，所产生的不同结果反映出管理行为的不同。帝国都城的特点很好地阐明了这一差异：罗马城随着时间发展壮大，而秦汉的都城产生自大规模的国家干预。在两大帝国中，国家权力都创造了诺瑞纳所说的“人造城市”，例如沿着罗马边境、紧邻驻军的聚居区和中国都城区域的陵邑。它们都源自各自体系中的关键因素——罗马帝国驻军的重要角色与汉帝国王朝延续的重要性，而罗马帝国并未有过王朝延续。与罗马的城市贵胄自治完全不同，汉王朝对城市有更强的掌控力，诺瑞纳将此追溯至战国时期国家对农村地区的直接统治，在这个过程中，城市贵族的权力被剥夺。相反，罗马帝国的城市始终作为社会权力的独立来源而发挥作用。这一功能的发挥消耗巨大，因为地方贵胄的自治不容易与一个强大的军队集合体的财政需求共存。诺瑞纳认为，与汉朝的比较使我们把那些通常被认为是罗马高效的迹象诠释为其孱弱的标志，它限制了国家的基础设施能力，甚至在帝国衰亡后仍继续发挥影响。陆威仪借着探讨两个帝国城市的物质特性与社会动态变化，比较了两大帝国的城市化形态。这一研究路径强化了诺瑞纳提及的差异现象。政治权力的公共展示是罗马世界的核心，它反映在城市的空间结构中，而中国奉行的是排他性的原则。不同于拥有集会场所与剧院的罗马城市，在汉朝城市中，人们聚集在市场里，它是国家控制的媒介。与诺瑞纳一样，陆威仪观察到罗马城市的连续性和自治性，以及中国汉代城市的短
9 暂性和中央集权的特征："罗马和汉帝国通过城市景观来展现统治者的性质、军队的角色、地方贵胄的地位以及对文明特征的界定。"但他也谨慎地提到汉代城市也为官僚架构之外的人士提供了活动空间。

在最后一章，普鸣将我们的讨论延伸至意识形态领域，他集中讨论了早期中国神权统治的起源和影响。他指出汉朝不同模式的"政治神学"：神权统治概念与较早传统有巨大断裂，后者从祖先诸灵衍生出贵族权力；全方位的宗族世系系于天（一位神祇）的理念；开放给所有人群、与千禧年运

动有关的自我神化教义。第一个与最后一个模式都支撑了创造新秩序的主张。普鸣提到，在罗马帝国，神权统治也在政治崩坏时期被确立，并反过来为之后的人类成神运动诸如基督教奠定了基础。因此，东、西方的信仰体系经历了相似的发展以回应政治权力的性质变化。

我们从这些比较中得到了什么教训？本书作者们找到了无数例证，体现了面对相似问题的两个帝国给出了相似的解决方法：在话语领域，理想化的统治被推行以对抗暴君；等级制、集权化与官僚因素不断加强，以回应国家内部地区之间的冲突，因此，其强度与制度性的影响在两个帝国中区别甚大；税收的有效规模；贵胄间共同决策的文化；国家权力与城市化之间的相互影响；对政治变迁的宗教性回应。我们还可以观察到更多诸如此类的例子。[18]

然而，主要的不同也即最具价值之处在于，帮助我们理解特定因素与结果之间的关系。在这方面，本书作者们关注城市管理与军队的角色。我们讨论了官僚制（艾希，赵鼎新）、贵胄的形成（邦，高道蕴）、都城的性质、“人造城市”和地方行政管理（诺瑞纳）、城市的物质外观（陆威仪），这些研究都揭示了地方自治的至关重要性。大体来说，差异在于：早期中国更直接地控制城市和国家官员，方便了中央的民事机构对社会进行更深的渗透（尽管从现代的标准来看还是很有限），而罗马则赋予地方更大的自主性，国家更依赖

〔18〕特别参见 Gizewski 1994，以及 Scheidel 2009a：4，2009b：15–20。

军事机构，并在这方面开销巨大。

10 导致这些不同的大致原因十分清楚：西方城市—国家的文化中持续存在的希腊—意大利传统以及东方战国时期频繁的攫取—强制循环。然而，要辨明更高层次的因果机制则较困难，例如地理与地域环境在多大程度上促进了上述发展？从结果上看，我们的研究提出了两大问题。一是特定因素之间的因果依存关系。如果没有庞大的军事体系平衡社会权力自治的地方基础，一个基于城市—国家体制的帝国能否像罗马帝国那样幅员辽阔、屹立千年？汉朝更为中央集权化的行政组织是否减弱了军事部门在结构上的重要性？二是有关长远的趋势，即，像罗马帝国这种规模的帝国在之后的欧洲不复存在，而像汉这样的大帝国在东亚则循环重现。比起罗马以较为社会边缘的军事力量为优先的做法，秦、汉更深的民事渗透模式是否为帝国的延续（尽管有时间间断）提供了一个更强有力基础？后一个问题再次要求我们从物质环境转向信仰体系，将更大范围的因素考虑进来。

因此，这些研究促进了更广泛的争论。在国家权力方面，我们还有更多的要说：统治者的功能与承继、军事事务、国家法律、超越性宗教的角色、边境关系、经济政策，以上提到的这些只是其中的一小部分。[19]有人猜想，以上很多论题在回应本书提出的“大问题”方面至关重要。不过这也

〔19〕2008年的会议已经提及了其中诸多课题，它们启发了本书，但囿于篇幅与时间，2008年的会议未能深入探讨。

只是第一步。研究前现代帝国的历史学家们现已发展出切实可行的策略来进行多案例的分析比较，本书在问题解决层面的尝试向既有的学术研究提出了严肃的挑战，并呼吁重新组织现有的历史研究活动，旨在强调团队合作并提出恰当的假说论证。本书所做的只是给这栋宏伟大厦添一块砖，奉上一份实验精神，希望更有来者承续前路。

第一章

王权与贵胄的形成

彼得·菲比格·邦　高道蕴

“秦任刑法不变，卒灭赵氏。乡使秦已并天下，行 11
仁义，法先圣，陛下安得而有之？”[1]

在罗马帝国与早期中华帝国的许多相似点中，较令人惊讶的是帝国君主的建国神话流传开来的模式。汉王朝与奥古斯都元首制的罗马帝国都将政权表现为取代只顾自己利益的暴政。正如后来一位权臣向高帝（汉朝第一位国君）提出的历史重构：正是因为秦作为一统天下的王朝，以极端的傲慢进行统治，将权力建基于苛刻残忍的命令之上，高帝才能高举反叛的旗帜，推翻一统天下不足20年的秦朝。秦孝公（公元前368—前338年）任用一位所谓的重法改革家来实行增强国家军事力量与经济实力的政策，此后，这个地处遥

〔1〕 司马迁，《史记》卷97. 2699。本篇我引用的是倪豪士（Nienhauser）1994—2010年编撰的系列，这个系列是《史记》的英译本中除了沃森1993年翻译的关于汉朝的两卷之外最好的。此处见倪豪士 vol. 2：66–7。《史记》我通篇用的是中华书局版，北京，1962，在某些地方会稍稍采用倪豪士的译本。

远西部的国家变得越来越专制。秦国的第一位皇帝（公元前221—前210年）依靠这些改革赢得了整个帝国；但他的名字永远与僭政相连，尽管同时代的人对他的伟大成就充满敬畏。司马迁与他的父亲一起写出了中国史学的奠基之作《史记》，在书中，他不遗余力地表达了对秦始皇所有方面的不满，尽管如此，他也惊叹于他的成就。然而，汉朝的正统性正是建构在其对秦旗帜鲜明的反对上。新制度绝不会以无情的命令与控制为特点，而是以对存在于经典文本和古老传说中的古老神圣传统的尊重为基础——这确保了一种温和的统
12 治形式：对百姓实行家长式的仁政，并尊崇正义，这成为汉朝统治者的承诺。[2]

罗马帝制的开端也有同样的保证。众所周知，尤利乌斯·恺撒（Julius Caesar）获得专权后就被暗杀了。一些贵族认定这位“终身独裁者”要宣布自己为王，就制定了一个阴谋，他们担心共和国政治传统的终结不会给他们留下任何余地，他们将不再拥有荣誉和自由，取而代之的是一个僭主对社会的强征暴敛。恺撒的继承者下定决心不再重蹈覆辙，他以一种相反的方式小心翼翼地设计了自己的权力地位。他发誓不会像一个革命性的独裁者那样进行统治，而是成为罗马传统家长式的、充满恭敬的护卫者。经过整整10年的内战，权力终于归属于他，共和国体制以一种引人注目的姿态被帝

〔2〕 将秦朝的短命作为汉朝德行的衬托是对平民建立的王朝之合法性的部分回应。刘邦使用武力重新统一了中国。对文本的历史编撰学的解释性研究，可参看 Durrant 1995。

王宽厚地恢复。新的权力分配尊重了先人庄严的方式——古老的方式（*mos maiorum*）；君主假意为旧贵族留有足够的空间，自己只是以贵族中第一人的身份执政，是一位威严而又充满慈爱与宽容的国父。[3]

这不只是奇怪的巧合。东、西两个帝国的社会秩序都是家长式的，这一陈述不单单是对事实的老生常谈。毋宁说，这是贵胄阶层形成过程中基本相似性的结果：统治阶层牢牢建基于土地所有权，两个帝国的统治阶层都面对一个指挥着庞大中央化军队的王朝，却都声称帝国领土太大而无法密切统治与监督。考虑到既有的交通与交流技术，大量的权力授出是不可避免的。等级与特权的磋商在这些基本因素中产生。然而，社会力量的布局却使两个世界帝国的呈现过程有细微的差别。

因为奥古斯都（Augustus，公元前31—公元14年当政）对共和国的重建是用来对抗敌人安东尼（Antony）。安东尼与克娄巴特拉（Cleopatra）——埃及（罗马最重要、最富裕的附庸国）统治者——结盟了。在权力竞逐的最后阶段，奥古斯都利用了罗马对安东尼的恐惧：如果安东尼赢了，他将把首都从意大利迁到地中海东部的亚历山大里亚（Alexandria）；攻无不克的罗马人将以东方专制主义将他们称为自己帝国的臣

〔3〕参见 Osgood 2006 对恺撒死后至屋大维成功当权这个时间段的分析研究。关于元首制特点的研究数不胜数，关于这些文献比较好的入门材料可参看 Galinsky 2005，Eder and Gruen 也做出了特别贡献。其他值得一提的还有 Zanker 1988；Raaflaub and Toher 1990；Rowe 2002，还有经典且永恒的 Syme 1939。

民。在这种情况下，奥古斯都以罗马城市—国家与统治集团
13 特权的守护者形象一步步登上统治之位。[4]针对安东尼的那
些指控无疑都有诋毁性，且被讽刺性地夸张了。毕竟，也有
许多罗马元老院的贵族站在他那边。但对那时许多的罗马人
来说，他们清楚地意识到罗马国家体制正被帝国暗中腐蚀。[5]

如果他们知道秦、汉之间的过渡历史，他们的担忧将变成彻底的恐慌。秦朝的急剧没落恰恰是因为地方郡县的成功崛起。在平民发动的反抗秦严酷律法的运动中，地方贵胄起义造反。[6]决定性战役是两个来自楚国非常不同的人物的对峙：项羽是旧贵族的后代，而刘邦曾是秦国非常低等的小官，如今通过战功成为汉王——之后，他沿用了“汉”作为王朝的名字。[7]公元前202年，众领主向刘邦投降，他的将士催促他更换自己的称号：“大王不尊号，皆疑不信。”汉王按照礼制推辞了三次，然后才接受最高荣耀——“皇帝”，这讽刺性地遵循了秦始皇设立的先例。为了维护王国秩序，

---

〔4〕 Dio Cassius 50.3–6.1. 参看 Syme 1939 第 20 章对屋大维“政治宣传”的分析，并提醒大批重要的罗马贵族跟随安东尼。关于更详细的阐述，可参看 Osgood 2006：第 8 章；Lange 2009。

〔5〕 同时代的 Sallust 著作中有鲜明的证据，特别是《朱古达战争》（*War against Jugurtha*）一书。

〔6〕 参看《史记》卷 48（Watson 1993：卷 1，3–13）关于发动起义的平民的记载——重构的历史认为秦的暴政不仅冒犯了贵族的利益，使他们失去了土地与地位，同时也激怒了平民百姓。更多参见《史记》卷 97（Watson 1993：卷 1，219–37）对地方及贵胄崛起的描述。

〔7〕 对于汉朝的第一位皇帝，我们在内战时期称他为刘邦，当他称帝之后则称他为高帝。他死后的谥号为高祖。汉王的称号是由他的对手项羽在秦倾覆后赐予他的。

汉高帝将大量土地以王国形式分封给最优秀的将领。[8]汉高帝首先建都于洛阳，这个地方曾是令人崇敬的（这种崇敬之情之后也许有所减弱）东周王室所在之地，它令人联想到传统王权的象征。直到高帝的群臣提醒他，秦的故都更利于防卫，他才从洛阳迁走。[9]最终，帝国的统治者完成了将都城搬离东边的永久性转移。两个世纪之后，东汉建立，此类事情再次发生，统治者希望由此标榜其传统主义者的印记。但在西汉那个时候，秦的资源对帝国治理体系而言太过重要， 14
不能撇弃。因此，相较之下，一座新的都城长安建立在秦王的故乡。[10]尽管这个新王朝宣称自己厌恶先前的统治者，但它仍旧需要前朝的大部分权力基础。汉朝不仅略加修改，沿用了秦朝法典与官僚架构作为统治的基础，而且许多前朝最优秀的权臣也被任用，以协助新王朝的运转。[11]

---

〔8〕《史记》卷 8.365；参 Nienhauser 卷 2：66–7。“皇帝”这个称号包含宗教与世俗意涵，因为它是君主作为帝王宗室首领的称号，“天子”这一称号表明其作为国家首领的角色，在汉朝中期，这些角色在登基仪式中都被凸显出来。一项非常有趣和特别的研究，可参见 Nishijima 1961 以及本书第八章中普鸣对宗教蕴涵的讨论。

〔9〕《史记》卷 8.366。Nienhauser 卷 2：68。与秦朝相反，汉对周历史的培育是强调去中心化帝国概念的方式；也可参见 Pines 2008：87。

〔10〕在汉朝的叙述中，秦之所以能够战胜所有诸侯国对手，并非得益于内部的改革，而是外部的因素，例如其地理位置的战略优势。在高帝统治初年，有一个关于都城位置的有趣讨论，可参看《史记》卷 99《刘敬列传》和 Watson 1993：卷 1，235–46。有关帝国城市地理位置与建造永久的重要性，可参看本书第六、七章中诺瑞纳和陆威仪的讨论。

〔11〕参看《史记》卷 53（Watson 1993：卷 1，91–8）《萧何列传》。萧何在继承秦制和为高帝修建合适宫殿等事情上最为卖力。出土的部分汉代法典显示了汉制与秦制非常相似。参见 Li and Wen 2001。

在这方面，汉王朝的建立十分类似于罗马元首制的安排。很明显，奥古斯都及其继任者们在发展一个新的专制体系来统治帝国时，公开声称会继续保持既有的传统共和秩序。所以，如果说古代中国这边是郡县在惊人地崛起，罗马则很快开始集中。[12]在恺撒们的仁慈庇护下，帝国贵胄的构成成分逐渐改变，纳入了数量稳步增长的地方贵胄。这正是本章想要探究的主题：帝国与天下贵胄的形成。其中包括三个部分：第一，尝试将我们的讨论放在一个世袭政治的普遍场景中；第二，对罗马与汉王朝帝国贵胄的特征以及贵族阶层的不同组成进行结构性的比较；第三，将我们的分析推进到话语层面，检视朝廷与贵胄之间的对话。

1. 复杂农业帝国的世袭政治

罗马帝国与汉帝国都绝对属于复杂的农业帝国范畴；它们在保持强有力的中央国家体系的同时，也为地方、去中心化的贵胄留下了重要的位置。它们也推动了官僚制度的发展，却是在保留高度世袭的背景下推进的。[13]惯常的做法类似于将罗马统治阶层的贵族特点与中华帝国的官僚骨干相比较。但这过于概要。它所强调的“贵族的”或“官僚的”都不是“真正的”术语。相反，这些概念反映的是理想类型，是简单标签，仅仅是历史写作的习惯性表达，被学者用

〔12〕参看 Scheidel 2009b 对中国与罗马历史上“趋同”概念的讨论。

〔13〕参看 Bang and Bayly 2011 对最近这类帝国研究的文献综述。

于整理、理解复杂的史实。实际上，正如沃尔特·沙伊德尔 15
在这个项目的第一本书（Walter Scheidel，*Rome and China*：*Comparative Perspectives on Ancient World Empires*，Oxford：Oxford University Press，2009）中提出的，中西间的对立可能被夸大了。[14] 担任公职是罗马贵胄身份的一个重要组成部分，而簿记与法律知识则是政府行使职责的主要内容。[15] 相反，在汉朝流动的社会竞技场中，一位猪倌也可以成为众人所知的重要谏臣，但最终，官僚制的首要目的在于保障土地及其产出作为增进家庭利益的牢固基础。汉朝的公职人员作为一个整体，主要来自富裕的地主阶层；官僚任用在很大程度上依赖于个人的庇护和举荐，甚至购买，那时的教育并不像我们今天这样技术化（technical），而是某种涵养，是通过学习经典文本而实践的文化举止。[16] 因此，我们最好先确定大量基本相似点，以提供共同的分析基准，之后再进行中西比较。正如艾森斯塔特（Shmuel Eisenstadt）很久之前就已经

[14] Scheidel 2009b：19，注释 21。

[15] 参见 Woolf 2009 对罗马世袭社会的文献记录重要性的研究；Schiavone 2005：269-389 有关元首制下的罗马法发展的研究。

[16] 对官僚制政府征召问题的详细研究，可参看 Loewe 2004：109-54 和 Bielenstein 1980：141，他们提及定期买卖官职，我们可以确定这些付出去的钱之后能从被统治者那里得到补偿。另可参看本书第三章中赵鼎新的论述。Nylan 2001 对汉代经典与政治的研究可读性强、有别于传统历史观点。他的解释证实了我们的观点：直到中华帝国晚期（公元 960—1911 年），考试制度才成为官职任用的主要手段。他提出，“在帝国晚期以前，社会流动往往更多取决于家族关系以及与朝廷有联系的高地位家族的庇护，而非考试制度”。（39）

提出，由一个专制王朝统治的传统型官僚帝国面临一系列普遍性问题，却要求地方的本土文化形态来回应这些问题。[17]

其中一种相似性是：两个帝国都广泛使用了那些经历了某种形式上被奥兰多·帕特森（Orlando Patterson）称之为社会性死亡的朝廷人员——奴隶和太监。[18] 帝王对这些社会意义上的阉割之人的需要很清晰地表明了统治者与贵胄之间的关系是在所谓世袭政治情境下展开的。社会性以及政治性的权力轮廓很大程度上由传统、地产、家族与个人庇护所界定。在这样一个体系中，官员倾向于利用他们的公共地位来搭建“私人”庇护与财产网络。君主无须回应超越性的权力，皇家资源持续地转移到贵族财富中。[19] 因此，一位统治者同
16 样要求一些只属于“他的”、只依赖于他的恩惠的人来为他服务，比如奴隶、被释奴隶和太监。确实，官员也依靠帝国体系，拥有土地的贵胄也服从君主的意志；但与最底层阶级不同，他们在皇室之外的权力场域中活动。相反，奴隶与其他

---

〔17〕Eisenstadt 1963.

〔18〕参见 Patterson 1982：1–14 有关社会性死亡与奴隶制相关的概念；Gellner 1983：第 2 章研究了作为创造政治奴隶方式的社会阉割。对早期中国奴隶制的经典研究，可参看 Wilbur 1943。出土的秦汉时期文献增添了许多有关奴隶地位的资料。相关研究可参看 Yates 2001。有关中国朝廷中的太监，可参看 Van Ess 2007。有关希腊－罗马奴隶制，Bradley and Cartledge 2011 中有多篇文章。

〔19〕Kautsky 1982，特别是其中的第 7 至 11 章，有力地分析了农业帝国的世袭政治（虽然可能低估了问题的复杂程度；贸易与官僚行政体系并不外在于这些社会）。Clapham 1985：第 3 章对现代发展中国家中相关现象的研究具有启发性，而 North，Wallis，and Weingast 2009 则指出其对所有前现代国家的重要意义。

家仆的忠诚和利益可能更多依赖于留在帝王身边；如果不是留在帝王身边，这些“小人物”可能会毫无争议地遭到惩罚。事实上，当他们遭受惩罚时，很可能还伴有贵胄充满恶意的欢呼，因为贵胄普遍怨恨这些人的权力和影响力。[20]

明显存在于两个帝国世袭政治面貌的另一方面是：非帝王家仆的贵胄从权力的高层跌落，往往会给自己（和家族）带来悲惨的后果。罗马朝廷与中国朝廷的历史都展现了一个盛大的画廊，展示了许多杰出朝臣如何以某种方式落得充满羞辱的结局。[21]在任何情况下，一个强大的失败者不会轻易被宽容，甚至连冒险试一下都不容易。这些人在担任公职的时候往往会设法积累许多权力资源，这些资源太过庞大以致不可忽视。这些权力资源会潜在地成为统治者的一种威胁，更常见的情况是它们必须以好处的形式被重新分配，以确保接替前任的“新宠”的忠诚度。这些是政治与宫廷阴谋中的战利品。

世袭政治的标准模板还有其他一些特点，其中，最突出的是两个帝国朝廷统治者家族所享有的周期性的重要影响力，特别是帝王亲密的女眷。此外，帝王常常以世袭的姿态

〔20〕有两个例子足以说明贵胄的憎恨，一个在罗马，另一个在中国：小普林尼《书信集》8.6痛骂元老院羞辱性地将荣誉赐予克劳狄乌斯皇帝的一个被释奴隶；《史记》卷101中愉快地追述了一位宫廷太监如何被一句轻蔑的话所羞辱：“陛下独奈何与刀锯余人共载！”（Watson 1993：卷1，453–66）

〔21〕有两个著名的例子：塞涅卡是尼禄很有能力的老师与谏臣，当他与年轻的僭主发生冲突时，他被迫自杀；在中国，伟大的历史学家司马迁因为在朝廷派系之争中从属失败的一方，而自己没有足够的钱免除惩罚，导致自己惨遭侮辱性的宫刑。

巡游领土，就像巡回之主到处走动，乐善好施、秉行正义、参加庄严的宗教和祭天仪式。秦始皇以善行治理国家的承诺被刻在其巡游帝国时途经的石碑上——这不仅是为了巩固他的帝国，也为了获得不朽。〔22〕虽然出巡的帝王往往出现在封建语境下，但也绝不囿于这种政治分割的情况。中世纪的
17 封建制度只是家长式专制统治的一种极端形式，远非常态。在前现代化的广袤历史中，常有相当多的统治者能够聚集更多的中央化资源。这些情况正如马克斯·韦伯（Max Weber）在他的经典讨论中谈到的，统治者必须用外部人员的服务来补充自己的家族。〔23〕因此，政府变得愈加复杂，世袭官僚制的建立使得中央化的政府能将法律与政策延伸到远离都城的区域。自此之后，担任官职并获得中央权威资源成了社会政治贵胄的重要资产。贵族等级并非只由世袭原则限定，而是常常综合几种因素，其中一些因素是世袭的，另一些则基于取得的成就。由此产生的贵胄群体一般被称为“尊贵者”（*honoratiores*），他们是社会中更为尊贵的人群。〔24〕在两个

〔22〕有关罗马帝王的旅行可参见 Millar 1977：24–40（对罗马帝王世袭特征的经典研究）。至于秦始皇在出巡期间留在石碑上的铭文（其中他宣称自己“始定刑名，显陈旧章，初平法式”）可参见 Turner 1992。有关早期中国皇帝陈述法律、而非创造法律的定位，可参看 Kern 2000、Puett 2002，以及本书第八章关于帝王追寻神圣地位与不朽的探讨。

〔23〕Weber 1972：580–624 是世袭权力不同形式的基础性讨论。参见本书第三章赵鼎新的文章。

〔24〕参看 Quass 1993，他试图将韦伯的“尊贵者”概念应用到罗马地方贵胄的研究中，Stephan 2002：66–71 也跟随这一思路。更详细的讨论可参看 Mann and Scholz 2012：13–8。至于韦伯概念与罗马、中国贵胄的联系，参看 Weber 1972：614–20，这是我们这里试图发展并拓宽的应用。

帝国中，等级与社会地位都被正式授予特权，可免于法官判决的体罚，至少在涉嫌谋逆的叛国罪之外的常规案件中是这样。例如，身处高位的罗马人通常会被禁止回到家乡，或被流放到一个孤岛，这些惩罚代替了直接施于下层人群的身体惩罚。〔25〕与阶层和社会等级密切相关的是礼节。有一件关于文帝的逸事：文帝想要任用一个博学多才但出身低下的人取替上林苑及其“虎圈”（tiger pen）的督工，但因谏臣提醒他皇家仆人的职位只能由更高阶层的人来担任，故最终打消了这个想法。不然，对社会秩序的尊崇会崩塌而导致混乱。〔26〕因此，尊贵者这个概念将罗马帝国与秦汉帝国中贵胄的形成置于共同的语境。

2. 帝国贵胄的形成与贵族教化

因为扩张、征战及“内”战的缘故，两个帝国的君主最初都从有力的军事角度培养贵族。汉高帝在位的头 10 年，享有军事成就的人在汉廷中扮演了重要角色。〔27〕然而，两 18

---

〔25〕对罗马社会高层享有（正式或非正式的）法律特权的经典研究，可参看 Garnsey 1970，其中第 4 章提及元首制时期，罗马贵胄大都免除了身体惩罚。至于汉朝皇帝与贵胄之间如何微妙地讨价还价（作为忠诚的回报，朝廷的贵胄不应该受罚致残，因为他们认为残疾之人会令皇帝感到不适），可参看 Sanft 2005。

〔26〕《史记》卷 102（Watson 1993：卷 1，467–75）。

〔27〕《史记》卷 96（Watson 1993：卷 1，207–17）提到，汉初军人掌控大权，直到张苍“绪正律历”。关于军事文化与领导阶层的角色，可参看 Chang 2007a：272–96，以及 Rosenstein 2009。需要特别提出的是，虽然军人没有直接掌管帝国，但他们非正式的权力不容小觑。

个社会都相当复杂，以至于产生并要求贵胄进阶的其他途径。随着征服型国家让位于稳定的纳贡帝国，权力得到集中，后者变得越来越重要。[28]不出所料，贵胄身份的基础是土地财产。这一观察虽小，却有重要影响。农业土地往往与军事实力的考量相结合，这赋予了贵胄团体一定程度的自主性；他们可独立于国家，掌控自己的资源。为了避免帝国分裂，帝国的统治者必须减少这一独立性，并对贵胄社会进行重要的分割，使他们的地位（至少在某种程度上）取决于是否能够获得国家提供的资源和利益。

伟大的历史社会学家诺伯特·埃利亚斯（Norbert Elias）将这种行为描述成朝廷对贵胄驯化与教化的过程。[29]埃利亚斯的观点引发大量争议，但这些争议都未能真正动摇这两个概念中的基本洞见。虽然如此，其中一个有效批评是：协商不仅是朝廷运作的重要因素，也是统治者自上而下教化贵胄的重要方式。[30]但从我们的角度来看，埃利亚斯的概念构想有一个重要优势。它提供了超越世袭制与官僚制的传统二分的分析方法，正如之前所指出的，传统方式似乎不足以

〔28〕参见 Woolf 2012：98 对征服型国家与纳贡型帝国的对比。

〔29〕Elias 1969，1997.

〔30〕Artan，Duindam and Kunt 2011 与 Spawforth 2007 近年的这两本论文集在阐释了学界在持续使用埃利亚斯有关朝廷的社会学分析的同时，不断调适后续的争论。Winterling 2003 很好地运用了埃利亚斯的理论解释卡里古拉的统治，他同时也对这一研究路径有微妙的批判。参见 Winterling 1997。Van Ess 2007 以埃利亚斯模型探讨了汉王朝的相似和不同之处；Duindam 1994、2003 两本书也影响深远，虽然更多的是吹毛求疵的强辩而非和缓有力的调和。

理解我们的帝国社会，特别是当我们注意到世袭制元素没有被简单地破坏，而是被用来服务于中央政权。面对世袭制与官僚制之间的严峻选择，它选择打造一批官员贵族或（我们更愿意称之）尊贵者来取而代之。为了巩固汉朝皇帝的地位，国家中许多最为强大的家族都被迁往离新都城很近的地方，使他们处于统治者及朝廷势力触手可及的范围内。[31]意大利贵胄社会的精英在帝王建立王朝之时就已集中在罗马。但恺撒们不断增强着帝国首都的向心力，陆续从更外围的区域吸纳罗马贵胄的新成员。

朝廷作为权力工具，被用来重塑并指引贵胄社会中的 19
重要群体朝向帝王。但这两个帝国都体量庞大，必须协调各个层面的贵胄。两个帝国的帝王习惯性地将自己表现为“全世界之主”，他们是王中之王，是普世的统治者。[32]封国的国王与首领必须服从他们的命令。这些地位较低的王及其子嗣需在朝廷上表达敬意，或当偏远国度的王位空缺时，他们只能站在门廊中等待皇帝任命自己为新的统治者。同时，朝廷生涯旨在以帝国文化的方式使这些个体社会化，将他们卷入高层政治的恩惠与庇护网，并将他们锁定在王国的权力架

---

〔31〕《史记》卷 99（Watson 1993：卷 1，235–46）讨论了因政治目的而迁移贵胄家族的行为。对空间政治的有效解释，可参看 Lewis 2006；关于朝廷生活的研究，可参看 Van Ess 2007；关于帝国城市的研究，参看 Lewis 2007：75–101 和本书第七章。

〔32〕参看 Pagden 1995 有关“全世界之主”的表述；Bang and Kolodziejczyk 2012 对普世帝国概念的讨论。有关早期中国出现的不同统治模式以及转向普世统治的概念，可参看 Pines 2009。

构之内。[33]对中国的皇帝而言，这些封国在一段时间内是一种权宜之计：当帝王后宫产出“过量”男性子嗣时，这些子嗣会获得与其尊贵出身相应的王侯位置。对汉高帝来说，建立封国已成为格外重要的权力流通方式。它使得汉高帝得以奖赏那些在战争中推翻秦朝的最强大盟友，同时在秦的“僭主”之后给予帝国的重要地区更大程度的自主性。同时，中央设计了控制封国的政策——派遣杰出学者做诸侯的老师，派遣特别使团听讼受案，遣军镇压叛乱。在公元前154年的“七国之乱”后，中央加强了控制，封国的权势被削弱。[34]在罗马帝国体系中，封国从来不曾起到突出作用。不过，特别在近东地区，很多被罗马占领的地方最初以这种形式建立，缓和了帝国直接管理的负担。[35]然而，在这两个帝国中，皇室的臣属贵胄越来越多地被中央朝廷“驯化”，帝国行政体系逐渐巩固，大部分封国被淘汰，并被吸纳进常

---

〔33〕斐洛，《觐见盖乌斯》261–333使我们很好地了解到一个封国国王与卡里古拉朝廷命运和政治紧密结合的情形；《史记》卷106提供了中国方面并行的例子，当个人与帝王的个人关系破裂时，封国国王也会从朝政中退出，并最终叛变。

〔34〕参看 Loewe 2004：第11章有关汉朝封国的讨论。在公元前154年政变失败后，这些封国从属于中央控制。出土的汉代文献表明有明文法律来规范贵族（参见 Li and Wen 2001），但处罚帝国家族成员的历史记录表明正式的法律鲜少被引用。不如说，谋逆者的罪名是触犯王朝及其建立者的象征符号和法律。

〔35〕参见 Braund 1984 有关罗马对封国的利用。正如苏维托尼乌斯在他的《奥古斯都传》中指出的，封国被当作“帝国的一部分”（membra partisque imperii）。参见 Coşcun 2005 中研究不同的罗马封国国王的一组论文。

规的地方管理体系中。[36]

这个体系在皇帝的直接管辖下，成为官位、命令、官 20
衔授予与土地的来源，以吸引并提拔贵胄社会之“花”为朝廷服务。军事与行政工作提供了职责和权威相配的职位，以巩固和提高来自较高阶层之人的尊贵身份。传统上，民事、行政职能已主导了我们对中华帝国贵胄的想象。但这一想象需要一些修正。[37]正如之前已经提到的，军人在汉朝的头10年里有举足轻重的作用。在西汉政府的45位丞相中，23位有军事背景。[38]但渐渐地，文臣开始被重用。公元前136年，在汉武帝（汉朝第五位皇帝）治下，一套儒家经典被提升到优先地位，作为官员学习与晋升的基础。过了十余载，公元前124年，朝廷太学建立，课程基于儒家经典文本设计，并每年举行考试。[39]这就是著名的中国科举制

〔36〕Giele 2006给出了一个例子：一位中国地方官员因疏于监督封国统治者而被处罚，后者曾因冒犯汉王朝的皇室象征而被罢黜。在汉朝，王朝及其仪式器具服务于王朝的延续与忠诚，而非皇帝个人。关于中央与外围间的张力，可参看Loewe 1974、Bielenstein 1986。

〔37〕参见Di Cosmo 2009，司马迁《史记》卷107（Watson 1993：卷2，89–106）记载了两位杰出朝臣跌宕起伏的职业生涯，一位擅长文化艺术，另一位军事才能高超。两种类型都很重要。

〔38〕Chang 2007a：281. 但正如Chang所指出的，“很明显，这个时期的政治并没有军事干预。相反，只有富有政治野心的人试图通过获得政治上的影响力来获得对军队力量的控制，进而控制朝廷”。在武帝统治时期，文武是分开的，其中武将更为重要。被授予贵族和侯爵头衔的人当中60%是军人。

〔39〕参见Nylan 2001清楚描述了文本传统与官位晋升之间的关系。我们知道怀有儒家意识形态的贵胄并没有完全相似的对政府的看法，他们在当政时有时会偏向实用考量。法家也不是已确立的思想学派，只是那些支持法制的贵胄征引的条文，而非维持秩序的教育和仪式。

度的萌芽。但重要的是，我们不能把清朝已经完全成熟的科举制度投射到这一制度最开始的时候。[40] 在西汉，科举应试者很少，而且改变朝廷的面貌需要几代人的时间，更不用说范围更广的贵胄社会。在整个帝国范围内，儒家教化的传播与影响区域一定是分布不均的，而且我们知道地方宗教很繁荣。[41] 同时，汉武帝是汉朝帝王中最为好战的统治者之一，军事才干仍是升上朝廷高位、获得尊贵身份的可行路径。在司马迁的人物传记中，有一个故事歌颂了对抗游牧民族匈奴、历经考验的英雄李广。[42] 这位受人尊敬且勇敢的将军从未获得他所配得的官方奖励，最终因耐不住小喽啰纠缠而自刎。虽然没有豪言壮语，但这位单纯的将军广受爱戴，声
21 誉很高。其他大臣则因军功被授予世袭头衔与土地（一般称为侯国）。[43]

正如鲁惟一（Michael Loewe）在最近一篇文章中指出，王朝历史确实很大程度上由儒家思想主导，对文字与礼仪价值的重视高于军事能力。[44] 但这是一种（如果说是重要的）对中国历史有所偏颇的回溯版本，是某个群体就帝国紧要之事强加上了某一特定视角。然而，一种连贯的军事文化带着

---

〔40〕关于清朝，参见 Elman 2002；一般性研究可参见 Nylan 2001。

〔41〕参见 Bielenstein 1980：第 6 章论述了最初几十年太学考试在征召官员中的有限作用。有关这一时期的宗教研究，可参看 Loewe 1986d。

〔42〕《史记》卷 109.2876。Nienhauser 卷 2：201–29。

〔43〕有关高级武将命运的统计，参看 Chang 2007a：285。在武帝扩张式的政策下，武将有了更多的机会晋升要职，也有更多人屈辱地死去。

〔44〕Loewe 2009.

自己的规则和晋升程序，与“民事”社会同时存在，且部分重叠。汉高帝意识到自己必须号召通于经典的博学之士来使自己的统治合法化，但他肯定也利用了权力的其他重要来源。汉初的历史见证了武将与文人之间的紧张关系。其中一个著名事件是：高帝在一位儒生的帽子里小便以表达对文人的嘲讽。[45] 新的帝国朝廷投入相当大的努力去改变武将的粗野之气，甚至启动了一套温和的教化过程。朝廷要求儒家博士建立一套礼仪来规范朝臣行为、驯化皇帝身边的武将，那些“群臣饮酒争功，醉或妄呼，拔剑击柱”。但这些礼仪比秦制简化，要求有所减少，规矩足够简单，能保证皇帝（和他的臣子们）遵循。同样，当这些曾经活在军事社会规范下的人有不合礼制的行为时，官员会被施行惩罚。[46] 即使在汉王朝的文化被巩固、儒家行为规范被更为稳固地确立后，皇帝与贵胄仍继续练习打猎与其他武艺。与初秋相关的一种礼仪要求皇帝与大臣在上林苑或虎圈里进行分阶段的狩猎。[47] 在东汉晚期，帝国统治以更为牢固的儒家姿态运作着。然而在同一时期，大量贵胄家族发展为门阀主义的基础，而参加“五经”考试的人从未独占帝国公职。尽管与儒学研习相关的规范传 22

〔45〕《史记》卷 97（Watson 1993：卷 1，219–24）。

〔46〕有关建立礼制与教化武将的过程，参看《史记》卷 99（Watson 1993：卷 1，235–46）《叔孙通列传》，叔孙通曾侍奉秦二世，后转投刘邦，他虽是儒学太傅，却向刘邦举荐罪犯与粗暴之人，因为他知道刘邦非常轻视儒家迂腐书生。至于高帝如何请求文官善待他的手下，参看《史记》卷 8《高祖本纪》（Nienhauser 卷 2：1–101）。

〔47〕Lewis 1990：145，Van Ess 2007.

播不断作用于帝国土地贵胄的教化和驯化工作，[48]高阶贵胄仍然倚靠更为广阔的活动范畴。

相较而言，我们传统上认为罗马贵胄更加尚武。但在这里，一个更关键的细微差别值得注意。事实上，在帝制之下，罗马经历了十分类似于中国的发展。[49]如果说儒家学者宣扬的道德圣人楷模是中国君主的理想形象，那么罗马皇帝的标准形象则应该是统帅、常胜将军。在共和国传统中，这就是全部，在市民军队（citizen army）中担任初级官员是每一个贵族政治事业的必然开始。数年以后，每个人梦寐以求的一生最高政治成就紧随在凯旋式之后，但那只属于最成功的少数人。那时，将军会带着他的部队穿梭于罗马街道，狂喜的群众为他喝彩，这是在决定性战争获得胜利后的欢乐庆贺。但在君主制的强制下，这样的奖赏不会再给予贵胄阶层。从那时起，只有皇帝（及他最亲近的亲属）才会沐浴在公共胜利的荣耀中。[50]

然而，军事上的声望对贵族典范仍旧重要。塔西佗以撰写其岳父阿古利可拉（Agricola）的一本纪念传记开始了其历史学家的生涯。阿古利可拉的每一寸肌肤都彰显着贵族之气，

---

〔48〕有关后来中国土地贵胄通过儒家科举系统被教化的研究，参看 Crone 1989：173；Nylan 2001；Loewe 1986d；Kramers 1986；Ebrey 1986。

〔49〕参见 Rosenstein 2009：38–44，指出两个帝国中军队皆相似地屈从于朝廷和贵胄文化。更多研究可参见 Mutschler and Mittag 2008：431，提及尚武主义仍有稳定的价值，甚至在指向文化方面的成就时罗马贵胄越来越像中国贵胄。但对此应补充一个细微差别：在中国，军事成就比文人传统上愿意承认的价值更大。

〔50〕Syme 1939：404. 关于凯旋式，可参见 Beard 2007；Östenberg 2009。

这位伟人有条不紊、高贵、宽厚，使战争中的帝王相形见绌。这种贵族式心态设想了统治者与贵胄最高阶层成员在声望方面可能的竞争关系，至高君主不会轻易忽视这一点。[51]个人性的军事指挥权周期性地改变，对军队的控制往往分散在几个将领手中。帝国禁卫军交由一或两个长官之手，他们都是从罗马贵胄的第二梯队中选拔出来的。这些措施都具有预防性，为的是使军队牢牢掌握在皇帝手中，并防止篡位者出现。从这个角度来看，罗马方式似乎提供了理解中国降低军队重要性的语境。在汉朝，这既是削弱军人权力的问题，也是保卫皇位的问题。中国这边对普通地位的将军频繁处以残忍的惩罚和降职，罗马那边又增加了放逐与处决，还有强制自杀 23
和非自愿退役。[52]出乎意料的是，两个帝国朝廷都成功控制了军队，教化了军队将领。不管是罗马元首制的历史，还是汉王朝的历史，读起来都不像一系列频繁的军事政变。[53]

与汉朝一样，罗马宣扬并强化贵胄争取荣誉的其他社会活动领域。帝王们给为公的才干与文雅的闲暇设立了新的

---

〔51〕Tacitus，*Agricola* 39–42；参见 Hopkins and Burton 1983：121–3 有关元老院议员与统治者潜在的竞争。

〔52〕参见 Chang 2007a：285。在罗马方面，科尔涅利乌斯·加卢斯（Cornelius Gallus）的命运可代表所有其他事件。开始时他是奥古斯都的“朋友”，被任命为埃及的长官，在那里他取得了斐然军功，但行事太过张扬。随后，他被召回，被赶出朝野，在元老院受到审判，被迫自杀。参见苏维托尼乌斯，《奥古斯都传》66.1–2。亦可参见 Hoffmann，Minas-Nerpel，and Pfeiffer 2009：5–10。

〔53〕参见 Hopkins 2009：192–5 文君治军的相关讨论，尽管其“去政治化”的论述可能过强。有关一项不同的比较评估研究，可参看 Hsing 1980。

标准，他们支持文化学习：哲学、法律、诗歌，特别是修辞学。[54]罗马和雅典都设立了希腊文和拉丁文教职，以促进青年贵胄习得优雅、得体和充满文采的口才。罗马没有像中国那样辅以正式的考试体系，但这一文化学习当初带来了多大的不同，还尚未有定论。凡是渴望进入令人着迷的贵胄圈子的罗马人都不会忽略文化教育。乡村口音与粗鄙谈吐都会马上成为嘲笑与讥讽的目标。甚至帝王也逃不过这种耻辱。有一个故事是这样的，维斯帕先（Vespasian）有一次因为自己的本土口音将双元音“au”说成了“o”，而被一位热衷文雅的贵族责难。维斯帕先则成功地用言辞回应了嘲笑。第二天，他故意与这个人打招呼，把他的名字 Florus 说成 Flaurus。如此一来，维斯帕先在言语中嘲弄他的诋毁者矫枉过正，通过毫不费力而又机智的言辞、儒雅的精湛技巧而挫败了他。[55]

---

〔54〕参看 Wallace-Hadrill 2008 有关罗马帝制君主发起的文化革命的讨论。

〔55〕Suetonius，*Life of Vespasian* 22（这个皇帝因为粗野的口音将“au”混读成“o”而遭到批评；重要的是，苏维托尼乌斯虽然总的来说认为维斯帕先的幽默有些低级，但也发现了一些值得记录的事例，维斯帕先能够超越这点，讲出一些真正聪明且熟练的话语，“facetissma verba”）与 18（有关对修辞学家的资助）。参见 Maurice 2013：152–54 有关罗马帝国对“公共”修辞术和哲学教师的资助。有关作为罗马贵胄文化中重要部分优美、有技巧、晦涩的演讲，可参看 Swain 1996：1–3 章；Schmitz 1997。这两本著作集中探讨罗马统治下的希腊文学文化，但拉丁文学文化也有基本特征的相似，对这点最出色的研究可参看 Stroh 2007：要成为一个帝国及其文明的承载语言，拉丁语必须变成“死的语言”，成为一个永恒的媒介固定在复杂且高要求的经典著作中。从比较视角看早期中国易于为人所接受、有说服力的统治者的说话艺术，参看 Lu 1998，他提出中国人与同时期的希腊人、罗马人一样，都是熟练的修辞家。

文雅的朝廷文化的发展与罗马上层相适，在共和制最后几个世纪里罗马上层变得富有的同时，生活方式已开始别具一格。贵胄的野心愈加投入在更广阔的竞技场上，去展现他们的社会优越性。元老院作为罗马社会的最高阶层，是产生政治领袖的地方，多数会进入元老院的成员在重返首都生活之前不再实质地参与军队。[56]

因贵胄文化的多面性，两个帝国中都有一些人能够在 24
不担任任何中央官职的同时，还能跻身“尊贵者”之列。对中国官员来说，好的生活始终扎根于他们出生的地方，即乡村。他们能够在退休后在这里与朋友把酒吟诗，或哀悼父母；而罗马诗人创作了诗文描述富有的少数人在农村休养时的雅致欢乐。[57]而且，贵胄往往要面临一个艰难选择——为国家服务、履行职责，还是在遇到暴君时引退，在政府机构外安静地生活。对一些人来说，一种崇高的生活方式也许足以令他们在社会中扬名。罗马人甚至发展出一套话语来讨论在什么情况下荣耀的闲暇（*honestum otium*）是可能的。同样，许多在帝国体制中任职的人往往知道两个职务更换之间会有长时间的休整，或在晚年才开始出任某职。[58]

---

〔56〕Talbert 1984：14；参见 Woolf 2003 有关希腊－罗马贵胄认同和文化的多角度讨论。

〔57〕Horace，*Sermones* 2.6 是一个典型的例子，体现出整体的情况。

〔58〕罗马方面，参看 Hopkins and Burton 1983：166–75（当一些元老院成员担任多个职位时，另一些则享受着退隐的闲暇生活）。有关 *honestum otium*，参看西塞罗的思考，《论责任》1.66–72，以及《与友人书》5.21.2；以及 Talbert 1984：76–8 有关不从事公职的骑士。至于中国方面，参见 Ebrey 1978：3 章。

但即使我们已经确定了两个帝国在贵胄形成过程中具有这么多的相似性，还有一个清楚且重要的不同之处需要分析。与罗马相比，国家公职对中国社会的贵胄来说更为重要；汉王朝分配的官职数量更多，特别是在官僚制的最高层。[59]

为了充实中央政府的职位，罗马帝王利用了罗马社会中的两个最高阶层：元老院与骑士。其中最重要的是元老院，约由 600 人组成，而处于政府高位的骑士也可能规模相近。最适中的人数在 1200 人左右，这些人组成了罗马朝廷的贵胄骨干，足以成为征召重要职务的人才库。罗马帝国在首都有数量众多的部门、行政职务与祭司。整个帝国大约分成五六十个行省，受中央指派的长
25 官管理。与这位长官一同工作的通常为一个财务官和一个初级使官。除了人数不多、中央任命的近 200 个官员外，军队里还有一些官职，人数接近 2000，大多驻扎在行

〔59〕参见 Scheidel 2009b：18–9，可作为两个帝国官僚组织的不同点与相似性的基本导读，我们在大方向上有共识，但在细微之处有所不同。正如沙伊德尔指出的，有关罗马中央与地方政府的数据可能确实夸大了帝国官职人数之少。虽然如此，与罗马相比，汉朝皇帝能够任命的官职人数明显更多，至少在古代晚期罗马官僚制逐渐发展庞大之前都是如此。另一方面，我们看到汉朝在地方管理上有更多乡绅与低阶层官员参与。但仍与罗马有很大差别的是，只有县令这一层官员不出自本地，见脚注〔61〕。在中国行政体系中的数千人里，很多也是地方村长之辈，这在 Loewe 2004：69、80–1 中已经讲得非常清楚了，尽管在 47 页还有些模棱两可的观察。这些对职位的描述表明中央政府派出的官员履行特定职责，比如在必要时解决争端或平息叛乱。

省。[60]我们的比较先不考虑军队体系，可以看出汉朝在行政层级水平上发展得更深。在汉朝首都，官僚制度在任何方面都比罗马更为精细，设有九卿以及辅助部门。鲁惟一估算长安一共有约 30000 个官职。毫无疑问，这个数字夸大了中、西的不同。估算里包含了一些不重要的官职，在罗马，这些工作由家仆和小人物完成。与罗马五六十个行省不同，中华帝国包含近 80 个郡县和 20 个封国，都由中央指派的官员管理。但在这一层级之下，行省与郡县又被细分为近 1200 到 1600 个更小的单位（村或县）。县长是朝廷指派的最低一层官员。[61]中华帝国的中央政府任命了上千名官员，而非上百名；其中，被任命的都城官员人数多于

---

〔60〕参见 Garnsey、Saller 1987：21–6，其中第 2 章简要综述了罗马帝国的小型中央政府，估计在 2 世纪前后，罗马约有 350 名贵胄官员；Eck 2000 对罗马政府和官僚制进行了更详细的官职调查。人数不足 200 的行省官员不包括奴隶办事员、助手及跟随在每个中央指派的省级官员身边的士兵。但是我们的讨论关注的是帝国贵胄，而不是官僚制体量本身。假设每个省的辅助团队约 100 至 200 人，那么罗马帝国省级官员人数就在 5000 到 10000。参见 Noreña 2011：269 注释 86，他估算这个数目为 10000。在中国，来自任职地以外的县令是由中央直接指派的最低一级官员。由于他不熟悉当地方言和风俗，故依赖地方任命的区镇官员、办事员和民兵来维持秩序和正义。值得注意的是，关于秦汉行政法律的新材料表明，最低层级地方官员尽管不是由中央任命，也必须通过高度组织化的垂直结构上交详细报告，并在自主决策中受限。例如，Yates 1995 及 Nylan 2005–6 对一个令人质疑的案例进行了有趣讨论，在这个疑例中，地方官员咨询了最高法律官员。

〔61〕Bielenstein 1980：100. 有关中华帝国行政体系的一般性研究，可参见 Bielenstein，Loewe 2004、2006。

地方。[62]

相较之下，这一结构头重脚轻，将这一结构视为行政效率问题也许不是探讨它的最好进路。在税收或军队规模方面，中华帝国管理体系的效力并没有明显高于罗马。[63]同等重要或更为重要的是，汉朝皇帝更需要为权贵家族提供官位，使自己的权力借身边众人的环绕来彰显。转换一下问题可能会得到一个解释。有人也许会提出，为什么恺撒们的朝廷同样庞大，却可以使用远远少于汉朝的人？这
26 个问题促使我们注意到中央指派官员以下的层面，即，两个帝国中从事实际管理的大量地方贵胄。在罗马帝国，这一层主要由近 2000 个“城市—国家”组成。其中每一个都有由较富有人士组成的市议会，他们大多是地主家族。这些委员会（*gremia*）的规模大小不同，一般认为标准是 100 人左右，但大多数城市都无法凑足这样的规模。所以，如果我们采用平均数 50，将会产生近 10 万的市议会议员。[64]这个数字刚好与汉朝地方任命的 10 万官员相对应，这些人被认为是行省行政体系的主力。但一个重大差别是，在城市—国家的结构中，希腊—罗马地中海世界的地主贵族被限定在一个强有力的集体机构中。埃利亚斯曾指出，朝廷

---

〔62〕参见 Loewe 2004：69–71 尝试确定汉帝国的公职人数。也可参见 Saller 1982：111–6 和 Hopkins and Burton 1983：186 对罗马与中世纪的中国官僚制的比较研究。有关帝国官僚结构更为细致的研究，可参见本书第三章赵鼎新的文章。

〔63〕Scheidel 2009d：205 和本书第五章。

〔64〕参看 Jongman 2006：248 注释 35 对市议会议员人数的类似估算。

作为权力的工具，被用来教化或驯化贵族。将贵族纳入社会形态，使他们在其中相互对峙，为特权、影响力和地位相互竞争，教化借此得以完成。贵族的自主性让位给朝廷礼仪和政治所规定的社会规则。尽管如此，城市—国家组织也可类似地被视为一种形态，其中，地主的自主性因一系列（受规则约束的）对荣誉、头衔和获得剩余农产品的竞争而减少。[65]我们至少可以这样假设：在罗马帝国中，这一机制使中央塑造贵胄的需求相对较低。

3. 对话和商讨：王权的一般性话语

然而，教化只是贵胄形成的一面。正如已经提及的，商讨和对话是检视王室朝廷与地主贵族关系最重要的因素。统治者与贵胄之间的对话可体现在关于君主道德行为的话语发展方面。虽然君王地位至高无上，但不能总在这样的交流中规定内容和价值。例如，一份对罗马元首制的新近研究表明，帝国政府在硬币上宣扬的君王美德与贵胄们在修辞性、哲学性写作中宣扬的美德之间存在微小但重要的矛盾或差异。[66]事实上，一项惊人的相似是：两大帝国都不得不诉诸帝制出现前以及反僭主式的意识形态来使自己的统治合法化。

---

〔65〕Harris 2001：150 也提出 Elias 所描述的古代希腊—罗马和城邦的出现是预示了早期现代世界。

〔66〕Noreña 2011：第 12 章。

27 汉朝接管了秦朝强力专制主义的征服型国家体制。然而，随着时间的推移，统治的理想愈加以儒家思想理念表述出来，这是基于一套自称追溯至理想西周（公元前1045—前771年）的经典著作。[67]这些经典文本中最受推崇的是《尚书》，又称《书经》，这是一本危险的书，秦始皇曾下令焚烧这部汇集了散文、演讲与叙事的书籍，且把研究它的专家们也一并活埋。[68]与《诗经》(一本诗集，被认为由普通人为反抗国家苛捐杂役所作，也属焚书之列)一样，《尚书》宣扬王权必须与大众需求相协调。“正义战争理论”的早期版本正是在此书中被提出，它警示统治者须保护无辜百姓免受暴君之苦，推行正义之法和有预防性的惩戒之法，以赢得民众的信任和效力。汉代的统治与秦朝有明显差异，它宣扬上述原则，还任用通晓这些文本的学者依据经典中的智慧去解决矛盾。但这些文本(比如《尚书》)所描绘的蓝图绝不是毫无问题：它并没有体现出一个有着强力中央政府的统一帝国的实情，而体现的是在周朝统治者象征性的主持下脆弱封建君主的四分五裂。这要求

〔67〕参见 Mittag 2008 对汉廷持续宣扬的、更“正统”儒家思想版本的近期分析。

〔68〕Nylan 2001 质疑了是皇帝下旨焚烧这些书籍的说法，他更倾向于认为这些书籍是在内战中，在秦首都被焚烧了三个月时毁于一旦的。尽管如此，这些书籍的确包含了有关僭主的危害和会威胁到帝王的干预主义政府等说法。《尚书》的标准翻译请参 Legge 1935。经典的“康诰”篇讨论最值得注意的问题是，使统治凭借武力征服的民众具有合法性。对文本时间的修正主义式且非常重要的讨论，参见 Brooks and Brooks 1998。

文本的解读要超出这样的视角——认为它只是汉朝用来确保和规范政治生活的安排。然而，被迫的年代误植或寓意诠释都不可能使这一社会记忆隐没：统治者孱弱无能，主要依赖强大且有独立思考能力的贵族。通过借用经典中正确的王者行为的尊崇典范，儒家思想的核心原则成为批判现实的能力。例如，司马迁隐晦地将过去的好统治者与坏统治者的故事并置，以批判当代的暴君，并且他陈述著史的原因："居今之世，志古之道，所以自镜也，未必尽同。"因此，司马迁并非一定要固守历史，而是意识到了人必须了解历史何时有用，何时不相关。正如在其他时代和地域一样，早期中国历史可被用于服务当代。[69]

罗马帝国公然坚持强势且专制主义的统治在意识形 28
态上更被质疑。罗马帝国建立共和政体，政治统治在贵族集体内开展，贵族们骄傲地珍视自己独立于君王的自主和自由。帝制是无情且具有毁灭性的内战的产物，正如我们之前已经讲过的，奥古斯都在内战取得胜利时，声称他自己是罗马共和国的捍卫者。这使奥古斯都新的独裁政体承担了虔诚保卫"君主之名即臭名"这一制度传统和意识形态传统的义务。[70] 19世纪伟大的罗马史学

〔69〕《史记》卷18.5，取自 Watson 1958 一篇精彩传记中的译文。司马迁很清楚自己在这方面的角色。关于以寓意和被迫作出的诠释实践以使儒家经典适应集权化帝国的现实，可参见 Durrant 1995；Hardy 1999；Beecroft 2010，特别是第7章；Weber-Schäfer 1968：227–88。

〔70〕Eder 1990.

家特奥多尔·蒙森（Theodor Mommsen）声称罗马帝制也许是最缺乏合法性的稳固政体，毫无疑问，这有些夸大其词了；[71]毕竟共和制在政治上与君主制完全不同。但是，对先前共和制礼仪的敷衍需求确实使新的王制秩序充满了意识形态的张力与焦虑的伪善。[72]除了名称，帝王在一切事务上都是一位王，头衔、官职、权力和荣誉压倒性地聚集在帝王身上，令人眼花缭乱，既巩固其作为独裁者统治帝国的支配地位，同时假装共和制的政治生活一如往常。“元首”（*Princeps*）从来不是正式的头衔，是罗马人用来指称自己的统治者——同等地位中的第一人——的词汇。这一假象立刻被现代观察者视为荒谬：很难理解“元首”这一讲法为什么持续了好几个世纪，除非所有形式的君主制都回避了乏味、平凡的仪式，并以戏剧性的仪式取而代之。即便如此，共和制仪式与君主制权力现实之间的鸿沟还是留下了一大片空间，一旦统治者未能满足贵胄阶层的期望，他们的伪善就会受到讥诮、讽刺与指责。塔西佗对历史的讽刺就明确体现了这一罗马习惯，与中国情况相类似，以帝制之前历史上的道德楷模去批判帝制的君王也是对其界限的重要提醒。因为塔西佗支持共和制，他便看不到除宫廷政治和恺撒们的道德败坏之外

〔71〕Mommsen 1963：791 以及 1034–40。受蒙森问题的启发，近来有两篇非解释性的研究文章，即 Flaig 1992；Seibel 2004。

〔72〕大量著作从不同角度对这一张力进行了探讨，其中我们提及“恩惠模范”（*exempli gratia*），参见 Roller 2001；Rudich 1997；Bartsch 1994。

还有什么其他可能。[73]

在我们所讨论的两个帝国中，前帝国的政治哲学绝非一 29
种颠覆性的知识，而是服务于在帝王与贵胄之间开发一套探讨各自角色的话语。[74]罗马与汉朝贵胄乐此不疲地将喜怒不形于色的模范王者形象强加给统治者。这是个道德议题，是个人品格的问题。[75]希腊演说家狄奥·克里索斯托姆斯（Dio Chrysostomus）的演说辞中曾有这样一则寓言，它把王权简单地视作对人格的考验。当宙斯不得不决定他的儿子赫拉克勒斯（Hercules）是否适合统治人类时，他让赫拉克勒斯攀上了陡峭的高山，这座山有两个类似的顶峰。每个山顶坐着一位女子，一个代表真正的王权，另一个代表暴政。随后，她们问赫拉克勒斯谁更讨他的欢心。赫拉克勒斯更喜爱那高贵、庄严却比较黯淡的女子（代表了合乎体统的王权），因

〔73〕Syme 1958 是一个经典讨论（第 41 章处理了罗马史学家的政治观点）。Woodman 2009 致力于研究塔西佗的一系列近期文章，而 Sailor 2008 对塔西佗批评背后缺乏其他真正选择提供了一个有趣的观点：著作中留下的是史学家的个性，是史学家尽管困难，但创作体现个人品格的作品的能力；参见 Mutschler 2008b 对塔西佗与司马迁的对比，尽管可能太强调两者之间的差别。可以确定的是，塔西佗利用了共和政治传统，但是它没有像一个幽灵一样，为读者提供一个可选的制度秩序，然而司马迁被局限在国家君主概念中，这没有使他避免将两种不同的模式（秦朝的暴政与汉朝的仁政）相互对峙。

〔74〕参 Noreña 2011 全面探讨和分析了罗马世界的君王和贵胄之间发展出的关于美德、罪恶、君王典范的论述。

〔75〕MacMullen 1966：1–2 章致力于讨论罗马秩序的敌人，他清楚地看到那些针对帝王的来自元老院的哲学批评都局限在统治者道德、美德的讨论上。提出这些批评的人无法提出一种令人信服的替代君主制的方案，而君主制至少为罗马帝国带来了和平。

这一点赫拉克勒斯被认为适合统治。[76]一个相反的例子可以在悲剧《屋大维娅》(*Octavia*)中看到 。剧中皇帝尼禄(Nero)以暴君形象出现，他是一个完全受制于自己欲望与恐惧的统治者，也是情欲与享乐的奴隶，是杀人狂。在某一关键片段，尼禄的老师、哲学顾问塞涅卡(Seneca)顶撞尼禄。责任、正义和服务民众是这位斯多亚哲学家给尼禄树立的理想，这些价值也被这部剧的匿名作者认可。[77]毋庸置疑，剧中这些观念与历史上真实的塞涅卡讲辞相呼应。古典著作中论及王权最有名的文章是塞涅卡的演说《论仁慈》，其视仁慈为最精粹的皇家德性。这篇散文是罗马朝廷最杰出的人物塞涅卡写给其学生——青年皇帝尼禄的，它长篇累牍地赞颂了帝王作为道德模范与人民救主的形象。塞涅卡用明喻接着寓言的方式赞颂温和、中道、宽仁这些统治者的品质。帝王应尽力避免拔剑出鞘，迫不得已才能对元首的敌人使用惩戒。就像蜂巢里无刺的蜂王一样，如果罗马皇帝试图赢得民众喜爱并让他们自愿追随，他就要在管理上更游刃有余；成就此点的最好方式是行为端正，以自身的行为树立道德榜样：

> 您心地仁慈，人们会口口相传，而且逐渐传播到帝国全境；人们做什么事情都会以您为楷模。头脑

〔76〕Dio Chrysostomus，*Oratio* 1.65–84.

〔77〕*Octavia* 438–592.

> 健康身体才能健康。精神振奋，所有部位就会灵活敏捷；精神低落，所有部位就会僵硬迟钝。罗马会有无愧于这种善良的公民和同盟，正义会回到整个世界。到处都不会再有为非作歹之徒需要劳您动手了……最终，大行其道了很久的恶行才会走向末路，一个充满幸福和美德的时代才会取而代之。[78]

30

而在欧亚大陆的另一端，儒家给汉朝统治者的建议同塞涅卡斯多亚式的想法惊人相似。覆灭的秦朝统治者被反复用作令人反感的统治类型，他们独断，甚至实行恐怖的惩戒。汉朝文学中最具文采的作品出自誉满天下的大臣贾谊所写的《过秦论》。[79]贾谊指出“然秦以区区之地，致万乘之势，序八州而朝同列，……为天下笑者”，秦始皇的过错中包括残忍地对待那些提出异见的谋士。“忠言未卒于口而身为戮没矣。”贾谊警诫后人，这绝非好的统治者的行为方式。好皇帝应当专注于出席公共典礼、展现超凡的道德品性。这是儒家文人一直钟爱且为之努力的建言，他们为此宣称，这会让朝廷成为一座美德与恰当的生活形式的灯塔，成为普天下最闪耀的典范，人们竞相效仿它，最偏远的人民也愿臣服朝拜：“因加以常安，四望无患……因德穷至远……苟人迹之所能及，皆乡风慕义，乐为臣子耳……因民素朴，顺而乐

〔78〕Seneca，*On Clemency* 2.1.4 与 2.2.1（作者的译文次序对调）。参 Braund 2009 的引言、翻译和注疏。

〔79〕参见《新书》1.1a–b（DeBary and Bloom 1999：228–31）。

从令耳。”[80]因此，武力在推行繁荣的、几乎天堂般的和平统治中几乎没什么用处。有了好的道德，帝国就能良好地自我运转下去。[81]

依循这种想法，汉代还出现了敦促皇帝遵从自己国家法律的劝勉。其中有一个与汉文帝（大约公元前180—前157年）有关的故事。有一次，汉文帝出行时突然碰上意外，因为一个百姓的无心之失，文帝险些受伤。文帝勃然大怒，想要严惩这个贫苦人。这个平民被逮捕，移交到廷尉张释之之手。然而，张释之却让皇帝的想法落了空，他仅对此人罚
31 金四两。此时，皇帝开始愤怒地抱怨，但张释之却很冷静，他通过缜密断案，提醒皇帝应在罪行与量刑之间保持恰当的平衡；对法律的信任来自平等的治理。当张释之进一步提到“法者，天子所与天下公共也”的原则时，皇帝退让了 。[82]罗马贵胄在处理同皇帝的关系时，也欢迎并赞赏这种宽厚、中道和自制的姿态。由元老院议员小普林尼书写的图拉真

〔80〕贾谊，《新书》3a–b。

〔81〕对帝国伦理概念的进一步讨论，参 Nylan 2008；Mittag 2008；Yang and Mutschler 2008。Mutschler 2008b 论及罗马帝国也有大量类似的发展，虽然两者仍有细微差别。

〔82〕班固，《汉书》10.2310（中华书局点校本）。在这件事上，班固的解说更全面，在第 23 章探讨汉朝的法律与刑罚时还提到这件事。张释之是一个不寻常的可敬官员，有几次他甚至要将皇室成员绳之以法——结果不一。Turner 2013 讨论了官员与皇室亲属之间的张力。也参见《史记》卷 102，其中说到张释之宽大处理了一个在前帝王陵庙中偷窃之人，他只是处死了本人，没有按照怀有报复之心的帝王所期望的那样诛其九族。

颂歌在描绘皇帝第三次担任执政官时达到了修辞的最高点。图拉真像一名普通元老一样走到主持仪式并就座的执政官面前，进行就职宣誓："我怎么才能充分地赞颂这一幕……元首行事如任何一个个人，帝王像臣民一样行事。"[83] 罗马法理学家注意到"君王不受法律约束"，但是会频繁地补充道，如果他选择表现得像个帝王的话，这仍然是一个良好统治的征兆，因为"没有什么比依法律生活更能成就一个帝国的了"。[84]

后一种统治方式被吸纳为留给帝王的遗产。但是这份陈述没有效力，因此不应被君王遵从。这是关于王权的道德论说的基石——统治者不应服务自己，而应致力于造福臣民。[85] 这就意味着，作为最重要的关注之一，人们会坚持要求统治者尽力管控家仆，在治理活动中仰赖他的贵胄。宫廷里的宦官和奴仆是贵胄阶层一贯批评与嫉妒的焦点。[86] 人们对秦朝暴政的一大串埋怨中最主要的一点是秦始皇的继

---

〔83〕Pliney，*Panegyric* 64.4.

〔84〕Justinianic Code 6.23.3（时处亚历山大·塞维鲁统治时期）；*Digest* 32.23（Paul，*Opinions*）。参见 Lucrezi 1982：200–2 讨论皇帝对法律的遵守，虽然其中有许多法律术语（参见 Crone 1989：43 的一般性观察。他指出，君王被认为是法律、传统与神圣秩序的支持者，在这种意义上他们是合乎法律的，但事实上"没有正式的法律能够将君王纳入进去"）。汉代文本中有十分相似的想法，这些文本明确点出律法是治理活动中最重要的因素，皇帝必须遵从自己的法律。参见 Turner 1992 对早期中国"法律统治"理想的探讨。

〔85〕Noreña 2011：101–2 and 289.

〔86〕Dettenhofer 2009 比较了中国朝廷中的太监与罗马朝廷里程度较轻的被释奴隶。

任者荒淫孱弱，日渐沦为大太监赵高一手掌控的工具。秦二世与社会上的尊贵人士相隔绝，沉溺于个人享乐，在新宫殿、女子以及其他娱乐上劳民伤财，同时将统治权丢给了诡
32 计多端的邪恶宦官。在贵胄眼中，这无疑是灾难的起因。[87]从他们的角度看，道德品性和帝国的政治秩序正遭到破坏。罗马世界中那些备受帝王信任、在贵族作品中常被丑化的仆人（多是被释奴隶）与中国的宦官相呼应。他们总是组成一幅多彩的幻灯片，展现罗马历史学家意图留给后世的有关坏皇帝的暴力却又吸引人的脚本。中西两方的核心问题在于，从正规官僚阶层来看，太监、奴隶与被释奴隶构成了一种越位现象。他们因贴近帝王而来的高位公然侮辱了已然建立的官僚地位并挑战着一般的权力关系。[88]因此，对尊贵者群体来说，最重要的是坚持对抗这些“奴仆式”对手。它常常体现为警告统治者不能允许自己信任的家仆成为帝王与（贵胄）社会之间无法穿透的面纱。统治者应该与领袖群体保持畅通的交流，并让这些杰出人士参与帝国的运作。相比于仅仅依靠家仆、满足自己的利益，好的君主一定会选择那些“贵族”，用希腊的说法即是“最好的人”，那些社会中最杰出的人才。统治者应该倾听他们、信任他们的管理工作，并

〔87〕《史记》卷 87（Nienhauser 卷 1：335–57）对比了法家的丞相李斯与合谋篡权、道德败坏的大太监赵高。有关汉朝太监的研究可参看 Van Ess 2007。

〔88〕除了 Dettenhofer 2009，还有 Hopkins 1978：4 章以及 Millar 1977：69–83 的经典分析。

奖励他们荣誉、官阶与官职。[89]

严格约束自己的家仆只是帝王对家事的一般性管理中的一个层面。另一个同样重要的主题则是财政开支，这也是贵胄孜孜不倦劝谏君主的内容。[90]但他们不会明确地提出这种建议。紧缩的财政政策最好不要以社会显赫阶层的慷慨赠予为代价。历史学家希罗迪安（Herodian）借佩蒂纳克斯（Pertinax）之口宣布康茂德（Commodus）这位自我放纵的僭主逊位后的新秩序，其中清楚地揭示了贵胄地位存在的张力。佩蒂纳克斯接任时发现国库已然亏空，因此很难做到期待中的仁慈慷慨之王：

> 他们贬低这样的政策，认为活得太过节俭低劣，
> 很少人意识到这样伟大而恣意的慷慨只有通过强制没 33
> 收财产才得以可能。他们也不知道，如果每个人都按部就班地拿到自己应得的那一份但又不侵害任何人，或不采用非法的资金来源，他就要学会节约使用那些可用的资源。[91]

---

〔89〕Dio Cassius 52.19.2–3，52.25.4，73.12–13 从负面描述了一位有影响力和道德腐化的被释奴隶将自己介于帝王与贵胄之间，他就是康茂德的克里安德尔（Cleander）；司马迁《史记》卷 95 中记载，大臣哙劝诫高帝不要让自己固于宦者之殿，而要常与大臣们沟通，卷 101 记载汉文帝在被袁盎劝诫后，让自己的宦者赵同走下马车，当时袁盎是唯一一名被允许与帝王一同坐马车的贵胄。

〔90〕Walker 1978 仍是对罗马帝国有关减少开支的意识形态的最好论述。

〔91〕Herodian 2.3.9（洛布经典丛书中 Whittaker 的译本）。

比紧缩政策更糟糕的是通过强制没收贵族的土地财产来补充帝国收入的亏空。为了消除僭政与康茂德变化无常的行为方式，适度的节制是必要的。它为真正基于帝国中“最好的人”的统治奠定了基础，这些人可以安歇于其财产中。为了进一步证实他对地主阶层利益的维护，佩蒂纳克斯（在希罗迪安的记述中）宣布，任何人只要开垦未使用的土地，就会获得土地所有权，即使这块地之前属于王室所有。这是对那些管理部分帝国财产的贵胄发出的公开邀请函。最后一项措施是，佩蒂纳克斯挥霍无度的前任所制定的许多新的小型赋税都被取消了。一个好皇帝并不开发新的赋税，而是倾向于减少过去几十年留下的欠款。这就是皇家迎合罗马世界地主贵胄的大致安排，但其中有一点与中国贵胄的观点产生了强烈的共鸣。汉高帝对国民颁布的第一份公告中就包括许诺减少税收、简化秦律。[92]

汉帝国历史中有一个有趣的悖论：似乎正是在汉武帝的护佑下，儒家博士才获得了超过对手的决定性优势。然而，汉武帝又是汉朝最活跃、在军事上野心勃勃的统治者。在汉武帝继任者统治的早期，汉武帝的扩张主义政策受到检讨；它们为国家财政带来沉重的负担，新的统治者为此征询谏臣意见。对汉武帝政策的不同看法可从《盐铁论》（*Discourses on Salt and Iron*）这部文本中一见端倪。这本书由儒生桓宽在几十年后写成，重现了政府官员与儒家文人在

〔92〕《史记》卷 8.362–3（Nienhauser 卷 2：38–9）；Herodian 2.3–4.

朝廷之上的一场辩论：

> 含众和之气，产育庶物。今去而侵边，多斥不毛寒苦之地，是犹弃江皋河滨，而田于岭阪菹泽也……转仓廪之委，飞府库之财，以给边民。中国困于繇赋。[93]

儒生向丞相抗议，对游牧民族的扩张战争使帝国的核心变得 34
贫穷。如果推行不那么好战的政策，新的赋税、额外的征兵和强迫的劳役这些强加的负担都能得以避免，广大人民也能享受和平的滋味。如果皇帝能保持低水平且稳定的税收，则田地将得以耕种，国家也会变得更加富有。[94]如果从字面上理解，这些教化性的劝诫似乎都不是特别实际的建议（毕竟，帝国几乎不可能靠着统治者良好的品行与较轻的税收这一浓缩的程式来运转）。这些建议也并非得到了所有贵胄的一致支持。需要记住的是，他们当中有一些人致力于实现汉武帝的军事野心与满足其财政需求。同样情形也发生在罗马。值得一提的是，公元 3 世纪早期的罗马元老院议员与希腊历史学家狄奥·卡西乌斯（Dio Cassius）应已设想到帝国财政要主要依赖变卖大部分国家财产并对外放贷收取利息，

〔93〕Gale 1993：90. Gale 对《盐铁论》的介绍与翻译仍旧十分有用。另参看本书第二、五章布伦南与沙伊德尔的文章。

〔94〕儒家文人鄙视商人和市场——在汉朝及之后，这种偏见通过禁止奢侈的法律、严格的贸易控制、重税、禁止参加科举考试等方式被制度化。参见 Nishijima 1986：574–91。

同时只是辅以适度赋税来补足亏空。[95]每当帝国的财库持续入不敷出、货币连续贬值时，君主就被迫寻找新的方式提高财政收入。[96]那些批评君王没收同僚财产的贵胄也鲜少拒绝统治者拨赠的土地或停止参与朝廷残酷的党争，党争胜利者可以进一步掠夺失败者的财产。[97]帝国最强壮的胳膊被贵胄所使用和雇用，即使这些贵胄赞美道德性的典范王权理想。正如中国的历史学家所观察到的，即使汉朝明显地转向了儒家，法家及其理论依旧不可缺少。[98]但现实主义是无关紧要的；[99]有关王权的道德论述是帝国社会的“尊贵”阶层宣称其地位与特权的有效手段。如此一来，它就成了帝国范围内贵胄和身份形成强有力的媒介。

例如，当我们阅读司马迁的文本时，我们会惊讶帝国
35 贵胄的一种国际化视野跃然纸上并可被追溯至前帝国的历史。官员与学者在朝廷争斗中游走，在帝国管辖地区寻找庇护与容身之地。秦朝的丞相李斯狡猾而手段高明，其一生就是强有力的帝国贵胄意识形态代表。他并非秦国人，必须面对本土的政敌企图将他作为异邦人而驱逐的威胁。但他以一篇雄辩的演说（无疑是司马迁文学上的建构）说服秦朝统治

〔95〕Dio Cassius 52.28–9.

〔96〕参看 Eich 2005 财政—军队压力。参见 Ponting 2009 和 Howgego 2009 对帝国货币制度和元首制最后阶段货币加速贬值的研究。

〔97〕参看 Millar 1977，特别是第 4 章对罗马帝国财产征公与重新分配的分析。

〔98〕关于汉朝的文化氛围，参看 Lewis 2007：202–26。

〔99〕参看 Nylan 2008：60 注意到中国朝廷日益陷入精致、昂贵的皇朝展示，但同时参有儒家有关经济、适度的论说。

者接受了帝国任用各地人才的好处，这在一定意义上预示了地方贵胄的兴起，这批人带领汉朝得到了天下：

> 今乃弃黔首以资敌国，却宾客以业诸侯［秦的反对者］，使天下之士退而不敢西向，裹足不入秦，此所谓“借寇兵而赍盗粮”者也。夫物不产于秦，可宝者多；士不产于秦，而愿忠者众。今逐客以资敌国，损民以益仇，内自虚而外树怨于诸侯。〔100〕

罗马皇帝克劳狄乌斯（Claudius，公元41—54年）在著名的演说中也提出了相似的反思，他向集会的元老院议员声称应把来自地方的有功之人纳入他们当中：

> 当然，与过去断然不同，被奉若神明的、我的伯叔祖父奥古斯都和我的叔叔提比略·恺撒（Tiberius Caesar）希望各处殖民地与自治市的优秀分子，即那些有价值与财富的人，都能被纳入元老院当中。但接下来会怎样呢？难道一位意大利元老院议员不比行省元老院议员更好吗？……甚至不是行省议员，只要他们能够为元老院增添荣光，我应该拒绝他们吗……事实

---

〔100〕《史记》卷27.43–4，Nienhauser卷7：338–9；更多内容可参见《史记》卷87。方括号内是我们解释性的插入语。有关汉帝国贵胄话语的世界性发展，参见Beecroft 2010以及Weber Schäfer 1968，他谈论的是普遍性的“公民宗教”（Ziviltheologie）。

上我充满犹豫，议员们，我是否僭越了你们所习惯与熟知的行省界限？但即使犹豫，关于长发高卢（Gallia Comata）的决定必须做出。[101]

36 同上述中国的例子一样，并非所有人都支持吸纳杰出的外族进入统治阶层。克劳狄乌斯的演说引起了部分元老院成员相当大的不满。当然，他的提议在元老院中得到了通过，但这个决定并没有为高卢人如洪水般涌入元老院铺平道路，实际收效甚微。[102]虽然如此，允许更多地方贵胄进入帝国官僚体系仍为皇帝带来了诸多好处。他们不仅能够从更大的人才库中征召统治阶层的成员，并让来自幅员更加广阔地区的最有影响力与势力的人依附于王朝，从而利用他们的资源服务于帝国事业，而且，这也减少了对古老名门家族的依赖。另一方面，尽管他们作为一个整体仍旧令人疑虑，但通过逐渐将相当数量的行省家族纳入帝国贵胄群体，个人与君主之间的对立结束了。在他们治理帝国的过程中，与强大行省家族建立庇护网，寻求跻身元老院，以加强自己作为有力庇护人的位置之时，上述变化就发生了。[103]结果，罗马元老院在

〔101〕Sherk 1988，注释 55。对克劳狄乌斯演说的分析，艾利乌斯·亚里士提德（Aelius Aristeides）的著名摘录（下文脚注〔105〕），和元老院纳入行省贵胄，参见 Hopkins and Burton 1983：184–9。

〔102〕Tacitus，*Annals* 11.23–25.1；参见 Garnsey and Saller 1987：8–12，讨论了将行省人士纳入元老院的缓慢过程和参差不齐。从这个层面来说，克劳狄乌斯的演说并没有开启官僚征召的一场革命。

〔103〕参见 Saller 1982：168–94 论及将行省人士带入罗马元老院的复杂庇护网。

两个多世纪的元首制下渐渐纳入了比意大利血统家族更多的地方贵胄。贵胄网络在地域版图中扩大，开始宣扬对罗马和平的一种世界性理解："他并没有拿走他们的罗马公民身份，因为他们也关注自己的犹太身份。"[104]斐洛（Philo）是一个生活在亚历山大里亚的犹太人，他用希腊文写道，奥古斯都这位先行者已经证明了人民既可以是罗马人，同时又是犹太人。还有亚里士提德，一个来自小亚细亚的希腊演说家，他颂扬了帝国以及罗马公民身份扩展至我们所说的"尊贵者"：

> 将你的帝国中的人群一分为二——这话就指出了整个文明世界——不论在哪里你都可指明你的公民权，甚至与你的亲属关系，这世界上更有才干、勇气与领导才能的人，剩下的则被视作你霸权之下的联盟。大海与中间的大陆都不是公民身份的界限，亚洲与欧洲也不是据此区分。你的帝国欢迎所有的人。那些不值得统治或信任的人才是外邦人，世界的公民团体已经在一个最佳统治者、老师的手下被建立为自由的共和国。[105]

世界性的统治阶层话语与身份的发展，以及将行省贵胄纳入 37

〔104〕Philo, *Embassy to Gaius* 157（我们的翻译）。参看 Sherwin-White 1973 对罗马公民权与其他政治共同体成员相混合的讨论。

〔105〕Aristeides, *To Rome* 59–60（Oliver 1953）。参见 Richter 2011 有关罗马帝国贵胄话语的世界性发展。Richter 2011：131–4 处理了亚里士提德对罗马公民权的赞颂以及克劳狄乌斯支持将行省贵胄纳入元老院。

统治阶层是两个帝国长期趋同的一个方面。但在形成过程中却有一些不同。罗马方面更多是文化、语言上的发展。拉丁语言与文学构成了西方行省的基础，而东部的行省则滋养出另一组希腊文经典著作。与罗马相反，中华帝国朝廷在第一个皇帝统一文字后，似乎能够推行一种更加一致的高级文化组织，它很快替代了地方与地区文化。象形文字承载着超越地方方言的意义，汉语的性质使全帝国的官员得以使用标准化的形式与步骤来接受命令或向上级汇报。[106]因此，中国象形文字包容了方言在语言学上的诸多差异，所以事实上两者的差异可能非常大。罗马的例子可能表明，我们也许应该以一种更加渐进的视角看待中国的统一，并在贵胄的融合程度上期待更多的地方性差异。

4. 最后的反思

30年前，基斯·霍普金斯（Keith Hopkins）与格雷厄姆·伯顿（Graham Burton）偶然提及了中国与罗马第一个皇帝之间一些“值得注意的”相似性，特别是头衔的选择。“皇帝”与“奥古斯都”在语义学意义上其实意味着一样的内容：崇高的、神圣的、至高无上的王权。[107]在本章中，我们试图论证这样的相似性并非巧合。事实上，我们能够将它推得更远。非常特别的是，罗马元首制与汉王朝的神话都详

---

〔106〕有关中国的帝国、权威与文化之间的关系，参看 Lewis 1999。

〔107〕Hopkins and Burton 1983：120 注释 1。

细叙述了前帝国的过去，从而展现出合乎贵胄口味的君主形象。很明显，诸如此类的共同点并非任何直接借用的结果；两者在文化上的传统是不同的。不如说，这些相似性反映出处境的逻辑：共同的组织限制和社会构成、权力结构、贵胄形成中广泛的相似性。在强调相似性的同时，我们违背了更为人文主义的研究倾向：强调社会独特之处，从而赋予文化上的特性或克利福德·格尔茨（Clifford Geertz）所说的地方性知识。在那样一个研究传统中，比较是区分与突出特性的工具。而另一方面，对广泛共性的认同只是被犹犹豫豫地接受，最多作为假定性的观点以待被更进一步的分析所打 38
破。[108]当面对有关共性的宣称时，在这个学术传统中工作的观察者往往会习惯性地回应："确实是这样，但它必然更复杂。"他们更喜欢频繁提及基于语文学的论据。例如，有人会从中国不存在"帝国"（empire）一词着手；"天下"——普天之下——的含义稍有不同。[109]但这与罗马并无太大不同。"Imperium"也并不严格匹配现代社会学与分析性概念的"帝国"。简而言之，真正的危险是唯名论会拒斥分析，意图强调

〔108〕例如 Mutschler and Mittag 2008：421–47 给出了一条具有启发性、有价值的见解，与本章所采用的分析风格相反："尽管如此，我们同时观察到趋同的程度相异，因为在表面之下，最初的差异仍旧发挥效力。"（441）尽管相似点已被注意到，但仍应持续强调差异点。因此他们看到元首制（以共和形式"伪装的"王政）与中国更为专制主义的君主制之间有着大得多的差异。当然，在他们的分析中，关注点主要基于短命的秦朝而不是汉朝（437，443）。

〔109〕参见 Nylan 2008：42–3 在其他方面很有趣的分析。

甚至赞扬差异与复杂性。学者应该停止简单地陈述那些显而易见的要素，特别是说拉丁文有而中文没有，反之亦然。

另外，可能更重要的是，我们并没有看见两种研究路径相互排斥，而是互补的；它们服务于不同的目的。如果有人拜访汉代皇帝的朝廷，他会很清楚地明白，熟悉语言与礼仪是一个优势（并不是说至关重要的）。这样复杂的地方性知识会使你得以参与其中。但如果我们改变视角，开始寻找来自多人朝廷互动下的群体模式，那么，注意到朝廷如何利用礼仪与高级语言作为教化贵胄的策略可能会更有收获。从远距离观察社会所产生的洞见也许并不少于内在观察者。从这个角度来看，强调每个朝廷的独特习俗可能导致把对有用的地方知识的深描转变为如今普遍指涉的对细小差别的自我陶醉——这样做的代价是阻碍普遍性的、分析性的观点。正如杰弗里·劳埃德最近提出，比较研究的确存在种族中心主义的内在危险。但也如他接着所说的，对单个社会的研究更容易产生种族中心主义。在研究社会时，并不存在制高点（Olympian position），也没有完全中立的观点。就算无法做到，我们所能做的克服自我文化视野限制的最好的事，就是进行自觉的比较，从我们的社会后退一步，尝试找到普遍的模式和共同的发展历程。〔110〕我们正是怀着这样的追求，着手跨学科的尝试，把罗马与中国汉代两种独特经验带入相互的对话中，从中国的角度看罗马，从罗马的角度看中国。

〔110〕参见 Lloyd 2011a 和 2011b 的讨论。

第二章

对中国与罗马行政决策过程的比较理解

科里·布伦南

我的主题是官方决策，或者更确切地说，是与古罗马 39
和汉朝决策制定有关的“审慎的习惯”（deliberative habit）。这一比较话题并不容易处理。因为在古地中海世界，“决策制定这一议题本身并没有从一个理论的、模型构建的视角被广泛研究”，乔纳斯·西皮莱（Joonas Sipilä）在他关于罗马行省领土重整的最新著作的序言中如此论述道。[1]

碰巧，西皮莱的研究如今提供了帝国有关领土组织（territorial organization）的决策模式的最简明表述，同时，也大致提供了一些关于从奥古斯都统治时期到公元 7 世纪早期行政决策过程的广为接受的洞察。然而，对罗马政府决策的全面研究还未出现，甚至仅仅就共和国这一时期，碑铭资源仍在掌控范围内，研究情况也是如此。西皮莱指出，费格斯·米勒（Fergus Millar）约 30 年前从大量文献辑成中得出的罗马帝王“完全反应式”的风格仍然主导着

[1] Sipilä 2009.

学术界的看法。[2]

若不是纪安诺（Enno Giele）的努力，难以置信一个古罗马的研究者会开始思考汉朝的决策制定。2006 年，纪安诺出版了《早期中国的帝国决策与沟通：蔡邕〈独断〉研究》（*Imperial Decision-making and Communication in Early China: A Study of Cai Yong's Duduan*）。通才蔡邕生于公元 133 年，逝于公元 192 年；他的《独断》（被译为“独立的”或“冷漠的评估”，都是指皇帝）只是冠以他名字的众多主题作品中的一部。[3]纪安诺的基本方法是把《独断》作为一本指南（这种方法视文本为描述性和指令性材料的混合体），并把它的内容与经汉朝史书和碑文证实的沟通与征询实践相对比。

40 纪安诺详尽的语文学和历史研究是理解汉廷决策步骤与讨论特点的重要一步，同时也是理解上情下达和下情上达过程中沟通机制这一更关键问题的重要一步。罗马的研究者几乎在每一个转折关头都会回想起米勒 1977 年的著作《罗马世界的皇帝》（*Emperor in the Roman World*）。纪安诺的书虽然篇幅不长，但是它关于“压痕以示尊敬”“经分类的信息装在黑色小袋中转发”，以及“礼貌的‘愚蠢’”的专题研究把希腊和罗马的研究者带入了全新的领域。[4]最后，一个罗马研究者离开时很可能带着对汉朝帝国的修辞和政治进程既微妙又复杂的全新

〔2〕 Millar 1977. 引文来自 Sipilä 2009：5。对这个主题更广泛的案例研究方法，目前可参见 Hicks 2011。

〔3〕 参见 Giele 2006：14 注释 14 关于蔡邕官场生涯与学问活动的参考书目。

〔4〕 分别在 Giele 2006：100–1，168–70 以及 193–4。

赞赏，同时也很可能带着这样一种感觉：罗马共和国和帝制时期的建言献策习俗提供了众多与早期中国相关的因素。

要开始对这两种极为不同的文化进行比较，不妨先考察两个在公元前 2 世纪 30 年代中期与外交事务管理有关的例子。第一个例子与罗马共和国的东扩有关，第二个例子则与汉廷关注北部边境安全有关。

吞并小亚细亚西部的帕加马（Pergamum）王国并建立一个新的“亚细亚”行省的决定并不审慎。的确，这些进展都是元老院被迫实行的。对于这一点，人们可以归因于提贝里乌斯·格拉古（Tiberius Sempronius Gracchus），这位公元前 133 年在任的平民会议的保民官。当帕加马使臣到达罗马宣布帕加马最后一个国王阿塔罗斯（Attalus）遗嘱的具体条款时，格拉古（他和这个王国有世袭关系）第一个知道了这件事。接着，他迅速带着法案去到他主持的特别公民大会——平民会议中。这项法案倡议用阿塔罗斯的钱支持格拉古在国内的一项改革，一项影响深远的耕地法案。[5]

此外，平民会议的投票破坏了元老院就是否接受遗赠进行慎重讨论的可能性。仅仅 20 年前，元老院就已经拒绝了吞并北非昔兰尼（Cyrene）王国的机会。如果有机会，他们可能会对这次遗赠采取相同的做法。中饱私囊和赢得国外被庇护人的无限可能使得吞并帕加马王国对个人来说格外有吸引力，但这却潜在地打破了国家作为一个整体的平衡。事

〔5〕 来源参见 Broughton 1986：493–4。这些事务的传统做法可参见 Badian 1972。

实上，在这一点上，罗马只是因为每年无法派出一位合格的官员来治理这个王国。[6]

41 很可能，这种实用主义的考量解释了为什么元老院（由卸任的长官组成的团体，为现任长官出谋划策）花费了一些时间才批准阿塔罗斯的遗嘱。我们有一块关于元老院做这项重要决定（用拉丁语说，“元老院法令”，*senatus consultum*）的碑文拓片。[7]普布利乌斯·波皮利乌斯·拉埃纳斯（Publius Popillius Laenas）是主持通过该法令的官员，也是公元前132年两名执政官中的一位，同时，也是格拉古事业上的大敌。做出决定的日期可能介乎8月13日和12月13日之间。因此，元老院在公元前133年7月格拉古死后犹豫不决了一段时间，在批准阿塔罗斯的遗嘱之前，很可能用了一年多的时间来讨论吞并的利弊。所以，这个决策过程已经完全掉转了：决议先由平民进行投票，接着由一个建议委员会进行讨论。

汉朝的学者马上就会注意到一些明显不同于中华帝国处境的差异：提贝里乌斯·格拉古在为自己的计划创造收入来源上如此大胆，尽管元老院还有机会否决他的请求，他使

---

〔6〕 Brennan 2000：222–3（关于不吞并古利奈的决定以及帕加马王国的吸引力），以及239–46，583–96（关于在公元前146年吞并了“阿非利加”和“马其顿”之后，行省的数量超过了能够提供的行省省长的数量）中的讨论。

〔7〕 参见Sherk 1969：注释12，63–73的文本和讨论（但是这块碑铭的日期是公元前129年或前101年）。关于之后年表的讨论，参见Brennan 2000：232–5和671–3（坚定认为这块碑铭的日期是公元前101年）。

平民大会先通过这项决议，当然保民官的身份（这职务赋予了他神圣不可侵犯的地位）使其免受监禁或死刑。事实上，格拉古不久就被暗杀了，但是这个事件并不是直接原因。

随着罗马“亚细亚”新行省的建立，问题不可避免地随之而来，尤其是一场花了 3 年时间去镇压的强大武装暴动。〔8〕我们偶然了解到的一个较小的议题是关于帕加马城本身税务负担的讨论。在共和国时期，帕加马城是一座自由城市，因此免于赋税。但是这丝毫没有阻止罗马强势的私人税吏对其领土内的某些土地索要税款。

关于这类政治上的指控，我们有一块元老院法令的碑铭“论帕加马的领土”（On the Pergamene Territory），时间一定要追溯到公元前 101 年。这份文件表明了罗马的一个官员必须裁断“这块处于税吏和帕加马人民激烈论战下的土地”，接着，“基于他的决定（*consilium*）”或建议委员会的建议，他得出结论。这份文件包含了 55 个名字，有一些人名众所周知，但大多数都不为人所知。这些元老不只是起草最终决议（用拉丁语来说，“书面呈现”，*scribendo adfuerunt*）的见证人，他们一定也是为城中相关官员提出建议的议事会中实际的讨论者。〔9〕

据说，希腊哲学和哲思化作品中最长久的一个问题是

---

〔8〕 关于这场从公元前 132 年持续到公元前 129 年的叛乱的资料，参见 Broughton 1986：504（参考 509）。

〔9〕 参见 Sherk 1969：注释 12，第 21–23 行是上述的引用，第 23–54 行是元老院议员的名单。

42 诸神是否审慎商议。[10]这个问题背后的假定是人必须商议，因为人不拥有远见。确实，罗马人与希腊人一样，按照习俗，如果一位领导者事先没有和家人、朋友、亲信甚至有时候有资格的陌生人进行磋商，那么，他就不应该就任何（私人的或公共的）事情做出重要决定。[11]

例如，在希腊化时代，每一位君主都会维持一个由“朋友”组成的高度结构化的顾问团来协助商议。这一机构的重要性可从众所周知的安条克四世（Antiochus Ⅳ）的例子中看出。安条克四世在公元前 168 年准备入侵埃及。与此同时，一位罗马使臣——恰巧是我们的执政官盖乌斯·波皮利乌斯·拉埃纳斯（Gaius Popillius Laenas）的父亲——带着元老院一份不受欢迎的、要求停止战争的法令出现了。接着，这个罗马人威胁安条克不要按照他习惯的方式去征询意见。他用一根手杖在国王的周围画了一个圈，然后“命令他在这个圈内给出他对这封信的答复”，最终，安条克没有征询朋友们就做出了决定。[12]

对于尤利乌斯·恺撒来说，与“朋友们”分离并不是制定决策的致命障碍。当恺撒发现他自己太忙以至于无法参加协商会议时，“据说……（恺撒）首先想出了怎样通过便条

---

〔10〕Stevens 1933 在这里仍旧有用。

〔11〕关于古代的协商习惯，可参见 Brennan 2001，我在下文也提供了一个明确通俗的概括。

〔12〕Polybius，*Histories* 9.27.4–6. 这个事件在 Walbank 1979：403–6 中得到了彻底的讨论。对于希腊化时期国王之间“朋友”的机构建制，一种详细且微妙的处理方式尤其参见 Strootman 2007：119–88。

来和朋友们交流，因为事务繁多加之城市太大，现实情况不允许就紧急事情进行面对面的交谈”。[13]

确实，据说少数无比自信的人物取消了沉闷的商议，没有征询顾问们的意见就直接进入行动。这种傲慢和专制的行为正是罗马造反派塞多留（Sertorius）陷入专制主义时的特点。塞多留失去了对军队的控制以及帮助他在西班牙抵抗多年（大概是公元前 82—前 72 年）的盟友，据说：

> 他没有经过委员会或咨询顾问就执行死刑案件；他私下听取了佐证，独断专行宣布判决。他不屈尊邀请他的指挥官参加宴会，也不对他的朋友礼遇有加。总之，因为他的处境日益变糟，塞多留变成了一头野兽，像一个暴君一样对待任何人。[14]

最后，这些朋友以自己的名义邀请塞多留参加一个宴会，在宴会上，他们刺杀了他。

罗马建议委员会的建议不管是私人的还是公开的，在原则上都对召集和主持这个会的人不具有约束力。正
如已经指出的，元老院本身就是一个由官员组成的咨询 43
会（*consilium*），尽管这些官员也有规模小一点的议事会（*consilia*）。数字对此提供了支持。这就是为什么我们看到

〔13〕Plutarch，*Caesar* 17.8；额外的资料和讨论可参见 Pelling 2011：216。

〔14〕Diodorus Siculus，*Bibliotheca* 37.22a. 关于这一点的进一步讨论，可参见 Konrad 1994：207。

公元前101年执政官召集了一个55人的咨询机构（大约是元老院人数的1/6，元老院在那个时候理论上有300人）来帮助解决那个令人烦恼的帕加马纳税义务问题。公元前56年，恺撒在卢卡（Luca）召集的会议也应该被视为一次“规模宏大的咨询会”（megaconsilium）。正如普鲁塔克（Plutarch）所讲述的，国家要人纷纷去到土斯坎镇（Tuscan town），包括庞培（Pompey）、克拉苏（Crassus）、撒丁岛的指挥官、一个参与西班牙战争的指挥官。那里聚集了200名元老院议员，以及120名执束杆侍从手持着代表单个官员权力的象征。[15]

在私人领域，可以想到的是卢修斯·格利乌斯（Lucius Gellius，公元前72年的执政官，公元前70年的监察官）的例子，他“近乎肯定儿子犯有和继母通奸并密谋杀死他的父亲的罪行。然而，他并没有马上去报仇，（反）而是召集了几乎整个元老院来他的咨询会”——在经过准司法程序之后，事件以无罪释放这个年轻人而告终，这“不仅仅出于咨询会的裁决，同时也缘于卢修斯本人的裁定”。[16]

但是有时质量胜过数量。我们被告知，卢修斯·赛普罗尼乌斯·阿瑟利奥（Lucius Sempronius Asellio），一位公元前1世纪90年代西西里改革派领袖，组建了一个只有两个顾

〔15〕Plutarch，*Caesar* 21.5–6；关于这次卢卡会议的其他资料，可参见Broughton 1986：211。

〔16〕Valerius Maximus，*Memorabilia* 5.9.1，关于这一点，可参见Johnston 2008：28–9。

问的咨询会。其中一位是阿瑟利奥从罗马带过来的朋友，另一位是他在叙拉古城所能找到的最受尊敬的罗马人："这两位是阿瑟利奥所倚赖的人，他建造了相互毗邻的居所来安置他们，并把他们留在身边和他一起制定关于公义治理的细则以及设计重建该行省的方式。"[17]

虽然违反别人的想法做事以及拒绝大多数人的意见需要一定的自信，尤其是拒绝作为一个整体的元老院的意见，但是，这么做是完全合法的。格利乌斯的准审讯以及两个"判决"显示了他作为主席可以无视议事会。但共和国时期的长官很少这么做。

无视元老院、仅仅依赖私人顾问确实在罗马历史中经常发生，然而对于公共管理来说却不合适。据说，公元前510年共和国建立之前7位罗马国王中最后一位——高傲者塔克文（传统的说法，公元前534—前510年）——曾有这样一个特点："他是第一个放弃就所有问题咨询元老院这一传统习俗的国王，第一个根据自己亲信的建议管理政府的国王。他发动或不发动战争，要或不要和平，订或不订条约，结或不结盟，随心所欲，没有任何来自人民或元老院的许可。"[18]

罗马皇帝们在和元老院的博弈中，有一个不同的关于 44
权威的议题。随着元老院积累越来越多的（正式的和非正式

〔17〕Diodorus Siculus，*Bibliotheca* 37.8.1–4. 关于 Asellio 及其家族的进一步的讨论，可参见 Badian 1968。

〔18〕Livy 1.49.4–5 and 7，以及 Ogilvie 1965：235。

的）权力，他们发现更难从本应是自己人的主要建议委员会那里获取诚实的反馈。碰巧，我们有一篇保留在纸莎草上的克劳狄乌斯皇帝所做的演讲，在这篇演讲中，他批评了元老院过快地通过了一份只是草案的动议：

> 元老们……要记住你们所陈述的观点必须是你们自己的。因为，元老们，让执政官所指派的那个人（那个传统上第一个被问其意见的人）独自在议案后陈述他的观点，而你们中剩下的人仅仅只说一句“我同意”，再接着，在散会的时候则说“我们已经发言”，这与元老阶层的威严一点儿也不相衬。[19]

事实上，直到克劳狄乌斯的时代，罗马帝王们都曾断断续续以“执行委员会”（executive committee）的方式来处理真正的国家大事。[20]罗马最早的帝王奥古斯都第一个尝试把协商性的“私人议事会”（privy council）制度化。他让主要官员和 15 名元老（轮流地）组成顾问，通过他们来准备待交给整个元老院的事务。但是这样一个常设委员会的实验很快就失败了。奥古斯都的继任者提比略放弃了对委员会成员的时间限制。不久之后，这个“私人议事会”恢复共和

〔19〕*Berliner Griechische Urkunden* 611 column 3，lines 10–22. 关于这篇高谈阔论的最全面讨论，参见 Stroux 1929。

〔20〕下面提及的帝制时期议事会发展的最好讨论仍在 Crook 1955 中，另参 Pani 2003。

国时执政官议事会的特定特征。但这也提升了它的竞争力，远超“议会”（*probouleusis*），并在实践上扩展到帝国所有事务。帝国晚期一位传记作者简洁地将其总结为“公正，日常管理，以及军事政策”。[21]

总之，罗马皇帝们挑选“朋友”（*amici*）——那些行路时被称作“同伴”（*comites*）的人——组成咨询会，行使司法职能、制定新的法律、监督日常的和不那么日常的政府任务。[22]在这一点上，禁卫队长官（宫廷侍卫的指挥官）通常是该咨询会的成员。每个时代的主要法官也是如此，其角色的真正职业化——罗马所有主要的法律专家定期出席咨询会——由哈德良皇帝（Hadrian，公元 117—38 年）始创。塞普蒂米乌斯·塞维鲁（Septimius Severus，公元 193—211 年）皇帝更进一步，将这两种类型融合在几位特别有权威的法学家—官员身上：帕皮尼安（Papinian），乌尔比安（Ulpian）和尤路斯·保卢斯（Iulius Paulus）。但塞维鲁并不觉得自己总被他们建议约束，即使是法律问题。最终，在法律、财政和立法问题上向 45
帝王建言的帝王咨询会作为 *consistorium* 这样一个常设议事会变得僵化（开始于公元 3 世纪后期，公元 4 世纪得到了更充分的发展）。[23]在某种程度上，那个机构今日仍存在，保留在

〔21〕*Historia Augusta*, *Life of Severus Alexander* 16.3（关于正义，协商，军队事务）。

〔22〕基本的讨论可参见 Millar 1977：110–22。

〔23〕关于帝国咨询会中的禁卫军长官，参见 Crook 1955：62–3，65，以及 67 页；有关法学家的发展，参见第 79 和 140 页；关于塞普蒂米乌斯·塞维鲁无视建议，参见第 80 页；关于皇帝议事会（*consistorium*），参见第 61–2，96–8，101–2，104，109，以及 139–41 页。

罗马教皇的宗教会议中。

一些皇帝因为允许妻子、被释奴隶和奴隶影响自己的决策而激怒了贵族阶层，最为臭名昭著的是克劳狄乌斯。[24]这已成为一种标准的咒骂式指责。例如，流传着一个关于西塞罗（Cicero）的恶毒谣言，说当他在公元前63年担任执政官期间，他的妻子曾私下审讯叛变政治家喀提林（Catiline）的革命追随者。[25]历史学家塔西佗讲述了一个关于帝王克劳狄乌斯的类似故事。非常著名的公共人物、富有的瓦列里乌斯·亚细亚提库斯（Valerius Asiaticus）于公元47年陷入朝廷的麻烦中："他没有在元老院接受审讯。这个审讯在皇帝的寝宫内进行，在（皇后）梅萨丽娜（Messalina）的面前。"[26]

根据《奥古斯都史》（*Historia Augusta*）这部极其粗糙的传记记载（公元4世纪末），帝王埃拉伽巴卢斯（Elagabalus）更进一步在奎利纳尔山（Quirinal Hill）上组建了一个由女性组成的咨询会，称为 *senaculum*：

> 在希迈米娜［Symiamira，即该皇帝的母亲，朱丽亚·索艾米亚斯（Julia Soaemias）］的影响下，适用于已婚妇女的荒谬法令生效。例如，在公共场合穿什么

〔24〕关于克劳狄乌斯被妻子和被释奴隶劝告，参见 Crook 1955：41–2，116，和 119；更广泛的讨论可参见 Osgood 2010：191–205。

〔25〕Pseudo–Sallust，*Invective against Cicero* 3.

〔26〕Tacitus，*Annals* 11.2，尤其可参看 Osgood 2010：147–50。

> 样的衣服，谁先让路给谁，谁可以先吻另一人，谁可以坐车或骑马或骑家畜或骑驴，谁可以坐骡子拉的车，谁可以坐公牛拉的车；谁可以坐轿子，轿子应当是皮革还是骨头做的或者盖有象牙或银，最后，谁可以穿镶有黄金或宝石的鞋子。[27]

这种关于礼仪和禁奢议题的讨论在汉朝皇帝的廷议中从未缺席。尽管理论上皇帝对国家政策有完全的控制权，但他很少会在没有事先咨询内阁大臣的情况下决策并实施。可能有人会提起公元 86 年修订汉朝礼仪的辩论，在那场辩
论中，皇帝最终还是拒绝了太常（掌管礼乐社稷，宗庙礼 46
仪）班固的提议，即召集一个主要由专家组成的临时商议机构来探察这个问题，这使得博士曹褒只能独自承担这个工作。又如，公元 116 年，汉安帝统治时期第一次讨论了朝廷重臣适恰的丧葬，此问题在之后的几十年有许多变化和转向。[28]

但是，正如所允诺的，让我们对比一个困扰汉朝统治阶级的紧迫的对外政策问题，与提贝里乌斯·格拉古担任护民官处于同一时期。从公元前 192 年到公元前 135 年，汉朝和亚洲中部强大的匈奴帝国缔结了 9 次盟约，每一次结约，

---

〔27〕*Historia Augusta*, *life of Heliogabalus* 4.4，在 Hemelrijk 1999：225–7 中得到了很好地讨论（有比较性材料）。

〔28〕关于这些例子，公元 86 年的参见 Loewe 1986b：296；公元 116 年的参见 MacCormack 2006：69–72 以及 Brown 2008 的延伸讨论。

都要送一些“礼物”给匈奴。我们得知公元前135年的一次朝廷会议讨论了这个问题，然而，朝廷就是否维持一种昂贵的和平出现重大分歧。[29]武帝起初采纳了大多数人的意见，继续实行“和亲”或“绥靖”（字面意义是“联姻”）这一目前实行的政策。但是第二年，汉武帝确信要对朝廷长久以来实行的政策进行180度的大转变，并发动战争，更准确地说，是对匈奴的一次伏击。这个伏击计划由一位来自边境马邑城的著名人物提出。

公元前135年和公元前134年两次相关的朝廷会议上，两方观点均有人士拥护。帝王顾问韩安国反对扩张性的政策：“明主贤君视帝国为有限的。”和这么难以对付的敌人发生战争得不到任何好处，他引述了过去的灾难并称赞汉武帝没有给帝国增加灾难。太行令王恢反对和匈奴缔结盟约（之前的条约未能阻止他们入侵），并向朝廷提出了伏兵攻击的计策。后者作为直接和匈奴打过交道的边关将领，其观点占据上风。这一次伏击失败了，汉朝和匈奴不可避免的战争就此爆发，随后，提出这一计策的王恢自杀。战役接连不断，一直持续到公元前119年，那之后就进入了另一个阶段。

“我只知道一个你可以确信已尽最大努力做出了明智决策的方法。那就是你必须让持有强有力观点的勇敢之人相互辩论。”德怀特·艾森豪威尔（Dwight Eisenhower）如是说。[30]

---

〔29〕关于接下来的事情，参见《汉书》52：2398–2403，另参见Di Cosmo 2004：210–5的阐述。

〔30〕1967年哥伦比亚大学口述史采访，转引自Thompson 1984：111。

这至少和汉武帝在公元前135年和公元前134年就如何获得好建议的理想相呼应。

狄宇宙（Nicola Di Cosmo）准确地把这刻画为“一次重要的政治辩论，不仅标志着汉朝历史新纪元的开始，也是中国和北方游牧民族关系史新纪元的开始”。[31]相关文本 47
（《汉书》和《史记》）记载了辩论的热烈程度，对历史事例强有力的引用（很多都回溯到遥远的过去）强化了双方的观点，特别是说服以攻击性策略取代之前的和平政策。这里对过去的修辞式运用与避开近期的事例，令人想起希腊与罗马的雄辩术和希腊式辞藻华丽的演说。[32]即使考虑到材料中显著的创造性叙述，这个例子也反映了朝廷议事会上就争议进行讨论的大致精神。《史记》中关于王恢后来（在公元前133年）自杀身亡[33]的记载看起来支持了这次辩论在历史上实有发生，并且表明王恢强烈支持扩张主义的立场。

关于汉朝朝廷辩论史实的进一步证实可参见公元前81年《盐铁论》中的记录，盐铁会议的内容能够流传到我们手里，正是由于桓宽的文本记录。[34]他的著作满满60章，其中2/3的章节以对话形式详述了一场非凡的朝廷会议，超过

---

〔31〕Di Cosmo 2004：211.

〔32〕大体可参见 Russell 1983：107–9。

〔33〕《史记》卷108.2863，另参见倪豪士（Nienhauser）卷9：283注释295的讨论。

〔34〕Gale 1931有60章中28章的译文，正是我这里所用的译文。详细的讨论可参见 Waganer 2000：18–32，另参见前面有价值的参考目录，在第18页注释1。

修昔底德（Thucydides）笔下雅典人和米洛斯人之间的辩论（5.85—113）。

诚然，这本书可能成书于会议召开的几十年后（大约公元前50年），这次辩论也可能是就问题给出接近决议观点的“固定套路”（set pieces）。然而，不管文本何时成书，作为读者我们看见了应该看到的东西：辩论看上去是怎样的，它怎样进行，以及对古典作家的引用在其中扮演的作用是多么微不足道（与通常的判断相反）。〔35〕

简言之，在汉武帝逝世6年后，关于是否打破政府对铁、盐、酒的垄断的疑问出现了。所以我们在《盐铁论》的第一章中被告知，“有诏书使丞相、御史与所举贤良、文学语。问民间所疾苦”。〔36〕接下来是一场不寻常的、热烈而自由的辩论（也许无法避免在一开始就直接讨论仍然危险的匈奴）。尽管改革派儒者逐渐占据上风（据说甚至迫使政府官员处于敢怒不敢言的处境），但汉昭帝的治理赢得了更大胜利。在这一方面，它类似修昔底德笔下的普拉蒂亚辩论（Plataean debate，3.52—68），在这场辩论中，斯巴达审判官就该城命运的决定似乎完全无视长篇大论的相反观点。

48 盐铁辩论一个令人震惊的特点是高度个人化的论调，政府官员对儒生的资格表示怀疑，反之亦然。“夫禄不过秉

〔35〕正如戴梅可（Michael Nylan）向我指出的。

〔36〕Gale 1931：1.

握者”，御史大夫激烈地抱怨道（第 16 章），“儒皆贫羸，衣冠不完，安知国家之政，县官之事乎？何斗辟造阳也！”[37]儒者反击道，这恰恰是问题的关键，因为官员们从这种垄断中牟取了暴利——这是无法反驳的一个论点。

但是公元前 135 年和公元前 134 年关于对抗匈奴的决定看起来确实取决于这些强有力的论证。最后，王恢击败他的对手，看起来是因为韩安国已经无法证明“和亲”能够确保和平。“最终皇帝采纳了王恢的建议，”狄宇宙观察道，“是因为和亲政策不再十分有效，甚至，韩安国也不是特别热情地支持这项政策。”王恢和棘手的匈奴打交道的经验显然使他在辩论中占据优势。确实，即使是以有限的军事行动作为尝试所招致的“灾难性后果”，“也是对王恢基本论点的肯定，即汉朝和匈奴的和平条约不再有效”。[38]

汉代有大量类似这样在行政决策方面发生大转变的事情。东汉开朝时期，伏波将军马援就是一个著名的例子。公元 40 年，他一开始没能说服廷议同意复铸五铢钱，但是后来，他能够通过熟练巧妙地运用文献证据说服皇帝认同他的观点（他和东汉王朝开国者关系密切的事实当然有所帮助）。确实，对西汉来说，开始于公元前 48 年、有关如何对待宗祠的旷日持久的辩论（按照鲁惟一的计算，辩论持续了 40 年）提供了令人信服的例子，体现了皇帝在棘手问题上的

[37] Gale 1931：103–4.

[38] Di Cosmo 2004：215.

个人性决断和再决断。[39]

在希腊和罗马世界，我们在任何时期都可以看见一些领导人怎样确保他们身边总有值得信赖的顾问以裨补自己的短处和不足，并在这些顾问说话时仔细倾听。其他人在他们的会议中只是有时打算获得互左的观点。对他们来说，平常的观点似乎只是为了顾及周全以免事情陷入严重的错误中。

49 关于汉朝朝廷的决策制定方式，公元前117年有一个庄严肃穆的复杂例子，纪安诺对这个例子有过相当详细的解释和分析。它就是汉朝最著名的颁发册命诰书（investiture diplomas），即汉武帝把他的三个儿子（每一个都是由次于皇后的后妃夫人所生）分封为诸侯王。这之后有一个间接的政策维度。汉王朝自开国以来总体倾向于以牺牲地方封国的权力为代价来强化中央政府的权力。到公元前195年汉高祖驾崩，汉朝已消除大多数地区（但不是全部）的半自治性地位。公元前154年由七个诸侯王所发动的严重叛乱（七王之乱）致使中央对这些地区进行新的强力控制，册封发生时这些地区直接由中央管辖。公元前127年，汉武帝废除了诸侯国嫡长子继承制，自此以后，诸侯国向所有男性继承人划分封邑，由此进一步削弱了这些诸侯国。所以，到公元前117年，一整套关于分封和相应特权授予的概念（即使是对皇帝

〔39〕关于铸造五铢钱的决定，参见《后汉书》24：837，以及 Giele 2006：145-6；参见 Nishijima 1986：589。关于宗祠的辩论，参见 Loewe 2006：99-100。

儿子的分封也需遵循）都在极大程度上与整个时代精神背道而驰。[40]

我们的资料来自同时代的历史学家司马迁（公元前145？—前90？年）所写的《史记》卷60，以及后来褚少孙（公元前104—前30年）的增补。[41]后者宣称他已经“窃从长老好故事者取其封策书”。但是，伯顿·华岑（Burton Watson）的《史记》译本[42]并没有收录这一章，看起来显然是因为它未被编辑，或者只是稍稍地编辑了一下。凑巧的是，司马迁本人在“传中称《三王世家》文辞可观”；对于纪安诺来说，他能够把未被编辑过的文本作为汉朝治理语言的重要资源来研究。

另一个浮现而出的更大问题是决策过程惊人的复杂。鲁惟一将这一决策过程分成了“15个步骤”，议题由皇帝“下达给臣子”，随后在廷议中进行商议，接着上疏，被驳回，之后再重新提交给廷议，重新评估等等，直到皇帝给出最终批准（可）。

一份保存在纸莎草[43]上的重要王室法令最近刚刚出版，为汉朝皇帝许可之印提供了非比寻常的重要对照。这份文件显示，最著名的希腊化时期女王克娄巴特拉七世（Cleopatra

[40] 关于这些发展的大致轮廓，参见 Bielenstein 1986：509–11。

[41]《史记》卷60. 2105–2111；另参《汉书》59：2749–50。接下来的事，参见 Giele 2006：225–32。

[42] Watson 1993.

[43] *Papyrus Bingen* 45（现存于柏林）。

Ⅶ）的宫廷在公元前33年涉及一个寻常事务的决策，克娄巴特拉七世宣布了她自己的“可”。在这份文件中，一个富有的罗马人被免掉了大量的赋税和关税，这对国库和“我们自己及子孙的私人金库”都造成了影响。这份文件的最后一行是“genesthoi”，即，“就这样吧”。它的笔迹与众不同，可以推测这是克娄巴特拉自己的笔迹。[44]

50 对这位罗马的历史学家而言，公元前117年的册命事务似乎从一开始就是分阶段处理的（stage-managed）。纪安诺把“整个系列”作为“可被拆分的6个单元，每1单元至少包含3个部分”来分析，他基本上认为：“为了不让自己以一个贪婪而自私的君主形象载入历史，汉武帝必须遵从禅让传统，即三次拒绝任命的上疏，但在这个例子中，不是为他自己，而是为他的儿子们而拒绝。”[45]

首先是沟通的复杂性。在这个例子中，廷议的成员，即主要大臣（武帝卫皇后的外甥）和主要上疏者引发了整个进程。第一阶段：“昧死”（“冒着死刑的威胁”）—— 一种传统的上疏用词——请求将三位皇子分封为诸侯王。我们十分幸运地知道这次上疏的日期：公元前117年第三个月的第28天。皇帝的回应在同一天作出。汉武帝指出，他的儿子都是“未教成者”，因此列侯的头衔比起诸侯王的头衔更加适合他们。

---

〔44〕关于这份文件，参见 van Minnen 2000。

〔45〕Giele 2006：225，230.

接着，我们进入第二阶段：一次新的上疏，现在这次上疏来自廷议和另外三位高官，上疏报告说他们已经和大司马以及其他重要官僚讨论了这个问题。在日期方面，虽然皇帝宣称需要做进一步商讨，但这个日期显然就是下一天，即第三个月的第 29 天。皇帝回应道，需要重新评估，因为对他们来说一种高于列侯的爵位似乎并不合适。第三阶段：同一天 ，第 29 天，一次新的上疏援引了进一步商讨的内容。皇帝回应道："家以列侯可。"第四阶段：在第四个月的第 6 天，又一个上疏奏报了和更多权威人士一起商讨的结果，但是此时皇帝没有回应。第五阶段：第四个月第 9 天的又一次上疏没有宣称进行了更大范围的商议，只是援引高祖为先例。大臣们显然对这次上疏的成功十分自信，因为他们同时也要求确定册封的吉日，甚至准备地图来体现诸侯封邑的具体位置。

这一阶段最终引出了皇帝的"可"。接着进入了第六阶段——又一次上疏，紧接着是皇帝在第二天的回应——与册命的技术性问题相关。此时甚至还有隐含的第七阶段，即在第六阶段上疏中提到的"礼仪别奏"。如果有这次上疏，那么一定是发生在此后不久。因为在我们的记录中最后是皇帝用一种极其类似罗马成文法的用语形式做出了诏书批示（在第 26 天）。占卜决定了第四个月的第 28 天（公元前 117 年，6 月 9 日）为实际的册封日期。

纪安诺观察道： 51

> 某种程度上……大多数保存在正史中的皇帝诏书确实有宣传的目的……（但是）在《三王世家》这一篇中……诏书与事件的结合带来了更为庄严肃穆的宣传效果。大体而言，汉朝皇帝可以运用对决策过程的展示来把某些政策的责任转移给官员，但是却仍然拥有执行这些政策的荣誉。[46]

这一系列上疏和回应的节奏确实像被精心设计出来服务于这个目的：在两天时间里进行三次快速交流，接下来的两次交流几乎超过三个星期，再接着，最终的皇帝诏书迅速出台。

通常是皇帝采取主动，通过颁布一纸诏书来命令朝廷官员表达有关政治、金融、法律、宗教、军事，或者以上几种事务的看法。假如之前的统治者没有留下子嗣，那么新皇登基意味着传位和继位的多种可能，甚至有权势的顾命大臣也可以继承大统。东汉时期，只有开国者和他的儿子不存在继承问题，所以这个问题始终困扰着人们。从另一个视角考虑，汉朝历史上频繁的儿童皇帝暗示了廷议作为连续性和稳定性力量的重要性。家族至亲会组成核心的辅政团，并且母亲这边的男性亲属经常会被擢升为最强有力的辅政大臣。

正如纪安诺很好地阐明，皇帝最初的诏书中包含着一

〔46〕Giele 2006：230.

种修辞。皇帝会因为允许这般事态发生而责怪自己，由此给他的顾问大臣坦率地就紧迫问题进行辩论开了绿灯（至少在理论上）。[47]或者他也可能（正如在公元133年一场地震后所发生的那样）命令他的顾问大臣明确地去做：“其各举敦朴之士一人，直言厥咎，靡有所讳。”[48]

这些会议似乎有着一个表达异见的正式机制，以及对异见的书面记录，其中包括（正如纪安诺从《独断》中展示的）重申被驳回的论点和之后的抗辩，或者介绍新观点，“（我）会提出不同的看法”。《独断》继续写道：“那些与君 52
主意图相合的（观点）被这样书面回应：‘其合于上意者，文报曰某官某甲议可。’”[49]

一份详述了公元前104年西班牙战事指挥官卢西乌斯·卡埃西乌斯（Lucius Caesius）一次裁决的碑铭提供了极有说服力的对照。[50]这份碑铭展示出，对罗马人来说，即使身在城外，咨询某人的议事会并记录其决策是极其正常的。20年后，在东部半官方的战役期间，卢基乌斯·科尔涅利乌斯·苏拉（Lucius Cornelius Sulla）（公元前88年任执政官，但此时是亡命之徒）在公元前85年到公元前84年制定领土部署时带着不同寻常的关心参与了同样类型的议事。对于苏拉来说，这尤其重要，因为作为罗马

〔47〕Giele 2006：214–5.

〔48〕Loewe 2006：100.

〔49〕Giele 2006：310–1.

〔50〕*L’Année Epigraphique* 1984：495，在 Hoyos 1990 中有细致的讨论。

（暂时）的国家敌人，他不能进入拥有绝对权威的“十使节”（*decem legati*）巡回委员会。这个委员会由元老院在处理主要敌人的收尾时派出，同时，委员会也会就这些议题进行商讨。而苏拉只能靠其个人顾问团而获准回一次罗马。[51] 这反过来造就了一个近来全新的、准备好的先例，宣告了旧式“十使节”的死亡。尽管卢基乌斯·李锡尼乌斯·卢库鲁斯（Lucius Licinius Lucullus，公元前 74 年的执政官）在公元前 1 世纪 60 年代初东部战役进入尾声之时征询了顾问们，但 60 年代末的庞培看不出有需要在这一场合使用顾问来服务其行为（尽管他一度为顾问支付过费用）。在公元前 1 世纪 50 年代末的高卢，盖乌斯·尤利乌斯·恺撒使用了一个非常聪明的托词，他用自己的顾问组成了正好是 10 人的议事会。[52]

清楚的是，在汉王朝和罗马的高层管理圈中，建言献策一直都在进行。但是召集议事会仍然是一个特殊行为。和罗马议事会不同，汉朝议事会的协商环节经常不包括皇帝，在上述关于分封讨论的例子中，皇帝明显保持着一定的距离。我们可以从纪安诺的研究中看出，在这些讨论中，丞相

〔51〕苏拉的关注体现在 Sherk 1969：第 17 条，第 9 行（元老院法令确认苏拉给予 Caria 的 Tabae 的特权），第 18 条，第 96 行（苏拉给予 Caria 的 Stratoniceia 的特权），第 20 条，第 13–4 行（苏拉给予 Thasos 的特权），以及第 23 条，第 39、42、55–6 行（苏拉给予 Boeotia 的 Oropus 土地的特权）。

〔52〕关于 *decem legati*，标准研究是 Schleussner 1978；尤其关于卢库鲁斯的探讨，可参见 Morstein Marx 1995：303–4。关于恺撒的闪躲，参见 Brennan 2000：810 注释 344。

和御史大夫通过逐步囊括“专家”大臣而扩大了他们的商讨群体——例如，在第二阶段，掌宗庙礼仪的大臣（太常）、掌封国事务的大臣（大行令），以及一位代表负责祖先崇拜大臣的官员都可以被视作在这些问题上的利益相关者。同样也很清楚的是，这个过程怎样要求上疏者们自己去设计出所提议政策的细节。皇帝的角色只是在形式上驳回他所不喜欢的东西进行重新评估。

和罗马一样，汉朝皇帝需要仅仅借着习俗而非法律，接受顾问提议。我们时常会得到一份关于朝堂会议主流意见的记录。我们得知公元前61年到公元前60年，赵充国
必须促成朝廷会议上多数人同意推进他在前线建立临时军 53
事驻地的新提议。公元前32年，汉成帝遵循了50位顾问大臣的观点，而不是另外8位的观点，在长安北郊举办了一次祭祀土地神的典礼。而在公元5年的时候，汉平帝重新考虑与祭祀仪式有关的议题，他这么做是基于人数更多的顾问团（一开始是67位大臣，之后是89位大臣）全体一致的意见。[53]

关于汉朝和罗马决策过程中有组织的讨论的重要性，我们显然还可以讨论更多。尤其要感谢纪安诺的努力，我们才可以在一个极好的位置上探索汉朝决策过程的很多精妙之处，继而尽我们的最大努力将其与其他管理文化（不

〔53〕关于公元前61年到公元前60年的讨论，参见 Di Cosmo 2009：73–5。关于公元前32年和公元5年的事情，参见 Wang 1949：174。

管是古代的还是现代的）中的精妙之处进行对比。当然，不管是哪一个朝代，我们都在很大程度上受制于我们的材料。汉朝和罗马史官亲历的“真实”朝廷辩论毕竟十分有限，但即使如此，他们天然就对危机时刻、人际冲突以及高昂的制度风险更感兴趣。在我们的文献记录中，常规的管理决策即使由国家首脑做出，也自然未能激发大量关注或评论。

然而，我们关于汉朝朝廷的信息足够详细和可靠，足以展示出它运行的一些基本原则，这些原则甚至可以有效适用于我们正在讨论的这段很长的历史时期（4 ¼ 世纪，从公元前 206 年到公元 220 年）。例如，似乎总是由皇帝提起实际的商议进程（至少在表面上）。参与商议的顾问数量可能会根据手头事务的重要性程度成比例增加。熟稔引用先例（避开了那些近期先例）甚至是文书有助于左右一场辩论。对皇帝而言，重新考虑一个似乎已经解决了的议题并不奇怪（有时会反复再三）。顾问们通常因支持或反对某某政策而把自己的官位——有时是自己的生命——押了上去。在给皇帝的上疏中出现的“昧死”的表述绝不是一个空洞的形式语，而毋宁说是君主权力真实情形的简洁表达。

甚至对一个明显“既定的”决策过程的文字描述也可能提供有价值的、意想不到的数据——例如刚刚讨论过的，围绕汉武帝分封三位皇子而精心设计的磋商会议。那一事件碰巧提供了一份详细而有用的时间表，即顾问大臣和皇帝从一开始提议到最后诏书的颁布这一个月的时间中有节奏的意见交换。这份时间表关于汉朝皇帝处理一个议题需要多长时间，特别是在结果已毫无悬念而舆论很重要的情况下提供了一个粗疏但现成的指引。

我试图在整篇论文中强调古代西方和东方之间在相关 54
的历史时期建言献策过程和行政框架上多而惊人的相似性。总的来说，两个社会的辩论机制（有时显然是在走形式，但在许多情况下，很明显是自由发挥且激烈），以及共识中显而易见的价值或行政议事会的简单多数意见确实发挥了重要作用。尽管议事会的决议在原则上对执政者不具有约束性，但它们确实有助于防止军团指挥官或皇帝做出过于草率的决定、抑制权臣或官员群体过大的影响力，并且为最终决定及其施行提供外部认可。罗马和汉朝实践两个最显著的差别是：在顾问大臣的议事会上中国皇帝被期待正式缺席；以及（在那之后）有时在上疏和回应之间持续很久的相互影响。人们的一般印象是罗马议事会在决策前（或者无疑是在一个更加精简的时间框架内）会讨论大部分个人性事务，只有最后的结论才会有文字记录。

鲁惟一在对希腊、罗马和秦汉王朝管理系统之间有价值（且稀少）的对比中提出，议事会辩论的内容可供更进一步的鲜明对比。他观察道，“在长安和洛阳”“那些升至府衙高位的人可以私下向皇帝表达他们自己的观点并向他提供建议，随后就是合适的决议”。但是，“在罗马，底层居民的观点可以由元老院中的贵族提出并付诸讨论”。[54]鲁惟一进一

〔54〕Loewe 2006：171（也适用于文中接下来的引文）。

步解释了整体情况：

> 秦汉王朝没有公民或公民权的概念，而在一些希腊城市和罗马，个人已作为其所在社群中的活跃成员并参与到政府中。他们可能会成为某个集会的活跃成员，或通过抓阄被授权掌管一些权力部门；或者他们可能承担代表他人观点并使他们的观点得到注意的公认责任。而在早期的中华帝国，没有任何政府机构或社会组织形式能够给这样的活动提供空间。

当然，整个汉朝系统缺少公民大会。而在罗马，共和国风格的大会（*comitia*）惯例一直保持完好，直至罗马帝国鼎盛时期。例如，罗马人和罗马平民直到至少公元 1 世纪末一直在通过法案。迟至公元 3 世纪，人民仍能够在选举会议中照面——尽管他们主要是批准皇帝早已做出的决定。在帝
55 国的各个方面，罗马城的平民在维护他们的权利和特权上（不管是实际已有的权利还是希望得到的）展示出强有力的阶级团结和非凡的坚持。

然而，汉朝非常不同的政治传统并没有产生出人们可能期待的结果。即使就我们拥有的材料来说，在汉朝议事会的辩论中，至少底层的需要有时候看来确实值得考虑。成书于公元前 81 年的《盐铁论》大量提及了人民所面临的经济困难。类似的情况也可从公元前 179 年颁布的寡妇和孤儿救济法令，同时期发布的保证大众粮食支付能力的法令，或者

从公元133年洛阳地震后朝廷关于受灾情况的讨论中推断出来。[55]尽管这些议事会及其讨论有其临时性。事实上，尽管让大众在有组织的集会中发声是罗马的长久传统，但这并不意味着罗马在确保非贵胄的观点定期可在行政会议中得到表达这一点上，比同时期的中国做得更好。

两个系统之间的根本不同体现在其他方面，而且看起来这不是本质上的差别而是表述上的差别。简言之，对罗马人来说，决策制定至少在原则上是议事会和执行者之间的真诚合作，我们的材料也是这样勾勒的。但在汉朝的管理系统中，顾问大臣和皇帝之间意见交换的实际情况（就我们所有资料对会议记录的细微观察而言）很可能不比罗马人的状况差多少。但在议事进程的末尾，要紧的是保持形象。确切地说，重要的是“独断”的形象——正是皇帝“独立”或“高高在上的评估”体现了其统治的决策制定。

〔55〕Loewe 2006：92–3，100.

第三章

汉代官僚制度的起源、性质与发展

赵鼎新

56 西汉（公元前206—公元23年）是中国大地上建立的第一个持久的官僚帝国。[1]西汉最初拥有约150万平方公里的领土，早期至中期逐渐扩张。最强盛时，治下有6000万人口，由12万余名官员组成的行政体系进行管理。西汉的官僚制度及整个汉朝的政治制度在中国历史上具有典范地位，这不仅是因为其后的朝代与西汉有明显的相似性，也是由于之后历代的政治家在建立、维护与改革本朝的政治制度与国家时，都自觉地意识到与西汉的连续性，并积极地唤起对西汉的历史记忆。

在继续探讨之前，我必须强调本章不是为了提供一份对西汉官僚制度的详尽说明，而是旨在突出它的一些核心特征，包括其起源、演变、沿袭问题及区别于罗马官僚制度的

〔1〕 西汉与东汉（公元22—220年）合称为汉朝。尽管本章主要关注西汉，同时我也列举了一些东汉的事例。东汉由西汉皇室血脉建立，并以西汉的政治制度为模板。

最鲜明特点。[2]

1. 中国官僚制度的起源

西汉官僚制度沿袭了短暂的秦朝（公元前 221—前 206 年）的政府体系，它依次源于西周（约公元前 1045—前 771 年）及春秋（公元前 770—前 481 年）和战国（公元前 57
480—前 221 年）时期的政治。为了理解西汉官僚制度的性质，我们需要知道其独特起源。

史学家与历史社会学家极有说服力地论证了战争是官僚制度在军队与政府中兴起的背后的主要机制。[3] 埃德加·凯泽（Edgar Kiser）与蔡勇（Cai Yong）[4] 运用这一机制来分析中国，认为古代中国官僚制度的过早兴起也与春秋战国时期长期剧烈的战争有很大关系。我认同战争对官僚制度兴起的普遍重要性，但同时也相信战争不是刺激官僚制度兴起的唯一机制。[5] 就中国的例子而言，在汉代官僚制度建立之前，发生过三次显著的官僚化浪潮：西周中期官僚制的出现、春秋时期官僚制的传播及战国时期官僚制在政府中占据主导地位。三次浪潮中，只有最后一次很明显是受交战国家

---

〔2〕 参见 Bielenstein 1980；Bu 1996，2002；Ge 1992；Liao 2005；Loewe 2006；以及笔者即将付梓的新书（Zhao 即将出版的著作 b）是关于汉朝官僚制度的另行论述。

〔3〕 比如：Downing 1992：第 3 章；Howard 1976：49，64–9；Kiser and Cai 2005；McNeill 1982；Tilly 1992；Weber 1978：291，966。

〔4〕 Kiser and Cai 2003.

〔5〕 Zhao 即将出版的著作 b。

间军事竞争的推动。[6]

西周时期，周天子出于对王室封地的保护，会经常派王室宗亲及亲密盟友在战略要地建立军事驻地。其中很多后来发展为半自治的诸侯国，从而为西周的封建制度奠定了基础。同时，西周王室也保留了都城周围一片相当大的封地，以进行直接控制。到西周中期，一些官僚结构在王畿中发展起来。汉学家已经注意到西周时期官僚制的多种元素。[7]顾立雅（Herrlee Creel）[8]强调西周政府保持书面记录的做法是其官僚制的一个重要特征。许倬云（Cho-yun Hsu）与林嘉琳（Katheryn Linduff）[9]则认为西周政府的发展具有以下特点：劳动分工的增加，政府规模的扩大，王室权力与等级的制度化。夏含夷（Edward Shaughnessy）[10]主张西周政府在中期变成明显的官僚制政府。

以上提到的西周政府的发展是宗法国家管理结构自然发
58 展的结果，还是世袭官僚制的真正出现？[11]这个问题非常重

---

〔6〕 Zhao 即将出版的著作 b。

〔7〕 参见 Chang 2007a：39；Creel 1970；Yang 1984，2003：315–35。

〔8〕 Creel 1970：123–9.

〔9〕 Hsu and Linduff 1988：249.

〔10〕 Shaughnessy 1999：325–6.

〔11〕 这里，我以“家产制国家”（the patrimonial state）指代由一个王室统治的政体形式。根据 Weber 1978：1006–69，家产制国家产生于政治统治中的家长模式。尽管家长制（patriarchy）是家产专制统治（patrimonialism）的核心，但两者之间有关键性的区别，因为家产专制统治是从家长制结构中的激进扩展和抽象，而家产制国家不再允许社会中的自治宗族与世系领袖充分发挥作用。Eisenberg 1998：92. 又见 Adams 2005：16–9 对家产专制统治概念的更多讨论。

要，因为当一个父权制家庭变得复杂时，一些“管理结构”也会自然得到发展。[12]为了回答这个问题，我们先根据马克斯·韦伯理想的典型官僚制的标准评估一下西周行政体系的性质：（1）有层级结构；（2）运作遵循规则与程序，而非个人；（3）有对官员的贤能选拔与擢升；（4）官员获得薪酬作为补偿。[13]我的基本根据来自李峰（Li Feng）的著作。[14]

李峰考察了67件出土青铜器上的铭文，上面记载了西周的册命仪式。结果表明，西周官僚制有一个与汉代官僚制几乎相同的结构。到西周中期，周朝的政府管理可划分为三个分离的职能部门：王室、民政与军事。而且，一件西周中期的出土青铜器（牧簋）上也有铭文记载，周天子担心其官员的权力腐败与滥用，因此任命一位名为牧的人负责监察职务。[15]这可能是汉朝官僚制中得到充分发展的监察体系的先驱。李峰还发现，在册命仪式中，仪式程序通常在被任命者的上级在场时举行，并在同一个为特定行政任务所设的官署（被称为“宫”）中举行。[16]甚至任命仪式中，周王的行为也由一定的例行程序所规范。换言之，至少在册命仪式中，西周政府的运作似乎遵循着清晰的程序，这符合韦伯官僚制的第二个标准。李峰也发现，随着西周政府的发展，事实上，

---

〔12〕Eisenberg 1998：85.

〔13〕Weber 1978：956–1005. 这些标准也被 Kiser and Cai 2003 用来区分官僚制与其他政府形式。

〔14〕Li 2001–2，2004，2008.

〔15〕Li 2007：116–8.

〔16〕Li 2001–2.

官员的任命越来越少是世袭的。[17]被任命者在很年轻时从初级职位开始他们的事业，然后走上一条在多个政府部门擢升的漫长道路（军队经历是有利因素），最终到达政府顶层，这成为一种通行做法。这条道路是漫长的，有时还很复杂，表明西周政府是有层级的，各级有不同等级的官员。而且，正
59 如李峰非常令人信服地论证道，如果这条漫长而缓慢的上升道路是“晋升的常规模式，那么经验与个人绩效会被认为是在西周担任公职最重要的因素”。[18]这里，政府的层级性质与个人的贤能分别符合韦伯官僚制的第一个与第三个标准。

韦伯的官僚制是他根据现代官僚制的主要特征而建构的一种理想类型。从某种史学角度来看，我们很容易理解为什么没有一种前现代的官僚制拥有（或应该拥有）与韦伯的官僚制完全一致的特征。事实上，即使是现代官僚制也不会满足韦伯官僚制的所有标准，尤其是在其顶层部分。[19]因此，官僚化应被视为一个过程。西周官僚制在宗法制框架下运行（见下文），包含浓厚的封建与世袭相混合的色彩。周代官僚制的官位只开放给贵族后裔。另外，也没有迹象表明任命官员会获得俸禄，尽管周王会赐予他们土地，偶尔他

---

〔17〕Li 2004.

〔18〕Li 2004：18. 事实上，Hsu and Linduff 1998：251 提到有一篇册命铭文清楚地写到，周王在考察一个叫勉的人的“绩效记录”后任命他担任工部大夫一职。

〔19〕比如，在美国及所有其他西方国家，总统和首相是通过民主选举而不是官僚提拔而产生的。而且，在选举后，最高行政长官通常有大量可得的政府工作职位奖励给他的密友。

们还会得到礼物。[20]换言之，如果我们想遵循韦伯的术语，西周官僚制显然是一个受俸或世袭的官僚制。[21]且不论那些术语，西周官僚制包含的所有实质内容，是后来发展于春秋战国时期、成熟于中华帝制历史进程中的家产官僚制的前身。简而言之，如果想将中华帝国的政府结构视为官僚制，那么西周中期发展的政府结构也可算作官僚制。

我们对是什么导致了西周中期官僚式管理的出现仍所知甚少。基于大部分包含任命铭文的青铜器都是有关军队较低级别“侯”（captains）的任命这一事实，夏含夷提出这一官僚制的发展可能开始于军队，然后扩展到政府管理。[22]然而，我们应该注意西周的官僚化过程开始于穆王（公元前
956—前 918 年在位）之前一段时间，当时，国家的战争活 60
动并没有明显异于西周其他时期。[23]韦伯曾评论道，一个国家的辽阔领土需要复杂的管理工作，这也促进了官僚制的发展。[24]然而，西周王室领地的规模实际上相当小，主要

〔20〕Li 2001–2：53；2007：142–7. 根据 Li 2007：142–7，西周王室常规上会给政府中任职的官员赐予土地，以作为一种补偿。在西周晚期，由于西周的衰退，王室治下的土地不再可由王室分发。Yan 2002：30 极有说服力地表明，即使在战国时期与秦朝（此时官僚化过程已得到最大程度地发展），每个等级的官员可以得到的特权与礼物仍然比由官务所得的薪酬的价值大得多。

〔21〕Weber 1951. 但请参见本书彼得·艾希所作的第四章。

〔22〕Shaughnessy 1999：325–6.

〔23〕穆王统治时期是西周力量衰落之时。穆王统治后，西周与牧民之间的矛盾开始变得尖锐。见 Li 2006：169。然而，在这之前的一段时间，西周的官僚制已经出现。

〔24〕Weber 1970：209.

局限在今天陕西省渭河流域。

本章中，我冒险提出西周官僚制起源于强大的宗族传统。韦伯认为普遍主义、成就导向的官僚制是特殊主义、归因导向的、以亲属关系为基础的组织的反面。[25]但是，在西周的例子中，我们发现这两个对立面结合在一起。为了控制军事占领期间建立的诸侯国以及规范它们之间的关系，周朝王室建立了一套基于宗族原则的权力等级体系，即后世史学家所称的宗法。在宗法制下，西周以大宗、小宗的概念将王室子孙排列在多层等级次序中。西周天子通常由其嫡长子继承，代表了大宗，而诸侯（其中许多都是先王庶子的后裔）尽管在自己的封地上是大宗，但是相对于统治王室而言是小宗。这种大宗—小宗关系可以扩展开来，从而将多个真实的 或建构的旁系纳入一个多层等级结构中，每一层级都以缩小的规模复制着王室或诸侯的权力结构。[26]

宗法制的形成深刻地塑造了中国历史的格局。在大多数传统社会中，国家是属于王室的私有物，国家与王室家庭密不可分。[27]然而，宗法制下，不仅国家是王族私有的，而且整个政治秩序和所有的社会政治关系都可视为源自宗族伦理并在宗法原则基础上建构起来的。宗法把家庭在中国文化中的重要性提高到这样的水平，从而促进中国人形成了一

〔25〕Weber 1978：956–1069.

〔26〕根据 Von Falkenhausen 2006：67，这样的分离自然而然地“创造了一个等级制度，其基于家族资历和与始祖的血缘亲疏而成立”。

〔27〕见 Weber 1978：1007–1110 和 Adams 2005。

种不同的宗教感。

为了加强宗法理念，西周设立了一套用于多种场合的复杂仪式，包括（但不限于）祭祖、册命、婚、丧、吊，同 61
时也有关于音乐与服制的规定。在这一体系中，逝者必须以反映亲属关系等级结构的方式被埋葬。[28]只有大宗的长子才有权主持祭祖仪式，大宗与小宗的成员在仪式进行时要演奏不同的音乐，不同仪式的物件必须根据其等级（通常反映了其在王室血统中的地位）放入墓穴中。[29]当大宗与小宗成员一起出席仪式性的场合时，他们的行为被一套反映宗法的复杂仪式严格规定。这些例子还可以延伸到很多其他领域。[30]宗法制是西周最重要的制度。[31]

---

〔28〕中国考古学家发现，在西周中期到晚期的考古现场中，墓地的空间布局、陵寝的设计和陪葬品的种类都紧密遵循公认文本的描述。见 Hsu and Linduff 1988：166–71，他们认为宗法规定的政治秩序可能在那时就已被广泛采用。最新的考古发现也对史学家之间的争论有些影响。例如，史学家已经长期争论了周天子战车的马匹数量（四还是六）。洛阳一个最近发掘的东周周王的坟墓里有多种陪葬品，其中有一辆六匹马拉的战车。这个发现立刻终止了争论。

〔29〕比如，关于祭祀活动和贵族坟墓中青铜鼎的使用，《周礼》与另外几本古代文本都提到天子九、诸侯七、卿五、士（贵族中最低一级）三。早期坟墓中发掘的青铜鼎数量与公认文本的描述一致。见 Hsu and Linduff 1988：193。

〔30〕见 Yang 2003：第 6—9 章对宗法及与之相关的仪式的广泛讨论。

〔31〕春秋战国时期，出于多种原因（比如，一支特定宗族由于军事任务或宗族规模太过庞大，而需要被分出），一个宗族会分成几支。宗法通过赋予大宗（宗谱中资深的一支）更多权力，来管理分开后同一世系不同分支间的关系。见 Du 1979：27，以及 Hsu and Linduff 1988：147 关于宗法制形成背后的逻辑。

宗法制高度等级化的性质和严格按照规则的、复杂的仪式进程几乎自然而然走向官僚化。因为祭祀活动（以及作战）在当时被视为国家的核心职能，[32]它们必定对政府组织的结构有所影响，可能使得官僚制度在更大的世袭框架中过早兴起。而且，西周宗法制将亲属关系推到很广的范围，从而得以将大多数西周诸侯国的统治者和民众纳入真实与虚拟的亲属关系网中。由于宗法传统而形成的世系扩展不仅使劳动力内部的等级划分成为必要，也为在同一世系成员间通过贤能选拔出来的政府官员的发展留有许多空间，这也必定促进了西周官僚制度的兴起。

62 西周大部分官衔最初都是各种家庭主管的名称，这个事实表明中国官僚制的起源基于家庭。这一传统在春秋战国时期仍然得以沿袭，并在西汉官僚制中进一步加强。例如，百官之首在西汉时称为“丞相”，之后逐渐称为“宰相”。汉字“相”字面上的意思是“助手”，而“宰”意味着“杀”。西周与春秋战国时期，天子与诸侯家中最重要的活动是以宗法为核心的祭祀仪式，这些仪式最重要的部分是宰杀牲畜以献祭。因此，“宰相”这个名号就被用于指那些在主人家庭的最重要事务中负责辅助主人的人。[33]西汉九卿的称号也是如此。西汉的“太仆”负责帝国与马匹相关的事务，包括

---

〔32〕《左传》（成公十三年，公元前578年）记载着刘康公的注：“祭祀与战争是国家最重要的两大事项。”该注引自《十三经注疏》，中华书局，北京，1980。

〔33〕Ch’ien 1982：8.

军队和皇帝车辆的马匹。然而，这个称号最初在西周时指国王的“马夫”。[34]而且，西周时期，“奉常”是指负责所有祭祀活动和宗族关系的人。而在战国与西汉，它有了新的名称“太常”（掌管仪式的大主管）。事实上，钱穆已经指出西汉官僚制九卿中至少有 7 个起源于负责天子或诸侯家庭私务，而非国家事务的官职。正如钱穆所言，“家变成国”。[35]卜宪群等学者沿着同样的思路详细论述了西汉官僚制度中西周与春秋战国的传统。[36]

西周时期，官僚体系只在王畿中实行。大部分的诸侯国都太小，不需要建立官僚式的政府。春秋时期，周王失去了对诸侯国的控制，约 150 个诸侯国开始互相发动战争。在这个过程中，少数成功的诸侯国大幅扩展了封地。为了管理新的封地，这些诸侯国先后借鉴西周的政府结构，在公元前 7 世纪左右将官僚制的管理方法传播开去。然而，这波官僚化浪潮非常初步：大多数国家的诸侯也将新占的封地授予了在扩张中起到重要作用的贵族。但是这种“封地”引发了贵族之间及诸侯与贵族之间的竞争，导致公元前 6 世纪爆发了一场普遍的“封地危机”。[37]就是在这场封地危机中，公元前 63
5 世纪的魏国发起了一场成熟的官僚制改革。魏国的改革极大地增强了国家实力，使别国很难抗衡它的军事力量。在魏

〔34〕Bu 2002：54；Ch’ien 1982：8.

〔35〕Ch’ien 1982：8.

〔36〕Bu 2002：3.

〔37〕Hsu 1999；Zhao 2006.

国的军事压力之下，公元前4世纪早期或战国初期，一波新的官僚化浪潮开始。随之而来的是官僚化造成了国家军事力量的增加，这又反过来刺激了官僚化的进一步发展。这一“战争—官僚化”协同作用促使全面战争爆发，并为统一的秦帝国的兴起奠定了基础。在这整个过程中，西周官僚政府模式广泛传播并得到很大程度的发展。[38]现在让我们来看看西汉的官僚制度。

2. 西汉官僚结构

西汉的官僚制度直接效法了短促的秦朝的官场结构。西汉官僚体系在其两百余年的历史进程中经历了诸多变化。帝国在不同时期面临着不同的难题和挑战。皇帝与官僚之间的关系也随不同的统治时期而变。一些政府机构的规模与权力缩小，而其他一些得到扩张，新的机构创立起来。由于汉朝官僚制在武帝（约公元前141—前87年）统治下经历了重要的改变，所以接下来的讨论主要基于我对那个阶段形成的汉朝政府结构的理解。毕汉思（Hans Bielenstein）对汉朝官僚体系与之后的演变有极好的讨论，感兴趣的读者可以参看他的文章。[39]

公元2年，西汉政府的官僚制中有120285名官吏。鲁惟一猜测这个数字可能没有包括较低级别的基层官员。[40]

---

〔38〕Zhao 2006.

〔39〕Bielenstein 1980.

〔40〕Loewe 1986c：466.

一份西汉晚期的东海郡出土文献显示，该郡的官员总数为2203名，其中大部分是基层人员，比如佐史（492名）、驿丞（688名）及斗薪职员（501名）。[41]我们知道西汉帝国当时有1587个县级政府单位，而东海郡有38个县。基于这些数据，可以估算郡级官员总数为2203×（1587/38）=92004人。[42]120285位官员的总数是个可信的数字，将中央政府、州级政府和不同监察机关的官员全都包括在内，这 64
个数字应该包括了基层官员。[43]

西汉政府结构的顶端是皇帝。作为国家首脑，皇帝依靠官僚制来管理国家，同时赋予其合法性与权威。相比于罗马帝王，汉朝皇帝表现得更遵守仪式，更被动。罗马帝王的首要身份是一位军事领袖，应主动统治国家，而汉朝皇帝则被期待作为一位仪式之主行动，以被动的方式进行统治。[44]当然，这些仅仅是在总结一种普遍模式。事实上，新王朝的开国皇帝往往是主动的统治者。而且，因统治者的个性及某些其他因素，一些王朝中期的皇帝也会成为主动的统治者。

---

〔41〕Liao 2005：62. 斗是用来度量粮食的容器。1斗等于1.996升。斗薪职员组成一大类最低级别的官员，他们的年薪以斗计而不是以石计（级别与俸禄将在3.1部分进行详细讨论）。

〔42〕Liao 2005：58–61.

〔43〕请注意官僚制度的规模在东汉得到进一步扩大。例如，东汉时，官员的总数分别是河南县927位，洛阳县796位（Liao 2005：57）。然而，在西汉东海郡的记录中，官员最多的县是海西（107位），官员最少的县是成（22位）（Liao 2005：62）。尽管河南县与洛阳县都靠近东汉都城，很可能会有更多的官员，但其间的巨大差别也反映了汉代官僚制的稳定扩张。

〔44〕Finer 1997：482；Zhao 2006.

汉武帝就是其中的一个例子。

皇帝通过内朝和外朝与政府机构联系。内朝有六尚：尚衣、尚食、尚冠、尚席、尚浴、尚书。前五尚负责皇帝私人的日常生活。这些职位通常由太监担任。而尚书是皇帝的秘书。这一职位可由太监或文臣担任。六尚中，尚书尤其重要。汉武帝统治时期，尚书职权逐渐扩大，最终在西汉晚期取代丞相一职，成为最有权力的官职。除了六尚以外，内朝还有大量没有特定行政职位的官员，比如郎、博士、常侍、散骑、中大夫等。[45]这些内朝官员大多数在行政上受到外朝两大部门的统领：宗正与少府。在结构方面，内朝与外朝并未完全分离。[46]它们的区别在于：内朝官员处理与皇帝或其家族私人事务相关的问题，而外朝官员则管理整个国家。由于内朝官员与皇帝更亲近，并更受皇帝信任，他们自然会
65 为想要贯彻自己政策主张的主动型皇帝所用。当主动型皇帝（像汉武帝）掌权时，内朝的这一特点变得非常重要。

西汉的外朝以三公为首：丞相、太尉和御史大夫，分别负责行政、军事和官僚机构的监察。不同于罗马帝国，汉帝国由文臣统治，将军在日常国家政治中没有合法地位。事实上，在西汉官僚制中，丞相也掌管军事，而且大多数太尉担任该职时都是民事官员。尽管整个体系监管和平衡政府机构中的权力，但丞相无疑处于这些机构的中心位置。

---

〔45〕此外，不同类型的郎和博士拥有不同级别的更具体称谓。

〔46〕Yang 2001：144–9.

丞相的重要作用使其官署成为一个庞大的组织。[47]丞相由御史大夫辅助，御史大夫也有两名助手和一名主簿。后面三位都是级别很高的官员，并领导着更多级别较低的辅吏。[48]丞相的秘书处由十三曹组成。[49]这些曹的名称（必要时对其主要职责做简要解释）分别是：[50]

1. 西曹（主2000石所有官员的任命）。
2. 东曹（主2000石以下所有官员的任免升降，并包括军队官员在内）。
3. 户曹（掌管皇室收入，管理皇室活动，包括祭祀帝王祖先）。
4. 奏曹（负责所有呈交给皇帝的奏章）。
5. 词曹（主刑法判决）。
6. 法曹（负责重量、度量及邮驿的所有标准）。
7. 尉曹（掌管军队运输及多种其他运输与物流形式）。
8. 贼曹。
9. 决曹。
10. 兵曹（指导军务）。

---

〔47〕公元前117年，丞相的官署中有382名职员。见Bu 2002：295。

〔48〕御史大夫的官阶2000石，其两位助手的官阶是1000石。见Bielenstein 1980：8–9。

〔49〕请注意第十四曹谏曹也在一些汉代文献中有所提及。见Bielenstein 1980：13。

〔50〕对十三曹的描述主要采自Ch'ien 1982：3–5。

11. 金曹（发行货币，经营国家垄断行业如盐铁生产）。

66 12. 仓曹（掌管征兵、税收及国家粮食储备）。

13. 黄阁（保存一切政府记录，监督所有其他曹的工作）。

我们根据这些曹的名称与职责，便可想见丞相的权力范围及政府的日常运作。除了这十三曹以外，丞相也掌管九卿（每卿属下都有多个署）：太常、光禄勋、卫尉、太仆、廷尉、大鸿胪、大司农及少府。九卿的职能与丞相直接控制的十三曹有些重合。事实上，重合的管辖权是整个西汉官僚制的一个特点，我相信这也是一种监管与平衡以及工作表现—考核机制。

西汉初期，丞相是整个官僚机构的最高首领。为了削减丞相一职的权力，太尉和御史大夫在西汉的历史进程中日益重要。到了西汉末年，丞相、太尉与御史大夫以强调彼此同等地位的三公而著称。[51]虽然太尉本应负责军事事务，但其属下的多个署负责民事事务与整个官场的监督。西汉晚期，太尉一职常由内朝首领——皇帝的心腹担任。尽管其职位的级别保持不变，但太尉一跃成为官僚机构中最有权力的职位。

中央政府之下是不同级别的地方政府。西汉晚期，国家被划分为 13 州、103 郡，之后又依次被划分为 1500 多个

---

〔51〕Bu 2002：第 4 章；Li 2002：第 4 章。

县级行政单位。州与郡的长官的俸禄都是2000石。[52]换言之，他们的地位与中央政府的九卿平等。为了监管地方政府的表现，中央政府向每个州派一个刺史。汉朝时期，这一官职的头衔与级别有过几次变动，但多数时候它被设为相对较低的600石。刺史的级别复杂而微妙。刺史不应有权干涉地方政府的工作。然而，尽管中央政府对刺史的职责有明确 67
规定，刺史有权监察与评估地方官员的表现并上报中央政府这一事实给予了刺史超过地方官员的巨大权力。为了使他们深具威胁力的权力最小化，中央政府派一个低阶的600石刺史来检查一个2000石高层官员的工作。事实上，西汉时期，除了御史大夫（2000石）以外，监察体系中的所有其他官员都级别较低。[53]

汉代官僚制就像一个多层结构的中国匣子，每层都与其他层有紧密的结构相似性。比如，西汉时期每个郡都由一名太守掌管，他负责郡中一切民政与军事事务，包括刑法的实施。太守由几位更低级别的官员辅助，比如丞、主簿、少府及秘书长。郡府之下有许多曹，包括（但不限于）功曹、查曹、贼曹、决曹、谏曹及仓曹。太守也由一名级别相同（2000石）的官员——都尉辅助，他掌管一切军务，包括训练地方军队与民兵、镇压贼寇、检查防御工事与烽火台。同样地，这一官职也由干事与助手辅助，之下有多个曹和带

〔52〕西汉时期1石等于29.5千克。它也是一种测量谷物重量的方法。汉政府以“石”来对官员俸禄进行等级划分。

〔53〕对这种政治设计的特征及其对中国历史影响的讨论，见Ge 1992：170–7。

有头衔的军官，比如司马、侯和屯长。[54]

西汉的县级政府结构相似。因此，我略去对它的讨论。这里我想强调的是汉代官僚制即使在较低层级中也极为复杂。毕汉思的书中提供了一个含有900多个汉代官衔的名录。[55]然而，即使是这样一个复杂的名录，也只涵盖了21种县级政府官吏头衔中的7种。[56]这向我们很好地展示了汉代官僚制的复杂性。

3. 官阶、征召、升迁、考核

为了维持高效的官僚体制，西汉帝国发展出一套官阶、征召、升迁与考核体系。

68 **3.1 官阶**

在西周官僚制中，官员根据其每年俸禄的多少被划分为18个等级。年俸禄以石为计量单位，正如先前提及的，1石等于29.5千克的谷物。然而事实上，官员收到的报酬是粮食与金钱的组合。最高官阶的丞相是10000石，次之则是2000石或“比2000石（2000石的等价物）”，许多官员，包括丞相的助手、九卿，以及州长、郡守都属于2000石的标准。[57]

---

〔54〕Bielenstein 1980：94.

〔55〕Bielenstein 1980.

〔56〕Liao 2005：53.

〔57〕这些是一般的规则。事实上，虽然郡太守属于2000石阶层，实际上他收到的可能只有1000石或800石作为其俸禄。参见《汉书·宣帝纪》（我一直使用的是中华书局版的《汉书》，北京，1962）。

接着的官阶下降至 1000 石或“比 1000 石”，以及 600 石或“比 600 石”，[58] 接着是 400 石，300 石，200 石以及 100 石；最基层的两种官阶被称为“斗食”。除了这些定期接收的俸禄外，皇帝也会以现金、丝绸、食物或酒的形式赏赐大量的礼物给在京城的官员。毕汉思估计，除了最低两级的斗食之外，剩下的官员应该能靠自己的俸禄活得很舒适。[59]

3.2 征召与升迁

官僚体系一旦建立起来，如何征召符合各级别资格的官员成了一个重要的问题。西汉建立的征召体系还很粗糙，却是唐朝（公元 618—907 年）更为成熟的科举考试制度的前身。汉朝之初，大多数朝廷官员是为建立汉朝立下汗马功劳的老将。虽然如此，汉高祖（公元前 206—前 195 年在位）仍旧颁布诏告，征召才能之士为朝廷效劳。[60] 直到汉武帝即位，几乎所有开国元勋甚至其下一代都已经去世了。官员选拔、擢升的新政策因此变得势在必行。

许多学者已广泛讨论过西汉官员的征召与升迁机制。[61] 接下来我所讲的是极其简短的总结，以明晰其中最为重要的特点。

在西汉时期，征召政府官员的最普遍方法为推举制度。

---

〔58〕大部分县尉的俸禄在 600 石至 1000 石之间。

〔59〕Bielenstein 1980：127–8.

〔60〕这封诏书是于公元前 196 年颁布的，其中有一句说道：“贤士大夫有肯从我游者，吾能尊显之。”参见《汉书·高帝纪》。

〔61〕特别是 An and Xiong 1984；Bu 2002；Bielenstein 1980：第 6 章；Huang 1985；Yang 2005。

69 在公元前134年的一封诏书中，汉武帝要求每一个郡县或封国每年为中央朝廷举荐一些“孝廉”之人。这个方法被常规化，并成为征召政府官员最重要的渠道。那些由此被举荐给中央朝廷的人必须经过进一步的考试来考察他们的资格。地方官员如果未能推举人才，或是推荐了不合格的人，会被处以免职的惩罚。[62]而那些通过仔细考察的人一般会获得“郎”的头衔，并担任几年的侍卫。之后，皇帝会仔细考察这些侍卫并与之培养个人关系。那些能够获得皇帝信任的人就能晋升至常规的官位。[63]

除了定期的征召，国家也会通过一些特别的诏告来招募朝廷官员。公元前140年，汉武帝号召高层官员与皇亲国戚（包括丞相、御史、封国诸侯等所有2000石官员以及封国的丞相）为朝廷举荐“贤良”“方正”以及“直言极谏”的人。[64]公元107年，东汉安帝（公元106—125年在位）颁布一条诏令：“其令三公、特进、侯、中二千石、二千石、郡守、诸侯相举贤良方正、有道术、达于政化、能直言极谏之士各一人，及至孝与众卓异者，并遣诣公车，朕将亲览焉。”[65]被推举的人大多来到京城，由皇帝或其佐臣进行面试，合格者被召入官员等级之中。值得一提的是，并非所有

〔62〕Bielenstein 1980：135.

〔63〕之后，每个郡县每年必须推举一个“茂才”。与孝廉不同，茂才无须经历试用期，在许多情况下，一旦被推举为茂才，该人就直接被任用为县令。参见Bielenstein 1980：136-7，以及Zheng 1992b：197-8。

〔64〕《汉书·武帝纪》。

〔65〕《后汉书·安帝纪》，中华书局，北京，1965。

的征召行为都由皇帝本人提出，一些高阶政府机构也试图以类似方式征召低阶官员（辟召）。[66]

西汉朝廷也开放了一套学校体系，即太学，用来训练学生以备入仕。太学的学生必须满 18 岁，并每年筛选一次。太学以五部儒家经典教育学生，经过一年的学习，学生根据表现被征召至不同等级的政府部门中。太学制度始于汉武帝 70
时期，并稳步发展壮大。到了 2 世纪中叶，太学每年的录取数已超过 30000 人。[67]

除了上述更为规律且大规模的征召官员方式之外，汉朝还有另外一些方法。一些特殊职位的官员（例如监督盐、铁生产的官员）往往从之前的盐铁商人中选出（虽然这些商人不被允许参与常规的官员征召）。还有一些人通过自荐成为政府官员，有些兵卒则因为自己在战役中杰出的表现而被任命为大内侍卫。2000 石或以上官员可以将自己的儿子送往担任皇帝的侍卫。有些侍卫的政治生涯从此起家。另外，如果国家财政紧缺，也会卖官鬻爵。[68]

与朝廷官员征召议题相近的是官员的擢升。西汉时期官员晋升的标准大体上是选贤任之（至少书面上是这样），虽然与高层的个人关系在擢升过程中有着重要的作用。[69]使这

---

〔66〕Zheng 1992b：195.

〔67〕Bielenstein 1980：139.

〔68〕Chang 2007a：131.

〔69〕例如《汉书·谷永杜邺传》中有载：“商为大司马卫将军，除邺主簿，以为腹心，举侍御史。”

个问题变得有些复杂的是，汉朝官僚有两条脉络：“吏”和“官”。[70]“吏”往往通过不同阶层的长官推选举荐，而只有皇帝拥有任命和擢升中央官员的权力。汉朝时最低阶的官员是200石，但“吏”则大多低于200石的水平，虽然有一些可以达到400石。[71]如果“吏”在其职位表现出色，他就有机会得到举荐并借由举荐机制晋升至“官”的级别。[72]

廖伯源在他最近的研究著作中提供了一组系统的数据，向我们展示了西汉时期地方政府官员征召与擢升的情况。[73]廖伯源的研究基于西汉东海郡辖域出土的西汉文书，他在书中记录了95个官吏的擢升信息，里面包括他们之前的官职、
71 新的官职以及擢升的理由等。他的文献显示，60位（占63%）因出色的表现而晋升，21位（占22%）因被举荐为茂才（3位）、孝廉（16位）以及方正（2位）而晋升，11位（11.6%）因很好地维持了当地的公共秩序（解决犯罪事件或镇压小型骚乱）而得以晋升，还有3位（3.2%）因皇帝的特许而晋升。如果我们把那11位因很好地维持了当地公共秩序而晋升的人也纳入“工作出色”的范畴当中，那这个范畴所有的人数将达到71位（75%）。换句话说，即使出土文书记录的大多数人是低阶官员或是在县级政府工作的吏，它也清楚地指出，虽

〔70〕任何低于县级的官员都是“吏”。县级或县级以上的政府官员指的是掌管（1）县、郡或司；（2）县级政府的主要分支；（3）郡或中央政府的主要分支或部门，吏是他们的下属。

〔71〕Bu 1996：42.

〔72〕Bu 1996.

〔73〕Liao 2005.

然西汉官僚机制中，官吏是通过各种渠道征召而产生的，但一旦他们被征召，其工作表现对事业进步最为关键。

3.3 工作表现考核

官僚机制一旦建立，往往沦为一个自我服务机构，其作用和目的变得与中央政府相异。[74]为了防止产生这样的问题，国家需要设立考核工作表现的机制与体制。在西汉时期，中央政府严格避免将官员任命在自己的家乡或其家族主体居住的地方。[75]具体而言，县令管辖的区域不能是他自己的出生地，郡守也不应该管辖其出生地。[76]还有，国家任命了中央政府中的许多官职，如“给事中”“谏大夫”和“议郎”。这些官职最重要的职责在于讨论、批评以及反对丞相和其他顶级大臣提出的决议，也包括皇帝自己的决议。一旦他们知道哪些高层大臣或皇帝做了错误的事，他们也能够站出来提出批评。这些大臣当中有些以自己的职责为荣，他们宁愿直面重罚甚至死亡，也要反驳丞相或皇帝的意见或指挥。

为督促地方官吏工作尽职尽责，不同级别的地方政府 72
被要求记录官员的大量行动。[77]这些记录不仅详尽地记录了中央、州、郡政府层面的官员，也囊括了县级与基层管理

---

〔74〕Eisenstadt 1963：279–80.

〔75〕Ch’ien 1982：32.

〔76〕Yan 1961：357. 不过，绝大部分为地方政府工作的“吏”是当地人。记录东海郡所有官员的出土家乡志证实了这一点（Liao 2005：82）。

〔77〕除特别提出，这一部分中提及的材料都来自以下著作：Bu 2002：第 7 章；Ge 1992；Lou and Liu 1992：第 5 章。

人员。这一点已经被越来越多记录西汉地方行政活动的出土文书所证明。例如，居延是西汉帝国的一个遥远要塞，位于现在甘肃省的西部。然而，正如鲁惟一对居延出土文书的翻译所充分表明的，[78]即使在这样一个偏远地区，当地政府同样尽量把自己的行动详细地记录下来，其内容包括控制旅者出入此地区（109—14）、非法过境行为（102）、部分当地官员的健康状况及其接受的治疗（123）、已经支付或尚未支付的官员俸禄，以及其他许多事务。[79]

中央政府也尽力使官员的行为更规范。在中央，不同政府分支处理不同类型的地方文件，并进行决断或推荐。其他被指定的政府部门再复审这些决断或推荐。皇帝很少会起草一项政策，重要文件大多被送到丞相官署进行复审和批准，而其中最重要的文件和决定被送至皇帝那里进行最终的批准。这足以让一位勤政的皇帝相当忙碌。至于地方政府，他们的一项主要职责是确保中央政府的所有政策和指令能被迅速传播和遵从。为此，他们需要很好地维持地方交通与邮政系统。[80]地方政府可以制定自己的法令和命令，让相关的官员与当地的居民遵从，但他们也需要遵循严格的规定来履行自己的职责、记录自己的主要行动。这些记录可以详尽至一个

〔78〕Loewe 1967.

〔79〕参见 Chang 2007b：130–72 基于出土的居延汉简对汉朝时期边境控制的出色分析。

〔80〕地方政府维持良好的道路交通与邮政系统的能力是中央政府衡量当地政府管理是否良好的重要标准。

官员的病休申请、上一级政府对请示的书面批准或是一次小型犯罪事件以及更高层政府对当地政府处理事件方式的复审。[81]

中央政府每年还会对地方政府与中央政府的下属部门进行审核。在县一级，县令会在每年秋天伊始收到许多书面报告。这些报告涵盖了基层政府的工作以及中央政府尤其感 73
兴趣的信息，例如当地的人口规模与可耕地面积，当地政府的开销与税收，以及地方犯罪与骚乱事件。县令与他的助手们尽量评估当地政府的政绩表现，并依此决定如何奖赏或惩罚地方官员。之后，他们会将基层的信息与县一级的记录合订成册，送往郡政府以接受进一步的审查。整个过程呈梯级向上，直到所有书册汇到丞相的官署。之后，这些书册由丞相官署中的官员在御史大夫官署成员的协助下进行审核。中央政府的每个部门及其地方分署也是以类似的方式进行年度审核，他们最终的审核书册同样归集在丞相官署。而那些在审查制度之外的高阶官员，其政绩表现可能直接由皇帝在一些官僚分支部门的协助下进行考察。[82]

年度审核的目的之一在于提拔或贬谪官员。审查评级差的官员会被惩罚，而评级好的官员会得到奖赏。审核排名也是官员晋升的主要参考，笔者已在前文谈及了这点。审核

---

〔81〕Bu 2002：275–80.

〔82〕负责这项工作的官僚部门随时间变化而变化。例如，公元前 118 年，汉武帝在丞相之下设立了一个直接仲裁部门，负责协助丞相汇报违法事件。这个部门在之后为廷尉部门所取代，后者有相似功能。参见 de Crespigny 1981：52–3。

制度是为了提拔贤人，激励地方官员更加努力工作。虽然每年审核工作都会进行，日常工作则必须由地方政府决定。因此，只凭借每年的审查制度较难考察地方官员的实际政绩表现。例如，《史记》当中的《平准书》记载道："其明年，天子始巡郡国。东度河，河东守不意行至，不辨，自杀。行西逾陇，陇西守以行往卒，天子从官不得食，陇西守自杀。于是上北出萧关，从数万骑，猎新秦中，以勒边兵而归。新秦中或千里无亭徼，于是诛北地太守以下，而令民得畜牧边县，官假马母，三岁而归，及息什一，以除告缗，用充仞新秦中。"此类经历可能促使公元前 106 年汉武帝派驻 13 名刺史考察地方行政表现。[83]

74 确立于汉武帝时期的西汉监察体系在秦朝与西汉早期已具雏形。然而，与较早的监察手段相比，新体系具有以下新的特点：第一，在汉武帝之前，负责监察的部门同时也负责许多其他的政府事务。例如在秦朝，一个郡由三个官员负责——郡守、都尉和监察官。监察官不仅发挥监察作用，也具有其他职能，包括（但不限于）管理公共工程、举荐地方官员、逮捕罪犯以及管理监狱。[84]然而，汉武帝时期的刺

〔83〕De Crespigny 1981 ：44–52. 在之后的西汉年间，刺史获得了"牧"的头衔，并拥有了更大的权力。同样，根据 Wang 2006：15，13 位刺史覆盖 13 个受监察地区，这 13 个地区并不与西汉郡县管辖区域完全吻合。他们以巡游的方式视察，起初在地方并没有永久性的办公部门。

〔84〕《史记·秦始皇本纪》记载："分天下以为三十六郡，郡置守、尉、监。"甚至在西汉时期，御史大夫官署的官员同样分有除监察之外的许多职能。全文使用的都是中华书局版《史记》（北京，1959）。

史只专门负责考察地方官员的政绩表现。第二，汉武帝时期刺史的任务更加明确，[85]他们只考察2000石的高阶官员；只允许向中央政府呈送报告地方情况与举荐的记录；除非特殊情况，他们不得进行任何逮捕行为。第三，刺史的官阶是600石，但拥有监察2000石官员的权力。第四，刺史若表现出色，会得到大赏。西汉大部分600石的官员一生都不可能晋升至2000石的级别。然而，一个600石的刺史在其9年的任期过后一般都会被委任至2000石的官位。如果刺史工作尤其出色，他可以更快地晋升至2000石的官位。[86]

刺史制度的这些特点经过了精心的设计。低官阶与有限的职权是为了防止刺史的权力过度膨胀而插手地方治理。他们的单一职能很大程度上提高了监察的效果。由于他们并不参与地方事务，他们较少可能与地方利益和腐败网络纠缠。最后，特殊的权力给了他们很大权威，使他们能够很好地履行自己的职责，且因为刺史拥有职业晋升的捷径，所以他们有十足的动力表现出色。西汉监察制度的特质因此被后来的中国政治家与学者描述为“低官阶、高权威、高回报”。 75

〔85〕西汉中央政府为刺史的职能制定了六项工作方针，其中包括监察对地方土地和居民的非法获取、个人非法敛财、审判案件时过分使用暴力与疑难事件的粗心处理、欺凌当地百姓、受贿以及不平等对待下属。更多细节可参看 Lou and Liu 1992：300；de Crespigny 1981：48–9。

〔86〕例如《汉书·循吏传》记载，黄霸在扬州担任刺史仅3年就被擢升为颍川太守。（胜又口荐霸于上，上擢霸为扬州刺史。三岁，宣帝下诏曰：“制诏御史：其以贤良高第扬州刺史霸为颍川太守，秩比二千石，居官赐车盖，特高一丈，别驾主簿车，缇油屏泥于轼前，以章有德。”——译者）

中国的政治家与历史学家对此高度赞赏，之后的朝代也竞相仿效。[87]

4. 正统思想的确立

对比西汉与罗马的官僚体制，我认为两者之间最重要的差别并不在于它们的规模，甚至也不是不同程度的复杂性，而在于西汉官僚制采用儒家思想作为官员的道德基础以及皇室与官僚的合作基础。[88] 正是儒家思想作为官僚伦理的确立使中华帝国的官僚制区别于罗马官僚制，并塑造了中国历史的变化模式。

西汉统治早期，黄老思想[89]盛行于统治者与政治家之中，[90]皇帝省苛事，薄赋敛，无为而治。这些政策带来了文帝（公元前180—前157年在位）与景帝（公元前157—前

---

〔87〕参看 Wang 2006：21 有关后来中国政治家与学者对西汉监察制度赞赏的讨论。也可参看 Hucker 1966：10–29 有关秦汉监察实践对明代（公元1368—1644年）监察制度的影响的讨论。

〔88〕儒家、道家、法家在被用来描述起源于东周的经学时，都是具有偏差性的概念，这些词的精确含义与历史变化将会在 Zhao（即将出版的著作b）：第7、10、13章中讨论。

〔89〕在西汉早期盛行的黄老学说保留了老子在《道德经》中的一些关键思想，同时也吸收了古代中国哲学的元素，包括法家和儒家。这种高度兼收并蓄的学说具有很大影响力，以至于我们能在大部分西汉早期思想家身上看出其印记。例如，我们能在著名人物贾谊（公元前200—前168年）、陆贾（公元前240—前170年）以及司马迁的思想中找到许多黄老元素，但他们的著作也包含了儒家的道德核心以及与之后其他学派思想相关的元素。参看 Han 2005：121–45 对西汉早期黄老学说的精彩讨论。

〔90〕Zhou 1999：71–6.

141 年在位）统治时期的繁盛。繁盛产生新的问题。首先，和平繁荣促使人口激增，出现许多商人和地主。他们操控市场的能力增强，加上人口的增长，许多农民被迫离开自己的土地。此前收效甚好的黄老统治之学不再适用于新的状况。其次，西汉初，许多大臣是跟随高祖身经百战、建立西汉王朝的老将，到了景帝时期，这些人及其后嗣大部分都已经去世了，国家需要一套征召官员进入官僚系统的新标准。最后，虽然黄老统治学说带来了成功，但它并不能为国家的统治正当性提供基础，亦无法为皇室与贵胄之间的协作提供道德根基。国家合法性的基础始终是西汉早期政治精英思考的 76
问题，这在王朝初创期结束之际成了当务之急。〔91〕

这些争论和问题的存在以及汉朝统治阶层处理问题的方式最终导致帝国儒学作为国家意识形态的兴起，并以对经典（尤其是儒家经典）的精通程度作为选拔官员的基础和征

〔91〕一个更加稳定的帝国如何建立，或者国家合法性的基础应该是什么，这些都是自高祖掌权以来汉统治精英的主要关注点。例如《史记》中《郦生陆贾列传》(3506–7）记载陆贾在与刘邦的对话中频繁引用《诗经》和其他经典，刘邦很不耐烦，回答说："我是在马背上征服天下，经典对我来说毫无用处。"对此，陆贾回应说："您可以在马背上征服天下，但您能够在马背上统治天下吗？商汤王与周武王都靠武力征服了天下，却以恩慈与道德规范巩固了统治。一个稳固的统治总是将武力与道德规范相结合……如果秦帝国在征服天下后，未以苛刑严律统治天下，而是效法早期圣王以恩慈与道德规范施行统治，您今天又怎会坐在这里呢？"《史记》记载刘邦听了陆贾的回应后非常尴尬，立刻要求陆贾撰文进一步阐述其主张。陆贾总共写了 12 篇文章，集为《新论》，呈给刘邦。

召维系国家—社会精英同盟的官员的方式。[92]用几句话来概括儒家思想（虽然它在汉朝时期被编辑成典）是不可能的。简单地说，儒家思想抓住国家与社会之间的关系作为家庭关系之外延。通过将国家统治者与家族首领等同起来，儒家思想使得国家权力合法化，国家主导社会正当化。同时，它也是精英人群普遍接受的一种意识形态，原因有三：（1）儒家不仅强调国家统治者的支配地位高于其官员与被统治者，同时也强调男性高于女性，老者高于青年，官员高于下属。（2）在强调国家权力支配地位的同时，儒家也强调统治者行为端正的重要性，并赋予儒士官员以儒家教义自小教育统治者、批评统治者的权力。（3）一旦儒家思想变成了国家意识形态，它同样使得官僚阶层转向儒家，即儒家思想的学习与德行对官员的选拔越来越重要。一些学者将儒家化的官僚制比作基督教国家的教会，这有些过头。虽然如此，儒家化的官僚制的确成为吸纳社会精英进入政府的重要体制，是儒家思想持久地主导社会的组织基础，也是监察皇帝权力的一种机制。

儒家思想对德治的格外重视使其有些不切实际，无法在战国时期与更具实用性的法家竞争，那个时候，关系生死的军事冲突需要的是最实用的措施。因此，在西汉以
77 前，儒家思想对政治的影响始终是边缘性的。但当主要的军

〔92〕在汉朝出现的儒家思想也叫作帝国儒学。它是以儒家教义为核心，对古代中国宇宙论、法家学说、黄老世界观的折中综合。参看 Zhao（即将出版的著作 b：第 10 章）对帝国儒学更细致的讨论。

事冲突已然过去，政权的稳定越来越依赖于统治集团与官僚精英的合作以及精英与平民之间的合作，儒家思想立即成为一种国家与精英都能接受的富有吸引力的意识形态。

这一历史转变始于汉武帝统治时期。汉武帝即位后旋即擢升两位儒士担任丞相与太尉。[93]从他统治的第二年（公元前 139 年）起，汉武帝发布了许多诏令，要求每个郡或封邑每年举荐两个人，一人基于其学识，另一人则基于其孝行。逐渐地，这种举荐体系成为国家选拔官员的主要机制。公元前 135 年以后，几乎所有被举荐的都是以孝顺或儒学学识而具有声望的地方儒生。[94]同时，为了进一步推崇儒家思想，汉武帝创立了一项公共教育体系教授儒家经典，并在学生当中挑选才能之士。[95]

儒家思想开始成为国家意识形态和官员征召的主要标

〔93〕然而，汉武帝最初的努力受到了笃信道家教义的窦太后的阻挠。在她的干预下，汉武帝被迫解除了刚刚任命的两位儒士的职务。直到窦太后去世（公元前 135 年）后，汉武帝才得以全权推行其新政。参看 Bai，Gao and An 1995：314。

〔94〕值得一提的是，一旦被征召进入官僚阶层，其晋升主要基于其工作表现，正如我们在最后一个部分讨论过的。同样地，并非所有被征召进入官僚阶层的人都是经过举荐的，因此，也并非所有的征召都基于官员掌握儒家思想的水平。

〔95〕在推崇儒家的同时，汉武帝并未如董仲舒所建议的抑制所有的思想学派。事实上，在汉武帝时期及其之后，多样的思想学派一直存在。大部分汉武帝任命的高级官员都糅合了儒家、法家、道家与其他中国哲学的折中取向。汉武帝本身也参与至多种道家宗教实践中寻求永生（Lin 2003：308–10；Yang 2001：58–63，308–15）。

准，这是西汉最为重要的革新，对中国历史的形成有着长远的影响。随着儒家思想成为主导思想，西汉官僚制有了“官僚意识形态”，现代学者将其看作一个良好政府运作的必需品。它使官员的目标更为一致，促使志同道合者被征召，提升了公众的支持，并维持了一种高伦理标准。[96]再者，在家庭与国家中实行的儒家仪式也有利于灌输一种类似宗教的情绪，比纯粹世俗的意识形态更有效。

每一种官僚体制都会面临一些内在的问题，包括官员的道德腐败、团结的匮乏（官员的行为逐渐脱离对他人的情感依附）、目标的转移（政府所声称的目标被其他更优
78 先的事务所取代，并且后者常削弱前者）。[97]作为“官僚意识形态”的儒家思想因官僚制内部的这些问题而放缓了发展。

将儒家思想引为“官僚意识形态”也促使皇帝与官僚之间共生关系的兴起。在这种共生关系中，皇帝被合法化为天之子，皇帝是否值得天的授权由按贤能挑出的儒家官僚来进行判断，儒生控制了复杂的官僚系统，皇帝只有在他们的协助下方能行使其权力。这种政治体系提供了国家合法性的基础，是所有人的道德指引，也为统治集团与官僚之间提供了一定程度的监察与平衡，形成了一群拥有同质文化的精英（在 7 世纪之后，精英人群由常规的科举制所维系），还为从

［96］Downs 1967：237–9. 对比本书第四章彼得 • 艾希一文。

［97］Woodside 2006.

较低阶层进入官员层级提供了向上的流动性。儒家作为国家与官僚意识形态的崛起是一场极具吸引力的革新，引得之后的朝代竞相效仿，从而使中国相较于世界其他文明拥有极强的政治连续性。

人们很容易将西汉与西方的罗马帝国相提并论。就我个人而言，我认为罗马帝国在许多方面都“远超”于西汉。罗马帝国并未经历中国式的大量平民起义以及王朝晚期统治者的堕落，因此，它比西汉或任何单一的中国朝代都历时久远。罗马军队能够在几百年间维持超过30万兵力的良好训练与军饷，[98]但在中国，士兵的地位与军队的品质在东汉时期普遍军役的末期显著衰落。[99]还有，根据一项评估，[100]在经济上，罗马的货币化程度更高。[101]然而，除却罗马帝国的许多“强处”，罗马文明崩溃了，但中华文明延续下来。两者不同的命运很大程度上归因于罗马与中

〔98〕Watson 1969. 这个数字没有包括驻扎在罗马附近的军队和海军。

〔99〕Lewis 2000a. 事实上，即使在汉武帝时期，汉代军队也大量减少。汉武帝统治的最后几年里，西汉军队在与匈奴的对战中屡次失败（Chen，Li and Liu 1998：234–46）。从此，西汉政府仅能保持与匈奴的对峙局面。西汉后期匈奴的衰落与其说是因为汉军实力或数量，不如说更多是由于自然灾害及其内部的冲突。

〔100〕Scheidel 2009d：202.

〔101〕据估计，2世纪中期流通的罗马银币总量约17.16亿第纳尔（denarii）。另外还有价值30亿第纳尔的黄金和大量当时流通的铜币（Hopkins 2009：198–202）。与之相反，汉代占主导地位的货币是币值较低的铜币。汉代货币系统更不稳定，为频繁的政治变动和恶性通货膨胀所扰动（Hou 2005：233–40）。关于罗马货币经济的规模也可参看Crawford 1974及Duncan-Jones 1994。

国在意识形态与政治间不一样的关系。在罗马帝国，虽然
79 精英共享相似的世俗文化，但他们的宗教信仰却是多元的，特别是在基督教兴起之后。而在中国，儒家思想逐渐成为正统的政治意识形态以及皇帝与社会精英合作的规范基础。虽然中国的朝代因不同的原因频繁没落，但一旦新的统治者统一了中国，总是把儒家当作最好的统治思想以及国家与社会进行合作的最好基础，也因此，一个新王朝的建立，或多或少都遵从了汉代成形的政治安排。因此，中华文明（而不仅是单一的中国朝代）拥有超常的持久性，这是罗马帝国文明所缺乏的。

5. 西汉官僚制的问题

西汉的官僚制甚至比现代官僚制更有“优势”。但另一方面，它也存在一些不足（其中一些是中国帝国政治体系所固有的）。笔者首先谈最显著的一点：皇帝与官僚制的关系。我必须立即补充的是，皇帝及皇室对官僚制运作的影响可以非常合理地符合前文定义的韦伯家产官僚制，但是如果我们仅仅停留在这个层面的理解，就不能明白皇帝、官僚制之间的复杂关系以及下文讨论的随之而来的政治动态。

5.1 皇帝与官僚制

白乐日（Etienne Balazs）是一位对中国政治体系持相当负面评价的重要学者，他总结皇帝与官僚制之间关系的本质如下：

> [中国官僚制]首先令人惊讶的是其成员个体不确定的地位，与他们作为社会阶层的持续存在形成对比。即使是最高层的官员，作为个人，也受国家绝对专制的支配，而且很容易突然就没落了。他们当中任何人都可能朝居高位，夕入地牢；但在同一个国家里，他只是以个人被定罪，官署作为整体仍旧继续做它的工作，不被干扰。[102]

白乐日对前现代中国官僚制的讽刺过分简化并扭曲了事实。西汉时期皇帝与官僚制之间的关系与整个中国帝制的历史有很大的不同。因此，我们很难将其总结为任一单一模式。而另一方面，我必须强调，白乐日的说法在中国学者当中也得到 80
了许多响应，[103]其评价捕捉到了中国皇帝与官僚之间的紧张关系，以及两者之间的紧张程度不可缓和的最坏情况。

在中华帝国，皇帝是统一的象征，也是官僚权威的根本来源。如果没有皇帝所赋予的合法性，官僚制绝不可能很好地运行。另一方面，人们并不期待皇帝会积极地统治，政府真正的政治和行政权力在于以丞相为首的官僚制。[104]当这个政治制度运转良好时，看起来很像现代君主立宪

---

〔102〕 Balazs 1964：6.

〔103〕 例如 Li and Du 1993：2。

〔104〕 Ch'ien 1982：3；Loewe 2006：10–16. 后者强调了中国皇权的消极特性。换言之，他的观点几乎与 Balazs 1964：6 相反。当鲁惟一捕捉到中国皇权的一般特征时，真相就在这两者之间。

制。[105]汉武帝统治以前，西汉基本是这种情况。为了说明这一点，我且引用《汉书·陈平传》中汉文帝与丞相陈平之间一段著名的对话。首先，汉文帝向右丞相周勃请教一些国家法律和财政问题。周勃没能回答，羞愧万分。皇帝又问了左丞相陈平同样的问题。陈平答道："各有主者。"皇帝请他再解释一下："主者谓谁乎？"陈平补充道："陛下即问决狱，责廷尉；问钱谷，责治粟内史。"皇帝接着问道："苟各有主者，而君所主者何事也？"陈平解释说："主臣！陛下不知其驽下，使待罪宰相。宰相者，上佐天子理阴阳，顺四时，下育万物之宜，外镇抚四夷诸侯，内亲附百姓，使卿大夫各得任其职焉。"这段对话反映的不仅是汉武帝之前西汉王朝皇帝与官僚制之间关系的一般模式，也是黄老思想与儒家传统共同的政治理想，其中，皇帝应该在朝廷接见和祭献期间作为一位仪式的首领行动，而不是一位活跃的国家统治者。

然而，中国的政治系统与西方式的君主立宪制截然不同。中国的政治系统中，尽管皇帝和官僚制存在一种共生关
81 系，但丞相或官僚制中任一成员的权力及他们与皇帝的关系都未得到法律上的保障。当皇帝不信任丞相时，或者皇帝想在政治中扮演更活跃、更独断的角色时，丞相及其直属部门的权力将会被削弱。汉武帝——汉文帝的孙子就是这样一位独断的统治者。

［105］ Lao 2006：5.

然而，尽管汉武帝为人独断，能处死6位丞相，[106]他也不能挑战整个官僚制度。汉武帝为增强其个人权力的所作所为及后续的政治后果象征了中华帝国的政治动态，因此值得特别关注。

为了增强其个人权力又不直接挑战整个官僚制，汉武帝制定了两种机制，即塞缪尔·芬纳（Samuel Finer）所谓的“接近原则”（the Law of Proximity）和“官衔膨胀原则”（Law of Inflated Titles）。[107]第一个原则声称“政体之内统治者的个人意志越坚定，那些与之最亲密、最经常接近的人就越有影响力”。汉武帝统治期间，掌管内朝的官员的权力大为扩展，整个内朝规模扩大很多。[108]由于皇帝的私人秘书（尚书）、外戚和宦官可以很容易接近皇帝，所谓的接近原则也就意味着在一位更独断的皇帝手下，这些人有着不断扩大的权力。

这个过程也设定了运行中的另一种动态模式，芬纳将之总结为“官衔膨胀原则”。芬纳认为，整个动态过程由亲密圈规模的扩大引起，当亲密圈变得有声望时，规模扩大直至不再私密，这促使皇帝将其信任转向一个更亲近、更

〔106〕与之相反，汉武帝之前的4位皇帝从未处死过丞相。关于汉武帝与其13位丞相之间关系的讨论，请参看 Yang 2001：363-6。

〔107〕Finer 1997：490.

〔108〕比如，汉武帝统治期间，其私人秘书（尚书）的衙署扩大为四位主管为首的大部门，他们有权干涉一切政府活动。到了东汉时期，尚书的衙署进一步扩大，掌管外廷的政府活动。

私密的个人或团体。[109]事实上，官衔膨胀原则也意味着皇帝倾向于在不取消类似功能的旧部门同时，设立新的官僚部门。皇帝这样做是因为废除一个旧官僚机构会面临大得多的阻力，不如清空它，在旁另设一个新的。在西汉和之后的朝代，这种情况非常普遍：当离皇帝更近的部门越来越有权时，旧官僚机构只是削减职能。任何一次变动，结果都是整个官僚制规模的大扩张。[110]

82 皇帝与官僚制之间的复杂关系并未停于此处。在一位独断且活跃的皇帝治下，正如越靠近皇帝的人权力越大，基于程序的官僚决策在政府中的作用也日益减小，管理体制出现专制倾向，这很快便产生了问题。最重要的是，外戚、尚书和宦官并没有比外朝官员对皇帝更忠诚，而且内朝日益增大的权力也诱使了恶性的宫廷阴谋。这确实在汉武帝去世后的汉朝发生了——朝廷完全被掌握在外戚和宦官的私人权力中，[111]他们之间的宫廷阴谋也促使了西汉的灭亡，东汉也是如此。因此，历史教训使之后的各朝皇帝都更依赖官僚机构。汉代以后，中国统治的主流不是提升内朝的权力，而是设立越来越多的机制以监察丞相、将军及其他高级官员的权力。[112]

---

〔109〕Finer 1997：491.

〔110〕杜佑（735—812年），一位唐代学者和官员批评这种现象："旧名不废，新职日加。" Zheng 1992a：20.

〔111〕Li 2002：200–2.

〔112〕Lin 1992.

5.2 举荐制度

汉武帝时期要求每年各省举荐一名“英才”，各郡举荐“孝廉”人才给中央政府，如前文所述，这个举荐方式与其他一些举荐方法一起构成了西汉官方选举制度的核心。然而，这个举荐制度存在三个主要问题，它们对科举制出现之前的中国历史产生了持久的影响。

第一，由于举荐主要基于国家认定的积极行动（比如“孝廉”“贤良”“方正”），它很大程度上鼓励了百姓作虚弄假。例如《后汉书·许荆传》记录了这样一个故事：许荆之祖父（许武）被举为孝廉，做了官，[113]为了提升他的两个弟弟，他将家产分为三份，自己拿最好的一份，让他两个弟弟谦恭有礼，收下较小的部分。这两个弟弟因此在当地赢得了好名声，后来获得举荐，当上官。此外，两个弟弟为官几年后，许武会集宗族 83
亲戚，讲明了三兄弟家产分配明显不均背后的真正动机。他告诉他们他仍非常愧疚，因他拿走了比应得的多得多的家产，通过他合理的经营，家产增加了三倍，他现在决定把这些都给两个弟弟。因为这件事，许荆的祖父广受称赞。在汉代流传下来的文本中，我们很容易找到其他相似的故事。很明显，汉代官府的招募方式发展了一种矫饰与伪善的精英文化，它偏离了举荐制度最初的目的之一——选拔具备良好品德的官员。

第二，由于地方政府举荐到中央的人数很少，而地方

---

〔113〕许荆是东汉时期的谏议大夫。也可参看这个故事的英文译本 Chü 1972：299。

才俊的数目很多，这就导致了两个相关问题：（1）由于“符合条件的”人选非常多，那些有权举荐与挑选官员之人便可获得巨大的好处。这些官员利用举荐的权力来拓展裙带关系网，而被举荐的人会将他们的举荐人视为庇护者。这促使东汉时期官员间出现了庞大的庇护团体。（2）由于政治上更有权势的家族成员被举荐的机会更多，这也让许多已经显赫的家族变得更大，更有权势。

第三，考试作为举荐制度的一部分，促使更多私学出现。然而，举荐制度的本质意味着拥有强大政治关系的老师其儿子和学生被举荐的可能性要大得多。因此，很多人会挤破几位在政治上很有权势的老师的门楣。当时，一位有名的老师名下会有几千个学生，他的家族成员可以累世位及三公。[114]这种私学系统促使裙带关系和大家族主导了汉代政治。[115]到东汉晚期，大家族主导了政治图景。汉代官僚制中的官员成为贵族阶层。官僚制这种非常强的贵族倾向将塑造中国社会结构约1000年，[116]直到一种新的官员选拔方式——科举制在唐代被引入之后，这种倾向才得以瓦解。

84

5.3 中国官僚制的监察系统与灵活性

中国官僚制的一个重要特点是不同部门的权限具有高

---

〔114〕Huang 1985：第11章；Zheng 1992b：202–4。

〔115〕Huang 1985：第11章与1989：108–15；Ch’ien 1982：34；Wang 1981：第7章。

〔116〕Chü 1972.

度灵活性，这甚至对现代中国官僚制度的性质也产生了巨大的影响。这种高度灵活性很大程度上与皇帝的才能及维持其在政府中个人权力的欲望有关，但它逐渐成为中国政治文化的一部分。官僚制的这个特点可以由汉代监察制度的频繁变动得到最好的诠释。顶层监察官员通常可以直接面见皇帝，往往有很大的影响力。此外，监察制度的存在表明皇帝强烈希望利用和增加自己对官场的影响。相比于政府的其他部门，监察制度的职能更加灵活。〔117〕

汉代监察制最开始时，刺史是一位仅 600 石的低阶官员，在地方没有常驻衙署。然而，到西汉后期，汉武帝统治期间社会矛盾激化，大量中型、大型暴动发生。事实表明，地方郡政府在处理这种状况时行动低效。100 多年来，郡政府的主要职务是处理常规行政事务，比如税收、普查地方人口、丈量土地、治理洪水、缓解饥荒、控制地方犯罪、处理法律案件、簿记和政府活动记录。他们的军事能力相当有限，在镇压大型暴动方面，郡作为一个政治单位规模太小。在这种情况下，中央政府开始让刺史担任地方治理和领导镇压暴动的主要角色。结果，刺史的权力大大增加。〔118〕西汉后期，刺史在每州（省）均设有衙署。他们获权指挥地方军队、举荐地方才俊、制定律法和管理州政

〔117〕例如，在唐代，武则天（约 690—705 年在位）经常扩张和缩小监察部门，自由设立多种特别制度以确立她自己的制度基础并推行政策。监察机构的规模在她的统治下几年之内就能增加十多倍（Lou and Liu 1992：373）。武则天是中国历史上唯一一位正式被赋以“皇帝”的女性统治者。

〔118〕Wang 2006：33–41.

府。他们的官阶上升到2000石，官衔改为州牧。

然而，在州牧衙署转变为一个成熟的政府机构后，国家监察机关被大大弱化了。这导致了一些问题，比如官府腐败、枉法的增加。[119]面对这些问题，汉成帝（约公元前33—前7
85 年在位）晚期，西汉政府废除了州牧制度，恢复了600石的刺史一职。汉朝后期的惯常模式是当某个县有大骚动时，刺史就会成为很有权力的州牧。国家和平昌盛时，往往会废除州牧制度，恢复刺史制度。不管怎么样，制度不会像开关一样，可以随意打开或关闭而不带来可能的影响。事实上，无论中央政府何时废除州牧制度，恢复以刺史为主的监察体系，新的“州牧转刺史”都有比先前刺史大得多的权力。正因如此，东汉政府的刺史可行使比西汉刺史大得多的行政权和军事权。公元184年，社会和政治骚动引发了黄巾之乱。尽管这场起义在一年内就被平定，但更多一般规模及大规模的叛乱接连发生。[120]为了更有效解决这些叛乱，国家再一次将刺史制度改为州牧制度。然而这次，却再也改不回去了。州牧将其治下的领地变为实际的独立国家，这导致汉代的灭亡和三国（公元220—280年）、西晋（公元265—316年）的开始。

5.4 吏的“问题”

中国的官僚制在官与吏之间维持着一条明确的分界线。

〔119〕Wang 2006：51.

〔120〕Wang 2006：88.

汉代，大部分吏都很难晋升到400石以上，更别提升到官场中非常高的位置。[121]然而，中国历史进程中官与吏的界限逐渐扩大。到了明清（公元1644—1922年），官员大多数从通过科举考试的人中选出，而吏则选自接受过处理各种日常行政活动这一特别技能培训的人群。此外，明清时期，吏几乎游离在政治之外，他们被禁止担任监察官，没有任何晋升到高官阶的机会，甚至不允许参加最高级别的科举考试。中国官僚制的发展为何走上了这样一条轨迹？为了回答这个问题，我们必须更进一步观察官与吏的区别，以及官僚制由于这些区别所产生的问题。[122]

在汉代，官与吏有以下三点不同。首先，官通常因高 86
尚品行和优秀的儒家教育而被举荐进入官场；而吏进入官僚机构，是基于他们精于处理日常行政活动，比如法律案件、资料收集与簿记、税收与核算、准备给上级政府的报告。关于官僚机构的实际运作和漏洞，吏比官员们了解的多得多。其次，官不能在老家任职，每几年会轮流到新的岗位，以防在任何一个固定地方蓄积私人力量；而吏则可以终生在家乡任职。最后，汉代的吏有机会提升官阶，但机会比举荐的官

〔121〕Liao 2005：第1章；Ch'ien 1982：105。

〔122〕根据Ch'ien 1982：105，官与吏的完全分离最早出现在元代（公元1279—1368年）。钱穆认为元代顶层官员通常是蒙古人，他们在行政事务上缺乏经验，又读不了汉字。另一方面，饱读诗书的汉人别无选择，只能给他们当吏。这就导致了官与吏的完全分离。我认为虽然元朝政治一定起了作用，但两条道路日益扩大的缝隙在元朝之前很早就开始了。明清的情况看起来更像是其发展的一般模式，而不是元代政治的结果。

要小得多。一般来说，吏在任职期间受到的激励比官少。

然而，尽管官与吏差别很大，但官被迫依赖吏。吏更精通地方政治、政府运行、法律文本及其在各种情况下的解释方式。他们也培植了大量的当地关系网络，关系网中的人说着同种方言，通过血缘、友情和利益联系在一起。他们对地方政治的熟悉和特殊专长使他们对缺乏地方关系与实际管理知识的官员们而言必不可少。顶层政府对资料收集与簿记的痴迷也加深了官对吏的依赖。〔123〕

以上这些条件使吏有了几种真实而可观察的特征，这些特征在汉代及以后的朝代都被广泛讨论。有一些记录记载吏如何利用官员变动的政治空窗期，毁灭一些资金挪用的财政记录，以及吏如何伪造虚假的财政收支记录以欺瞒官员。历史资料中也有一些故事是关于新任命的官员如何被一群地方吏虐待或操控，以及吏如何利用他们的特殊知识和个人关系网控制官员。各种历史资料也提供了另外一些故事，关于上级政府官员的吏如何在地方官员因公事前往上级政府衙署期间，勒索欺负下级政府官员，以及地方吏如何利用其法律专长将实际有罪者宣判无罪，实际无罪者判为有罪。
87 诸如此类的故事不胜枚举。〔124〕简而言之，在汉代及后世的

〔123〕在一些情况下，地方官员想雇用技能高超又无道德感的吏来帮他们平衡簿记、撰写更好的报告。这在整个政府开始崩溃的朝代末期尤其如此。参看 Gao 1998：193–4。

〔124〕参看 Bu 2002：305–6；Li and Du 1993：8 对“吏的问题”讨论得更为详细。

资料中，吏经常被描述为“狡猾的吏”“顽吏”或者“害人吏”，并以类似于今天律师有时被贬损的方式受到谴责。不管这些攻击背后的真相如何，这里重要的是一旦这种指责在官员间被广泛接受，官员就自然会利用他们更有威望的地位和权力削弱吏的权力，这导致了官僚制中吏的政治地位持续下降。

6. 官僚制与现代性

官僚制通常与规则驱动的决策、深思熟虑的精神和有效性联系在一起，因此，官僚制一直被认为是现代独有的。[125]例如韦伯认为“官僚制……只有在现代国家、私有经济、最先进的资本主义制度的政治和教会社群中才能得到充分的发展”。[126]洛维（Löwy）和塞尔（Sayre）认为官僚制的主导地位形成了现代性的主要特点。[127]在这种现代—传统的二元关系中产生了两个难题。第一，为什么官僚制的管理模式在现代性出现之前就已传播久远，例如古埃及、波斯帝国、古罗马帝国、拜占庭帝国和中华帝国？[128]第二，为何官僚制的治理模式不像其现代孪生兄弟——市场经济——明显被政治与意识形态力量所压制，且在工业资本主义出现之前无法占据统治地位，却能够以一贯的样式在诸如中国的国家中

〔125〕Eisenstadt 1987：6–8.

〔126〕Weber 1946：196.

〔127〕Löwy and Sayre 2001.

〔128〕Eisenstadt 1963：11.

统治两千多年？我将在此章的最后部分论证，尽管市场关系在社会与政治生活中的主导地位是现代独有的，但官僚制不是。换言之，中国在现代性出现之前的很长时间里发展出一套复杂的官僚制，这并不特别。

现代性一般与下面这些现象联系在一起：精于算计、官僚制、理性、资本主义、祛魅、工业化、个人主义和科学，这些现象被认为首先出现在西方，接着逐渐主导西方社会，然后传播到世界的其他地方，这个过程是所谓的“现代化”。[129]然而，这种“成为现代”的理解受到越来越多的批评。例如，在中欧比较领域，研究资本主义和工业化出现的
88 学者试图表明18世纪的中国与英格兰（西欧最先进的地区）在人的生活标准和市场关系的广泛程度上极为相似，而英格兰能够取得最终突破进入工业资本主义，只是因为它受益于从新大陆获取的煤和其他资源。[130]关于科学这个议题，一些学者认为现代西方科学的出现与希腊科学传统几乎毫无关系，18世纪之前现代科学从未存在于任何文明中，而科学的前现代形式在中国和欧洲都发展过。[131]关于官僚化议题，伍德赛德（Woodside）认为不仅中华帝国的官僚制是现代的，其在西方到来之前的消亡也是一种“现代性的失却”。[132]简而言之，这些学者想要表明现代与传统社会之间既有的二分

〔129〕 Adams，Clemens，and Orloff 2005：14.

〔130〕 Pomeranz 2000.

〔131〕 参见 Lloyd 1996，2002，and 2004；Lloyd and Sivin 2002。

〔132〕 Woodside 2006.

关系有些夸大其词，尽管现代与传统仍然有些不同，但现代性议题绝不是西方的独特产物，因为我们今天所认为的现代的类似迹象也存在于非西方世界的许多地方，那里正在发展它们自己的现代性。

我在别处已经论述过以上几种对现代性及其西方起源传统理解的批判是政治正确的，且一般都有误导性。[133]但不管怎样，我也必须强调这些政治正确的批评起到了积极的作用：它们一个个地剥掉了对现代性意义传统理解中的死板二分，并非常清晰地表明许多我们视为现代性的特征，比如科学、资本主义、官僚制和理性，可能实际上并不是现代性的核心意义。那么是什么使当今社会如此异于几个世纪之前的社会？为什么官僚制不是现代的？

在笔者即将出版的书中，我通过区别两种工具理性提出下述问题：公共导向型工具理性与私人导向型工具理性。[134]公共导向型工具理性是指，为提高一个团体如家族、部落或国家的效率和权力的理性。私人导向型工具理性是指，为个人或私有公司的利益而进行的理性计算。我认为驱使我们走向“现代”最重要的力量是我所说的私人导向型工具理性（而不仅仅是工具理性）兴起的过程，而且大部分早期学者认定的现代的其他特征要么源自评价私 89
人工具理性的构成要素或结果，要么与私人工具理性无关。

〔133〕Zhao 即将出版的著作 a。

〔134〕Zhao 即将出版的著作 b。

我的这一论点背后的核心原则是，虽然私人导向型手段—目的的算计是人天生的，但它在传统社会被严重地压制和边缘化了，因为它被视为纯粹自私，无法应对大部分价值理性观点的攻击。直到这些观念如自由主义、个人主义和它们的经济孪生兄弟——“看不见的手”——出现后，工具性的算计才获得正面价值（我称之为赋值过程），可以没有太大压力地公开提倡和践行了。这个转变解放了之前被压抑的一大部分人性，并且促进了私人导向型工具理性的传播和主导，随之而来的是在生活各领域出现巨大的创造力能量，其中一些被我们贴上了祛魅、工业化和资本主义等标签。我由这一逻辑推理得出这样一个结论：只要一个人愿意接受自由主义、个人主义和“看不见的手”以及导致它们出现的历史推力起源于西方而不是别处，他也应该认同这个结论：现代性不管怎样都是西方产物。

然而，官僚制不是现代的。尽管官僚制高度重视以可预测和效率为目标的规则引导的决策，但其目标是最大化公共导向型的所得而不是私人导向型的所得。这种工具主义不仅没有对大多数基于价值的理性构成根本威胁，而且对捍卫和扩张任何基于价值的组织和意识形态的权势都是必要的。这恰恰是前现代中国的情况。西周时期，官僚制主要因下述两点需要而得到发展：有效组织和监督规则驱动的礼仪程序，以及在日益复杂的西周分封制构建下的家族国家中选择有能力的领导者。后来，战国时期战争导向的竞争引起人们对效率的渴望，这促使官僚制治理模式在整个中国的传播和统治。大部分研究中国的专家以早熟的现代性崛起来理解早期中国的历史发展。他们忽略了一点，因为那时成形于中国的是成熟的公共导向型工具理性（比如官僚制），它被证实与儒家思想（某种基于价值的理性）的统治地位一点也不矛盾，反而提供了很大的支持。

第四章

共同的要素

从比较视角看罗马帝国晚期的官僚制

彼得·艾希

90 ### 1. 方法论前提：一段历史的诞生？作为研究课题的官僚制

“如何谈论官僚制的历史？[1]这必然会陷入麻烦，因为这类历史还没有十分确定的研究方法，既没有‘庇护人’也没有形成学说，不太被人关注，但人人在日常生活中都受到其以各种形式出现的严密监控。”[2]（原文为法文“Comment

〔1〕我要感谢沙伊德尔（Walter Scheidel）邀请我参加2008年的会议。我在2009年年初写下这篇文章。这里所呈现的一些材料此后还用在了一篇关于罗马政府管理的小短文上（Eich 2012）。自2009年以来，已经有大量研究讨论这一主题。这一文献目录在本文的最后版本上只能有选择地扩充。自2009年以来，一些新研究与首要代理人理论或与Edgar Kiser的著作相关。考虑到专业性细节和详尽论证水平的要求，在一本综合研究著作中与这些研究进行辩论是不合适的。因此这一对话一定要另起篇目。在下文中，我会试着沿时间勾勒罗马晚期行政机构及其发展的大致轮廓。考虑到大多数研究罗马的历史学家倚重对原始资料的详细分析，这一研究方法的问题是显而易见的。集中于罗马帝国和中国历史某些方面的研究同样也成问题。对帝国和古代国家及它们的特征和差异有一个更广阔的视野显然能够提供有帮助的、有时甚至是必要的洞察。这一点亦无法在本文达成。有关这庞大研究领域的进一步阅读，我只提及两本最新的重要研究：Bang and Scheidel 2013 以及 von Reden 即将出版的著作。

〔2〕Thuillier 1999–2001：卷1：1。

parler de l'histoire de la bureaucratie...? On est nécessairement dans l'embarras, car c'est une histoire fort incertaine de ses méthodes, qui n'a ni 'patrons' ni corps de doctrine, une histoire peu fréquentée alors que chacun subit, dans sa vie quotidienne, la tutelle attentive de la bureaucratie sous toutes ses formes."）这些摘自居伊·蒂利埃（Guy Thuillier）的介绍性评论可能会让一些人皱眉。因为在过去的150年里，关于官僚制这一主题的研究在数量上难以忽略不计。尽管如此，蒂利埃说对了一点。许多处理官僚制或某个专门行政管理的研究仅仅提供了没有理论根基的描述；他们使用诸如“官僚制”的术语，好像他们在中性地描述任何一种政治系统或管理形式。但这样的术语并不仅仅只是博弈的筹码。它们深嵌于一个文化母体之中，带着各种含义，甚至包含矛盾。这一点最近又一次被新的政治传播学分析流派所强调。[3]但是对任何一位历史学家来说，这种观点一点儿也不新鲜。如果沟通和描述的基础只是对所用词语有一种模糊的熟悉感，那么，我们很难期望 91
对复杂过程有任何更深刻的理解。

更糟糕的是，许多关于官僚制主题的研究都有这样或那样的偏见：现象经常呈现为持有左、右意识形态的人们所共享的一种强烈（如果模糊来讲，厌恶）感觉。[4]在另一方面，官僚统治过去是、现在仍是与理性统治有关，后者由19、20

〔3〕 参见Hampshir-Monk，Tilmans，and van Vree 1998。

〔4〕 Eich 2008a.

世纪重要的社会分析提出，因此，将其称为官僚制的管理可能意味着一种敬意。在过去10年的历史研究中，我们发现各种对“官僚制”这一术语带有偏见的用法，所有这些严重阻碍了我们对这一组织类型及其基本机制的理解。让我们简要看看非常相关的、研究早期中国的近期著作的一个例子。2002年，李峰发表了一篇关于西周政府管理及其运作原则的长文，主要基于这个时期的大量青铜铭文而写就。[5]李峰认为这些铭文（大多数是记录官员的任命）可以作为其理论的证据，中国历史的这一阶段存在一个高度有效的官僚制，以专业分工、非个人化和抽象规则为特点。我自己也研究铭文，完全可以意识到每位铭文学者试图从通常非常死板和重复的文本中提取故事时所面临的问题。更重要的是，由于我无法阅读这种语言，所以整个情形正是这句话的写照（引用前任法国总统雅克·希拉克的话说）：“一个只能闭嘴的情形。”但是，如果李峰所给出的翻译是准确的，那么这些铭文并不能证明他的观点。事实上，它们的内容倒和可以被宽泛地称为封建制的政治系统（出于当前的目的）相一致。[6]确实，李峰似乎承认了他方法论上的问题；在这篇文章的结尾，他暗示了西周的管理事实上更接近韦伯的“家产官僚制”概念。[7]

---

〔5〕 Li 2001–2.

〔6〕 这个标签显然只是一个起点。参见 Wickham 2000 的讨论。尽管这是一个外行人的观点，我几乎同意 M. Lewis 1997 的每一个解释，而陆威仪的观点受到了李峰的质疑。另参见 Brooks and Brooks 1998：117。

〔7〕 Li 2001–2：54. 另参本书第三章赵鼎新的文章。

尽管这一评论无疑比之前的评论更加接近真理，但是这种温和的结论性保留意见难以被称为对分歧的全面分析，这个分歧区分出一个相当初级的家产官僚制和一个理性运作的现代官僚制。如果没有其他证据支持，这里的主要分析并不令人信服。仅仅在战国时期，尤其是秦国，已建立的中央集权、专制、军事化的统治〔8〕才可以被贴上官僚制的标签。〔9〕

最后，为何学者，尤其是那些英语背景的学者，倾向 92
于忽视“官僚制历史”（histoire de la bureaucratie）有一个相当特殊的原因。数十年里，有一个根植于一代代教科书里广为确立的信念，即大不列颠走了一条非常特殊的道路取得自己的国家地位；庞大的官僚制经常和欧洲大陆有关，多多少少意味着不成功的发展方式。但是近期学术研究已相当清楚地表明英国和欧洲中部在现代国家产生上的相似性远较它们之间的不同重要。〔10〕在英国以及其他地方，国家的概念（就这个词语的现代意义而言）和官僚制、官僚化的概念紧密相关。

官僚制及其发展是一个非常正当的研究主题。但这并不是说现代官僚制的某种先导存在的一些迹象意味着被分析

〔8〕 Lewis 2007：18ff.；Kaufman 1997：174；Kiser and Cai 2003. 然而，“官僚制”这一标签需要更进一步的限制。这种非常直接的、由商鞅制度化的军事化统治及其对军事小班和军事化纪律的强调并不是现代理论家讨论官僚制时所以为的那种类型（Kiser and Cai 2003）。

〔9〕 这就是说，在下文中，有关中国官僚制的理想型概念偶尔会与关注另一极不同理想型的罗马帝国的历史分析做对比。

〔10〕 Braun 1975：316；Brewer 1989；另参 Asch 1995。

的政治系统已进入了单一、预先决定的轨迹，这一轨迹导向完全成熟的国家形态（就这个词的现代意义而言）。我们显然需要一套更好的分析工具来处理官僚化现象。尽管存在一些模式（我会在下文进行简短讨论），但是官僚化的每个单一进程都深嵌在既定的结构框架中。马克斯·韦伯（1864—1920年）的巨著是关于官僚化各种历史进程的重要著作。[11]韦伯发展了政治组织的各种模型，把不同的“结构语境”和各种各样的“征召和监察的配置”结合在一起，创造出他所认为的具有启发性的典型概念。[12]他的方法及结论影响了整整一代学者，自20世纪60年代起成为各种批评的目标，这些批评在几乎彻底的否定中达到顶点。然而，批评往往只从他相当复杂的模型中的诸元素挑出一个来证明他是错的。另一方面，他的理想型的动态性质经常被误解。尽管韦伯的宏观模式被认为不够灵活，但他对其所分析的各种历史格局中参与者行动的微观基础的评论却常被忽视，这些微观基础被韦伯描绘为一个工具和非工具行为的复杂网络。但是，最近我们观察到，韦伯所预期的后现代社会中社会经济的发展以及他的类型概念在很大程度上与近期对历史的重新评价相容。[13]由此，90年代以来，关注点已经彻底变成

---

〔11〕引文来自 Guenther Roth 和 Claus Wittich 对于韦伯的《经济与社会》（*Wirtschaft und Gesellschaft*, Weber 1978）的翻译。

〔12〕对于术语以及进一步的讨论，可参见佳作 Kiser and Baer 2005：228。需要指出的是，要翻译韦伯的异常冗长复杂的语言几乎是不可能的。

〔13〕Anter 2007.

了“新韦伯主义”(Neo-Weberian)。[14]这并不是说我们在
不考虑韦伯时代以来大量研究的情况下，可以轻易地返回韦 93
伯式的立场。毫无疑问，韦伯所收集的经验数据经常是不充分的，或是由一些不正确的假设进行补充以弥合缺口。但是方法论和常规方法已证明是政治组织及其社会基础新分析的有用起点。一个恰当的例子就是上文引的李峰的文章，他的目标似乎是通过证明西周治理原则的官僚化来突出其现代性。李峰为了这么做，不得不避免提到韦伯这个被其批评没有界定“官僚制”术语的人，而仰仗尤金·卡门卡(Eugene Kamenka)。[15]但在每一个被引用的段落里，卡门卡都援引韦伯为其来源。坚持韦伯原始的主张似乎看起来更为直接，这些主张随后被调整以适应新的社会学洞察。

韦伯在其观点中总是强调：官僚制的胜利是由其“技术上的优势”带来的。[16]在他的分析中，现代官僚制的一个最重要特征就是它依赖官员出众的、专门化的技术性知识。正是出于这个原因，候选人可被委任手边的工作，并在进入管理工作前被仔细审查。正如经常被假定的那样，公务行为不仅必须被规则约束，而且这些规则必须是一套“技术规则或规范”，其本身已是理性的建构并阻止了武断的决定。那么，这种理性旨在使得官僚制及其成员的行为合法化。韦伯在处理这样一种组织的类型概念时，列举了现代“理性的”和“合

〔14〕Hall and Taylor 1996.

〔15〕Li 2001-2：2. 参见 Kamenka 1989：157。

〔16〕Weber 1978：973.

法的”官僚制的更多特征。[17]但是，尽管他考虑到了这种理想型的其他组成部分仍然悬而未定，有时甚至可以被完全舍弃，但他仍视上文提到的第一部分为绝对必要的。据我所知，没有一个前现代的管理曾达到这种类型概念的标准设置，绝大多数社会学家都认同这个结论。[18]如果我们把韦伯的分析视为一个最初方向，那么我们可以确定：罗马帝国在这个词上述给定的意义上从来都不属于官僚主义。

但是官僚制也以某种组织框架为特征。尽管韦伯把官僚体制的这些结构和机制定义为次要特征，但它们显然是所有官僚管理中常规化的组成部分。其中部分内容，例如
94 付给退休人员的定期养老金，当然是后期被补进这种组织类型的特征目录。但是其他的内容则早于理性规则的概念或者通过竞争性考试挑选受过高等教育候选人的必要性，后者是由于现代公务行为的复杂性所带来的技术性挑战。更重要的功能性原则是责任范围的发展，下文会不太准确地称之为能力（与绝对专制相对），人员的阶层组织基于这

〔17〕Weber 1978：217ff.；appointment：220.

〔18〕例如，参见 Luhmann 1968：51，另参 Eisenstadt 1958。韦伯当然充分认识到中国管理者自官僚化进程的早期阶段所必须通过的考试，但他并不认为这些考试富于竞争性。（另参本书第三章赵鼎新的文章。）他也同样不认为它们是宣传有关特定官僚制知识文化的手段。在他的分析中，这些考试被认为是在社会的流行价值里培育社会和道德教育的方式。这一评价看起来仍然基本正确。参见下文注释〔272〕。不管是战国时期的统治者还是后来的皇帝都没有一种类似“法定能力”（legal competence）的要素（Weber 1978：220）。这些限制并没有贬损以下事实，即早期中国的行政管理比罗马更接近官僚制的理想型概念。

些范围（与仰赖各种参与者的社会地位来安排人员的做法相对），或者一份高水平的记录（不仅包括人口普查数据和官方与外界来往的公文，也包括管理的内部操作）。这些功能性原则已经被不同时期的各种历史管理以一种渐进的方式接受；这种缓慢且有时任意的实施方式使得很难建立起衡量任一管理的“官僚效力”的标准。一些研究倾向于以官僚制来称呼所有被组织起来的人员，但是对行政系统更严肃的分析则使我们清楚看到这种组织并不是充分成熟的“韦伯式”官僚制，仅仅是其类型概念的前现代版本。它们确实是先驱，尽管这一特征在定位上增加了目的论的问题，从历史的角度来看很难说是合适的。韦伯自己设计了“家产官僚制”的概念以将这些官僚制原型进行归类。不幸的是，他在其人生不同阶段给出不同界定的这个概念多少有点模糊不清。〔19〕基本上，他似乎已经想到了今天一些学者所称的领土国家，一套很大程度上基于权力贵胄、特别是统治者（该统治者或多或少以看管自己私产的方式管理其领土）财产的政治系统。对于在哪一点上家庭管理系统开始转变为家产官僚体制，韦伯没有评述。他仅仅暗示了在这种转变背后的一种强化过程。〔20〕尽管“家产官僚制”这个类型概念有诸多优点，但用它来命名我随后谈到的各种官僚化进程并不特别合适。但是我会在本文第三部分再回

---

〔19〕参见 Eich 2011。

〔20〕Weber 1978：1028ff. 同时参见 971ff. 中相当模棱两可的评论。

到对“家产官僚制”这个概念用法的讨论。

我最后一个初步评论与历史编纂趋势有关。本书的目的在于比较，或就这一点来说，是对可比性的反驳。当学者们就描述其研究对象的一般框架达成一致时，比较就更容易进行，尽管这点对于比较而言并非绝对必要。就晚期罗马帝国而言，确实有一些一般性共识，但到目前为止也仅仅是帝
95 国不是什么的共识。过去的宏大叙事已被扬弃，取而代之的是范围更加有限的精彩分析。[21] 不幸的是，即将出现的新图景仍然很不完整。各种新的组成部分现在似乎还没有那么完美地组合在一起。这种情况有时使人更难满足于一个框架，它将读者指向曾由卡尔·波普尔（Karl Popper）提出的学者共识——作为社会科学领域验证的恰当形式。

2. 罗马官僚制原型的起源及其最终目的

以关于罗马时代晚期的讨论开篇，并稍带评论罗马共和制这种在导致奥古斯都上台（公元前 31/ 前 27 年）的政治动乱中被抛弃的政府形式，看起来似乎离题万里。然而，本文的目的并不是对罗马晚期行政管理给出一个详尽的解释。毋宁说，赵鼎新和我自己章节的目标是比较中国和罗马的官僚化，包括它们各自的起始点以及随时间的演变。因此，出于这个目的，罗马官僚制原型的产生至少与对罗马晚期行政管理任一特征的描述同等重要。如果“传统社会”这个术语曾

〔21〕Wiemer 2006；Gwynn 2008.

正确地适用于一个社会，那么，它当然也同样适用于罗马。
自公元前4世纪晚期，罗马公共生活中最重要的一个特点是
国家的扩张。到公元前1世纪末，从前中等规模的意大利的
城市—国家击败了地中海盆地中每一个重要的对手。导向这
一结果的对外战争为一位贵胄主张，由贵族将军们领导，并
由元老院这个共和国治理团体协调，由同一批贵胄主导。罗
马的集体记忆当然由这种扩张经历所塑造，这一经历普遍被
认为是一个成功的故事。成就这一成绩的政治系统不能简单
地被抹杀，即使当它的核心政治价值——贵族身份群体的共
同统治屈服于一系列内战——最终带来古人和今人所称的元
首制（除名号外的君主制）。正如首先从皇帝之位所看到的那
样，贵族共和国的遗产是这一新系统最重要的特征之一。尽
管罗马君主制当然有朝代因素，但是“皇权”从来没有变成
官方的世袭品。在帝国的成熟时期，元老院和罗马人民能够
推选皇帝，即使事实上是军队推举了统治者。[22]对我们的主
题更重要的是，共和国的行政部门事实上是完全非官僚主义
的。这并不是说共和国的官员不需处理繁多的文书工作。而 96
是说这些文书工作大部分都与人口普查有关，它取决于居民
自己的呈报。罗马行政机构规模微小，它本为一座城市的需
要而设计，从未适应经由共和国连续战争所建立起来的国家
的要求。前现代的贵族团体很难控制一个复杂的行政机构，
后者一般需要一个单一元首组织来保证有效监察。但是更偏

〔22〕参见 Ferrary 2001。

向于或多或少平等分享权力的罗马贵族无法承受让其中某个人长期占据这一组织的领导位置。他们也不准备让任何一个复杂的行政机构自行运转，因为那将会创造一个在其控制之外的新的政治中心。任何一个有野心的管理者都能够将这样一种机构作为垫脚石获得非共和的权力。因此罗马贵族倾向于反对任何一个他们认为有潜在威胁的组织。

然而，那并不意味着共和国的统治就是绝对随意的甚至混乱的。恰恰相反，贵胄们通过军事与和平手段来保持其在意大利的影响力。我不能深入谈论这个主题，但我会简短地指出罗马贵族在统治帝国时所采用的两个最重要的策略。第一，战争是罗马生活的一个恒常特征。我在别处已经指出，帝国主义这个经常被宽泛使用的标签并不能承载足够的分析潜力来帮助我们理解罗马所具有的进攻性的目的和效果。我的兄弟和我已经提出罗马的战争很好地符合某一类"国家建构进程"（state-building process）[23]模型（事实上，是这个进程的第一步），这个"国家建构进程"由社会学家假定为以一种几乎普遍的方式支撑强制—密集区域。[24]根据这一理论，初级"国家"由暴力—控制组织发展而来。通常，强制—密集区域内的政治系统试图垄断其领土范围内的暴力。因此，这样的体系传统上会投入连续战争，以确保它们的权力、消灭竞争对手以及榨取必要的资源。这或多或少

〔23〕Eich and Eich 2005. 上述一段部分地总结了我们的论证，部分引用了这篇在第 31 页的总结。

〔24〕例如，参见 Tilly 1985。

正是罗马共和国遵循的模式。在不存在必要的制度性框架以维持长时间和平的情况下，罗马军队是共和国的基础。专注于强制一密集区域中的核心政治活动使罗马权力贵胄得以缓慢地把意大利一个日益增长的部分归入一个新的政治框架。

那么，军队是到这时为止罗马政治系统中最大的正式化组织。大多数自由的意大利男性必须在罗马将军的领导下服役一段时期，这一事实有助于创造一个罗马国家的观念。这支军队是被征农民组成的民兵组织，这一情形一直持续到 97
共和国时期，在一系列内战后，这支军队最终被一个新的、实际是君主制的政治系统取代（公元前 1 世纪表现了转折阶段的一切特征）。我现在回到对奥古斯都治下重大变化的讨论。首先，我想先处理共和国和帝制早期政治贵胄的其他非军事资源。确保军事胜利后，罗马通过决定性地改变实际情况，创造了一个全新的，即，罗马人的空间概念。例如，先前敌人的领土被占领并且殖民地在战略之地被建起。[25] 其他所使用的策略源自并对应于罗马军队和政治家在意大利建立罗马统治时的政治和社会结构。当罗马开始建立其帝国，它的敌人经常是意大利中部的好战部落。从一开始，尤其是后来，罗马征服者就面对地中海盆地占支配地位的组织生活模式（当然，他们自己的也算）：城市作为自治的政治实体，有自己的贵胄和领导阶层。被征服的部落有时（并非总是如此或作为一条规则）被军事力量所控制。但是城市贵胄（以

〔25〕参见 Purcell 1990；Eich 即将出版的作品会有更进一步的引用。

及一些部落首领和贵族）通常保持原样，很可能是在罗马公开的敌人被驱逐或杀害之后，罗马的朋友们就取代了他们的位置。[26]至少在征服的第一个世纪里，我们应当认识到罗马霸权地位的建构与这一背景相悖。新出现的意大利政治架构深嵌于基于各种团结类型的社会关系中：庇护关系，友谊关系，家庭关系，或者同胞间的社会连结（各种依赖的经济形式补充了这些关系）。除了家庭成员间的关系外，我们可以把这些社会纽带划归到庇护主义（clientelism）的名头之下，尽管需要强调的是，这个术语的含义是现代意义上的；罗马的庇护（*clientela*）概念更狭窄些。[27]牢记这个差别非常重要，因为许多现代社会学术用语的拉丁词根常常带有方法论上混淆的危险。庇护式关系在本质上通常是二元的。但罗马贵胄（在这个问题上和其他贵胄一样）设法使他们融进这种关系的分层系统中。[28]从现代政治观察者的观点来看，这样一种建构可能不够稳定。但是这种看法显然是错误的。通过联合被攻克或被慑服的各种杰出人士的资源（从这一点上，就
98 其个人利益和有权势的罗马朋友的利益来说，这些人扮演着庇护中间人的角色），罗马权贵掌控着一张巨大的私人关系网。[29]罗马的“庇护系统”是一个编织紧密的织品，可以很

〔26〕Fronda 2010：30ff.；315ff.；Lomas 2011：349；David 2006. 请注意我不是在讨论 Rosenstein 2012：17–8 感兴趣的那种庇护体系。但是，可参见他对于意大利罗马的“恩惠和义务网络”的评论（第 82 页）。

〔27〕例如，参见 Saller 1982：7ff.。

〔28〕最好的讨论由 Johnson and Dandeker 1989 所作。

〔29〕参见 Appian，*Civil Wars* 2.14.4。

好地服务于它的主人。[30]在这套系统失效之处，罗马军队就会准备成就罗马人的愿望。当帝国最终整合了意大利之外的领土之时，这套同样的系统有必要做出一些调整以转用于行省。毋庸讳言，在这些情形下，家庭关系失去了它们的重要性，正如中心和边缘的不对称愈发明显。[31]另一方面，甚至那些通常被认为远离中心的地区贵族也被逐步整合进骑士和元老院贵族的行列中。[32]

当公元前44年到公元前27年，屋大维在罗马共和国推行其统治时，这些是奥古斯都控制和指导受其处置的一般社会及其成员的最重要方式。清楚的是，一个实际上的君主政治的开创开启了建构一种更富差异化管理的可能性，例如使中央政府达致更详尽和密集的控制形式。尽管如此，这个进程发生得很缓慢。在元首统治的早期和顶峰，现存的社会秩序是皇帝权力的基础，他们小心翼翼，不以任何过激方式打破传统的权力平衡。考虑到我们的资料体现出元首制的头100年，甚至头200年都主要集中在罗马城的政治结构，人们可能会得出结论：从一开始，帝王就垄断了包含团结—调节人际纽带的资源。这一判断可能是错误的。皇帝控制了通往中心极具价值资源的道路，但是帝国很庞大，即使是意大利也不能单由正式的权力结构和皇帝的庇护关系网络来管

〔30〕Roniger 1983；Eich 2005：67–84.

〔31〕Schulz 1997.

〔32〕参见 Waelkens 2002 中的例子。

理。[33]皇帝需要贵族家族建立起人际关系纽带，也需要他们的经济实力来维持帝国的完整。在这一点上，他们做得非常好。我们的材料清楚显示：在地中海盆地人口密集地区，城市贵胄作为调停人和庇护中介者出现，帝国的在场感很强。[34]同样的情况很可能出现在大地产主导的地区，特别是如果皇家地产在土地占有模式中是一个决定性因素。但是乡村地区在我们的材料中被忽视了。[35]

99 随着时间的流逝，皇帝的个人支持者的巨大基础变得更有结构性。在没有明显外部刺激（至少，那些不外乎是稍后会讨论的一般性力量的刺激）的情况下，这一点看起来是真实变革。“庇护关系纽带”最初是私人和个体的。但是，整个社群和单个政治家或其家族之间的庇护—被庇护关系倾向于在特点上越来越抽象。皇帝作为沟通的积极媒介，为了维系其与被庇护人的纽带，不得不承担大量工作，因此，他们倾向于让各种关系变得更模式化，以便相似背景的群体最终在一个名头（同一行省的城市，一个特定区域的地产所有人，军团甚或整支军队等）下聚合起来。单个的被庇护人被聚集起来成为“集体被庇护人”（collective clients）。[36]这一进程难以密切追踪，因为自公元 2 世纪以来，我们缺少与已有逸事性证据相配合的详细资料。而被公认为有些片面的

---

〔33〕Eck 1979；Millar 1986.

〔34〕Buraselis 1998；Halfmann 2002. 我未被 Kokkinia 2006 所作的批评说服。

〔35〕Millar 1986；Crawford 1976；Carlsen 1995. 尤其参见 Tacitus，*Annals* 4.6。

〔36〕Johnson and Dandeker 1989，尤其是第 238 页。

司法材料（尤其是来自塞维鲁王朝时期，公元193—235年）似乎显示出组织化进程在此阶段已经达到了一个相当高的水平。[37]但是更久以后，尤其是4世纪时，这种组织化进程变得越来越可见并且易于描述了。[38]随着工作量的增加以及所有参与者的行为越来越模式化，帝王不得不（事实上他处于一个更有利的位置）授权他人去解决即将面临的问题。某种官僚化的潜力内在于这个进程当中，但是我们缺少材料对其进行更详细的分析。

到目前为止，讨论集中在社会秩序的特定结构，以及权力贵胄为了自己的政治目的在利用这种结构及其潜在动力时运用的策略。但这并不意味着除了军队和皇帝之外，不存在正式的权力结构。在行政管理上，皇帝得到了元老院的支持，包括其小组委员会和元老院席位。奥古斯都设立了多种新的元老院席位，随后还创立了各种其他的官职。但正如已经提到的，元老院的行政管理在本质上完全是非官僚化的。帝制时期在这一点上并没有显著的改变，即使在某些时期和某些方面可能和官僚制有一些相似，但至少在各自纯粹的类型上，罗马贵族统治和官僚制政府仍然是不兼容的。

根据定义，罗马贵胄是属于城市的。但从一开始，这一群体也是一个以土地为基础的贵族阶层；所有这些地产拥有者在其官方事务中由被释奴隶和奴隶协助，这些被释奴隶

---

〔37〕Coriat 1997.

〔38〕参见第4和第5节。

和奴隶精通于管理主人的地产或者罗马贵族旨在从中获利的
100 其他类似事务。帝制建立之后，这种私人代理人转到公共管理的中心，除了他们更加传统的工作(包括传统的家政工作)之外，元首还把他们安排在管理岗位上。他们的人数从一开始就非常多，并且在历代统治者那里不断增加，但是我们没有方法量化这一帝国代理人群体。在从共和时期传承下来的罗马公共生活的传统领域中，这些代理人有两个主要目的。第一，他们协助皇帝创立一个处理公共事务的特殊秘书处，将政治中心的监察能力提升到比 1 世纪中叶之前任何时期都高的水平。第二，他们不仅负责管理皇帝的地产——这些地产自奥古斯都统治以来极大地超过了其他所有人的地产。〔39〕(尽管法律所有权问题仍不清晰，但肯定没有任何其他人被允许控制更大的矿山或采石场。)他们同样也负责元首的公共财政事务。稍后我会再讨论罗马帝国行政管理的这个重要方面。但是首先我们需要对皇帝的家政管理做一些更一般化的讨论。

为组织帝王奴隶和被释奴隶的工作，当然需要一定程度的结构。被雇用负责地产或矿山的奴隶(很可能在奥古斯都启动新的政府形式之前，他们就已经存在相当长时间了)按照类似军队的基本架构原则进行分组。〔40〕一串相当长的指令链在巴格拉达斯河谷(Bagradas valley)一处大型的皇

〔39〕例如，参见 Pliny the Elder，*Natural History* 18.35。

〔40〕Columella 1.9.4，7，1.8.17；Muñiz Coello 1989；Peachin 1986；另参见 Kolb 2000：276 注释 3。

帝地产中得到证明。[41]罗马有各帝国行政部门的中心办事处（*stationes*，*tabularia*），[42]但我们几乎不知道这些办事处实际上如何运作；尽管我们确实知道它们中的大多数由一个低级别或至少不那么高级别的部门管理，这个安排不属于通常意义上的官僚制。[43]这些帝国代理人经常被称为罗马的官僚。[44]杰罗姆·弗兰斯（Jerome France）明确地把恺撒家奴（*familia Caesaris*，指代帝王奴隶和被释奴隶的现代术语）比作一个理性运作的官僚体制。[45]最后一个论点肯定站不住脚。皇室家族几乎完全根据身份地位（奴隶的奴隶，奴隶，被释奴隶，招募的佣工首领）来进行内部建构。即使是皇帝身边的帝王秘书处，在某个特定时刻，分配手头任务的最重要因素也是皇帝的赏识。[46]正如已经指出的，公元1世纪罗马帝王行政机构的一个独特要素是中心“办事处”（bureaus） 101
的负责人几乎总是比帝国周边地区的代理人级别更低。这条原则显然是用来避免过于清晰的阶层划分；皇帝想尽可能多地把决策过程把握在自己手中。因此，皇帝的家政管理及其各种延伸就肯定不是“一个理性运作的官僚制”。等级仍然

---

〔41〕*Corpus Inscriptionum Latinarum* 8.25943=*Fontes Iuris Romani Anteiustiniani* 1^{2}.101. 另参见 *L'Année Epigraphique* 2001：2083。我并不信服 *L'Année Epigraphique* 2001：2083 p.715ff. 中提出的这一新文本关键篇章的重构。

〔42〕Boulvert 1970.

〔43〕参见 Eich 2005：334ff.。

〔44〕例如，参见 Brunt 1975：140–1。

〔45〕France 2007.

〔46〕Eck 1998.

存在，也存在某种初级的任务“专门化”，这种任务专门化在大型、差异化的家政和房产管理出现之前就已得到发展。虽然除了阅读和写作之外，家庭管理者几乎并不需要任何专门知识或高级训练；甚至根据埃及的材料来看，读写能力也不是理所当然要具备的。[47]这种类型的管理方法可以很好地被描述为家产官僚制。这样定性的问题是，大多数帝国都有着具有类似特点的基本管理形式。[48]因此，对所有帝国使用这样一个划一条件所带来的可能分析是有问题的。[49]而且，在我们研究的具体领域，“家产官僚制”有更具体的类型概念，至少可以让我们对地中海盆地行政系统的运行机制有更深的洞察（这点在下一部分会愈加清晰）。既然如此，使用“家产官僚制”这个模糊的标签来指代元首制的帝国就所获无多。虽然在某种程度上，罗马帝国的后期发展已在皇帝的家政管理以及各种延伸物上有所预示，但是这种家政管理本身显然缺少历史上的官僚制的重要甚至本质特征。[50]

但是皇帝的一部分手下不只是延伸自家长或家产制管

〔47〕参见 Papyrus Petaus p. 17ff.；360–1（文件 121）。

〔48〕参见 Eisenstadt 1963。

〔49〕在另一方面，这样一种定性在韦伯（1978：221）的一个评论里可以找到些许支持，即家产官僚制不同于理性官僚制的地方在于，他们的全体人员都是从不自由的公务人员中招募的。尽管韦伯所定义的这一组织标准在这点上当然不合于恺撒家奴。更重要的是，韦伯只使用过一次这种家产官僚制的解释，在其众多著作中有其他部分提供了不同且更有用的解释。

〔50〕参见 Eich 2005：288–337。

理中各种较古老的地中海结构。对帝国历史的部分考量有时被认为是陈腐的，这一观念如此根深蒂固以至于似乎不需要任何进一步的分析：这里的情况就是这样。在奥古斯都最终成为帝国唯一的统治者之后，当他决定让一支军队永远处在自己控制之下时，他戏剧性地改变了帝国决策制定和管理的动态模式。转向职业化军队当然是逐步进行的。在公元前30年之前，罗马军团忙于连续战争，其中大多是内战，所以一旦内部和平恢复了，似乎仍有可能返回到共和时期的市
民军队。但是尽管奥古斯都在公元前30年大幅裁减活跃的 102
军团，他却逐步建立起一支常备军，因而加重了罗马“财政预算”的负担，因为这意味着必须在一个稳定的基础数额之上花费相当大量的金钱（和其他资源）。[51]即使是保守的估计，从那一刻起，从帝国榨取的资源中也有半数和军事“预算”绑在了一起。[52]元首制的军队不仅是一支职业化的军队，它同时也是，至少是部分自给自足。许多管理任务都是由军事人员来执行。[53]军队获取它自己的武器和其他工具，以及部队和动物的供给。[54]其内在组织可以被定性为官僚式的；上文讨论的作为典型官僚制的许多运行原则被证实存在

〔51〕Lo Cascio 2006.

〔52〕Goldsmith 1987：55；Hopkins 1980：125 以及 2002：199–200。这个百分比很可能更高：Duncan-Jones 1994：45。参见本书第五章沙伊德尔的文章。

〔53〕Eich 2009.

〔54〕例如，参见 Whittaker 2002。

于早期的军团中。[55]但是官僚制的类型概念通常首先应用在民事管理上，我在这里所处理的军事力量只是自奥古斯都时期起持续扮演着民事管理发展的刺激因素。还必须牢记的是，从元首制开始，就存在着一个巨大的组织，这个组织在一个相当类同且稳定的传统社会环境中是持续的干扰来源。军队大多驻扎在边境省份，尽可能远地避免摩擦（并且为进一步发展做准备）。但是奥古斯都决定以新的君主制军队取代征召农民的共和国自卫队，这一决定的影响在帝国各处皆有体现，因为军队所需资源必须由每个地区提供，包括旧地中海地区富庶的内环省份[56]以及不太发达的新近征服的领土。[57]

与内战最后阶段时的水平相比，奥古斯都大幅削减活跃部队的数量和军队的总数量。但财政困难随即出现[58]，并且似乎在朱里亚·克劳狄乌斯王朝的衰落和哈德良皇帝宣布放弃罗马对美索不达米亚所谓行省要求上发挥着主要作用。[59]在更长的军事作战时期或之后，所需资源和实际收入之间的平衡一定是不稳定的。军队必须以钱来供养。同样重要的是，即

---

〔55〕Stauner 2004.

〔56〕参见 Hopkins 1980 和 2002 直到现在仍显经典的模型。

〔57〕正如现在由来自西班牙的各种新证据所特别阐明的：Alföldy 2000 以及 2007：350ff.。

〔58〕Augustus，*Res Gestae* 15–17；Tacitus，*Annals* 1.17ff.

〔59〕对于尼禄（Nero），参见 Suetonius，*Nero* 32.1；Wassink 1991：473–4；对于哈德良（Hadrian），参见 *Historia Augusta*，*Life of Hadrian* 5.3；Fronto，*Principles of History* 8。

使军队部分负责自身所需，但在这一方面，不能留给军队自己去处理。像小麦这样的主食必须由帝国民事官员进行供给，这么做只是希望避免和要塞附近地区的居民发生永久摩擦。[60] 103
因为军队的需要不能被简单地忽视，如果皇帝想存活下来，他就必须承担起稳定且系统地保障供给的重要任务。

在罗马城，奥古斯都面对着一群在政治上相似（尽管结构上不同）的聚众。至少在元首制的头200年里，首都仍是帝国的政治中心。正是在这里，政治活动家在政治结构不断的相互影响中界定自己的角色。这些聚众的一个重要特点是“罗马人民”的集体被庇护人在广场、剧院、跑马场或者其他地方回应特殊情况的公共仪式中，大张旗鼓地支持奥古斯都，进而使得奥古斯都的新政权合法化。[61]作为回报，奥古斯都则在其他事情上负责为他们提供资金。其他主要城市也需要供给，但只有在罗马，这项工作稍有差池就会带来强烈反应，动摇元首统治地位。[62]从所谓的元首制一开始，奥古斯都就面临首都资金供应上的危机。第一位元首有时被描绘为一个政治天才，他在公元前27年从零开始创造了一个新的政治管理系统。这样一种描述具有误导性。当奥古斯都开始其统治事业时，他几乎只使用自己所创立的解决办法、机制和结构。创造一个稳定且有效率的新架构花费了他几十年的时间，这个新架构处理了

〔60〕Mitthof 2001：37ff.；Marichal 1992：75；Speidel 1996：76；Christol 1989.
〔61〕Veyne 1976.
〔62〕参见 Alföldy 1989。

两个基本问题：供给首都和军队。为了避免可能威胁自己地位的动荡局面，元首需要对这些公民群体（首都居民和士兵）实行怀柔政策。后来，这一点变成了整个帝国政府唯一重要的工作。而被委任去执行这些事务的政府人员（和行省总督一起）成为新管理体系的核心。

在奥古斯都开创的体制中，皇帝自己是帝国大多数（后来是每一个）军事省份的统治者。共和制下的罗马地方总督（前执政官）权势很大，以至于中央越来越难监督他们。奥古斯都把使臣派到那些在法律和社会关系上隶属于他的行省。（借调的士兵协助着这些管理者；3 世纪末期之前，还不存在一个专职的行省管理。）此外，从公元前 27 年开始，[63] 奥古斯都越来越多地在他的行省委派一种新型代理人，这一新型代理人独立于地方长官行事，是骑士代理人。（这些代理人在公共行省也是如此行事。）在统治后期，奥古斯都任命了四位高阶骑士长官作为他在罗马的代表：两个帝
104 国禁卫军指挥官，一个消防队的长官，以及一个负责粮食供给（*annona*）的长官。他们的工作将会在下文进行讨论。首先，我想先讨论他们的地位问题。

元老院级别的成员资格在帝制早期成为可世袭的；元老院议员的精神气质是贵族式的，这一点一直是决定性的。[64] 在整个元首制时期，元老院是贵族统治的象征，这

---

〔63〕关于三头时期（公元前 43—前 33/1 年），参见 Eich 2005：94–98。

〔64〕Peachin 2004；Eich 2008b.

个定位受到绝大多数皇帝的支持。在元老院级别之下，更广泛的社会贵胄参与到所谓骑士阶层，而元老院议员在过去是最高级别。但到奥古斯都时期，狭窄的贵胄顶端与其更广阔的底层之间有着相当清晰的不同。骑士的公共形象与元老院议员不同，它们在很大程度上并不是由其家族的文化遗产和所在群体的集体历史来塑造。同等重要的是，骑士阶层没有任何机构来代表其集体利益；事实上，这一群体没有任何独特的集体利益。骑士阶层的成员资格取决于财富（40 万塞斯特斯）和一些定义相当模糊的荣誉标准（包括自由民的身份和罗马公民权）。[65] 对皇帝来说，这一等级看起来一定是有才干的支持者和代理人的理想储备池。这并不是说皇帝依靠骑士阶层来平衡元老院的权力，这有时与较老一辈学者的看法相左。[66] 正如已经提到的，这样的骑士阶层缺少清晰的轮廓，从未有太多政治分量。事实上这是皇帝把骑士阶层选为代理人的一个原因。他们有足够的财富和“荣誉”可被接纳为皇帝的代表。坚实的教育被认为是他们部分的社会资本（尽管这一点从未以某种正式的方式被检验过）。基本上，骑士是通过为皇帝服务来提升个人职业地位，他们缺少社会资本去谋取最高职位，因此骑士被认为是只忠于皇帝的（然而，重要的元老院议员同时对皇帝、他们的家族传统和元老院阶层的集体传统保持忠诚）。因此，皇帝正是从这一群体中委

〔65〕Millar 1977.

〔66〕Pflaum 1950.

任一群受信任的代理人，他们多被称为骑士代理人/税务官/监察官（procurator），特别是作为皇帝在罗马的高阶代表来行使皇帝不能或不会留给元老院官员的任务。这种“排斥”元老院议员的原因各有不同，从贵族认为不值得就任这些岗位（例如消防队长官）而简单拒绝，到在非常敏感任务上（例如皇帝近卫军的长官）的忠诚度考量。[67]

但是行省代理人（*procurationes*）从一开始就是带薪职
105 位，尽管薪酬是官方类型的补偿，但罗马上层阶级痛恨受薪的想法，认为这与他们的地位不相称。[68]元老院官员也被付以补偿，但是对于贵族来说，这绝不是他们开始公共生涯的最主要动机，并且薪金对第一等级成员的结构效应与对骑士代理人不同，后者自公元1世纪中期开始就将其收到的大量金钱用到显示他们等级（例如头衔）的活动中。[69]尽管职位（posts）在词语的现代意义上与职业（career）不同，[70]但在某种承继性上经常被使用。代理人代表了一种新型的管理者，与私人事务领域紧密相关（procurators长期作为富有的罗马人在法律或商业问题上的代表）。[71]同样重要的是，他们从未被完全整合进共和国的旧结构框架中。

---

〔67〕Absil 1997；Sablayrolles 1996.

〔68〕参见 Pflaum 1974：55–6。尽管 Pflaum 在指出完全发展的骑士等级的职业上走得太远。事实上，元老院阶层的职业生涯比骑士阶层更彻底地规范化了。

〔69〕Alföldy 1981：185（*sexagenarii*，*centenarii*，*ducenarii*，*trecenarii*）.

〔70〕Pflaum 1974：56ff.

〔71〕Schafer 1998.

艾森斯塔特曾经提出：一个“通常不要求任何亲属关系、地方—区域群体的成员资格，而在更大程度上基于技艺、财富、成就或对统治者的政治忠诚这些标准的招募体系”的建立是迈向官僚制的重要一步。[72]毋庸置疑地，相似的概念使得一些学者，特别是在20世纪的前50年，简单地把这种代理服务称为官僚制。[73]正如上文所指出的，我对这样一种对官僚制术语的模糊使用有否分析的可能性颇为怀疑。正如我们将会看到的，这一术语的所有优点在于它的隐含意义，而它本身几乎没有意指什么。一些观察足以证明这一点。

首先，骑士代理人的数量总维持在相当小的规模。奥古斯都缓慢地推行上文提到的管理体制；在一开始，他不仅有时雇用被释奴隶而非骑士担任行省中的代理人，还使用了各种其他方案。[74]第一任元首治下似乎只存在35个代理人职位，这一数字在2世纪中期大约上升到110，而3世纪是180，也是这条曲线的最高点。[75]在一个管理体制被考虑为官僚制之前，不存在一个一定要达到的理想代理人的人数。但是35人肯定是一个很小的数字，那些支持奥古斯都建立了一个全新管理体制这一论点的学者需要对

〔72〕Eisenstadt 1963：21.

〔73〕例如，参见Stein 1927：442；Hirschfeld 1905：410ff.。

〔74〕在被释奴隶的使用上，参见France 2001a：373；对于其他的解决办法，参见Josephus，*Wars of the Jews* 1.399。

〔75〕Vittinghoff 1990：223.

此做些解释性的评论。尽管这不是决定性的论证，但新官员的其他特点也驳斥将早期代理人工作定义为一个官僚组织。在元首制的头两个世纪中，皇帝的官员群体有一个
106 非常独特的特点，即行政管理的金字塔或多或少上下颠倒了：处在外围地区的代理人（大多数是行省代理人，但逐渐也有其他担有财务责任的代理人）经常比处在中心地区的代理人（最初大多是被释奴隶）拥有更高的地位或更高的头衔；只有在 2 世纪后期，中央会计员，即所谓的 *a rationibus* 或者 *rationalis*（那时是四个会计组成的协会的会长）比那些仅仅管理会计本该负责的事务的同事获得更多收入。[76] 皇帝秘书处的其他重要岗位也是如此。[77] 罗马城的骑士长官是例外，但是禁卫队长官和消防队长官（*praefectus vigilum*）最初并未支配行省代理人。因为在罗马帝制早期，身份地位的阻碍几乎不可能被克服，似乎可以确定的是此时还不存在管理阶层［粮食供给长官（*praefectus annonae*）可能是一个例外，但是我们没有证据表明在 2 世纪晚期以前骑士代理人隶属这一职位之下］。[78]

考虑到我们材料的性质和它们的碎片化状态，几乎不可能证明某事在罗马历史某个特定时间点内不存在。但是如果我们来自早期元首制的文字材料并不完全是误导的话，大

［76］*Inscriptiones Latinae Selectae* 8854＝*Inscriptiones Graecae Urbis Romae* 424.

［77］Pflaum 1974：15ff.

［78］Eich 2005：189ff.

多数骑士代理人在这样一个早期阶段还没有清晰的职权界限，这要等到之后才有所发展。骑士代理人与长官之间的持续摩擦正清晰地体现了这一点，双方的职权似乎至少在实践上有所重叠。[79]这一点对禁卫军长官（*praefectus praetorio*）一职也同样适用；[80]这一职位的司法权后来与城市行政官有了竞争。[81]消防队长官（基本上是消防队的主管）和粮食供给长官（负责罗马城的食物供应）的职责界定更清晰（当然不是完全清晰的），但他们仍须面对来自城市其他官员的干扰。[82]我们只有很少关于政府及其各部门的文件。军队文件一定非常全面，各种的人口普查材料也是如此。[83]上文已经提到这些情况。管理者之间的内部交流是否在文献中有代表性的撰写与记载是个非常不同的问题。如果我们的文字材料是可靠的，罗马各管理者之间的互动大都是口头上的（没有公告、备忘录等记录在案）。在皇帝与行省官员之间的公务交流中，“私人的社会、书面通信情况”仍十分明显。[84] 107
我们的材料没有提供线索表明皇帝的中央代理人应独立于帝王、与周边地区的官员交流。根据最著名的例子［普林尼和图拉真（Trajan）皇帝的书信交流］进行判断，这一交流

〔79〕Eich 2005：106ff.

〔80〕Ensslin，*Realencyclopädie* 22.2：2391–502（s.v.“Praefectus Praetorio”）.

〔81〕Camodeca 1976：95；Millar 1977：124.

〔82〕Sablayrolles 1996：96–7，100ff.；Eich 2005：191.

〔83〕Nicolet 1991a；Speidel 2007.

〔84〕Millar 1977：215.

在很大程度上没有正式化。[85]长官的档案远未得到发展。[86]但普林尼倾向于将帝国文书的副本发回到罗马，而非仅仅提及中央档案中的副本或者原始文书。[87]有关管理系统化的法律文献证据几乎都在较后期出现。所有这些加起来仍然不能证明存在一个低标准的管理行动记录（尤其是内部沟通文件与人口普查文件差别甚大）。但这就是我们相当有限的信息所体现的内容。重要碑铭的发现可能改变这一图景，但是我对此表示怀疑。

几乎没有迹象表明早期帝国公职人员至少在其结构框架和运行机制方面是“官僚制的”（不提它的合法性基础、管理人员的规范取向或事务活动中所涉及的技术知识水平）。尽管如此，将骑士代理人和骑士长官作为“官僚制”的特征并非简单就是错的。除了强调这些骑士等级官员是一种新型代理人这一事实之外（与上述引文中艾森斯塔特指出的一些官僚制标准相吻合），这一官僚制术语的使用背后有一些其他的关联，我将在下文有更明确的分析。

骑士代理人作为一个群体来说是混杂的，他们的工作似乎没有任何共同的内容。这些职位包括帝国图书馆的顶层管理者、角斗士大型兵营的负责人。[88]但是从一开始就很

---

〔85〕Eich 2004.

〔86〕Haensch 1992.

〔87〕Pliny the Younger, *Letters* 10.57–58. 同时可参见 Eich 2005：295；Meyer-Zwiffelhoffer 2002：269。

〔88〕Eck 2000：242ff.

清楚的是，他们的主要工作内容是财务管理。随着时间的推移，皇帝手下的优先权变得愈加明显，越来越多的岗位通过拆分行省代理人（*procurationes*）职务而来，后者的职责最初是十分广泛的。[89]他们唯一最重要的任务是上文提到的：在皇帝行省内，如果驻有军队，他们供给军队粮饷（尤其是某些主食）。[90]第二，他们监督货币和实物税款缴纳；这些收入的很大一部分专门用于支付军队的开支。随着行省代理人职权被逐渐分割，越来越多的代理人被雇用来负责特定场合的征税（比如遗产税或者各种名目的关税），或者负责其 108
他特殊工作（例如，管理矿山）。[91]征税由各个城市、村庄或部落自己负责，关税、解放奴隶税等则经常外包给大小不一的私人商业团体；[92]骑士代理人通常只被雇用来监督这一进程。在他们所有的工作中，骑士代理人由帝国奴隶和被释奴隶所支持，也经常有军人的支持。[93]有关北非地区地产管理的大量铭文表明，一个代理人治下的单个行政管理单位可能预示着后期官僚制的发展；[94]但是我们几乎不知道税收管理如何运作。[95]似乎除了与皇帝本人相互联系外，

〔89〕Brunt 1990：167；Burton 1993：18-9.

〔90〕参见注释〔60〕。

〔91〕参见注释〔89〕。

〔92〕对于私人商业的角色，参见 Aubert 2003。

〔93〕Boulvert 1970；Crawford 1976；Hirschfeld 1905：134，160；Nelis-Clément 2000：244ff.；Haensch 2006.

〔94〕Hirschfeld 1905：139ff.；Nicolet 1991b.

〔95〕参见 France 2001b 极好的研究，尽管我并不是十分同意他的假设和结论。

单个管理单位并未互相连结；元首制下征收赋税的过程（等）一般被认为是一个随意的过程。[96]

此外，至少在3世纪早期以前，所有行省的代理人要负责管理皇帝私财和那些被类似对待的共和国财产。[97]帝国财产至少在一些像北非这样的地区是以出口为导向的；[98]这些地区出产的粮食剩余至少部分用于供应军队；同等重要的是，首都的巨大需要也必须满足。[99]组织运输小麦和后来分发于市民的大宗商品[100]成了粮食供给长官的责任（一种高级别的骑士长官），骑士长官的职责非常类似那些处理皇帝极其重要资源的骑士代理人。那么，基本上代理人体系负责征收供给皇帝最重要政治支柱的资源：军队和首都人口。与此同时，军队是保证资源不断流向中心的最重要工具。正如我现在将要讨论的，在某种意义上，欧洲学者很自然会把一个诸如代理人体系的行政管理与官僚制的概念相连。但是如果我们没有完全被我们的资料误导，在元首制的头200年中，皇帝手下基于合约工
109 作的代理人（为了“补偿金”）不仅人数上很少，也几乎完全缺乏结构化的框架来作为一个组织运转；事实上，每一个代理人都是在一个多少显然受限的事务中，以个体的形式支持皇帝。这种安排的原因显然不仅仅是使开支降到最低。不管是来

〔96〕参见 Eck 1979；Neesen 1980。

〔97〕Hirschfeld 1905：139ff.

〔98〕Kehoe 1988.

〔99〕Hobenreich 1997；Lo Cascio 2007.

〔100〕这是粮食供给长官（*cura annonae*）唯一核心活动。我们并不完全清楚粮食供给长官在正常时期会多深入地涉入城市供应中。参见 Sirks 2006。

自个人经验习得或传统的分量或两者的结合，受奥古斯都支持的共和国贵族遗产，很可能在未来相当长的时间内阻碍了行政管理的进一步发展。同样重要的是，这个经挑选而来的架构使皇帝能够尽可能经常地在重大或只是有问题的情况下作为决策者而行动，通过每一次决定来稳固帝王地位的做法被证明是必不可少的。[101]虽然如此，在奥古斯都治下，当他决定维持一个相当大规模的常备军时，新型管理的基础也完成了。

在这一分析阶段，有必要界定之前所说的罗马行政管理的架构和皇帝的手下。为了方便，我们把元首制界定为奥古斯都开创新制度到君士坦丁（Constantine）一统天下的这一段时间，那么确实有证据表明存在职责范围，这些职责范围暂且由抽象规则、基于具体能力范围的层级以及较好的行政管理内部运作记录所界定。一些铭文、纸莎草文献和史学研究传统中顺带提及的评论表明确实存在这样一种历史的官僚制的运行原则，也确实存在司法文献中更频繁出现但不幸经常令人费解的迹象证据。[102]

---

〔101〕 Millar 1990.

〔102〕 *L'Année Epigraphique* 1908：233，1942–3：105，1973：126；*Inscriptiones Latinae Selectae* 1403，9017，以及 9018；*Corpus Inscriptionum Latinarum* 3.14165；6.1585b，9.2438；*Inscriptions Latines d'Algérie* 1.875，2.275；*Orientis Graecae Inscriptiones Selectae* 519；Dio Cassius 52.24.4，Eusebius，*Church History* 9.1.3ff.，9.9a.1ff.；Herodian 4.12.7–8；Lydus，*On the Magistracies* 1.14，2.13，以及 2.6 以及 Eich 2005：231；Parsons 1967，加上 Papyrus Oxyrhynchus 42.3046–50；Justinianic Code 1.26.2，9.2.6，以及 10.42.10；Pseudo–Paul，*Opinions* 5.17.11；还有 Eich 2005：350ff。关于公元 3 世纪新型长官的制度化。

对这些片段证据的现代研究进路差别很大。大多数学者相信元首制的管理体制完全不属于官僚制，他们选择忽略它们。[103]如果他们要处理我已经提到的这些资料，他们选择将其边缘化。[104]那些随意使用“官僚制”这个术语来描绘罗马政府的学者把它们引为罗马管理体制从一开始就是官僚制的证据。[105]（尽管通常而言，这一阵营无法引用特定片段证据来确立这一陈述。）考虑到我们的证据的碎片化状态，上述任何一个立场都不能被简单地丢弃。尽管如此，在下文中，我会提出一个不同的方案。当我们在时间轴上画出这里讨论的数据时，很明显，所有相关的片段信息都落到罗马历史中一
110 个非常有趣的时间段。第一个时间点可以划在马可·奥勒留（Marcus Aurelius）时代；这一图景在塞维鲁时代更加清晰和可靠。进一步的证据可以在接下来一直到3世纪中期的这一时段中找到，考虑到目前可靠的材料，我们进入了阿诺德·琼斯（Arnold Jones）称为“黑暗隧道”（dark tunnel）的地方。[106]公元4世纪初，我们再一次处于一个坚实的开阔地，大量证据表明行政管理体制已经被彻底重建。大多数学者同意公元4世纪的政府机构不同于元首制早期，尽管这个被重组的管理体制的特征仍备受争议。[107]

---

〔103〕参见我在 Eich 2008a 中的讨论。

〔104〕Millar 1986；Virlouvet 2004.

〔105〕Kaser and Hackl 1996：536；Laffi 2001.

〔106〕Jones 1964：23.

〔107〕参见 Eich 2011。

相关资料的这一分布之所以重要，在于它在一个重要方面（帝国对与战争有关资源的需要）遵循了罗马帝国的一般轨道。正如上文所说的，定期支付和供应军团绝非易事。[108]但只要帝国准备进攻，似乎帝国就要很好地维持奥古斯都引入的常备军。在元首制的头200年，皇帝及其谋臣通常或多或少决定战争的时间和地点，以便军队能够根据一个预定计划在前线集结。因此，战争之间的和平间隔通常要足够长，以便为帝国各中心和行省金库提供补给。战利品和领土收获甚至可以带来大量的剩余。但是，公元2世纪图拉真之后的军队一定已成为帝国的巨大负担。从马可·奥勒留时代开始，帝国缓慢失去了能够制订进度计划这一重要优势。公元3世纪，不间断的边境战争困扰着莱茵河、多瑙河以及幼发拉底河地区。塞维鲁王朝的建立者通过漫长而血腥的内战终于取得王位，随后，内战成了帝国政治系统中的常见现象。马可和塞普蒂米乌斯·塞维鲁新建了5个军团并进一步扩充了军队。[109]塞维鲁、卡拉卡拉（Caracalla）和马克西米努斯（Maximinus）显著提高了军队费用。[110]之后的皇帝很可能往这个名册中增加了更多的军事单位，[111]至少有

〔108〕参见注释〔60〕。

〔109〕E.Birley 1969以及A.Birley 1993：142。

〔110〕Herodian 3.8.4–5.，4.4.7，以及6.8.8；Dio Cassius 78.36.3–4（Boissevain, 3rd ed.：444）；*Historia Augusta*，*Life of Severus* 12.2。

〔111〕Nicasie 1998.

时候很有可能把额外的金钱派发到军队中，但是因为缺少可靠材料，我们无法核实这一点。[112]

似乎无法否认，卷进几乎无休止战争和经常在小战役（可以不算是战争，但已支付补助）中失利的帝国急需与战
111 争相关的资源。帝国的货币制度在公元2世纪末[113]开始反映出帝国财政系统上的压力。[114]在公元3世纪，帝国主要货币中银的成分越来越少，但是物价似乎保持基本稳定。[115]然而，我们必须记得帝国居民在法律上有义务接受贬值的帝国货币。[116]只有在奥勒留时期，当一项帝国改革（改革的目的和结构仍是学者激烈讨论的内容）进一步加剧了帝国货币在官方价值与实际价值间的不平衡时，物价才直线上升；从那以后，通货膨胀成了帝国在政治和经济领域的一个周期性问题。[117]

有关罗马帝国税率的可靠信息极少。[118]这就是为什么几乎每一位学者都根据她或他的基本倾向来解释事实。罗马在不同地区收取不同数额的税收，所以一般化的做法在性质上非常抽象。如果结合起来，有证据表明其税

〔112〕Eich 2005：362ff.

〔113〕参见 Lo Cascio 1984：144。

〔114〕参见 Bost 2000 对于公元3世纪上半叶货币和战争之间关系的全面研究。

〔115〕Carrié and Rousselle 1999：127ff. 在某种程度上，贬值似乎也由金银短缺所导致，参见 Depeyrot and Hollard 1987。

〔116〕Hasler 1980：62ff.

〔117〕Carrié and Rousselle 1999.

〔118〕Nessen 1980；Brunt 1981.

率与欧洲前工业化国家的税率是相似的，尽管处在某种更低端水平。[119]因此，税收结构可被认为是效率低下（尽管考虑到帝国经济和政治结构的性质，我还是非常怀疑这种描述的准确性）。[120]但是从帝国一般非罗马公民的观点来看，以各种名义从帝国征收的资源数量显然不低。各省反抗罗马税制的事情经常发生，以暴力镇压无法（或不愿意）缴纳赋税的人民几乎不算例外。[121]贵胄当然能够把税务负担或合法或不合法地转嫁到地位不如他们的人民头上，以避免自己处境的恶化。[122]罗马税制结构不能简单地与20世纪的税制相比。我们不知道在不危及已不牢固 112

〔119〕 Duncan-Jones 1994：34；Potter 1990：6ff.，64ff.；Lo Cascio 2006 以及 2007；Scheidel and Friesen 2009。同样参看本书第五章沙伊德尔的文章。普遍认为古代税率相当高的其中一个原因很可能是古代税收体系的不公平。公平的问题几乎总是塑造了我们对税收结构的看法，例如，参见 Hoffman and Rosenthal 1997：33–4。

〔120〕 参见 Bang 2002。

〔121〕 MacMullen 1987.

〔122〕 例如，在意大利，公民不需要缴纳土地税和人头税，只需缴纳不定期征收的税，例如遗产税或关税。能够直接觐见皇帝的贵胄可以试图获取各种特权，例如“三个孩子的权利”（*ius trium liberorum*）或者类似的可以轻易获利的好处。行省贵胄在他们成为罗马公民或“尊贵者”（*honestiores*）的时候或之后，当然经济状况良好。整个社群有时会被授予“意大利人权利”（*ius italicum*）作为嘉奖，以使其土地财产可以不需要纳税。各种各样逃避纳税的不合法形式似乎也相当常见。参见 *Fontes Iuris Romani Anteiustiniani* 1² 103（关于 *saltus Burunitanus*），帝国法律反对私人滥用公共服务（例如 Herrmann 1990）。或者庞大的税收折扣当然对富人最有利［例如，参见 Dio Cassius 69.8.1；Oliver 1989：88＝*Sammelbuch* 3.1.6944；Dio Cassius 72.32.2（Xiphilinos）］。

的社会和政治平衡的前提下，还能从帝国多征收上来多少税款。

但在3世纪，皇帝肯定需要额外的资金来稳固个人统治和遭受一连串战争打击的帝国；在3世纪后半叶，帝国崩塌的危险变得真实起来。一些迹象表明，税率在公元3世纪确实提高了。[123]此外，当权的贵胄试图通过不断降低帝国货币的重量和含银量来应对此种情况。这种贬值政策的效果事实上接近于提高税率。[124]自塞维鲁时代的战争开始，一种新型捐献强加在了行省人民的头上，用以供给四处奔波的军队：粮食（*annona*）。粮食最初是被安排为强制性的购买，之后并不是总能得到补偿并当然成为各行省人民的负担。[125]我们缺少数据来讨论税制结构如何在公元3世纪下半叶发展起来，但考虑到既有处境，我们应该预留出赋税增加或额外的课税（不管有效与否）。[126]尽管，通货膨胀随后对假定的收获造成严重后果。[127]但是有必要记住，加在各行省人民身上的负担在帝国战争地区（在战争地区，人民一定感受到了特殊课税——粮食的影响，以及移动造币厂造成的货币贬值、军队的安营扎寨以及敌人更猛烈进攻带来的破坏）与和平地区差别甚大，尤其是北非或近东部分地区。我不是要

〔123〕Eich 2005：366ff.

〔124〕Carrie and Rousselle 1999：579.

〔125〕Mitthof 2001：51 注释 55。

〔126〕Witschel 1999：178ff.

〔127〕Lo Cascio 2007.

论证整个3世纪公共和私人生活的各方面都存在一个普遍的危机。[128]但是自2世纪晚期[129]或者至少3世纪早期开始，肯定有些地区遭遇了衰退，这个进程在公元260年和290年之间的创伤时期达到顶峰。[130]

我们应对公元2世纪晚期起帝王手下的“官僚化”进程的证据做一诠释，这与这个背景相左。在那个时期之后，皇帝一定感受到了财政系统的压力，它们由漫长而艰难的战争以及其他因素诸如安东尼时期暴发的大瘟疫（还有后来的各种瘟疫）所引起。他们一定感受到需要更有效地组织资源集中和提高中央的监察能力。要达到这一目标，
第一个行动就是提高其人员的组织框架（“骑士的管理系 113
统”）。这一重建的第一个迹象可以在马可·奥勒留时期找到，但是运作框架和人员的功能原则中最显著的变化很可能是在塞维鲁统治时期完成的。这一假设受到来自《法学汇编》（*the Digest*）和《查士丁尼法典》（*Justinian Code*）中的内容支持。查士丁尼是那个时代著名的法学家，他与政府更为密切地合作，甚至更重要的是，他与之前的法理学家相比，居于政府内部，持续努力系统化所有的管理行

---

〔128〕“帝国危机”的总体模型在十多年来一直饱受攻击，参见Witschel 1999；Johne，Gerhardt，and Hartmann 2006。但是现在参看Hekster，De Kleijn，and Slootjes 2007。

〔129〕安东尼时期的瘟疫肯定意味着一些地区的浩劫，参见Lo Cascio 2007。但似乎还有其他一些与战争无关的因素在公元2世纪晚期一些地区的经济衰退中发挥作用，参见Haas 2006。

〔130〕Duncan-Jones 2004；Jongman 2007：611-2.

为。[131] 各官员职位的职权范围由一套抽象的原则系统来界定（然而，它当然并不全面）。[132] 皇帝作为上诉法官的角色被增强了；同时，官员对中央的附属关系也由皇帝扩大使用敕令（*rescriptum*）这一工具而加强了。[133] 在实施这些策略的过程中，皇帝依赖其法学家的建议与业务知识，这些法学家占据了皇帝随从中的各种重要岗位并会列席帝王议事会。[134] 但是这里需要做一个提醒。可靠的信息只有少数非常重要的法学家才能够得到。[135] 尽管有更多的法理学家环绕左右，但皇帝们从未建立一套固定标准，要求候选人在成为帝王手下或至少从初级职位擢升之前必须满足的。[136] 在另一方面，我们不应该假设只有最杰出的法学家才实际拥有一些超前的法学知识。对这个学术分支的研究很可能越来越普遍，但是这个进程非常缓慢，只有公元 4 世纪下半叶才加速进行。

塞维鲁之后，帝国的整个处境恶化。没有其他朝代堪

---

〔131〕有关这一切，可参见关于该主题和在其中帝王角色的最重要著作：Coriat 1997。关于第一个迹象，参见 *L'Année Epigraphique* 1908：233；*Inscriptiones Latinae Selectae* 1403；*Corpus Inscriptionum Latinarum* 9.2438；关于塞维鲁，参见 *Corpus Inscriptionum Latinarum* 6.1585b；*Inscriptiones Latinae Selectae* 9017；*L'Année Epigraphique* 1942–3：105；*Inscriptions Latines d'Algérie* 1.875；2.285；*Corpus Inscriptionum Latinarum* 3.14165[8]；Dio Cassius 52.24.4。

〔132〕尤其参见 Spagnuolo Vigorita 1978a 以及 1978b；Wieacker 1960：389；Gualandi 1963。这一进程于公元 2 世纪晚期开启。

〔133〕Coriat 1985.

〔134〕Coriat 1990.

〔135〕Eich 2005：221ff.，374ff.

〔136〕Peachin 1996.

比此时，皇帝仅统治短暂一段时间，几乎所有皇帝都在战争或内战中惨遭横死，或是被谋杀。[137]但是重组的帝王手下稳定下来并最终开始蚕食仍然控制着行省管理的元老院官员的领域。[138]行省管理本身最终变得更有组织性，作为介乎皇帝与行省代理人之间一个额外层级的官位，行省管理在缓慢地落实到位，但并不具有系统性。[139]但是只有在 114
学者高度怀疑被称为帝国危机的概念上，建立某种历史官僚制的动力才最终得到突破。自 3 世纪 60 年代开始，越来越多的行省代理人来自骑士阶层。[140]没有一位古代作家[141]对管理变革提出任何洞察，这变革有效结束了元老院在军队和作为行省代理人方面的工作。但是我能够想到的唯一合理解释是，这种新型行省代理人最终可以附属于帝王随从的中央代理人。对于那时候已经成为帝王随从中关键人物的禁卫军长官来说，这几乎肯定真确，如果他们必须得到军队力量的支持，他们会协调其行动，保护其利益。[142]会计官（*rationales*）很可能成为新型行省代理人的上级，因为他们在公元 3 世纪的时候已经是传统的行省代理人。[143]几

〔137〕Hartmann 1982.

〔138〕例如，参见 Pflaum 1960：811ff.，no. 317。

〔139〕Peachin 1996；Eich 2005：359ff.；Vervaet 2007.

〔140〕Christol 1982.

〔141〕Aurelius Victor，*On the Caesars* 37.7（另参 37.5–6）处理了这个问题，但是仅仅提供了常规的论证。

〔142〕参见 Chastagnol 1992：210；Eich 2005：230ff.，350ff.。

〔143〕Eich 2005：168ff.，175ff.

乎在半个世纪中，传统贵族被禁止担任罗马管理层中几乎所有有意义的岗位（至少在意大利之外和规模上大幅缩减的非洲、亚细亚的总督行省），这一趋势直到卡里斯玛式的君士坦丁皇帝时才得到修正，他这样决策的理由仍被学界激烈讨论。[144]自公元3世纪下半叶，帝国行省管理似乎已被等级化地组织起来，这个结构建基于其中代理人各自权限的设定。也有一些迹象表明，管理行为包括内部运作都被更为系统地记录下来，[145]并且法学家试图沿着功能之线更清晰地界定禁卫军长官的巨大职权范围。[146]同等重要的是，行省管理工作的基本原则在公元3世纪下半叶逐渐改变，尽管我们无法精确给出这一过程中的任一步骤的发生时间。可能开始于加里恩努斯（Gallienus），民事管理的两种代理类型——士兵由所处军团授权以支持行省代理人、帝王奴隶和被释奴隶——逐渐被出身自由的专业民事代理人取代，后者只是军队的名义成员，即使如此，行政管理的军事组织架构被保留
115 下来。[147]当这一进程完成时，罗马在历史上第一次有了实

〔144〕参看 Eich 即将出版的著作。

〔145〕*Corpus Inscriptionum Latinarum* 9.2438，3.14165^{8}，6.1585b；Eusebius，*Church History* 9.1.3ff.，9.9a.1ff.；Clauss 1980（关于 *magister officiorum* 的任务）；Coles 1966：24。然而，这个材料仅仅提供了逸事性的证据。有关管理记录操作中变革的系统化证据只能在罗马晚期找到。参见注释〔149〕。

〔146〕Grelle 1987.

〔147〕Pflaum 1950：317ff.；Chastagnol 1988：202–3；Carrie 1998：21；Haensch 2006. 整个进程可能随后才启动，或许要迟至戴克里先皇帝统治时，参见 de Blois 2006。

质的专业化民事管理群体，他们既没有被禁止任何真正的（依据某种标准）晋升，也不是（如之前那些被派遣的士兵）永久的替代性岗位。这是一场真正的革命。在这个变化之前，我们无法量化受中央雇用的混杂管理者群体，但是改良后的行省管理很可能比其前身要大得多。我稍后再回到这些问题。

到公元3世纪末，罗马行政管理的蜕变出现了显著加速，这很可能也大范围地影响了社会。这一改变最明显的结果是，行政管理的一般等级化。由于每一级管理机构的职权有了更清楚的界定，周边地区的代理人现在隶属于中央，而中央自己也以科层式的方式被组织起来。〔148〕监察变得更加密集：在公元4世纪早期，行省代理人应该每年至少2次，有时是3次将他们的记录送至中央审计代理人。〔149〕行政管理的结构框架更加紧凑，更加同质，同时也可能更加庞大。

这整个改变不仅仅是由一个或更多个想要确保其在既定政治结构中位置的皇帝开启。〔150〕在上文提出的模型中，整个改变也由于帝国处理军事问题的迫切需要所刺激，正如

---

〔148〕 Corcoran 2000：138，no. 43（另参 no. 202）；Grelle 1993；Delmaire 1989；Millar 1980。

〔149〕 Jones 1964：575–6；另参 Delmaire 1995：71–2；Giardina 和 Grelle 1983。

〔150〕 这是一个流行的，但难以令人相信的建议，参见关于克劳狄乌斯皇帝的早期研究，或者参看 Giangrieco Pessi 1988 关于塞维鲁的研究。整个“官僚化”进程似乎是持续进行的（尽管停滞有时和加速一样多）。似乎也不太像是皇帝建立自己的幕府只是为了去抑制元老院的权力。尽管有时候皇帝必须要极其倚重手下来对抗潜在对手，在前官僚化进程中，决定性的突破出现在元老院作为一个制度性机构几乎不再起主导作用的时候，参见 Eich 2008b。

帝国整体策略路线在2世纪晚期之后受到外部战争和内部斗争的影响而缓慢恶化。正如皇帝及其顾问努力攫取必要但稀缺的资源那样，皇帝的随从们也被重新组织起来，以便他们能更有效地处理这项工作。我们缺少数据来判断这个计划是否成功，但至少帝国活了下来。因此，我假设常备军的需要、与重要资源相关的问题（钱、食物、招募新兵、稳定的政治环境）和官僚化过程（或更准确地说，前官僚化）之间有密切的相互关系。如果对帝国的这一分析比较准确，那么它的发展就远非个例。中国在战国时期，尤其在秦朝，官僚化当然是由战争所驱动。[151]但是中国和罗马经验有一个明显的不同，这点在下文会更清晰地呈现。罗马社会和行政管理中的改变更接近于一个实际上已经取得范例特征的
116 不同的历史案例：在几乎所有的研究中，比较基准（*tertium comparationis*）是自中世纪晚期欧洲已官僚化。[152]官僚化是欧洲国家建设进程中的一个主要部分，并已被学界广泛深入的研究过。尽管不同之处可以轻易在每一个正在形成官僚化（成功或失败）的国家中看到，但也能察觉到官僚化过程似乎普遍存在的某种模式。这个进程被战争所刺激；“国家”内部的贵胄和整个“国家”最大化地争夺对战争以及内、外部对抗来说必需的资源。从某种角度来说（社会与

〔151〕Kiser and Cai 2003；Lewis 2007：30ff.

〔152〕参见 Hui 2005 对中国早期官僚制和欧洲官僚制发展的比较。Hui 关注竞争国家之间平衡和不平衡的问题。其政治处境与罗马经验相异；参见 Veyne 1980。

社会之间仍有差异），常备军的扩大是这一处境中的一个主要组成部分：它们不仅可以被投放到战斗区域参与战斗，也可以用来支持当权贵胄在共识尚未达成时提出进一步捐助的要求。现代官僚制孕育自维系和供给军队，特别是常备的职业军队（与中国东汉之前征召农民组成大规模军队相反）的行政管理。〔153〕正是在征税和军队供给这一体系的焦点中，新的、“高效”的管理架构被引入，它们在设计上独立于传统管理形式运作。扩大职业军队和发展“国家”权力之间的相互关系被称为“攫取—强制循环”：更多资源使当权贵胄得以创造或雇用更大的军队，军队被用来攫取更多的资源；这种新型行政管理是这个循环里最重要的分支。〔154〕

当然，这只是一个粗略的框架，但是作为一个抽象的模型，这一简洁的描述是十分准确的。罗马帝国的发展和欧洲历史官僚制兴起的轮廓之间有明显的相似。毫无疑问，也有一些明显的差别。在第一任元首统治下，已有一支大约 30 万人的常备军，其存在不需论证（经过 20 年的杀戮、内战、放逐，敌对似乎是不合时宜的）。帝国也有可

〔153〕东汉时期的军队更像罗马帝国的军队，尽管已被判刑的罪犯尤为不可信赖，关于所有相关问题，参见 Lewis 2000a。也许比较西汉的贵胄部队和罗马的野战军（*comitatenses*）更有用，参见 Lewis 2000a：35ff.。但是需考虑骑兵部署数量上的巨大不同，参见 Graff 2002：29。关于战国时期及之后的征军，参见 Yates 2007。

〔154〕例如，参见 Tilly 1975；Reinhard 1992；Antoine 1982；Mousnier 1980；Kunisch 1999：82。

靠的税收结构；它不必从零开始。近代早期的攫取—强制循环的宽度显然更加广。但是正如上文所引的材料表明，罗马帝国中也有这样一个循环。那么，很有可能，公元3
117 世纪以及之后几个世纪的新型罗马行政管理在亲缘关系上类似于早期现代的历史官僚制，后者周围也是聚集着一支常备军。

这一部分旨在展示元首制时期进行的某种官僚化进程。基础工作已经在奥古斯都统治时期奠定；但在早期阶段，这种行政管理只有一些初步结构成形。直到公元3世纪，帝国在几乎不间断的打仗，每次经常不止一条战线，这些基本结构才缓慢建立起来并系统性地关联到更加有效处理军队的迫切需要。人们可能会称这种新型行政管理为官僚制，正如其运行原则与其他前现代的官僚制类似（包括下文将会讨论到的汉朝行政机构）。但是有必要强调，罗马和现代官僚制模型之间有着重大差异。罗马的行政管理当然不符合韦伯在其（建基于官僚制团体的）法律权威的理想类型中发展出来的标准。正如罗马中央行政管理的监察问题所阐明的，部分差异在性质上属于纯技术性的，事实上为19世纪或者甚至20世纪之前的所有行政机构所共有。但其他差别更为基本。韦伯把官僚制定义为理性统治的原型。事实上，理性的和官僚的有时在他的著作中是同义词。[155]他的概念化方式曾被批评为体现了对古典

〔155〕 Sica 2000：49ff.

组织理论的所有误解。[156]正如上文所论述的，这些批评有时至少与韦伯被假定的那样是概要性的。[157]我不能也不想进入这个雷区，我将停在此处做一些基本评论。在所有的历史社会中，存在着一个影响或指示行为和行动的理性类型学，韦伯很好地意识到这个事实。在处理官僚化进程时，我们当然应该努力避免任何一种目的论的想法。然而，官僚制统治的理想类型中单个最重要的组成部分是管理行为建基于一套统治和规范一致的系统，该系统旨在确保决策制定过程中完全的客观性。虽然在现实中难以找到一个完全的客观秩序，但理想仍然会帮助我们对管理机构进行分类。罗马的行政管理当然从未接近过这个理想；事实上，客观从来不是罗马当权贵胄的目标。在罗马，地位仍是一个可被接受的阶层化原则。发展于公元3世纪的罗马官僚制并没有将其行动指向任何抽象规则作为其最终指引。它从来都只是一个工具，被用来帮助某个特定皇帝的统治（即使它未能保护特定皇帝）。代理人在处理特定问题或试图划清自己与其他管理者（事实上相当灵活）的职 118
权界限时，由抽象规则所指引。但是在支配管理者的命令当中，一个最重要的因素始终是皇帝的意志，意志的命令从未受到任何抽象规则的限制。一个概念发展自压倒一切的新型政治秩序，一个政治体系不再简单地等同于某个

〔156〕 Mortara 1973：21ff.；Cohen and Britan 1980：10–1.

〔157〕 参见注释〔11〕–〔13〕。

人或某个主要群体（拉丁语词是 *utilitas publica*）；我稍后会更详细地讨论这点。但是这种理想绝不能抵消皇帝随从作为整个政治制度关键的重要性。因此，罗马的行政管理是某种前官僚制、一个高度个人化的管理体制、周围聚集着一支常备军，试图在多少（当然，传统是）保持统治者地位不受限制的同时榨取并分配常备军所需的资源。我把这样一种制度称为个人的或个人化的官僚制。

上文描述这种特定模型并不是基于韦伯的分析。韦伯没有解释初级的家产制管理如何发展为更复杂的家产制官僚制。他仅仅指出随着日益增长的功能划分和理性化，这一转化发生了，但没有解释在哪种环境下这种转化会发生（当然，尽管他强调了资本主义对这一进程的影响）。〔158〕但是正如他的整个社会理论都非常关注战争，他可能会被认为是以上所勾勒的方法中的先驱之一。韦伯在这一方面的分析潜力后来被一群学者所强调，这群学者将韦伯式的进路与之后的各种理论（经常是诸如某种形式代理理论的经济学模型）结合起来。〔159〕尽管我不认同这一“分析式韦伯主义”学派的所有假设和结论，但是我们显然有一个共同基础。正如这个学派也提供了一套严格、尽管当然不被普遍接受的关于早期中国官僚制的分析，〔160〕沿着这一派思路的更进一步研究可能有助于察觉罗马和中华帝国各自组织架构发展中另外的交叉

---

〔158〕 Weber 1978：1028ff.

〔159〕 Kiser and Baer 2005.

〔160〕 Kiser and Cai 2003.

点，虽然，毋庸讳言，这样的会聚线当然仍嵌于不同的语境结构中。

3. 埃及

当奥古斯都在公元前 27 年掌握共和国（*res publica*）政权时，并没有一套官僚制来帮助他统治帝国。正如我在前面部分试图展示的，这种情况在接下来的 200 年或者甚至 250 年间都没有发生改变，直到某种历史官僚制的最终形成。在探讨罗马“个人”官僚制以其成熟形式（公元 4—5 119
世纪）的运转前，我们应该看一下罗马帝国内部现存的官僚制，尽管不是这个词真正意义上的罗马官僚制——埃及的特殊例子。

埃及长期以来被视为一个特殊的行省，虽然很少有学者有兴趣解释他们的观点。在带有修正主义色彩的该主题出版物发行 20 多年之后，这样一种方法不再可行。埃及当然是特别的，即便只有一个原因：在尼罗河三角洲南边大部分干旱且炎热地区，成千上万的纸莎草文献得到了保存，这意味着我们可以从这个行省得到比帝国其他任何地区更多的一手材料；不幸的是，我们只有非常少纸莎草文献来自该行省的行政中心亚历山大里亚城。这些资料的分布使得几乎每一个关于行政系统的研究都只是臆测。然而，纸莎草文献提供了对埃及经济生活、社会网络、法律制度的独特视角。我们不知道的是，在许多案例中是否只有这些视角或者现象才是独特的。罗马帝国的现代研究采取后一种观点（埃及是独特的），他们把数量庞大的材料视为不相干的进而撇在一边。结果，纸草学被视为一朵兰花，美丽但相当没有用的科学分支。尽管这样一种排他性观点到目前已被几乎每一个细致的社会或法律议题研究证明是错误的，但是埃及也很难被视为整个帝国的模范行省。在下文，我只讨论塞维鲁改革之前尼罗河谷地与更为典型的地中海区域的管理差异，这里先不讨论塞维鲁改革。

直到19世纪，有关埃及的法律地位和行政管理的问题长时间受到流行观点的困扰，即，奥古斯都在这个地区不仅是托勒密国王的继承人，就像法老一样，同时也把埃及作为个人财产来掌管，或多或少保留了之前统治者的每一个结构和安排。[161]这一观点毋庸置疑与到目前为止看到的材料相左。[162]公元前30年，屋大维征服了尼罗河谷地后，埃及成为罗马的一个行省，由罗马总督统治、罗马军团驻守、受罗马元老院和皇帝指令的管辖。[163]当埃及在公共法律方面的常态被阐释后，现代的特征化钟摆剧烈地摆向其他方向：在一些研究中，埃及从一个外来者转变为典范行省，被认为很适合例示帝国的一般趋势。[164]正如经常发生的那样，当势

〔161〕例如，参见Mommsen 1963：859，953；Rostovtzeff 1927：188；Pietschmann，Realencyclopädie 1.1：1893，978–1005，1003（s.v.“Aigyptos”）。

〔162〕Geraci 1983：129；Bowman 1996.

〔163〕参见包含*idios logos*的*gnomon*中的元老院法令：Mélèze–Modrzejewski 1990。

〔164〕参见最著名的Rathbone 1993；Bowman and Rathbone 1992；Drecoll 1997：75–6，267ff.，以及354。

头改变，这一解释就会在相反方向走得太远。如前所述，罗 120
马的当权贵胄缺少行省管理的明确政策，并且回避建立行省管理体系，与此相对，军队提供了行省行政管理体制，罗马当权贵胄通常尽可能多地接管已有被征服的行政架构。这并不意味着宏观层面不做调整和改变，或对既有政治制度的微观基础不进行粗暴干预。但总体而言，当罗马统治开始时，诸如西西里（Sicily）、犹大地（Judaea）以及亚该亚（Achaia）这些地区并未在制度基础层面经受激烈变革。埃及（Egypt）同样也没有。但在埃及，罗马征服者们遭遇到一种政治体系，每一位探讨它的古代观察者都将其描绘为特别的制度。[165]当罗马最终掌权时，埃及已是长期的高度中央集权君主制，其贵胄已肯定建立起某种官僚制以从富饶的尼罗河谷地最大化地榨取资源，这些资源在希腊化时代已得以与亚细亚更大的塞琉古王国相匹敌，后者在聚集稀缺资源方面能力较弱。[166]正如所预料的那样，屋大维/奥古斯都并未简单地原样保留托勒密王朝的行政机构；当这个先前独立的王国失去其传统的军事结构，并从属于一位几乎只对其主要资源（粮食）感兴趣的遥远统治者时，重大变革必须发生。但新的统治者没有改变的是整体的管理方式。托勒密的官僚制在榨取资源方面基本上是有效的（尽管越来越非如此），即使征服者必须投入时间与金钱以彻查水情（water

〔165〕Tacitus，*Annals* 2.59.3，*Histories* 1.11.1；Dio Cassius 51.17.1；Arrian，*Anabasis* 3.5.7；Philo，*Flaccus* 3.

〔166〕有关行政组织，参见 Manning 2003。

regime)。[167]埃及与其他地中海地区之间的主要差异有两方面。第一个方面是埃及的经济生活完全靠赖尼罗河谷和灌溉系统。我们稍后会简短讨论这一现象。第二个差异与社群主义生活的基本构成有关。罗马帝国的大片区域都只有非常稀薄的人口。在这些地区中，罗马的存在必定基本上是象征性的。在其他部分，诸如多瑙河（Danube）流域的行省，军队以及意大利移民（例如退伍军人）则带来了相当直接的罗马的在场。罗马人中意的统治与榨取资源的模式显然与埃及不同，如前所述：帝国当权贵胄总试图与部落、村庄，尤其是城市的当地贵胄合作。交易成本在希腊或拉丁式的自治城市明显最低；文化偏好促成了这一经济选择。但埃及并没有自治的传统，很少有希腊城市在过去建于此地。大多数人居于大城市亚历山大里亚（官方意义上并不属于埃及）或村落中。现在，村落当然是古代地中海盆
121 地的一个典型特点。埃及的不同之处在于，这些村落都被施以高度的中央控制。占主导地位的修正主义思想路线认为，罗马政权几乎从一开始就已努力提高这些村落的地位，在塞普蒂米乌斯·塞维鲁治下，这一努力达致最高峰，镇议会得以在埃及行政地区（*nomoi*）的首府（*metropoleis*）或中心村落建成。[168]但这一解释预设了中央行政管理由正式化的机构组成，且由非个人化的秩序统领，摒弃了抽

---

〔167〕Suetonius，*Augustus* 18.2. Haensch 2008 侧重于连续的一面；cf. Eich 2007。

〔168〕Bowman 1971；Bowman and Rathbone 1992.

象的、非个人化的知识。唯有这样一种管理才能确保长期的谷物政策得以稳步实施（在这一特殊案例中，据说政策实施了超过 200 年）。但这种行政机构不存在于罗马，相反，罗马的政策制定高度地个人化。即便罗马帝王共享着共和传统的贵族价值并钟爱诸如埃及这样行省中的希腊或希腊化贵胄，但也没有明显倾向去切断亚历山大里亚对尼罗河沿岸扎堆村落的中央管控。于是，罗马同往常一样，延续了军队抵达时已有的行政机构模式。接下来，尽管不可能展现细致的史料批判（*Quellenkritik*），我会集中考察埃及制度与更典型地区的行省行政管理之间的三种（相互关联的）主要差异。

当我们试图描绘一种政治制度的特征，一个关键概念便是统治者及其行为在社会环境中的合法性。[169] 在正式机构纷繁林立的（后）现代世界，大多数人是否必须信任其统治者声称合法性的有效性，或者是否简单地跟随由支配现代生活的各自体系所铺就的道路与模式，尚在激烈争论中。但在古代，统治更个人化得多。[170] 在罗马行省，使用武力进行镇压总会是罗马当权贵胄的选择。但简单指望着人们跟随默认的指引或压制造反，很可能使交易成本达致相当高的水平。在罗马历史中，当权者总以传统的力量为基石。在诸行省中，但凡可能，罗马当权者都会尝试相同的手段。这就是

〔169〕可参见 Lendon 2006 所做的方法论评述。

〔170〕有关全面的讨论，参见 Edelmann 2007。

为何罗马统治者在埃及接受了部分、但肯定不是全部的千余年君主制下建立的象征性机构。[171]但将统治者的合法性定性为传统的依然相当模糊。对大多数其他行省而言，皇帝或元老院会派遣一位罗马贵族（元老院阶层，*ordo senatorius*），这些罗马贵族在帝制时期与共和时期一样耕耘其文化遗产和
122 贵族统治的理想。行省代理人可以靠赖其家族传统（如果他们有值得称述的家世）以及元老院团体的集体荣誉，以支撑其声称的合法权威。随着行省代理人利用贵族间的互动在很大程度上推行罗马意志，且各式贵族倾向于接受彼此的合法性表述，行省代理人这一身份确实稳固了罗马在行省的统治，这些行省参与到了社会生活中的希腊—罗马遗产中。但在埃及，奥古斯都选了一名罗马骑士以总督之名施行统治。我们只能像罗马史家那样揣测其动机，[172]这些史家总以安全性来解释这特定安排。埃及曾是屋大维最后敌手安东尼的支柱。将元老及其子嗣（在元首制早期最杰出的骑士们）挡在这片既丰饶又因其历史而有潜在危险的地域之外确实有其道理。[173]不过，随着与安东尼的斗争淡出日常政治的记忆之后，这一安排依旧留存，那就必有其他原因。不在场的皇帝借助雕塑、信件、法令和以其名义举办的各种庆典，得以很好满足其君主地位的代表性部

〔171〕参见 Jördens 2009：41ff. 的谨慎讨论。

〔172〕Tacitus，*Annals* 2.59.3，*Histories* 1.11.1；Dio Cassius 51.17.1；Arrian，*Anabasis* 3.5.7.

〔173〕Tacitus，*Annals* 2.59.3，*Histories* 1.11.1. 参见 Eich 2007：382–3。

分。多数情况下，代理人在其行省是决策者，处理那些不能或不应留给当地贵胄的事务。但比起依城市文化而建的行省，埃及的中央化管理机构需要更多来自上层官员的持续监督。总督最重要的任务是监察所有隶属于他的管理者的记录。[174]这样的运作与罗马贵族的文化遗产难以调和，贵族通常和帝王一样，使用自己的私人随从来处理这种工作。那么，选择代理人作为罗马在埃及统治的行政框架就有其道理。挑选骑士阶层作为行省管理之首，意味着无论是在民事部门还是军队中都没有元老处于较低级别。起初，5 或 6 名骑士代理人与总督共事，在 2 世纪，花名册中又加入了 3 到 4 人[不包含负责采石场地区的半军事人员——骑士级别的助理（equestrian *adiutores*），以及受雇于帝国其他地方的代理人，例如家庭斗剑游乐官员（*procurator ludi familiae gladiatoriae*）、二十遗产官员（*procurator XX hereditatium*），还有许多我们所知不足以或无法进行有意义探讨的代理人职位]。[175]在埃及之外地区，额外的骑士代理人有时会出现于行省代理人旁侧，负责关税或大型帝王地产（倘若有地产存在的话），但他们从未达致像埃及那样多的数量。在本节末尾，我会再讨论这种行省特定统治方式的重要性；现在我将继续讨论尼罗河谷行政管理人员 123
的合法性基础。

〔174〕Philo，*Flaccus* 16（参见 133）。

〔175〕Pflaum 1960：1083ff.

大多数埃及人居于村落之中，很可能对罗马地位秩序的社会微妙之处并无兴趣。同帝国中的大多数人一样，他们更关心自己的日常生活，并与当地的行政人员打交道。在整个帝国，各种地方行政管理体系中的顶层职位根据当地习惯以不同方式被委任。有时，这些职位（在部落中）只是简单地被接替。在贵族群体中，挑选的机制是选举，因为候选人可以倚靠各种资本形式来确保一个成功的职业生涯。[176]有时，选民只由挑选出的群体构成；即便更寡头的体制也会使用推举（co-option）。在帝国高层，总督在重要地方官员的选举上愈加有发言权。[177]在所有情况下，大多数群体都具有选举地方领导的机制。但在埃及，地方行政的关键人物却是将军（*strategos*）以及王室秘书（*basilikos grammateus*），他们是控制该郡（所谓“诺姆”，*nomos*）及其首府（严格说来是一个村庄，即 *metropolis*）内所有较低级官职的民事行政官员。[178]将军当然由总督任命，王室秘书很可能亦是如此。[179]他们的权威几乎完

〔176〕选举践行的时间有时比设想的要长。来自伊斯克尔岛（Oescus）的一条新的市政法律［即将由维尔纳·埃克（Werner Eck）出版］记录了马可·奥勒留时期的市政选举。关于任命市政领袖的各种其他形式，参见 Jacques 1984。

〔177〕参见 Marotta 2008：54ff. 的讨论。但是没有理由认为地方的决策过程受上层指示与命令的支配。有关罗马小亚细亚（Roman Asia Minor）城市中民主程序的留存和活力，参见 van Nijf 2011。

〔178〕对行政区域（nome）管理的唯一最重要研究是 Kruse 2002。亦可参见 Dirscherl 2002。

〔179〕Purpura 1992：no. 12. 34–5 行；Kruse 2002：50ff.。

全仰仗罗马官员的任命，这一合法性基础不同于任何选举形式（包括推选）。在埃及，少数几个希腊城市比其他地区的城市受到更严密的管控。[180]即便塞普蒂米乌斯·塞维鲁最终允许在首府（*metropoleis*）成立市议会，这一境况在公元3世纪并未发生根本转变。然而，在4世纪早期，此前从城邦（*civitas*）重要阶层中选出的将军缓慢地被其他官职代之。[181]与其他行省相比，埃及大多数官员的权威确是以不同的方式建构的。

1975年，彼得·布伦特（Peter Brunt）发表了一篇很有影响力的有关埃及行政管理的文章。[182]布伦特驳斥了较早的种种观点，即认为处理埃及这个特别案例的总督和代理人自身已是专家。根据论点的展开，布伦特是正确的。不过这一结果并不令人惊讶。对公职候选人进行专业训练的整个观念对罗马当权贵胄来说仍是陌生的。同大多数前现代行政系 124
统一样，在职培训指的是罗马通才们为处理手头任务应该获得的任一具体知识。[183]罗马行政管理的史学家所讨论的专业化的其他概念基本上与现代管理科学各分支发展而来的专业化概念无关。举例而言，罗马皇帝们定期挑选埃及的希腊人或希腊化贵胄作为亚历山大里亚各部门头领的做法是一项重大失误。考虑到罗马帝国的监管水平较低，上层与下层管

〔180〕Jördens 1999.

〔181〕Jördens 1999：171；Bowman 1971：116ff.

〔182〕Brunt 1975.

〔183〕Eich 2007.

理者的勾结几乎难以避免。

虽说罗马并未引入专才来治理埃及，不过埃及行政管理中的某些职位的确是特别的。在其他行省中，没有可与埃及监察官（*epistrategoi*）相较的职位，该职位监察埃及各郡（*nome*）管理中某些重要但有限的工作（譬如任命某些强制服务的职位，或最重要的是特定司法领域的职位）。[184]我们也不知道可与特别账户（*idios logos*）代理人相平行的官职［至少在私人事务（*res privata*）部门创立前是如此，一般将其建立归于塞普蒂米乌斯·塞维鲁］。[185]关于财政大臣（*dioiketes*）的职责，我们所知十分有限，[186]不过，那些涉及该职位日复一日工作的文件似乎并未表明这是徒有虚名的普通行省代理人。大祭司（*archiereus*）更是如此。[187]目前，这一印象的获得肯定部分归因于埃及呈现的格外丰富的资料。如果我们拥有其他行省的纸莎草文献，而这些行省的特点将得以展现，那么某些差异便可能不复存在。然而如前所述，埃及是非典型的，这一印象为古代作家所共有。保留下来的文件和代理人的头衔似乎表明我们并未完全被这种“传统”误导。埃及的代理人职位是特别的，且代理人通过

〔184〕N. Lewis 1995，1997：82；Thomas 1982：111ff.；有关平行职位的缺乏，可参见 Eich 2007：389。

〔185〕Rathbone 1993：110 所做的猜测是，特别账户代理人事实上是其他行省中典型的行省代理人之先行者，这一假设完全建基于默证（*e silentio*）。有关私人事务的引入时间，参见 Millar 1977：628ff.。

〔186〕Hagedorn 1985.

〔187〕Rigsby 1985.

在职培训成为专家，并由那些似乎常年在同一“部门”工作的下属辅助。[188]我们无法得知一位普通罗马骑士需要多长时间来适应其职位。虽说埃及的工作是特殊的，但其中并没有什么可被认为脱离了典型古代地主的经验。普鲁士国王腓特烈·威廉一世（King Frederick William I of Prussia）认为一名高级普鲁士行政官员最多需要一年时间以适应最高行政级 125
别中一个完全不同的职位。[189]尽管这一推测确实只提供一个模糊的迹象，但我猜这位国王并不全错。在公元180年之前，总督任期似乎约3年。[190]如果这是其他罗马代理人的标准，那么有其特殊安排的埃及行政机构多数时间都会有一些专家在职。

但是埃及与其他行省最重要的不同在于其整体管理架构。上述所描述的前官僚化行政管理的基本要素可在埃及找到。自总督以降，经由郡行政首脑，再到村落行政的最低层级，这里显然有一些相当缜密的层级。[191]尽管这些沟通渠道基本上建基于身份的不对称，帝国早期，3或4名骑士监察官从一开始就隶属于亚历山大里亚行政总部更高阶层的骑士代理人。[192]这一层级依功能序列而建。因为我们缺少

〔188〕Philo，*Flaccus* 6–7；Brunt 1975：140–1.

〔189〕Schellakovsky 1998.

〔190〕Brunt 1975：126ff.

〔191〕参见，例如，*Papyrus Amherst* 2.68 = Wilcken，*Chrestomathie* 374；*Papyrus Amherst* 2.68（以及 *Berichtigungsliste* 10.4）；*Papyrus London* 3.1157（参见 *Berichtigungsliste* 9.140）。

〔192〕Thomas 1982.

来自其他行政中心的资料，所以很难说其他的骑士代理人是否隶属在总督的权威之下（不只是地位更低）。这很大程度上取决于委任司法权这一现象是否应被视为永久隶属的明证。[193] A. K. 鲍曼（A. K. Bowman）已提出这类委任源自在（时而出现的）巨大工作量面前相当灵活地对稀缺资源（时间）的处理。[194] 这可能确实如此。另一方面，除总督之外，我们所拥有的有关代理人职务的资料很少且具有误导性。特别账户代理人似乎独立于总督运作。[195] 其他财务代理人更难被置于这一系统中。会计官（*eklogistai*）这一特别机构的存在可能暗示了一条线索，它是总督部门中一个相当复杂的审计部门，似乎也处理其他代理人的记录和文件。[196] 那么，总督似乎已监管了其行省内的财政。无论此处真相如何，相比其他任何地方，在早期阶段，埃及在代理人职务方面显然有更多的层级。正如保存于纸莎草上的特别账户代理
126 人的一长串规则所阐释的那样，代理人的职责范围也得到了更清楚的界定。[197] 正如财政大臣（*dioiketes*）或财产代理人（*procurator ousiakos*）的例子，总督的一些职责缓慢移交给新的骑士代理人，这一事实指向了同一个方向。大量高阶职位表明埃及的管理层级肯定比罗马或其他行省区分得更清楚

〔193〕参见我在 Eich 2007：390ff. 中的讨论。

〔194〕Bowman 1996：693.

〔195〕Swarney 1970. 有关裁判官（*iuridicus*）这一职位，参见 Kupiszewski 1953–4。

〔196〕Hagedorn and Maresch 1998.

〔197〕Mélèze-Modrzejewski 1990.

（尽管在职责方面有很大程度的重叠）。

在本节标题下我要探讨的最后一个方面是问题最多的。在埃及发现的大量纸莎草确实使人们感到，埃及在记录及保管档案方面比帝国其他地方更为成熟，并且所有的管理行为或多或少都表述和保存于文献中。但是留存下来的相关材料在数量上的不均衡使我们在估计差异时容易有所偏颇。要克服这一困难，我们只能试着将已有资料置于语境之中。我们所掌握的有关埃及档案制度的丰富资料与此前勾勒的整个前官僚化环境完全相符。[198]此前，我已花费一些篇幅探讨了元首制早期和元首制成熟期行政管理中心的制度性文化，评述了帝王随从与传统（“元老院的”）行政机构间的内部交流原则。在行政交流中，口头讨论很可能比文字表达更获青睐。[199]我们有关帝制时期罗马城管理的知识（尽管仍旧有限）提供了这一特征的进一步证据。弗朗提努斯（Frontinus）有关高架渠的著作是我们的最佳材料（公元1世纪晚期），这份材料给人的印象是记录与监管自共和时期几乎没有什么发展：这一印象再次与我们从城市管理其他“部门”得到的一些碎片化证据相符。[200]更进一步的观点甚至更为重要。我们不仅有埃及行政机构预备

---

〔198〕参见，例如，Wilcken 1908：122ff.。参考 Anagnostou-Canas 2000；Cockle 1984；Burkhalter 1990。

〔199〕这种情况很长时间出现在正在发展的欧洲官僚化中，参见 Körber 1998：101。

〔200〕参见 Peachin 2004：82ff.。

的和为往后使用而记录下来的部分文件，还根据头衔知道该机构中许多较低层级的文书人员（这些人经常被强制在此工作，作为尽“国家”义务的一部分），[201]这些人员似乎在相当有限的时间内产出了数量庞大的“文书”；譬如，5日报告（five-day reports）似乎是部分此类职位相当典型的工作。[202]在行政中心相对丰富的碑铭文献中，并没有暗示存在诸如会计官或更低层级的各种监察人员（*epiteretai*）之类的职位。如果帝国中心的运作更像携有诸多分支的亚历山大里亚这一子中心，我们或可认为类似的职位隐藏于诸如档案保管员（*tabularius*）这类相当中性的头衔下。然而，虽说这当然可能，但我并不认为可能性很大。就行省而言，
127 帝王的佃农们（*coloni*）有时会因相同的问题多次致信皇帝或官员。虽然他们会自己保存帝王信件或为该事颁布的法令并且出版，但在两次请愿之间，我们没有听到过一次任何有关该情况的年度报告。[203]我们有一些罗马官员与帝国希腊语地域重要行省人士互动的证据。目前，尽管诸如提名行省人士承担礼仪工作等最重要的行政活动肯定会被记录下来（尤其在涉及的城市），但资料的确表明社会习俗留给官员以及与中央有独立联系的地方贵胄成员相当大的操

〔201〕N. Lewis 1997.

〔202〕参见，例如，Abd-el-Gany 1990；Hagedorn and Hagedorn 2000。参见注释〔196〕对会计官及其工作的描述。

〔203〕参见 *Supplementum Epigraphicum Graecum* 37.1186 = *L'Année Epigraphique* 1989：729；*Orientis Graecae Inscriptiones Selectae* 519 = *Corpus Inscriptionum Latinarum* 3.14191。

作空间；这类“尊贵”人士间的大部分交往可能从未被记录下来，这些交往当然不会由“国家机关”进行记录。只有决策过程的必要框架才可能被记入档案。[204]至于其他省份的税务征收，我们所知的文献并未暗示其与埃及情况一样，其书面材料享有同等的重要性。[205]我在此处并不是说埃及以外的希腊—罗马世界的行政管理并不使用书写、记录、备忘、档案管理，等等。但是，我们的资料似乎表明了量上的巨大差别，从而足以达成实际上质的差别。这种差异的存在虽然无法证明，但肯定可以设想。

即便大部分与我们主题相关的纸莎草出自公元2世纪，但我们掌握的出自公元1世纪的文献令我们确信某种官僚制自罗马统治埃及之初便在埃及运作起来。然而，上述用以解释整个帝国“官僚化”过程的模型显然在很大程度上不适用于这个行省及其管理。屋大维继承了某种历史的官僚制形态，这些形态那时已适应了新的宏观环境和目标，即，主要是将剩余谷物（有时至少是部分地换算成钱）送至新统治者指定的地点（罗马、其他地中海的主要城市、大量军队驻扎的边境区域）。托勒密治下埃及的官僚化进程超出了我此处的研究范围。[206]在罗马帝国，皇帝治下的埃及成了行政子系统；此前所述的独立“攫取—强制循环”类型无法在单一行省内运作。要描述运转于尼罗河谷的行政体系，尚需其他探索手段。

---

〔204〕 Meyer-Zwiffelhoffer 2002：117 ff.；Meyer 2004；Meyer 2006.

〔205〕 Wörrle and Wurster 1997.

〔206〕 参见 Manning 2003 对此的全面研究。

行省两个最显著的特征或许可在此提供线索。如上所述，埃及无论被谁统治，都绝对倚仗尼罗河谷以及落实到位的灌溉
128 系统来增加国家的沃土面积。[207]水是最稀缺的资源，所有行政机构基本上都建立在其周围。不可避免的是，开垦土地过程中的大多数实际工作都由那些在现场能恰当应对特别情况的代理人来承担。[208]但是，大多数中央管理者也参与在水情工作中，他们监督地方官员、调整更复杂的土地开垦计划（例如特殊账户的负责人）、建立解决诉讼的法律框架，等等。

在本节伊始，我观察到大多数学者至今仍认为埃及从不是某位皇帝的私人财产。恰恰相反，在帝国其他地区持续增长的帝王地产从未在埃及成为经济重要性的主要因素；事实上，埃及的那些土地或多或少被当作了公用土地。[209]我们只能猜测这一非典型发展背后的原因。其一可能是奥古斯都在这特别富庶之地建立的特殊的行政模式。且不论此前托勒密王朝的法律地位（一个罗马行省）和总督治理的法律基础［一项公共之法（*lex publica*）］，埃及实际上由皇帝的私人随从管理，这群代理人出自皇帝的家政管理，恰恰被用于处理帝王的私人产业。于是，奥古斯都及其继任者视埃及好似帝王私产，同时不存在形式上将其转变为私产而带来的任何政治上的麻烦。收缴的税款大多用于支付军队及埃及管理

〔207〕 Bonneau 1964，1972 和 1993。

〔208〕 Rathbone 2000.

〔209〕 Rowlandson 1996：30. 参考 Parássoglou 1978：28，但是现在可参见 Beutler 2007。

者或支持民事粮食供给，即由皇帝及其随从负责的首都谷物供给［元老院的粮食分配官（*curatores frumenti dandi*）多是象征性的角色］。[210]因此，埃及的资源总是由帝王随从紧密控制着。在这种情形下，诸如谁才是埃及粮食的真正拥有者这类法律上的细枝末节便并不重要了。

正是在这一背景下，我们应该试着将埃及的帝国行政管理进行归类并为其寻找一个标签。人民及土地被统治的方式就好像土地是统治者私产，这正是与马克斯·韦伯“家产制国家 / 官僚制”最一致的定义。[211]在这种语境下，“家产制”的属性非常明显。韦伯将埃及（虽说可能不是罗马治下的埃及）以及早期中国列入家产制官僚制的重要范例。[212]韦伯所看到的这一并发现象在今日看来依旧饶有趣味（而且不仅仅是好古的趣味）。[213]

4. 规模问题 129

最迟到 3 世纪，受持续战争与不断增加的战需资源的刺激，罗马社会与行政管理被前官僚化过程改变。但直到 4

〔210〕D Escurac 1976：31ff.

〔211〕Weber 1978：1013. 可与 Hui 2005：220 相比较。

〔212〕Weber 1978：1013ff.；Weber 1984：462–3.

〔213〕考虑到我强调水情对埃及行政管理具体模式的重要性，卡尔·魏特夫（Karl Wittfogel）这个名字印入脑海，他围绕其“水力社会”的想法构建了模型。要驳斥魏特夫十分容易，其理论反映出其自身生活的特定曲折，但如果有可能忽略其意识形态式的信念，并且避开不时出现的难以接受的术语，他的探索可能仍有一定的价值。

世纪，我们都必须从很少的碎片化信息中推断这一发展。只有在4世纪及5世纪，“官僚化”进程才变得更清晰可见。这样的清晰度部分源自我们有这一时期更多更好的材料，譬如法典或是百官志（*notitia dignitatum*），然而，百官志里的官僚和军队官职及机构清单却是疑难重重。[214]另一方面，本文第2节所描述的进程在4世纪达致高潮，因此行政管理看起来更庞大且更正规，其轨迹也更易被把握到。

至于数字方面，大多数研究引用阿诺德·琼斯的算法，他基于百官志、法典以及其他各式证据的信息综合，断定帝国晚期有约3.1万名民事管理者在工资清单上。[215]我们无法将这个数字与元首制成熟期雇用的行政人员数量进行比较。甚至对士兵、帝王奴隶与被释奴隶、偶尔的自由民代理人、骑士代理人以及活跃于那一时期的元老官员组成的混杂群体，我们都无法猜测其可能规模。即便如此，该数字在3世纪后很可能增加了。若我们认为琼斯的估算相当保守，这一推测似乎就更可信了。琼斯认为大区总督这一最重要的官职只有1000位官员可供调配。当今的大多数学者都认为这一数据该翻一番，[216]这使得行政人员总数提升至3.5万。而且，琼斯估计有不超过4600名代理人活跃于帝国两大区域的总部。自此，彼得·海瑟（Peter Heather）已令人

〔214〕 Zuckerman 1998.

〔215〕 Jones 1964：1411–5 注释 44。

〔216〕 Palme 1999. 但数量至少在6世纪会高得多。参见 Kelly 2005：454–5。

信服地论证出每支卫队（*comitatus*）总计约2700人。[217]我们必须加上在行省内工作的私人事务管理人员（然而，没有任何数据）。[218]更重要的是，帝国使用了数量庞大的无酬劳实习者。[219]尽管这些职位有时只是名义上的，但有些所谓临时佣工（*supernumerarii*）可能是承担了大量工作的真 130
正实习者。这些候补人员中的一部分已被纳入之前给出的数据，但很可能没有全部纳入。[220]那么，行政人员的总数很可能会高于3.5万。但正如克里斯托弗·韦翰（Christopher Wickham）所评述的，这些人只是属于社会贵胄［“尊贵者”（*honestiores*）］的管理者。[221]还有数量庞大的下层官员［譬如，公共邮政（*cursus publicus*）的赶牛人］。我们无法统计这些人员。这类工作是否算为民事服务的一部分还有待商榷。但当我们尝试通过比较来探求合理的罗马数据时，我们的确需小心不要纳入其他社会中的对应部分。

一个甚至更为棘手的问题是，我们该如何将组成帝国的各式城市、部落、乡村中的管理人员进行归类。由于在元首制成熟时期，大多数城市享有某种自治权，它们的长官与

〔217〕Heather 1998.

〔218〕Delmaire 1984.

〔219〕例如，公元399年发布了一条法律：神圣馈赠清点者（*comes sacrarum largitionum*）可以雇用224名常规职员，此外还有610名所谓的临时佣工，*Theodosian Code* 6.30.15。

〔220〕Jones 1949：49–50；Sinnigen 1967.

〔221〕Wickham 2005：73. 韦翰所提及的某些类别的职员其实包含在琼斯的计算中。

工作人员从未纳入帝国行政整体规模的统计之中。本书的第六、七章探讨罗马与汉帝国的城市行政。不幸的是，在尝试统计地方行政机构的总规模时，我们又一次严重地受碍于已有资料的性质。尽管有可能猜测受佣于某些行省的高级别行政人员的数量，但我们无从知晓这些官员雇用了多少职员、抄写员等。当我们转而探讨罗马晚期城市时，情况也是一样。长期以来，学者们倾向于相当生动地把地中海城市的衰亡描绘成古代社会晚期的最显著特征。但当学者们更多倚靠考古学而非臆测时，对罗马晚期城市的描绘有所不同：[222]至少，某些地区的城市繁荣时间比通常所认为得更久。[223]尽管如此，随着统治者的监察变得愈发严密并且地方贵胄慢慢远离传统市政参与，城市自治最终消退了。[224]如果我们的资料没有误导我们，统治者及其随从与市政官员紧密合作，[225]以至于从今天的观点看，城市官员与帝国代理人的区分似乎相当不自然。我们连一个行省内市政员工的数量都无法估计，更别说整个帝国了。不过鉴于本节所提及的这些事
131 实，若怀疑帝国及其在不同管理岗位各式官员的在场已被民众感知这一点则是错误的，至少在帝国的核心区域是这样。与早期元首制不同，帝国不再主要通过象征符号体现，也通

〔222〕 Lavan 2006.

〔223〕 Krause and Witschel 2006. 此外参见 Krause and Witschel 2006：463–83 中 Liebeschuetz 仔细权衡后的结论。

〔224〕 Laniado 2002；Banaji 2007：50，120.

〔225〕 Giardina and Grelle 1983；Kuhoff 2001.

过它的各种代理人体现。

5. 4 世纪与 5 世纪早期的转变

我在上文论证了罗马帝国受持续战争中资源需求增加的刺激而在 3 世纪经历了前官僚化过程。这种基本的关联在罗马晚期并未改变太多。公共生活中唯一最重要的因素依然是常备军，常备军在 3 世纪晚期和 4 世纪早期很可能大幅增加，虽说确切的数字尚在激烈争论中。有些学者坚持在 3 世纪晚期到 4 世纪早期重组帝国过程中，增加了超过 15 万人的额外军队。[226] 尽管这一数字可能太大，适当的增加似乎是可能的。[227] 大多数民事官员在行省管理中表现活跃，其主要职责是收集并重新分配军队所需的资源（同时保持整个社会的稳定状态）。[228] 不过就 3 世纪而言，我们不得不从少许碎片化证据中推断军队规模及其发展与前官僚化过程之间的关联，税率、军队规模和帝国开销之间的相互关系已被古代晚期的作家与学者公开探讨，因此我们的模型从 4 世纪中叶开始倚于更牢固的基础。[229] 如我将在第 8 节讨论的，皇帝们自己经常在他们的官方表达中论及军队开支、税收和行政的重要关联。

---

〔226〕 Whitby 2007.

〔227〕 Mitthof 2001：26.

〔228〕 基本上是 Jones 1964：1411–2 中提出 31000 名民事管理者的 2/3。

〔229〕 参见，例如，*Peri Strategikes* 2.18（Dennis）；*De Rebus Bellicis* 5.1（Ireland）；Malchus，*Fragments* 15（Blockley）；Ammianus Marcellinus 20.11.5；Themistius，*Orations* 18.222 A；Gregory of Nazareth，*Orations* 19.14。

然而，在我们转向行政管理的实践之前，我们必须考虑罗马晚期政府在运作结构方面的主要转变。如之前所讨论的，元首制时期的皇帝将支付军队和监督税务结构委任给自己的私人侍从（代理人）。他们的目标（之一）是以大量卫戍部队帮助监督行省的管理。[230]与此名称相称的民事部门于3世纪建立后，其他安排也随即做出。在晚期罗马政府，军队与民事管理交由独立分支部门负责，它们至
132 少名义上没有在职业与指挥结构方面有所重合。[231]这只是实现同一目标的另一种方法，因此，我们不需假定行政原则在这一阶段发生了根本改变。但第一位基督教皇帝的另一项改革更为彻底地改变了罗马前官僚化的样子。君士坦丁不仅扩充了元老阶层（其在某种意义上界定了帝国贵族的资格）、再次允许元老院议员进入民事管理，而且也向元老们开放了行政的核心职位，这些职位（在3世纪晚期同质化进程之前）由皇帝的私人侍从（“骑士行政管理”）担任，因此，他彻底修改了超过300年历史的行政管理政策。尤其是之后的总督常选自非常古老且有名望的家族，这些人在担任公职之前鲜有实践经验。君士坦丁甚至更进一步，在君士坦丁堡（Constantinople）奠定了帝国东部新的元老院的基础。[232]诚然，东部元老院及其成员从未拥有主要源自

〔230〕Eich 2004：220.

〔231〕这一说法至少对4世纪而言依然有效，然而这种区分在5世纪逐渐走向终结。

〔232〕Heather 1994，1998.

西部（意大利、北非、高卢南部或西班牙南部）的传统贵族那样的威望。即便如此，在接下来的一个世纪中，我们可以在东部行政人员中观察到一种具体的帝国贵族形态的发展，这一过程既由传统价值观念及教育塑造，也由新的阶层系统及新近赢得的声望所培养。[233]但是君士坦丁政策的后果在西部更为明显并对西部的影响更大。重新整合行政机构中的贵族确有原因，我稍后会简短讨论。然而，从任何标准来看，将诸如意大利或北非这样整个区域的行政管理很大程度地交付给拥有庞大（土地）财富和自治威望的贵族们的这一决定都成问题。[234]我会在接下来的一节考察其部分结果。

最后，3世纪的另一项发展在4世纪与5世纪达致新的高度。从元首制开始，皇帝的家就作为帝国行政中心而运作。[235]当然可以宽松地将这个中心定义为一个宫廷。但从社会学或比较视角来看，完全成熟的宫廷到更晚的时候才出现，尤其在3世纪之后。按照传统，帝国政治在本质上是城市性的，当权贵胄主要依赖城市行政机构。政府的城市性特点阻碍了帝王“宫廷”（*aula*）。但是当皇帝在3世纪永远地离开了罗马时，罗马帝国的城市传统便不太能限制帝王家室的发展了。此时皇帝的流动总部才成 *133*

〔233〕 Heather 1994，1998；Errington 2000.

〔234〕 Matthews 1975；Wickham 2005；Kiser and Cai 2003.

〔235〕 Winterling 1999；Paterson 2007；Smith 2007.

了帝国唯一实际的中心。[236]在4世纪晚期，帝王护卫（*comitatus*）再次确定下来（尤其在东部），这一进程再也无法完全逆转。我会在接下来的一节探讨这一转变的影响，即某种“迈入宫廷”。

6. 罗马晚期的官僚制：结构、官方预期及实践

对罗马晚期行政结构的简短勾勒很容易使人想到一幅高效且由规则引导的官僚机构图景。我以这样的描画开场，但很快便会展现出其中并无此等意指。诚然，由于相关证据散落在约300年的时间段内，几乎不太可能勾勒出这一行政体制在任何特定时期的画面。我们经常无法确定我们的抽象描述在多大程度上是非历史的，这种非历史指的是我们把并不相属、被不同时期巨大变革所分离的事件相联合。我主要取例于4世纪晚期，即在各种离心力量加速帝国的瓦解之前。不过间或有必要增加一些来自更早或更晚时期的片段信息，从而产生一致的描述。这一告诫须牢记在心。

帝国的基本行政单位是行省，这一时期大约有114个。[237]每个行省由一名长官统治，通常他手下有大约100名民事职员。[238]行省长官主要负责司法与税务。各行省由一名被称作代理人（vicar）的官员分组并控制，他的地位高

〔236〕 Winterling 1998.

〔237〕 Jones 1964：379.

〔238〕 Palme 1999.

于各行省长官。从4世纪下半叶开始，代理人隶属于大区总督，后者是帝国晚期最高级别的民事权威，其职责极其广泛；最初，代理人被设想成类似于初级总督一类的官职，因此行事更为独立。[239]行省管理中大多数日常事务由大区总督[240]及其相当庞大的随从们（如前所述，很可能有约2000名文书）协调，至少依罗马标准，这些职员在职能上高度区分。如果说约翰尼斯·吕迪斯（Johannes Lydus）（6世纪供职于东部大区总督部门）的描述与该部门较早历史阶段有关（这似乎很有可能），那么办事程序（procedures）似 134
乎是高度正式化且技术性的。[241]总督庞大且有些模糊的职责在古代晚期变得更加清晰：元首制晚期的司法文献似乎以更为明确的条款对待这一职位，[242]总督的职权范围以一种否定的形式被定义为新的高阶官员根据其职责行事，诸如中心士兵长官（*magistri militum*）或部门长官（*magister officiorum*）。[243]然而，总督的工作量肯定是庞大的。他们必须监管行省行政中的低阶官员，他们是宣传帝国布告的主要代理人，他们还充当法官，时常作为皇帝的代表。[244]

---

〔239〕Eich 2005：250ff.

〔240〕参见狄奥多西法典（Theodosian Code）15.1.2.（321）。

〔241〕有关吕迪斯对总督部门的描绘，参见Kelly 2005。

〔242〕Grelle 1987.

〔243〕有关士兵长官可参见Demandt，*Realencyclopädie Suppl.*12：553–790（s.v. “Magister Officiorum”）；Eich 2005：232ff.。

〔244〕Peachin 1996；Karayannopolis 1958：80ff.；Gutsfeld 1998；Jones 1964：586ff.

每隔4或6个月，长官须将其财务与司法记录送交总督审查。（较低级行政单位的记录被监管的似乎更频繁，譬如官员与行省当权者紧密工作的城市地区。[245]）从总督以降到单个的地方政府单位有一条清晰的指挥之线。在总督之旁有两名官员，他们分别是神圣财产官员（*comitiva sacrarum largitionum*，主要负责贵金属交易）和私人财产官员（*comitiva rei privatae*，监督没收或遗赠给皇帝的地产管理），这两名官员对帝国的财物管理至关重要。两者都有自己的指派线以及人员队伍，即便如此，神圣财产官员也使用该省行政长官的人手以执行其在行省内的日常职责。[246]

4世纪，罗马帝王宫廷是一个相当典型的君主制的王室兼行政中心（household-cum-administrative）。因此，被称作"世袭的"权力策略频繁为身处其中的人所驾驭；我稍后会再谈论这一点。首先，我想强调宫廷的另外一面。罗马皇帝宫廷的行政部分确实体现了官僚化组织的痕迹。举例而言，神圣宫殿财务官（*quaestores sacri palatii*）是皇帝的官方代言人，其遴选标准主要基于修辞技巧。然而到了4世纪末，财务官逐渐成为政府的某种首席法律顾问。[247]在公元1、2世纪非官僚化的元首制时期，并不存在类似永久性法律顾问这样的职位。于是，这一官职的发展是正在进行的原始官僚化进程的进一步证据，与此相伴发生的是越来越多的正式结

〔245〕Jones 1964：575–6；Giardina and Grelle 1983.

〔246〕一切相关问题可参见 Delmaire 1989。

〔247〕Harries 1988.

构被创造出来。

考虑到财务官承担着起草帝国文书的职责，它可能与 135
汉朝行政系统中丞相一职最为接近。当然，正如程序高度正式化的帝国议事会一样，其他官员也参与了这一官僚化进程。[248]皇帝的许多决定实际上只是在批准高阶官员的提议，皇帝因他们的专业知识而倚重他们。[249]财务官依然是“制定法律”这一复杂程序中最主要的角色。然而，这一职位有些特殊：财务官更多只是一份行政工作，较少被纳入皇帝身边的官员行列。财务官由帝王秘书处的各部门协助，主要负责撰写信件和回复请愿。这些“部门”［包括请愿书秘书处（*magistri libellorum*）、书信部门（*epistularum*）、记录部门（*memoriae*）］的负责人与财务官一同工作并向其负责，但并不清楚他们是否正式隶属财务官（或禁卫军中的其他高阶官员）。[250]回复官员询问以及城市或私人请愿的标准程序似乎已经建立起来，[251]但这些程序从未得到严格固定。这可能部分归因于一种健康的灵活性，但更要归因于行政中的“个人”特征：[252]在产生分歧或责任划分不清时，皇帝们绝不允许程序规则侵蚀他们决策的权力。

---

〔248〕 Harries 1998：47ff.

〔249〕 参见狄奥多西法典（*Theodosian Code*）12.1.33；Ambrose，*Letters* 74（40）.4；Theodosius Ⅱ，*Novels* 18，20；Valentinian Ⅲ，*Novels* 6.2，24，36.1。

〔250〕 可参见 Matthews 2000：178 对 Theodosian Code 1.8.2 的探讨。

〔251〕 Feissel and Gauscou 2006；Mourgues 1995.

〔252〕 Delmaire 1995：69ff.；Mourgues 1995；Corcoran 2000：57，83，以及 202。

在自动带来帝王议事会成员资格的其他高阶职位中，最重要的职位可能是行政主管（*magister officiorum*），此职集数位汉朝内朝官员（虽说其大部分职责由帝王侍从担任）以及更重要的三公的一些职责（非全部）于一身。[253]毋庸置疑，各自责任领域的交集范围差异相当大。事实上，行政主管负责宫廷与外界的一切交流。他管控着中央行政的大部分文书。但与此同时，他还作为宫廷外许多高阶管理者的督察者，这些管理者的办公室主任（chiefs of staff）选自行政主管部门的前雇员，他们本应向行政主管反馈其新上级的任何违规行为。行政主管的职责内容实际上远多于其汉朝同地位者，且必须强调，两者不可相提并论。[254]显而易见，罗马
136 与汉朝官僚体制的一个主要差异便是位于罗马政府工资清单上的高阶官员要少得多。因此，罗马官员经常集彼此不相干的职责于己身。

两位财政统计官［随从（*comites*）］既是宫廷成员也是议事会（*consistorium*）成员。[255]但大区总督作为最重要的职位则有所不同。4世纪末期有四位大区总督。虽然总督原先作为皇帝的左膀右臂在各处陪同皇帝，然而总督部门在4世纪中叶经历了巨大变革。结果，一些大区总督在离帝国首都一定距离的地方拥有了自己的下属分廷（subcourts），而其他总督至少在结构上不再是皇帝直属扈从，即现代学者所

［253］如Bielenstein 1980：7ff. 所述。

［254］参见Clauss 1980。

［255］Weiss 1975.

称的“内朝”。[256]长期以来，这整个发展被视为欧洲历史中走出宫廷（going-out-of-court）这一进程的某种先行。然而，总督权力的来源不是抽象的法律系统，而是帝王意志，后者确保了总督在行政体系以及社会层级中的位置。不在场的总督们没有通过某种理性化获得权力，正因为不能再私人性地影响帝国的“庇护源泉”，他们失去了与帝王同处带来的某些政治势力。[257]这些观察已经表明了帝国行政的另一面向，稍后我会再论述这点。

让我们简要看看官方预期，以总结对前官僚化基础结构的这一叙述。皇帝们似乎认为其行政系统运作得流畅且高效。他们相信（或宣称他们相信），长长的指挥线最终或多或少能带来想要的结果，[258]或是总督有数量充足的法律专家来处理复杂的法律问题。[259]当管理者出了岔子，皇帝（至少有时）反应强烈（对腐败的矫正变得恐怖）。[260]但这些假设和这一理论并不总与现实和实践相符。而且皇帝及其行为经常是这一差异的核心。

罗马晚期行政系统依旧嵌入在各式社会环境之中，其程度令人咋舌。虽说整个社会及其行政子系统当然永远都紧密联系且相互影响，但现代官僚制却以组织自治为特点。尽管

〔256〕 Gutsfeld 1998.

〔257〕 Schlinkert 1996a；引用取自 Peck 1990：1。

〔258〕 Jones 1964：403ff.

〔259〕 Corcoran 2000：236–7.

〔260〕 Alföldi 1952：28ff. 上文的说法暗指 Alföldi 著作第 3 章的标题。

官方声称有守则和规范引导着罗马行政体制，但罗马的行政体
137 制永远都被传统社会环境的价值所浸透。我已经强调了 4 世纪时将元老院议员从行政系统中除去的长期趋势被扭转，这一事实非常重要，西部贵族不仅作为长官恢复了其古老的行政封地，同时还可以触碰整个元首制时期都被禁止的敏感事务。东部同样经历了“元老化”。社会地位可轻易在历史官僚制的代理市场（surrogate markets）被资本化。[261]行政人员几乎不对其公职和私人财产进行区分。相比于其职责，管理者的行为通常由政府内、外部牢固的人际关系而非自己职责所支配，并且有权势的庇护中间人的非正式影响总是胜过规则与规范。[262]因此，群体团结是官僚化的重要阻碍。[263]

这一行为及其背后的态度基本为大部分社会所接受。对官方“官僚”规则的逾越总被皇帝们宽容，皇帝们在不同时期因为其他原因会对微小的违规行为反应强烈。这样的双重标准确实在帝国行政中颇为典型。帝国宫廷实际上成为与权力有关的各种社会交易的最大代理市场。内朝之中，个人权力的最重要手段是能够接近皇帝。当然，接近帝国的神圣中心并不限于官员。皇帝更容易被其家人、私人朋友以及侍从所要求。[264]因此，宫廷频繁受某些受宠

〔261〕参见 Migl 1994，在我看来，他继续错误地否定了任何种类的“官僚制”的存在。

〔262〕Migl 1994；Schlinkert 1996b：84；Matthews 1975.

〔263〕参见 Kiser and Baer 2005：238 的平行观点。

〔264〕Wieber-Scariot 1997；Schlinkert 1996b：84ff.；Matthews 1975；Krause 1987：11ff.，50ff.

之人的主宰，他们的影响远超于他们职务所体现的——倘若“职务”当真存在的话。受宠之人常是外人，[265]在罗马帝国晚期，帝王的侍从［神圣卧房主管（*praepositus sacri cubiculi*）］最终成了一名体制化的外人：[266]作为一名阉人，这一职位原先不该扮演行政中的领导角色。但随着时间流逝，此职位被整合入元老贵族，从那时起它就获得了与其影响力相匹配的地位。

这些行为中的大多数被认为发生在可被接受与不被接受的朦胧状态之中。其他行为完全不被接受却仍然频繁发生：腐败在整个时期都很猖獗，我们稍后会谈到这点。[267]

但是，帝王以另一种、也许是更重要的方式削弱了本该由其维护的行政规范。他们很多时候想要在日常行政中扮演 138
积极的角色。[268]皇帝自然没有什么权限范围的限制。他们可以干预任一事务的任一阶段，而且他们常常选择如此。这一事实常被征引以佐证晚期罗马帝国并不是官僚化的政治体制。[269]从比较社会学的观点看，如上文所概述的那样，这一判断丝毫不使人惊讶。然而，从欧洲历史的角度看，个人作为权威的最终来源参与日常事务被证明相当典型。君主们推崇这种行为，譬如说官僚制下普鲁士的腓特烈二世，这就

［265］参见我在 Eich 2005：246ff. 中的评论；Kaiser and Pečar 2003。

［266］Scholten 1998.

［267］Kelly 1998：180；Schuller 1982.

［268］Kelly 1998 以及 2004。

［269］参见，例如 Migl 1994。参见 Ertman 1997：9 有关早期欧洲官僚制的类似观点。

像今日的经济学期刊向当今首席执行官们建言献策时所做的那样。[270]汉朝的经验似乎不太一样，不过我认为只是程度有所不同。[271]

在从描述转向下一节的分析之前，我想从行政活动最基本领域中选取一个例子，来阐释上述讨论中最主要的社会因素的影响。早期中国前官僚制的显赫名声在很大程度上建基于征选和提拔民事职员的系统。[272]正是在此处，上文概述的罗马贵胄们的信念、情感和政治技巧阻碍了官僚化原则在帝国行政中的应用。

不幸的是，有关最高职位的帝国任命政策的信息稀缺而零散。至少在帝国西部，一些最显赫的官职只保留给出身高贵的贵族们。[273]但其他官职似乎可通过竞争得来，尤其在东部。有些皇帝因为只提拔有经验的官员并权衡每位候选人的相对优势而大受赞誉，比如君士坦丁二世（Constantius Ⅱ）。其他皇帝则因偏好而受到诟病。[274]但这样的概括很难让我们掌握遴选官员的一般标准。在这方面，我们对较低阶

---

〔270〕参见 Stollberg-Rilinger 1986：62–75。参见 *Financial Times*，May 1. 2002，页 9。即便是今日的君主制也可以非常相似的方式构建起来："这就是忘了，在约旦一场地震中首先受到冲击的是君主。"（Mais ce serait oublier qu'en Jourdanie un tremblement deterre concerne avant tout le souverain.）（*Le Monde*，Oct.8，1999，页 5）

〔271〕参见本书中赵鼎新所撰写的第三章。

〔272〕Kiser and Cai 2003；不过参见 Scheidel 2009b 以及我在 Eich 2005：278ff. 中的一般性评论。

〔273〕Matthews 1975；Arnheim 1972.

〔274〕例如，参见 Ammianus Marcellinus 21.16.3，30.4.1。

层所知更多，即在高阶官员部门中供职的各式民事职员。随时间流逝，长官部门的成员资格成了世袭的；这类“职员”的薪金不高；在 4 世纪，薪金常以实物支付。职员们似乎经常以酬金与受贿为生。〔275〕更高阶官员的职员薪水稍好；成 *139*
员资格提供了提升社会等级的机会，即使在宫廷之外这仍是例外情况。〔276〕似乎这些工作的大多数候选者都是向各自部门引荐自己。这些申请者经常倚靠某种形式的举荐。然而，与汉朝官僚制相比，罗马的举荐体制从未理性化地组织起来。结果，拉丁语中政治举荐（*suffragium*）一词变成了腐败与贿赂的同义词，因为候选者经常为获得支持而支付费用，否则便无法获得支持。〔277〕究竟 *suffragium* 被视作腐败还是必要的帮助，最终取决于谁的影响被认为合法而谁的不合法这一问题。我们从未听过有竞争性的入职测试。概括来讲，帝国政府似乎理所当然地视每位贵族成员拥有充分而扎实的教育为其社会装备的一部分。如前所述，有几部帝国法律告诉我们一些有关皇帝对理想管理者的期待。〔278〕然而，正如皇帝们自己相当清楚，现实并不总使这些理想实现。罗马市的长官辛马库斯（Symmachus）发现他的一些职员无法读写。当辛马库斯向瓦伦提尼安二世（Valentinian

〔275〕Boulvert and Bruschi 1982；Kelly 2004；Marini Avonzo 1964. 不同的观点可参见 Heather 1998：204ff.；Banaji 2007。

〔276〕有关罗马晚期官员的职业生涯，参见 Eck 2011。

〔277〕Collot 1965. 随时间流逝，有序出售官职的条例被颁布。

〔278〕参见注释〔258〕以下以及注释〔282〕。

Ⅱ）寻求帮助时，他只被简略地告知不要干涉帝国的征选政策。[279]很难说这是否是典型情况。在6世纪，我之前提及的约翰·吕迪斯（John Lydus）作为一名中层官员以相当具有技巧性的语言，骄傲地描述了其所属部门的复杂性，总督部门的司法面向。[280]至少在这一时期，对较高阶职位而言，入职培训一定已经出现了。[281]大多数低阶民事职员似乎已相当好地完成了其高度常规化的工作，以保障管理工作或多或少可以高效地运转。

提拔以一种相似方式被组织起来。帝国法律经常提及美德作为晋升标准之一。[282]这一理想同样经不起推敲。事实上，在提拔职员过程中，唯一最重要因素就是资历。[283]人们或许可以将体制描述为“由资历决定，受勤勉微调”的擢升。[284]虽然这肯定不是韦伯理想类型的遴选之法，却
140 广布于历史上的官僚制中。[285]中国的选贤官僚制显得非常不同。然而在东汉时期，两大帝国的征选制度显然趋向一致。[286]

〔279〕Symmachus，*Relationes* 17；参见 Pedersen 1976：29。

〔280〕参见 Kelly 2004。

〔281〕Palme 1999：115.

〔282〕参见，例如，Theodosian Code 1.9.3，6.24.3，9，27.7，与 14（＝Justinianic Code 12.20.1）6.27.19，29.4，30.22，与 32.1（＝Justinianic Code 12.25.1），7.3.1，8.1.1，2，1.13 以及 7.1。

〔283〕Schuller 1982.

〔284〕Jones 1964：579.

〔285〕Merton 1968：266；Le Masurier 1981：12.

〔286〕M. Lewis 2007：70.

再就职业资格而言，罗马帝国似乎长期钟爱那些通晓罗马法知识的行政人员。但在元首制时期，皇帝没能保证只有熟悉这一议题的人才能受佣。[287]在4世纪与5世纪，皇帝在这方面做出了更大的努力。[288]在我们的材料中可找到一些宽泛的论述，大意是说在著名的贝鲁特大学（University of Beirut）上课是民事职务生涯的一个良好开端。[289]大多数最高阶的行政人员一定已具备一些（虽说粗浅的）罗马法程序的知识。[290]但依然有反例。[291]在这方面，帝国官方宣称与现实之间似乎有一条鸿沟。可以举出许多原因来解释这一点。我会在下一节更细致地分析其中的结构性因素以及参与者的可能意图。但我认为已经清楚的是，这群人的背后是群体权力：在罗马，统治帝国在大多数时候被视作贵族的领域，甚至在东部也是如此。大部分高阶职位只保留给元老——无论这一时期帝国东部元老成员资格有何实际意味。甚至，来自社会较低层级的攀高枝者一旦借着管理层级的擢升而接触到“国家权力”，也就似乎发展出一种“贵族态度”。在晚期罗马社会，大量贵胄以及管理者自己组成了强大的身份群体。这种贵族习惯与罗马贵胄普遍的放任态度相结合，导致了罗马晚期官僚制的正式化程度较低以及武断决策占据

---

〔287〕Peachin 1996.

〔288〕Harries 1998.

〔289〕尤其是 *Expositio totius mundi* 25；参见 Liebeschuetz，*Reallexikon für Antike und Christentum* 15：585–911，889ff.（s.v.“Hochschule”）。

〔290〕Honoré 1998：11ff. 与 1984；Matthews 2000；Coşkun 2001。

〔291〕Libanius，Orations 33；参见 Carrié 1998：25ff.。

了更重要的角色（至少在那些无关军队给养的活动之外）。

那么，帝国行政管理便以相互冲突为特点。它的部分基础结构在本质上是官僚制的，然而从皇帝以降到长官的下属们，许多行政人员的行为常常难以称得上是“官僚制的”。虽说这一矛盾是包括现代官僚制在内的一切官僚制的部分特性，但这条鸿沟在罗马要格外的宽。

141 7. 罗马晚期行政制度中的元首—代理人关系

罗马政府的许多矛盾特征可借助当代代理理论的社会学演变得到解释。[292]行政中心的监察能力肯定不足。要确保有权势的个人或集体服从并不是一件容易的事。皇帝们时常倚靠稳固的社会权势来保证自身和罗马统治。即便在4世纪和5世纪，行政体制自身也没有大到或复杂到使皇帝们做出不利于各式贵胄的规定。因此，选择社会贵胄来担任最高行政职位是可行的，因为他们受过教育、拥有威望，并常常有人际网络来处理一些譬如长官在整个帝国都很可能遇到的情况。另一方面，在某种程度上依赖抽象的规则与指引的官僚化始终对社会差异有矫平影响。因此，只要激励足够强且其社会地位不会受到非个人化的威胁，贵族就可遵循行政规矩和规范。一般来说，没有贵胄在旁，皇帝缺少控制民众的监管能力，但他们也缺乏有效监管其贵族官员的手段，即使他们很想去监管（共有的价值观在此时经常成为限制）。在

〔292〕进一步的讨论参见 Kiser and Baer 2005 的出色论文。

由西部贵族主导的行省，诸如意大利或北非、南高卢的部分地区，皇帝们的选项格外少。允许贵族在自己及其家族或同等身份贵胄拥有庞大地产的地区担任长官甚至是大区总督，几乎等同于中央管控的丧失。[293]但推行与极其富裕的贵族相反的帝王意志会大量耗费金钱和政治资本。在此只有坏的选择（尽管罗马皇帝可被证实选择了更坏的一种）。[294]

总部也有相似的问题。如上所述，皇帝自己并不总关心自己的规则与方针。管控能力及其局限再次成为这一现象的基本原因。罗马皇帝并不想为了官僚制而建立官僚制。首要的是，他们想要管控帝国。行政制度被设计出来以帮助他们实现这一目标。然而，一旦行政工作成了例行公事，每位皇帝都面临着被其官员边缘化、成为自己的行政机构傀儡的危险。大多数皇帝更愿意避开这一命运。他们相当频繁地插手琐事以证明自己不只是国家的象征性首领，实际上还在行 142
使权力。[295]但凡有可能，他们便会维持一个基于影响力的并行金字塔，这在一定程度上平衡了官方的官僚制。这一做法肯定不符合韦伯官僚制的要求。但在十分迥异的语境下，我们观察到最高阶官员所施策略是相似的（尽管这些策略常以不那么明显的方式被使用）：控制相平行的层级体制总是一切当权者的优先选择，这些相平行的层级体制建基于社会

---

〔293〕Cecconi 1994 与 1998；Matthews 1975；Arnheim 1972；Vera 1994：188。

〔294〕Wickham 2005；Stein 1928：101，342，503ff.；Matthews 1975。

〔295〕Migl 1994：186；Jones 1964：374ff.

地位和任一组织社会环境的其他影响力。[296]然而，罗马行政体制在多大程度上嵌入其社会环境以及公众对这一情况的广泛接受不仅构成了古代与现代官僚制的相对差异，还是本质差异。

当然，随着离中央管理者越远、沟通之线越长，监管问题就会增加。这就是帝国会如阿诺德·琼斯所言中央集权到“不可思议的程度”的原因之一。[297]甚至小官吏也由皇帝本人钦定；皇帝或大区总督会干预一切琐事，或是在至少我们看来微不足道的案件中担任法官。[298]即便如此，他们清楚皇帝与高级官员也不能控制一切。要监管帝国各个基本单元（譬如城市）的每项运转是一项无望完成的任务。在罗马帝国晚期，市政府（地方政府）几乎被帝王干预所扼杀。然而，虽说比起帝国早期，管控确实更为严密，但从中央来看，完全的监管会铸成大错；事实上，完全的监管从未发生。[299]皇帝及其顾问们清楚他们管控能力的限度，进而以相应的方式处理。

罗马行政制度与官僚制典型概念之间的其他差异没有上面已经提到的那么具体。“腐败”是所有行政系统中几乎普遍存在的特征，尽管究竟是什么实际构成了腐败行为几乎完全取决于视角以及流行的价值观念。仅引用

---

〔296〕Simon 1997；Mortara 1973：121.

〔297〕Jones 1964：403.

〔298〕Jones 1964：1164 n.81；Kelly 2004.

〔299〕Schmidt-Hofer 2006.

罗马的几个例子，书记员与小官吏的较低薪水是这一层级贿赂问题的关键；其实，这曾是且现在也是一个普遍现象。[300]书记员获得的是更高的地位而非充足的薪酬。对他们和较高阶官员来说，“国家”和他们对国家的服务都是一项事业。他们投入金钱以获得一个民事职位（买官或贿赂以取得职位或晋升），此后，他们依循社会规范和活 143
动所提供的机会来寻求回报。[301]但若视这种交易只是腐败，那就错了。如时常强调的，在一个没有入选测试或至少没有竞争性测试的社会，卖官为官员遴选过程增加了一些透明性。[302]对于谁能够买官，通常有一些限制。在许多社会中，一般认为只有具备充分能力的候选人才能参与激烈竞争（虽说在罗马这里，我们无法证明这点）。[303]候选人利用其资本，无论是钱还是诸如社会或象征性资本等无形资产。钱至少来得比高地位更容易些（当然，虽然两者之间总是紧密关联）。类似的考量可应用在罗马帝国晚期行政行为的其他货币化形式上。人们不得不为帝国官员们提供的不断增加的服务付费。虽然这可能又会被视作制度化贿赂，但为混杂情况增添了一些问责向度，虽说基于社会地位与人际关系的影响力对帝国普通公民而言更难对

〔300〕Riggs 1964：250.

〔301〕Collot 1965；Veyne 1981.

〔302〕参见 Kelly 2004。然而，这对古代晚期似乎已经变得相当常见的挂名职位而言并不正确。

〔303〕Reinhard 2002：190ff.

抗或应对。我们可以看到相反的运作原则，当我们转向荣誉头衔的膨胀利用时，由于没有什么问责，这些商品可被轻易资本化却限于少数经筛选、具有充足社会背景的人所使用。[304]

上文论述的许多特征和进程在其他帝国也有相平行者，至少其中的一些，诸如荣誉头衔的膨胀、阉人的角色、皇帝与其官僚制度的关系（虽说最近较强调两者的差异）以及监控能力的局限与汉代中国相对应。[305]当我们谈及这一比较的分析与启发潜力时，更多取决于我们是选择用凸透镜还是凹透镜来研究它们。指出在规模、行政行为以及思维模式等方面的差异很容易。但也有一些明显的类似之处，我希望这些在我们的论述过程中会更清晰。我会在本文最后一节回到可度量性问题（commensurability）。但在总结之前，有必要看看组织理论的最后一个基本范畴。组织不仅仅由结构、功能等构成，组织之中成员的活动在很大程度上受制于这些成员有关组织目标和存在理由的主导文化取向。[306]对于皇帝的一般目标或个人目标或官方活
144 动的社会处境，学界已有一些评述。但若断定除了这种个人化但广泛的利益外，不存在能为罗马行政人员提供某种

〔304〕Kelly 2004.

〔305〕有关阉人荣誉与角色的膨胀，参见本书第三章赵鼎新的分析；有关监控能力，参见 Kiser and Cai 2003；有关皇帝的角色，参见 Fu 1996；还可参见 Loewe 2006 的一种不同声音。

〔306〕Acham 1992.

导引的行政制度的理想设想，那就错了。

8. 精神指引

有关中国政治哲学对汉代官僚制凝聚力的重要性已经有了众多作品。据称，主要思想学派发挥着类似于“官僚意识形态”的功能。[307]这样的刻画当然是误导。就其本身来说，儒家思想对官僚制没有直接的亲和性。[308]而是最终，出自政治哲学的中国法家培育了行政人员的凝聚力，将他们团结在一个共同且内部具有理性的信念体系中，而且它似乎还为中国特有的选贤方案提供或预备了一个绝好的孕育媒介。当然，一如既往，不能以中立的角度去理解“贤”这个术语；其语义已由确立的具体的价值体系而界定。以政治哲学伪装的法家可被视作汉代官僚制官员的某种精神指引。

罗马帝国晚期没有可与之相比的内容。基督教信仰可能已较好地充当了帝国的道德基石，但其与行政规范的官僚系统没有特别的亲和性。而元首制晚期的整个宗教世界结构很适合为此世无所不在的统治者提供一些超验的合法性。与那些所谓的异教徒相比，基督徒们以作为一神论者而自豪，异教徒常被描绘成相当愚蠢或简单的对各种神祇的信仰者。

---

〔307〕参见，例如，Fu 1996 以及本书第三章赵鼎新的文章。

〔308〕参见 Hsiao 1977：137 有关事实上何为“披着儒家外衣的法家”。

然而一神论这一概念是有问题的。[309]即便我们接受这一术语和表面价值上的基本理念，元首制晚期各种可被辨识的宗教团体的轮廓也的确不似善辩论者欲使我们相信的那样清晰。从希腊化时代开始，出现了向单一主神论（henotheism）发展的强大倾向，甚至包括多神论范例的希腊世界。[310]这一趋势在罗马帝制历史中愈发强劲（无须多言，虽说帝国的宗教图解是一副完全的混杂品；我在此只讨论一般趋势）。[311]虽说帝国内的信仰差异巨大，一种朝向更结构化、层级组织性更强的天堂世界的信仰趋势却显而易见：在诸多教派与哲学中，我们此处可以提及的是柏拉图主义及其冥界
145 （underworld）、[312]斯多亚主义、赫尔墨斯主义、部分的所谓诺斯替教派、犹太教、基督教、非正统的基督教以及各种调和宗教（例如太阳教）。甚至希腊城邦宗教也展现出了向单一主神神祇世界强烈转向的讯号，其宗教经验愈发要由各式圣人为中介。[313]

这一趋势在一定程度上可能是偶然的；其他要素可能要归之于各种不相关联的原因。但在很大程度上，一种更普遍的社会发展可能构成了宗教变革背后的力量。唐·汉德尔曼（Don Handelman）有关“公共事件”（譬如说传统社会中

---

〔309〕 Porter 2000.

〔310〕 Versnel 2000.

〔311〕 Athanassiadi and Frede 1999；Eich 2010；Mitchell and van Nuffelen 2010.

〔312〕 Dillon 1977.

〔313〕 Schörner 2003.

的宗教仪式）的一项研究为上述转变的一些可能解释提供了依据，该研究于1990年首次出版。[314]如汉德尔曼所指出的，这类“公共事件”最常反映了社会的一般结构。尽管这一解释肯定不适用于所有情况，但当我们试着将上述提及的罗马帝国宗教趋势放入语境中进行理解时，这一解释似乎是有用的。希腊的政治传统和意大利的贵族遗产都是多头政治；很有可能的是，相同的文化传统已经渗透进北非部分地区或巴尔干行省部分地区，这些地区已被意大利定居者及其文化导向显著改变。[315]罗马帝国的帝制在公元前1世纪下半叶确立，但新政治体制在由不同政治传统组成的多样社会中立稳脚跟需要时间。单一主神趋势在公元1世纪变得更加强劲并在3世纪占据主导地位。那么，在一种（某种程度的）官僚化形式的统治萌发之时，我们目睹了时空和信念不同的形式化。如汉德尔曼所论证，在官僚社会中，公共庆典反映了一个理想的世界。这种新型的帝制似乎被投射进了天堂领域。这种概念化超验世界的模式牢牢扎根于罗马晚期社会，这一点已由克里斯托弗·凯利（Christopher Kelly）令人信服地呈现出来。[316]帝国在2、3、4世纪从根本上成了君主制社会，对天堂的君主式秩序以及神灵世界层级结构的广泛信仰的确可为新的原始官僚化管理提供强力支持，因为君主制

---

〔314〕 Handelman 1998.

〔315〕 这在许多叙利亚社群或埃及肯定很不一样，在这些地方，宇宙秩序与君主制被认为紧密联系了几千年。参见，例如 Edelmann 2007。

〔316〕 Kelly 2004.

社会的构建看起来不可避免且不可变更。两个概念化模式之间当然有相互作用，但这并未减损信仰领域对帝国上层结构的合法化影响。

146 另一套信念或许至少部分充当了中国“法家”的替代者。在共和制和早期帝制时期，贵族使用 *utilitas publica* 一词意指公共利益，即所有公民们的福祉以及根本上贵族自身的福祉。在 3 世纪早期，当引起首波官僚化的攫取—强制循环增强时，相同的表述描绘了“国家福祉”，诚然，这是一个仍然模糊的“国家”概念，以皇帝作为其化身。[317]此概念的内涵在罗马帝国晚期得到了进一步的发展。相较于以前，帝国和皇帝们被认为在更为切实的意义上对其人民福祉负责。[318]皇帝自己以及受过良好教育的贵胄们的各式讲话宣称，帝国的公民们拥护其政府并支持“国家”机构作为帝国每位居民两项基本关注点的捍卫者：正义与安全。[319]被认为凌驾于法律之上或干脆就是“活生生的法律”的皇帝宣称，法律是他们作为统治者一切行为的指引（诚然这是一个可供怀疑的声明）。[320]至少从塞维鲁时期开始，帝国的法学家便着手将这两项基本目标整合进罗马法，以便皇帝能够依法（一个抽象规则的一致系统）而治，且使其权力不必受限于这些规则。

---

〔317〕 Gaudemet 1951；Longo 1972；Coriat 1990：227–8. 参见 Brooks and Brooks 1998：34，192。

〔318〕 Corcoran 2000：4，202；Martin 1984：123；Eich and Eich 2004.

〔319〕 Eich and Eich 2004.

〔320〕 Karamboula 1993 与 1996。有关汉代中国一些模糊的类似之处，可参见 Lewis 2007：62。

查士丁尼作为古代帝国最后几位皇帝之一，宣称人民自愿支
付税款，作为罗马文明保障的军队从而能够履行其职责来保
护人民。[321] 唯有薪酬充足的军队才能实现皇帝们与帝国的
最终目标（一切人的正义与福祉）。这整套概念被称作“军
队与法律”（*arma et leges*）。[322] 借着这个概念，我们大大接
近了中国的法家传统，[323] 虽说如同在其他方面一样，罗马的
部分没那么精密或正式化。由“军队与法律”并置而出的论
辩从未成为真正话语层面的意识形态：这是将政府的一般目
标传递给人民的一种模式。历史官僚制的崛起使皇帝有可能
发展一套比此前任何进路都要广阔的家长式政治进路。这一
进路被构想出来以使罗马帝国加于其（非贵胄）公民身上的
攫取和强制重担具有合法性。它依然清晰地指向了官僚化的
原初和根本理由：职业军队的需要。甚至在 5 世纪与 6 世纪 *147*
（帝国东部），常备军居于罗马政府策略和政策的核心。

9. 大同、小异以及中级层面（meso level）的重要性

数年前，克里斯提安·戈才斯基（Christian Gizewski）论证了罗马与早期中国（秦汉）在其整个历史中几乎并行发

---

〔321〕 Justinian，*Novels* 72（358.32ff.），39（255.11ff.），78（387.1ff.），以及 21（145.29ff.）。

〔322〕 Dannenbring 1972.

〔323〕 参见 Schiller 1949：43 对帝国新法（*ius novum*）的定义：“写入帝国宪法或帝王控制之下元老院法令的法律原则，以及国家法院使用调查（*cognitio*）程序时形成的法律被现代学者们称作新法。这便是服务于帝国政策的法律，用以满足当时的经济与社会需求。”

展。[324]尽管他那囊括了九个不同阶段的模型的确对两种文化的历史学家是一个有用的提醒：不是只有一个帝国。可他所指出的相似之处中，至少有一些是含混不清的，他所标注的时间上的对应之处可被归因为偶然因素。似乎有必要对其同、异及其各种背景、触发机制和发展情况做更加具体的探讨。我们可以很容易指出两个帝国在各自微观层面的差异。思维模式、帝国的概念化（虽说也有显著的相似之处）[325]、宗教信仰、人口稠密地区社会生活的组织方式[326]、建筑等都是体现差异的例子。但是，当我们考虑宏观层面的可能对应与一致之时，尤其是此情况下各自社会的结构及运行框架的相似之处时，我们不该被这些微观层面显见的差异所干扰。在后来统治基础奠定之时以及之后，罗马与战国时代的中国，尤其是秦朝，的确没有沿循类似的路径。战争在秦（以此为例）与罗马都形塑出了程度极高的集体经验。但这一经验带来了相当不同的政治策略。罗马的权力贵胄只在绝对必需之时才将资源交给政府管理中心，而中国从公元前4世纪便高度集权化。但事实上，两者的道路在后来某个时期似乎有所交错，分别是罗马帝国晚期以及汉朝时期。

沃尔特·沙伊德尔已经指出，两个帝国的政治体制开始在某一点汇聚；晚期罗马帝国和汉帝国的运行框架的确彼此相像。最显著的是，基本行政单元的数量大致相等，领导

---

〔324〕 Gizewski 1994.

〔325〕 Mutschler and Mittag 2008.

〔326〕 参见 Lewis 2006：135ff.。

权被分为民事与军事部门，[327]行政中层监管基层的执行者，有大量中央部门环绕在皇帝四周，宫廷作为政治中心有着相当类似的建构。[328]尽管如此，正如所预料的那样，两者仍有差异。在许多方面，罗马帝国的“官僚化”要晚得多，其 148
官僚结构、功能及概念远未被形式化、更具灵活性且深嵌于较早的结构环境中。罗马的征召政策具有更多的世袭性，中央行政机构相比汉代中国远未被区分。行政人员的“精神指引”差异也同样明显。尽管这些差异似乎不再有本质上的影响，单一尺度可被用于衡量两个帝国的政治手法、策略以及（似乎是）表现。

甚至在运行结构的宏观层面，也需牢记两大帝国的差异。在我看来，最重要的一项差异仍是这一事实：自奥古斯都时代起，罗马就已将其命运、成功以及最终失败系于奥古斯都创建的职业军队，后来的皇帝们扩充军队人数达致此前西方世界所谓“专制主义”全盛时期才有的数目。[329]东汉王朝更接近这一模式，但差别依旧明显。

在各自帝国经验中，最广为人知的有关巨大差异的论证是罗马与汉朝所雇行政官员在数量上的可能差距，在本讨论里，这一论证受到某种程度的削弱。罗马高级行政官员数量可能比假设中多一些。[330]尽管如此，双方人数的差距依

〔327〕有关两大帝国在此方面的基本相似性，参见 Graff 2002：25。

〔328〕Scheidel 2009b.

〔329〕Tilly 1992：78.

〔330〕参见上文第 4 节。

旧巨大。刚已提到此处的关键因素：罗马政府将大量行政基础工作留给社会生活各基本单元的代理人，他们大多数是城市的行政官员及其随从。我们只能推测这些市政官员的规模和效力，不过他们的总数肯定足够大，以至于与中国官僚总量相等。罗马政府从这一决策中能获得一些好处：监管问题减少，交易成本大幅降低，与此同时，帝国官僚能集中关注市政级别以上的核心事务。另一方面，帝国权力贵胄接受每位单独的市政代表深植于其特有社会环境并以其个人社交网络来开展工作。因此，城市管理者在面对中央政府时提高了自己的身份地位及讨价还价的能力。权力贵胄当然非常清楚这一点，在 3 世纪以及对我们而言更显见的 4 世纪，他们开始侵蚀城市的自治。市政议会非常缓慢地失去了对城市的控制，社会权力以及行政职责被放于或落于地主这一社会团
149 体身上，后者对其社群的政治自治并未体现出同样的浓厚兴趣。[331]古代晚期的城市并未如长久以来所设想的那样简单地土崩瓦解（尽管有的地区肯定遭受了长期且难以逆转的衰落，譬如说北高卢）。但比起其前人所处的 1 世纪，在塞普蒂米乌斯·塞维鲁时期之后，许多罗马帝国晚期的城市与埃及“城市”更为相像。它们被越来越多地整合进帝国的指令链条。埃及作为参照物在另一方面似乎也是有帮助的。罗马征服者在这一独特行省遭遇到高度发展的世袭官僚制。当原始官僚化进程在 3 世纪加速发展时，一些埃及行政原则自

〔331〕 Laniado 2002.

然会被转用在帝国的运作框架。目前，尚无对此转用的充分分析，但正如一些有关这一主题的零散研究所指出的那样，这一过程似乎确实这么发生了。[332]埃及与晚期罗马行政之间的相互关系也对此处的比较进路有一些启发。当我们细察中华帝国征召人员的方法时，相比于罗马帝国晚期之前其余部分的行政模式，它们展现出与罗马—埃及行政模式更多的相似。因此，我们能够发现两个帝国发展中的另一组趋同趋势。不过，尽管有这个趋同趋势，这些趋同道路从未真正相遇。各自社会中级层面（构成帝国的社群组织与行政管理）的差异仍然是罗马与秦汉帝国间的重要区分。甚至在5世纪晚期以及6世纪的东罗马，在两个帝国的轨迹再次开始分道扬镳之前[333]，罗马世界依旧由城市及其各种相等物汇聚而成。[334]

〔332〕讨论参见 Coriat 1990：226 的讨论；Haensch 2008。

〔333〕Scheidel 2009b.

〔334〕Krause and Witschel 2006.

第五章

汉朝与罗马帝国的国家收支*

沃尔特·沙伊德尔

150 跟着钱，总是跟着钱。

——“深喉”

1. 帝国的骨架

任何想要理解国家权力范围及国家—社会关系性质的人最好听从这条建议。[1] 正如鲁道夫·葛谢德（Rudolf Goldscheid）在引用约瑟夫·熊彼得（Josef Schumpeter）话时掷地有声地指出：“预算是帝国褪去一切误导性的意识形态后的骨架。”[2]就像所有古往今来的国家一样，古代帝国凭借其榨取资源的能力得以持续，这些资源被用来兑现其对人民和领土的主张并回报其官员和盟友。国家在总产出中的占有

---

* 我十分感谢鲁惟一，吉尔·布朗斯博（Gilles Bransbourg）以及一位匿名审稿人对本文较早版本的有益评议。

〔1〕 我们未能找到早于 1976 年电影版《总统班底》（*All the President's Men*）上这句引语的真实记录（参见 W. Safire, *New York Times*, Aug. 3, 1997），但这并不削弱其对历史学家的有效性。

〔2〕 Schumpeter 1954［1918］：6（来自 Goldscheid 1917）。

是其实际权力的指标，正如收入来源及其花费方式的信息反映出统治者与被统治者关系的讨价还价的过程，并使我们能够辨认出国家形成中的赢家与输家。

考虑到汉与罗马帝国成功控制了世界一大部分的人口长达数百年，它们的“财政骨架”显然会非常有趣。在缺少翔实数据的情况下，任何比较分析都不可避免地包含一些猜测，多于许多历史学家能泰然处之的程度。然而，我希望展示的是，即使考虑到这巨大的不确定性，有意义的模式仍会呈现出来。鉴于这一尝试允诺要照亮（尽管只是微弱地）这些庞大且野心勃勃的组织，这是我们不得回避的挑战。

对帝国资源管理（我刻意避开“预算”这一术语以规避 151
可能与时代不相吻合的现代会计及财政计划中的概念）的研究可通过聚焦收入或支出来进行。在实际操作中，历史记录的普遍缺乏使我们只能利用方程等式两边的数据和推测，以更好地理解财政平衡。下面我分三步来进行：先确立两个系统中政府财政的大致规模，再考察它们是否以及如何在收入来源分布和支出目标上有所不同，最后再考虑可能的影响和长期结果。[3]

2. 汉朝收入

国家收入的证据集中在将近西汉末年。公元 2 年的人

---

〔3〕 我对数量级（orders of magnitude）和分布问题的关注是为了给深层财政体制的更广泛研究提供一个基础，这是陆威仪、邓钢（Kent Gang Deng）、詹姆斯·谭（James Tan）、吉尔·布朗斯博以及我在 Monson and Scheidel 即将出版的著作中的研究主题。

口统计记录了5770万注册人口，他们生活于1240万个家庭并耕作82700万亩或38.1万平方公里的土地。[4]这段时期最好的财政数据来自1993年在尹湾发现的一批藏匿文献，这些文献提供了公元前15年左右有关东海郡（位于山东）行政管理的详细信息。其中一份文本显示，此郡总人口在140万左右，分布在26.6万个家庭中。这跟公元2年人口普查中所记录的156万居民与35.8万户相比有些出入：尽管户数方面的不符似乎令人烦恼，但更重要的人口数据大致相符。此郡耕地总量显示为大约3100万亩或1.43万平方公里，差不多人均1公顷，或是公元2年整个帝国普查记录的人均值的约1.5倍。当年的政府收入达26660万钱与50.66万石粮食，其中14580万钱与41.26万石粮食已被消耗掉。[5]

假如说（虽说我们无法确定）这些数字代表整个国家收入，且考虑到东海郡约占帝国人口的1/40[6]以及它是一个合情合理的“平均”省份（它既不坐落于大城市区域，也不在高度发展的大平原旧核心抑或偏远地区，因此它在整体经济发展方面并非完全不具代表性，从记录中的数据我们可推得
152 帝国年收入大约是107亿钱与2030万石粮食。50—75钱/石＝1斛这样换算下来会得出总量大约为120亿钱。[7]

虽说这无疑是极其粗略的推断，但恰好与《新论》残

〔4〕 Bielenstein 1987：13–14.

〔5〕 Loewe 2004：60.

〔6〕 证据显示（帝国：郡）比例为37/41.2：1。

〔7〕 粮食价格可参见Scheidel 2009d：200–1注释292。

篇中所记录的国家收入总量 123 亿钱相吻合。[8]根据这一资料，自西汉晚期以来，税收每年超过 40 亿钱，其半数用于支付官吏薪金，另一半留作急用。此外，据说少府产生了 83 亿钱的收入，用来维持宫室以及皇帝的赠赏。然而，即使这一吻合表面上看很有吸引力，但考虑到农业部接收所有主要税收以及垄断岁入并且负责支付官员与军队开销，而少府主要维系皇室、支付帝王赠赏、投资生产奢侈品与军备，少府拥有 2 倍于农业部的收入这点很值得怀疑。一种解决办法是修改文本，将少府的收入降至 13 亿钱。[9]很难知晓少府何以能岁入 80 亿钱，其收入的主要来源最初是帝国园林、归属国家的自然资源赋税（例如木材、渔业、狩猎，但显然不包括盐、铁及贵金属）、政府土地租金以及铸币场的盈利。铸币场被认为每年发行 2.3 亿钱，这一产量对十位数的收入并无实质性的贡献。孩童人头税也归少府，这块收入每年不会超过 2 亿钱，顶层贵族每年进贡的大约 400 公斤黄金只值 1500 万到 3000 万钱。[10]纵然如此，如我们将在下文所见，

---

〔8〕在 Pokora 1975：49 中，原本在唐朝后遗失，后重修（T. Pokora 在 Loewe 1993：158-60 中的文章）。

〔9〕Nishijima 1986：594；参见 Pokora 1975：59。83 亿钱这一总量吊诡地重现于《汉书》的一个段落中，据此，元帝（公元前 49—前 33 年）统治时财政储备包括农业部的 40 亿钱，水道和园林督查的 25 亿钱，少府的 18 亿钱（Nishijima 1986：594），总计 83 亿钱。40 亿钱储备意味着同一部门 40 亿钱的岁入。人们会好奇这是如何办到的。

〔10〕有关汉朝钱币的产量与质量，参见 Scheidel 2009d：187-98。有关孩童人头税，参见下文。有关进贡及黄金的现金价值，参见 Scheidel 2009d：162-3，166。

虽说文本的修改将少府收入降至表面上来说更可行层面，这也无助于解释这一账目中军费的缺失，也未能得出与尹湾记录相匹配的可信的全国总收入。

另一种推测虽有可能但同样不可靠。若我们假设所提及的用于薪水与储备的超过40亿钱是中央政府的收入，这一数
153 据就可能反映了扣除各郡地方开支后的结余。按照这一方案，只有假设东海郡的账目不包括少府的收入，这样，没有花在东海郡的1.2亿钱就可以被转进中央，照此就意味着收入总额低于50亿钱并与所声称的超过40亿钱的税收相符。可是，我们在此不能确定55%的现金收入和81%的粮食收入到底是由地方消耗掉了还是包括了对中央的汇出，因此，也不清楚其储备是专用于汇出还是代表了真正的储备。〔11〕

尹湾文献中唯一合理清楚的是，除非我们认为东海人均对国库的贡献是帝国人均的3倍，抑或这些记录为使上级印象深刻而被大幅篡改了，否则西汉晚期全国收入一定远多于40亿或53亿钱。〔12〕将这些数据与《新论》相协调的唯一方式是接受少府在全国总收入特别是在山东地区收入中的主导地位，但这一设想值得怀疑，同样值得怀疑的还有把税收一半用于民事薪金一半用于储蓄的简要划分，特别是缺少

〔11〕可参考公元8世纪中叶所记录的唐朝收入的崩溃，据此记录，2/3的现金收入与7/8的粮食收入在各郡已被消耗殆尽。（Twitchett 1963：156；参见下文，注释〔103〕）。尹湾数据可以相较进行广泛的重构。

〔12〕有关东海郡收入高于全国平均值的可能性，参见下文，注释〔18〕与〔21〕。

任何时候都应有的大额军费开支的记录。最明智的解决之法可能是视《新论》文段有无法修正的错误而忽略之，转而依赖基于尹湾数据的推测，尽管它们的代表性尚不明确。

在理论上，有可能以后者来核对基于记录中税率估算的大致收入。但在实际操作中，这一方法困难重重，尤其是因为名义上的税率不能被简单地认为反映了实际税率：后者可能与前者相差一大截。了解了这一点，我们向一个貌似简单的问题推进：在西汉晚期，6千万臣民一年产出的税收接近多少？人头税的债务相对容易估算。[13] 接近西汉末期之时，15至56岁成人的人头税是80至120钱。古代人口中55%至60%的人口都会落入这一年龄段。因此，不考虑只占人口一小部分的商人、奴隶的高税率，大约3400万的成年纳税者应须偿付27亿至41亿钱。7至15岁孩童每年须偿付23钱，总计约2亿钱。总税务应会超过30亿钱并很可 154
能在40亿与50亿钱之间。[14]

占产量1/30的土地税带来的预期收入取决于平均产量。若我们认为8.27亿亩耕地的总产量等同粮田的产出，并保

〔13〕就此税收与随后税收，参见 Nishijima 1986：595–601。同可参见 Lewis 即将出版的著作。

〔14〕Loewe 2010b：318–9 中报告了一份最近貌似在江苏东阳县官方文献中发现的税率数据，指出在大约4.1万的人口中有几乎正好2万人的人头税记录（以及大约2千人的豁免）。这里所表明的49%至54%的比例（取决于免税情况包含于这数据中还是须单独另计）与15至56岁成人在出生时平均寿命相当低的人口中所占比例一致（比方说，20年有适度增长，或倘若成人死亡率高于标准情况，那么出生时寿命预期稍高一些），这意味着至少在登记人口中较高的纳税人数。

守地设定平均产量为每亩 1.5 斛（或每公顷 650 公升），地方价格为每斛 50 至 75 钱，那我们就得到了大约 4000 万斛或 20 亿至 30 亿钱的税额。[15]

若这一时期依旧有财产税，这一税种可能会被大幅扩充。为了供给攻打匈奴的大规模战役，武帝对所有财产征收或为 1.2% 的财产税并对商人征收更高的税率，这可以很容易地化为每年几十亿钱。例如，如果假设一个 5 口人的农户有价值 2 万钱的土地、房屋和器具，那么单单劳动人口的财产就足以带来将近 30 亿钱。对上层阶级较高的财产税率会显著增加这一负担。然而，如陆威仪指出，没有证据显示武帝之后还存在这一税种，因此最好认为其不再通行。[16] 不管怎样，这里记录的税率都体现为一项相当繁重的负担：1.2% 的财产税相当于远高于 1/30 的收成份额，针对富人的 5% 税率会接近资本投资的总收益。这样的税率长远来讲似乎不能有效地持续，并且一旦武帝的战争停止，这一税率也没必要存在了。

抵免税（Commutation taxes）可能与西汉晚期衰退的兵役制度一样重要，可预计的是，这一税种对收入有更多贡

---

〔15〕这当然是一个粗略的估计，但也不太可能有太大出入：240 亿公升（4000 万斛 ×30）的总产量可换算成大约每年每人 400 公升粮食（的等价物），这对古代社会而言是合于情理的产值。有关表明每亩产量 1.2 或 1.5 斛的数据及每亩 3 斛的假设数量，参见 Hsu 1980：75；以及有关 1.9—2.8 斛每亩的估计，参见 Deng 1999：162，作者认为可能太高了。近来出版的秦地里耶的数据展现了公元前 212 年高得多的土地税，参见下文，注释〔106〕。

〔16〕Lewis 即将出版的著作。

献。成年男性每年缴纳 3 钱，年总量仅 5000 万钱，但实际征税要高得多。每年基于对年龄结构的分类假设，大约 50 万男性理论上有义务在军队服役 1 年，买断费（buyout fee）高达每月 300 钱。源出于此的收入可达数亿。

其他收入来源更难计量。领主们每年上贡的黄金似乎 155
相对适中。我们对盐、铁垄断的收入范围并不了解，尽管考虑到它们在记录中的突出地位，这一收入很可能相当可观，正如从帝国（其他）产业而来的收入一样。[17]

很泛泛地说，这些估算指出每年国家收入预计达 70 亿至 100 亿钱，若还有一些财产税有案可稽，这一数字则要多得多。这一结论虽说脆弱，却能相当粗略地与尹湾数据相吻合，尤其是从后者推出的 120 亿钱假设收入总额很可能过高。[18] 相应地，这意味着纳税者的服从率相对较高，这样的话，实际收入不只是预期收入的一个适中部分，还

---

〔17〕Nishijima 1986：602–7. 有关这一制度，可参见，例如 Wagner 2000。贵金属矿业在古代中国远没在罗马帝国那么重要，参见 Golas 1999：109–36；Scheidel 2009d：179–80。

〔18〕由于东海据称拥有汉朝 1/40 的臣民，却又占 1/27 的总耕地，那么由此推出的全国收入也许应接近该郡记录的 27 倍而非 40 倍，总计接近 80 亿而非 120 亿钱，如果地产收入集中于关中地区，那么这一数字会再多些。此外，由于山东早已成为工业中心并且东海郡濒临大海，所以源自盐的垄断收入可能会极为重要。正如在中国后期历史中的那样（例如有关明朝的情况，参见 Huang 1974：193），如果批发商们直接从盐田中获取食盐，则该郡会积累起相当多的收入。34 家已知的帝国盐行中有 3 家位于东海，那里还有 48 家铁行中的 2 家（Loewe 2004：64–70）。（不过在后来的时期，山东北部海滨更为重要，参见 Chiang 1975：94 图 1。）

相对接近预期税债。

另一种主要的解读方式是假设垄断和地产收入要比直接税重要得多，因此抵消了后者的巨大不足。[19]至少就垄断收入来说，考虑到公元前44年至公元前41年废除垄断的（公认为是短期的）尝试，这似乎并不可信。同时，地产收入依旧无法估量。虽说西汉晚期高质量的普查登记可能有助于征收直接税，但其本身不能证明缴税者具有强服从性，因为唐朝同样拥有良好的普查覆盖面，却与高逃税率并行。[20]即便如此，视直接税（纵然未如我们所希望的那样有很好的支持证据）为体制支柱的观念与地方数据一致。[21]相对强
156 的服从性在逻辑上的必然结果是引发了耐人寻味的比较问题，我会在文末回到这一点。

---

〔19〕就我们所了解的国家需求方面，下面讨论的第三种选项似乎不合情理，即认为直接税收与垄断及地产都带来很高的收入。有关国家总收入接近200亿钱的估算，可参见 Yü 1967：62–3（其计算没有什么价值）以及 Chang 2007a：8–6 和 355–6 注释 54（基本上是最大化的计算）。

〔20〕Twitchett 1963：34.

〔21〕强服从的观念与东阳文本（上文，注释〔12〕中的文本）中显示出的高纳税人比例十分吻合。东海所记录的收入如此之高，以至难以想象在普遍逃税的情况下何以能够达成。因此，1400 万人口即使在完全服从的情况下也不会产生超过 1 亿钱的人头税，如果把对某些群体征收更多税款包含进去，税收则会多一点。土地税收入更难估计，不过在 1.5 斛每亩的情况下，3.33% 的税率将产出 1600 万斛，或记录中的 50 万斛再加 5000—7500 万钱。但实际产出可能更低：在四口之家产 100 斛的情况下，总税收会下降 1/4。（有关这些货币化水平和贡赋集中数据的逻辑意涵，参见下文 4.1。）为达到所记录的总额，还需另据来源的大约 1 亿钱收入，如上所注（注释〔18〕），食盐垄断收入可能会作出实质的贡献。

3. 罗马帝国收入

与汉帝国不同，罗马国家财政通常借支出这一方来进入，通过估计其构成要素来重构总支出（进而还有总收入）的规模。[22] 在探求此视角的可能性后，我希望展示有关收入的更直接推测，这一推测此前还未以系统性的方式尝试过，因此被赋以很大期望。我聚焦于帝制的头两个世纪，这是公元前 1 世纪内战与公元 3 世纪混乱之间的稳定时期。[23] 有关开销的最佳资料来自军队。对于公元 2 世纪，理查德·邓肯—琼斯（Richard Duncan–Jones）估算军队薪资在 6 亿塞斯特斯（sesterces），包含退伍奖励在内高达 7 亿塞斯特斯，而莱茵哈德·沃特斯（Reinhard Wolters）则得出 5.35 亿塞斯特斯。[24] 因两个相互消减的因素，这些总额须进行调整。一方面，至少在和平时期，军队很可能极其不满员（这会减少实际开支）；另一方面，未纳入现有估算中的牲口与物资之类的非薪资开销也需纳入考虑（很可能增加开销）。[25]我们并不确定这两个变数在多大程度上会互相抵消。考虑到军队自己参与生产与建造，日常的非薪

---

〔22〕晚期罗马帝国情况不同；参见下文 4.2 与 4.3。

〔23〕有关共和国时期的计算，参见例如 Frank 1933：141，145，228，与 230；Knapowski 1961，1967。

〔24〕Duncan–Jones 1994：33–7；Wolters 1999：211–8，223. 参见 Rathbone 2007：174（“理论上总额”为 6.8 亿塞斯特斯）。

〔25〕有关不满员的军队，现可参见 Bang 2013：420–1；有关（尤其与牲口有关的）非工资开支，参见 Herz 2007：314–9。有关和平与战时的不同，参见 Rathbone 2007：174–5。

资开支总数不会多于薪资开支的一小部分。相比之下，众所周知的是军事行动会增加支出并应计入长期均值。

民事支出被认为是蛋糕中较小的一块。邓肯-琼斯估算行政官员补偿为7500万塞斯特斯，大城市居民及军事单位的补助金为4000万—5000万塞斯特斯，城市建设资金为2000万—6000万塞斯特斯，其他项目，例如王室、赏赐、补贴，为5000万至1亿塞斯特斯。这产生了1.9亿至2.8亿塞斯特斯的非军事花销，与沃特斯估算的2.65亿
157 塞斯特斯在体量上相同。这使得每年总支出大约为8亿—10亿塞斯特斯。[26] 近来估算的一致带给我们一些宽慰。尽管如此，虽说在军队、国家职员和现金救助方面的花费似乎不可能有差异很大的估算，但诸如民事建设、自由裁决的花销等项目却较难计量。

数据有时会说明国家在基础设施方面的投资相当之多。[27]关键问题是：这项开支大到什么程度？虽说邓肯-琼斯2000万—6000万塞斯特斯的估算缺乏一个牢靠的基础，但也难以设想支出会有大幅的增加，即增加一个数量级。[28]

〔26〕Duncan-Jones 1994：37–46（8亿至10亿塞斯特斯）；Wolters 1999：218–223（8亿塞斯特斯）。Frank's 1940：51–4因过多依赖对修辞文段的表面文意解读，其所得出的弗拉维（Flavians）时期12亿至15亿塞斯特斯的估算没什么分量。Rathbone 2007：175未能提供任何证据以支持其有关军队花费占少于帝国预算一半的猜测。

〔27〕Wilson 2009：81.

〔28〕Duncan-Jones 1994：42［在图密善（Domitian）统治时期，每年卡皮托林山的朱庇特神庙镶金费用增至3倍］。

我们的想象受限于这一观察：每年支出数亿而非数千万塞斯特斯会建设出比我们目前可以计量的多得多的基础设施。因此，已估军费的一半，即3亿或3.5亿塞斯特斯用于基础建设就足以支付这些开销：为卡皮托林三神庙的房顶镀金、或建造两座大型城市高架渠、或一些卡拉卡拉浴场、或十座阿米莉亚柱廊大厅（Basilicae Aemiliae）、或每年几十座行省剧院或高架渠、或每隔一代就修建或替换罗马帝国的整个主要道路网络。[29]即便对国家资助的行省建设项目规模（这会消耗这类费用中的大部分）持乐观设想，这

〔29〕Plutarch，*Publicola* 15.3（神庙）；Pliny the Elder，*Natural History* 36.122（高架渠；参见 Frontinus，*On Aqueducts* 7.4）；DeLaine 1997：219–20（浴场）；Plutarch，*Caesar* 29.3，和 Appian，*Civil Wars* 2.26（柱廊大厅）；Pliny the Younger，*Letters* 10.39.1；Philostratus，*Lives of the Sophists* 2.548（行省）；Duncan-Jones 1982：124–5（道路）。这一概览拓展了我在 Scheidel 2009c：62 注释 67 中的评论。Thornton and Thornton 1989：135–9 计算朱利安·克劳狄乌斯王朝时期的帝国建设项目有 57506 个工程单位，或是花费 3.5 亿塞斯特斯的两项高架渠工程的 4.3 倍，总计 15 亿塞斯特斯或每年 1600 万塞斯特斯。即使考虑到整个运作格外的不稳定性并大幅增加数值以顾及某类建筑所使用的昂贵建筑材料，这至少提供了可能数量级的一个观感。Thornton and Thornton（141–4）也推测孚西尼湖（Fucine Lake）的排水系统作为克劳狄乌斯时期主要工程无法每次雇用多于 3 千工人，而非苏维托尼乌斯（Suetonius，*Claudius* 20.1）所说的 3 万工人（一个典型的象征性数字，参见 Scheidel 1996）。如果我们慷慨地将日薪估计为 6 塞斯特斯，每年为 300 个工作日且考虑到与人工工资相匹配的其他开支，这一项大概每年花费不超过几千万塞斯特斯。意大利的整个给养（*alimenta*）制度即使覆盖全面，其开支也不会多于数亿塞斯特斯；该制度的建设似乎延续多年，并且相比一些私人计划，出手也没那么阔绰（Duncan-Jones 1982：302–3，317–8）。

158 也显得太过慷慨而不足为信。[30]有一项相关支出是赈灾援助，经零星验证，每一次赈灾援助为 400 万至 1000 万塞斯特斯，唯有首都本身可期待更高的补助。[31]

给统治者随从的馈赠可能相当巨大：据说尼禄的赠赏超过每年平均 1.5 亿塞斯特斯，但是这种规模的花费（即使没有修辞上的夸大）被视作例外且这些馈赠有时会再流通（见下文）。[32]因此，赠赏方面的长期年均开支最有可能保持在八位数的范围内。罗马城的谷物救济常被排除在国家开支的统计之外，但实际上却是其中的一部分。按每年为大概 20 万受助人提供 60 摩狄（modii）粮食（大约 400 公斤）计，

〔30〕即便如此，对帝国在各省建设活动的全面考察也会相当有助于处理这一问题（现亦可参见 Dey 2011：830）。虽说 Boatwright 2002 最细致的研究表明了哈德良（Hadrian）时期的巨额投入，我们依然好奇这有多典型。更重要的是，甚至这些丰富的证据也与我的估算完全相容。她所列出的对地方城市（109–11）“建设的和建设捐助”提及从高架渠到墓穴大约 70 项工程。若我们相当慷慨地对每项工程分配（国库中）平均 300 万塞斯特斯的净成本——某些开销更大，诸如墓穴之类，有的开销（远远?）更少——并进一步估计到实际知晓的工程只占 1/10（这一估计在逻辑上意味着对 600 多座或整个帝国 1/3 的城市进行资助!），我们最终得到的总花费或许 25 亿或 30 亿塞斯特斯或每个统治年(reign-year)1.2 亿到 1.4 亿塞斯特斯，包含在罗马或雅典的大工程、大量新城市基础设施，这符合我所估算的每年 1 亿到 1.5 亿塞斯特斯的建设花费上限（见下文）。有关公元 3 世纪公共建筑的性质，现可参见 Rambaldi 2009，以及 Dey 2011（侧重军事防御设施，但并无证据表明这些工程如何被资助——国家参与不该自动地被理解为充足的国家资助）。MacMullen 1959 关注军队劳工对帝国建设项目的贡献，这会降低净成本。

〔31〕Duncan-Jones 1994：18.

〔32〕Duncan-Jones 1994：43；有关赠赏的一般性讨论，参见 Millar 1977：135–9，以及参见 491–506。

国家每年要供应1200万摩狄。源出于此的价值可能是小几千万，不过当这些作物在首都分发时，其价值可能会升至大几千万。[33]这使得此开支难以计价，但如果我们考虑到国家亦需承担的运输及储存费用，那么大大超过5000万塞斯特斯的实际年支出就似乎可信。公元3世纪，谷物供给增加了油、酒和肉，谷物由面包替代，这进一步增加了开销。

赛事与皇宫也需要公共资源，不过无须过高估计两者。国家对首都主要赛事组织者的资助为数十万而非百万；对这些竞技所值得的讽刺开销也差不多落在这个数额范围；各省最昂贵的角斗表演亦是如此。单场的最高纪录来自还未成为皇帝的哈德良，达200万塞斯特斯。军事资产被用于捕获珍禽异兽，这有助于控制净成本。帝国的大多数赛事由地方贵族支付，即便在罗马，高级官员也被期望去资助赛事，这不啻为相当大笔的个人支出。[34]诸如图拉真在公元107年的123天演出盛会是例外情况，并非常态。因此，所有国家资助的公共娱乐似乎不可能产生超过每年小八位数的开销。

皇宫日常开销很可能相当大，不过任何推测都要在我
们对其他自由支出类型的估计下做出，因此应当记为数千万 159
而非数亿。

总体来说，保守估计可预测每年有少于6亿塞斯特斯的军事开销、1.2亿塞斯特斯的薪水与救济，以及也许总计2.5亿塞斯特斯的其他混杂开支，总计稍低于10亿塞斯特

〔33〕Rickman 1980：120–97；Scheidel 2010b：444.

〔34〕Talbert 1984：59–63；Hopkins and Beard 2005：91.

斯。昂贵的“臆测”是7亿塞斯特斯用于军事，2亿塞斯特斯用于薪水、救济和补助，1亿或1.5亿塞斯特斯用于建设，另有1亿或1.5亿塞斯特斯用于其他自由支出，总计大约11亿或12亿塞斯特斯。

考虑到那些未在首都大兴土木的皇帝可能实现结余，这一重构更具说服力：提比略与安东尼·庇护（Antoninus Pius）每年实现结余约1亿塞斯特斯。[35]如果这些是那些既不发动昂贵军事行动，也不进行大型城市建筑项目的统治者们的结余，那么就很难看出民事自由支出以及因此而产生的支出弹性如何比上述估计的大得多。同样值得注意的是，公元65年火灾后重建罗马的开支引发了货币贬值，这是该系统宽松度有限的另一个标志。所有这些都体现了通常收入没有远多于支出，这意味着至少在直到公元2世纪晚期相对稳定的时期中，我所估计的每年大约10亿塞斯特斯的支出或可大致替代总收入。[36]

---

〔35〕Suetonius，*Caligula* 37.3；Dio Cassius 74.8.3. 我想即刻补充的是，两个例子中的这些数据出自27亿塞斯特斯总额，这是一个高度程式化的数据（=3×3×3亿塞斯特斯，Scheidel 1996），不过我在此仅关注数量级。

〔36〕这一估算同样可很宽泛地吻合我们就6世纪罗马国家收入的一丁点所知：在查士丁尼征伐之前，一个在4个世纪前容纳稍多于1/3帝国人口的地区总收入（Scheidel 2007a：48）大约是500万索里迪（*solidi*）或130万吨小麦的等价物（由Jones 1964：463–4中的数据推测而来，使用官方的黄金－谷物交换率），这接近公元2世纪收入（总计少于10亿至12亿塞斯特斯或250万至300万吨小麦等价物）的一半。假设东地中海区域经济发展水平稍高且有相当稳定的有效（而非名义上的）税率，这种表面上的（或许诚然很不可靠的）相符带来了一些宽慰。

这使我们接下来得以考察国家收入的分布，特别是直接税或贡税（按财产或人头征收的）与其他收入来源之间的平衡。[37]征税制度多种多样，一些社群可被豁免贡税，尤其是整个意大利。对不同省份而言，以贡税为形式的直接税记录分布于农业产出的1/7到1/5，它们以实物或现金的方式偿付并依据土地面积和类型来估算。估值为1%的年税据记录适用于叙利亚与西里西亚，这意味着5%至6%的资本净收益等同1/6或1/5净收入的税费。以什一税形式的较低税率在共和晚期适用于各地区，尽管其在帝制时期的延续尚不明 160
确。[38]只有在埃及我们才有更详细的信息。对私人耕地的税收似乎大约为产量的1/8或1/10，但对公用土地税收则更高（30%—40%）。人头税因地区与身份而差异很大。[39]

以最一般的方面来说，这些名义上的税债会转化为相当多的总收入。即使农业产量不超过GDP的半数，10%的税率会带来至少10亿塞斯特斯的3/4，或是国家总支出的60%—80%。[40]相应地，15%—20%的总税率会带来更多。其

〔37〕有关帝制早期的税收，参见例如Neesen 1980，以及Brunt 1981；Rathbone 1996。有关其后的帝国，参见Jones 1964：411–69；Bransbourg 2010。

〔38〕Hyginus 205L，以及Neesen 1980：44–8；Duncan-Jones 1990：187–90。

〔39〕Duncan-Jones 1990：47–55进行了一项快速又（过于）简化的考察。当且仅当公用土地等同大约所有耕地面积的1/3时，整体税率大约会是20%或更高（48%）。有关罗马时期公用土地向私人土地的转移，参见Monson 2012。

〔40〕罗马帝国GDP规模接近200亿塞斯特斯，参见Scheidel and Friesen 2009：74。GDP中维系生存的收入份额可能超过50%，其中多数是农业出产（89）。我在正文中的计算基于180亿塞斯特斯GDP以及15%的免税率，这大部分发生在意大利。

与中国土地税（如前所述，产量的1/30）的差异是显著的。

直接税实际带来这一收入规模的观念与其他来源在国家收入中的重要性相冲突。间接税包括内部关税（*portoria*，税率2%、2.5%、5%）和边境关税（东部税率为25%），以及罗马城本身更含糊的关税。[41]内部关税的财政贡献可能相对平常：因为国内关税（domestic *portoria*）若要带来1亿塞斯特斯的收入，每年就要有价值20亿到50亿塞斯特斯的商品在地区间被交易，或是GDP总额10%—25%的商品，在农耕经济里，许多产出或是于国内消费或是于本地交易，在此处境下这一数值是一个挺高的比例。进口关税有更大的潜力：由印度而来的单只货船装载估价大约为700万塞斯特斯的货物，包含140万塞斯特斯的税费。[42]一年中有多少艘这样的船进入帝国？我们的想象首先受限于这些奢侈品市场的可能规模。根据我自己粗略的推测，大约30%的GDP可作为自由支配的收入用来购买此类商品，这创造了一个高达60亿塞斯特斯的可能市场。[43]若这项收入的1/10被花费在从阿拉伯半岛(Arabia)和印度进口的商品上，这一需求就得以支持85艘、每艘价值700万塞斯特斯的货船；若是1/4，则船只超过200艘。这一计算非常粗略，却体现出我们不能轻易地计算出数

［41］有关罗马的入市税（*octroi*），参见Duncan-Jones 1990：194–5；以及De Laet 1949：345–50。

［42］参见，例如Rathbone 2001（见*Papyrus Vindobonensis* G 40822）。

［43］Scheidel and Friesen 2009：89. 有关这些商品的市场，参见最新的McLaughlin 2010：141–55。

百条船只，因为整个市场纵然庞大，但也有限。[44]

即便如此，在考虑内部关税之前，100 艘船已能产出大 161
约 1.4 亿塞斯特斯的收入，甚至不排除有更高总额的可能。所有来源的关税收入总额看起来很有可能超过 1 亿塞斯特斯，总额达 2 亿塞斯特斯也并非不切实际。

对罗马公民征收的 5% 的遗产税额无法计量，因为亲属及其他继承者群体可有各种豁免的方式。[45]税收被用来偿付退伍老兵奖金的官方说法无特别的启发，因为我们不知道这一环节在实践中运行得多好，哪些老兵能得到奖金。每年的需求可能介乎 4000 万到 1 亿塞斯特斯，一个小八位数的税收收入并非不可信。[46]

〔44〕现代的猜测倾向于提高此数额，甚至达致奢侈的程度。Rathbone 2001：48–9 认为印度洋贸易的价值可达致 14 亿塞斯特斯，而 McLaughlin 2010：164 则估计数额在 12 亿且关税达 3 亿塞斯特斯；两者都接近我的“25% 方案”。Sidebotham 2001：218“很可能是最小数值”（！），猜测每年的贸易额接近 180 亿塞斯特斯，与罗马帝国整年 GDP 相当，且强调需将我们的猜测置于语境之中，以减少不切实际的幻想（在这一光谱的反面，Young 2001：210 错用了 Pliny the Elder，*Natural History* 12.41，设想关税收入只有 10 亿塞斯特斯）。如果我们全然默认已被证实的船只载货量，那么 Strabo 2.5.12 提及的印度洋贸易的 120 艘船会携带价值 8.4 亿塞斯特斯进口货品或 14% 的可供支配的收入（大约 1.7 亿塞斯特斯关税收入，没有算资本外流，参见 Young 2001：209），这也许是一个更合理的猜测，但考虑到其描述属于较早时段，且最重要的是，我们忽略了平均载货价值，因此，这一猜测同样不牢靠。

〔45〕Günther 2008：23–94.

〔46〕若在公元 2 世纪，比方说罗马人代表帝国人口的 20%—25%，拥有帝国总资产的 1/3 或 1/2，且财产价值是 GDP 的 10 倍，年交易为 3%—4%，可征税的遗产等同所有财产的 1/4，那么税债就会是每年 2500 万—5000 万塞斯特斯，实际产出可能更少。尽管我的推测仰赖这么多的“且”，至少表明这项税收在原则上能对军团退伍奖金有相当大的贡献。（转下页）

买卖奴隶要缴税4%，释放奴隶则缴税5%。[47]倘若700万名奴隶每人值1000塞斯特斯，其中每年有5%转手，这就会产出1400万塞斯特斯；在更高转手率或（可能更现实的）更高均价情况下，收入会是数千万。[48]释放奴隶税可能带来相当的收入，尽管非正式的释放活动会减少收入。[49]我不考虑各式较小的税款以及皇冠黄金（*aurum coronarium*）等特别苛捐杂税，它们可能对平均收入没什么影响。不过显然的是，国家声称每年从贩卖角斗士的（高）税收中只拿走2000万或3000万塞斯特斯。[50]即使对此颇有保留，这一声称（意在凸显废止这一税收所体现的慷慨）意味着看似边缘化的税收有大幅增加收入的潜力（那么，如果属实，可能占总收入的2%）。

额外收入从采矿和帝国领土而来。据记录，贵金属矿
162 产带来尤为巨大的利润。北西班牙的金矿据称产出2万磅或6.5吨（等于8800万塞斯特斯），波斯尼亚（Bosnia）的一个矿地每天产出50磅或每年产出5.9吨（8000万塞斯特斯）。公元2世纪，达契亚（Dacia）也贡献了规模虽不明确但很可能同样巨大的收益。西班牙的银矿在公元1世纪依旧在开

（接上页）出于同样的结果，不支持这种数字游戏的历史学家可能更愿意严肃对待卡拉卡拉在这项税款上的利益（Dio Cassius 77.9.4）。

〔47〕Günther 2008：95–126，149–54.

〔48〕有关奴隶数量，参见Scheidel 2011b：292（总人口的10%？）；有关奴隶价格，参见Scheidel 2005。

〔49〕有关可能的奴隶释放率，参见Scheidel 1997：160–6。

〔50〕依据公元177年的*Senatus Consultum de pretiis gladiatoribus minuendis*，参见最近的Carter 2003。

采，尽管我们不知道具体产出数字，其中一座银矿在公元前3世纪据称每天产出300磅银（35.4吨或4400万塞斯特斯）。仅这三项数据累加起来就能产出超过2亿塞斯特斯的年总额。[51]遗憾的是，我们没法说这些记录是否准确地反映了帝国时期的情况，更重要的是，不清楚它们反映了总产出还是交付国家的部分；后者似乎可信些，但也不能确定。[52]在此方面，我们还可加上较少的矿藏、大理石采石场，等等。[53]这意味着单单矿物资源就可能涵盖总支出中一个相当大的份额，从1/10到1/4都有可能。[54]土地收入是帝国所持土地规模的一个函数，其数字不得而知，但可能一直在扩大，并相当于最富有个人地产的数倍，据说可达较小的九位数。若估值为10亿或20亿塞斯特斯，帝国不动产便能产出

〔51〕Pliny the Elder，*Natural History* 33.67，33.78，以及33.97；Edmondson 1989：88–9；Harl 1996：81–2（他曲解了证据）。参见更概要性的Bransbourg 2011：120–1。

〔52〕Edmondson 1989：88和Harl 1996：81认为这些计数中的两项是国家的收入。同可参见Bransbourg 2011：121。

〔53〕单单未包含在上述计算中的里约·杜诺（Rio Duerno）的金矿就在130年当中每年产出了预计3吨黄金（或4000万塞斯特斯）（Domergue and Hérail 1978：278）。有关矿业与采石的机构，现可参见Hirt 2010。矿业产出在古代晚期下降了，参见，例如Edmondson 1989。

〔54〕比方说，倘若所记录的数据代表了上限并且国家有50%的份额[如维帕斯卡（Vipasca）的罗马矿业条例中所记]，那就是1亿塞斯特斯；如果这些来源明确说明国家收入和帝国范围内的产量比这些样本中所讲的更高（参见前注），那便是2.5亿塞斯特斯或更多。在这个背景下，值得注意的是，甚至一个铅矿都能为国家产出20万—40万塞斯特斯的收入（Pliny the Elder，*Natural History* 34.165）。

5000 万到 1 亿塞斯特斯的年净收入。[55]

最后一项类别是皇帝接受的遗产，遗产可能抵消了赠赏且实际上可能常常有意如此。奥古斯都声称自己在 20 多年内接受了 14 亿塞斯特斯的遗产，他的经历表明这绝非是微不足道的收入来源。[56] 没收充公的频率随时间起起伏伏，不过至少对财政有周期性的重要意义。[57] 这两项结合起来得到大八位数的长期均值似乎是明显可能的。

这一切汇集成一幅耐人寻味的图画。误差幅度相当之大，而且很多情况下执行问题和贪腐必定有所影响，不过所有这些估计似乎不太可能全然离谱或太过夸大实际收入，特
163 别是那些似乎最大的收入源流（进口关税、矿业以及不动产收入）相对容易被国家掌控。如果我们把这些估计的数值全部加起来，可能会得到上亿的数额。鉴于以上考察，我似乎难以设想远少于 5 亿塞斯特斯的净总额，实际数字甚至会更高。[58]

以 5 亿塞斯特斯计，这些收入资源已经满足半数或接

〔55〕Duncan-Jones 1982：132–3（收益），343–4（财富）。有关地产，参见 Millar 1977：175–89。

〔56〕Suetonius，*Augustus* 101. 有关皇帝继承的遗产，参见 Millar 1977：153–8。

〔57〕Millar 1977：163–74. Burgers 1993：65 记述到，据记录被克劳狄乌斯处死的 35 位元老与 321 名骑士可能产出了超过 8 亿塞斯特斯的收入（或每年 6 千万）。

〔58〕使用这些数据：1 亿—2 亿关税，2500 万—5000 万房产税，4000 万—6000 万与奴隶相关的税收，1 亿—2.5 亿的矿业及采石业，1 亿—2 亿房产税以及 5000 万—1 亿所继承及没收的，不考虑较小的税种，加起来至少为 4 亿且可能高达每年 8 亿塞斯特斯。6 亿的平均值算法考虑到 17% 的贪腐损失，但仍达到每年 5 亿塞斯特斯。

近半数的国家支出。这一点引人注目，因为在理论上，倘若直接税在一定程度上按照本应所属的送至中央政府，那么直接税收本身就已经包括了所需的一切支出。有许多方法可用来解释这一不符。（1）总国家支出可能更高。然而，为了真正有影响力，总国家支出必须比之前估算的高得多，这与我们所了解的结果不符。〔59〕（2）间接税、矿业以及不动产收入加起来只是估计值的一小部分，这又与记录不符，与国家所赋予它们的重要性不符，与获取大部分这些税款所需的少量努力不符。（3）于是，留下最后一个选项：所有名义上应得的直接税中只有相对适中的一部分被实际收缴或送至中央政府。哈德良在著名的豁免中退税9亿塞斯特斯，诸如此类的大赦可能只是属于国家收入的冰山一角，这些收入来自于隐瞒应缴税的财产、不支付税款以及官员寻租。〔60〕

〔59〕总计20亿塞斯特斯的国家年支出与结余会吸收4亿—8亿的间接税与地产收入以及12亿—16亿的直接税，后者相当于大约GDP一半的15%。这一方案要求额外开支等同于整个罗马军队开支，可这项开支并无可信的出路。（行省建设似乎是唯一在理论上能想到的候选者，参见上注，注释〔27〕-〔30〕）这意味着由直接税而来的实际收入必须达不到实际税率。

〔60〕Dio Cassius 69.8.1（公元118年）（尽管这可能只是另一个象征性的数字；参见Scheidel 1996），并参见MacMullen1987：739-42，749，750；有关更多豁免及遍布帝国的临时税务解除，参见Duncan-Jones 1994：60。这与大量税收欠款的文献证据相吻合（MacMullen 1987：740，753）。握有大量应缴税财产的地方贵胄在资产评估上似乎有决定性作用，由此带来的有关国家净收入的结果并不令人惊讶。有关军事独裁者与地方贵胄间的讨价还价，参见下文第5节，更多细节参见Scheidel即将出版的著作d。

4. 分布比较

4.1 收入来源

公元 2 世纪的罗马国家财政如何与公元前 1 世纪的汉
164 朝财政相比较？10 亿—13 亿塞斯特斯的罗马收入转化成大约 260 万—350 万吨小麦等价物，而汉朝 100 亿—120 亿钱等同于 210 万—370 万吨小麦等价物。[61] 根据人口进行调整后（以汉朝 6000 万人，罗马 7000 万人来计算），罗马帝国人均年收入为 37—50 公斤，汉帝国则达 35—62 公斤，实际是相同的比率。考虑到两个帝国经济发展的广泛度相似，这一结果并不令人惊讶。尽管罗马的 GDP 以人均计算很可能稍高些，但汉朝的 GDP 份额也不像罗马世界中的那样受限于市税。[62] 无论是罗马还是汉朝，不确定的利润如此之大以至于任何一个因素都不会在这里带来真正的影响。

---

〔61〕计每摩狄 2.5 塞斯特斯或每塞斯特斯 2.6—2.7 公斤小麦（Scheidel and Friesen 2009：73–4），且每斛 50—75 钱或每钱 0.21—0.31 公斤。对罗马帝国收入而言（参见上文），将 1 亿塞斯特斯结余添加支出估算的上限会得出最大值为 13 亿塞斯特斯的收入。在汉朝，结余也须纳入考虑（参见上注，注释〔9〕），但因为估算从收入这边建立起来，所以不会影响到总量。

〔62〕有关罗马的社会发展程度比汉代中国稍高，参见 Morris 2010：281。罗马的情况类似于发展程度更高的宋代（332）。我对罗马国家收入的估算大概是 GDP 的 5%—7%（这比例恰巧与 Hopkins 2002：201 较低的收入和 GDP 估算相同）。Zuiderhoek 2009：37–52 估计市政收入大约为 GDP 的 3%，整个公共部门的份额在 8% 到 10%（我们还需加上更多掠夺而来的实物形式的税收，以及所有集中后却未送至中央政府的收入，再加上强制劳务的价值，公共部门的总份额稍高于 10%）。有关从汉代农民粮产收取 10% 税收的猜测，参见 Lewis 即将出版的著作。

此外，无论是罗马还是汉朝，强制劳力服务没有纳入估算，尽管其无疑是很重要的。[63]

然而，这种基本的相似性掩盖了双方在收入与支出分布上相当多的差异。[64]在汉帝国，至少在因地方贵胄逃税而这套制度被削弱之前的西汉时期，证据无法使我们确信直接税如东汉时期那样具有至高无上的重要性；但是大致的假设似乎是有可能的。在罗马帝国，王政的头几个世纪证据更少，且总的来说，证据支持一种模式，即对贡税以外来源的收入有相当大的依赖。倘若这一印象确实正确，这意味着罗马政权选择了一条阻力最小的道路，它集中在那些容易掌控的收入资源上：帝国不动产、矿业和采石业、针对富人（这一群体持续对异域进口和地区间商品交易有需求）的关税、针对社会上层且有同样效果的遗产税（虽
然受限于传统对至亲的强调），[65]以及奴隶市场。相比那 165
些涉及贡税索取的工作，所有这些收税工作能够以较低的

〔63〕有关汉代，参见例如 Nishjima 1986：599（强制劳役）；Barbieri-Low 2007：212-56（强制劳役与罪犯劳役）。有关罗马，参见例如 Millar 1984a（罪犯劳役）；Scheidel 1991：149-53（来自较低社会层级的无规律的苛捐杂税）；Drecoll 1997［社会贵胄们日常的“宗教服务”（liturgies）］。

〔64〕我在此略过税收的货币化问题，这与目前讨论并不直接相关。在东海，收入的 90% 被货币化（参见上文以及 Scheidel 2009d：204 注释 310）。有关罗马的争论还在进行（例如，Duncan-Jones 1990：187-98；Hopkins 2002：215-8）。

〔65〕Champlin 1991：103-31.

单位成本和较少摩擦来达到盈余获取的净效果。[66]

如我在别处所论，这样的税收安排最好被理解为国家统治者与地方贵胄间（心照不宣却无损有效性的）讨价还价的关键要素，这使得后者有充足的余地保护其自身利益并在地方层面上揩些油水，同时还带来充足的收入以供给膨胀的军队、高级助理、大城市居民以及三大获胜联盟选区（恺撒—奥古斯都貌似民事化的军事独裁体制）。只有当从其他渠道而来的收入缩水而对收入的需求增长时，统治者才会借着对固定资产施以更大压力来争取重新协商这些安排，尽管长远来看成效不大。[67]

4.2 官员开支

国家收入花在何处？为给本节最末的彻底分析做准备，我首先聚焦于行政官员和军队开支，它们是任何“财政骨架”最关键的两项支柱，也是唯独能在两个帝国间进行细

---

〔66〕Bang 2008：214 正确的将巨额进口关税视作投机式财政寄生的一个例子。罗马税务收缴也可能在地理术语上有偏移，偏重西部地中海区域。埃及可能拥有帝国 1/10 或更少的人口，合理预计产出约 2 亿塞斯特斯直接税（参见 Duncan-Jones 1990：53）。普鲁塔克（*Pompey* 45）提及的收入方面 70% 的增长，多亏了罗马在黎凡特（Levant）（有限的）的扩张，这点很说明问题。我们无法说出帝国西部有多少地区随时间推移而得以赶上，但意大利豁免于贡税以及关税收入集中在东部这两点造成了数世纪的巨大不平衡。至于帝国最终如何解体，我们容易视不同实际税率的影响与帝国西部、东部地区长远前景有关，其他的影响因素还有整体发展程度、地理以及生态环境之类。

〔67〕参见 Scheidel 即将出版的作品 d，以及 Bransbourg 即将出版的作品。这是“低税”或避免过度扰人措施的“维护国家安全”机制的一个例子，有关于此，参见 Monson and Scheidel 即将出版的更为一般性的论述。

致比较的领域。东汉早期，国家行政管理的正式支出被很好地记录下来，这一时期比目前讨论的收入证据要晚若干代。[68]假定公元前 1 世纪与公元 1 世纪的国家收入或民事部门薪水有巨大差异的理由并不令人信服，出于本研究的有限目的，来自这两个时期的数据会一并使用。这两个时期里受薪官吏的数量看起来相似：公元前 5 年，中央及地方行政系统据称雇用了大约 13 万名官员，而东汉帝国的估计人数为 15.3 万。[69]

最完整的一份薪水清单是公元 50 年的，记载薪水等级 166
相当于每月最高 350 斛或 5.5 吨去壳谷物和最低 8 斛或 125 公斤去壳谷物。总支出明显取决于支付等级的相对分布。一份详细目录提及包括新都洛阳的郡级官员，因此异乎寻常地庞大。名单上记载了 892 名官员，其中大多数是初阶官员：262 名史每年领取 192 斛（3 吨，以大城市每斛上涨 100 钱的估价来算，等价于 1.92 万钱）。50 名佐史所领取的最多为上述一半，231 名有才干的少史很可能处于同样水平，加上 230 名游每年或许领取约 8000 钱（或 1250 公斤）等价物，前提是他们的薪水与边境士兵相近（一个不会太离谱的推测）。很难看出占 87% 总职员的这一群体何以每年累积获得

［68］除非特别注明，下文出现的所有薪水数据参见 Bielenstein 1980：125–31。

［69］Loewe 2004：70–1. Loewe 根据东海郡的职员级别推测，估计在西汉末期，13 万官员中有接近 10 万人任职于首都之外。另一种考虑到人口数量的推测认为总数稍低一些：如果东海郡人口占全国总人口的 2.5%，由于一个行省总人数较接近 9 万，其 2200 名官员也在所有地方官员中占有相似的份额。参见本书第三章赵鼎新的文章。

超过 1000 万钱等价物（或 1600 吨谷物），抑或在包括更高阶官员时接近 1500 万钱（或 2300 吨谷物）。若我们根据这些数值推断整个官员数量为 13 万或 15 万，就可以得到每年 35 万到 40 万吨谷物的等价物，或大约 14 亿—21 亿钱。[70]大城市官员也会定期收到赠赏，若按 50% 基本工资计，这只会给总支出增加数亿钱。

这一估算可通过洛阳县级官员（包括 796 人）细目来核对。其中多数官员仍处于低级别，最高级别的官员每年领得 9.5 吨谷物或 6 万钱等价物，且可能有超过 700 名史收入可归入大概 1250—2000 公斤谷物或 8000—13000 钱的区间。如前同样粗略的推测，可得出 25 万—30 万吨作物等价物，或 10 亿—18 亿钱等价物以及赠赏时的几亿多。

在县这一级别，县令的收入为 7.5—17 吨（或按较低的州作物价格计，2.4 万至 8.1 万钱），具体取决于县的规模，其令丞为 5.5—9.5 吨（或 1.8 万—4.5 万钱）。[71]因此，东汉时期州长官每年收入超过 1.6 万吨且少于 3.2 万吨（或 5000 万—1.5 亿钱）（西汉时期数值可能多出 1/3，因控制更多数量的县且承担持续的支出，尽管实际支出可能较低）。

薪酬最高的官员在中央任职。在西汉时期，相作为级别最高的官员，每年可得 72 万钱（或 112 吨），而大约 100

〔70〕1/4 的官员按 100 钱每斛谷物价格计（参见前注），其余官员按 50—75 钱每斛计。

〔71〕Bielenstein 1980：101.

个郡守每年得 14.4 万钱（22.5 吨）。[72] 在东汉时期，三公每
年可得 42 万钱（65.5 吨）和与此等量的定期赠赏，三公收 167
入总计 250 万钱。九卿每人可得 21.6 万钱（33.5 吨）和也许半数的赏赐，即总共 300 万钱。然而甚至他们的直系下属也要低得多。大司农作为重要官员配有 2 名大农丞（10.8 万钱与 6.48 万钱）以及 164 名工作人员，其中 16 人得 3.6 万钱，20 人得 1.92 万钱，9 人得 1.32 万钱，25 人得 9600 钱，还有至少 75 名新手，他们肯定比有级别的官员所获（甚至）更低。总得来说，这一权高官职的基本薪水的消耗不会超过 200 万钱（310 吨），或者包括赠赏的 300 万钱（470 吨）。在这种情况下，除去最高阶官员，我们可推得 13 万或 15 万官员（不考虑赠赏的情况下）每年会得大约 22 万—26 万吨或 9 亿—14 亿钱等价物。

这些彼此重叠的推测表明西汉晚期国家每年在官员身上花费 30 万或最多 40 万吨，等同于 12 亿—21 亿钱。这一范围的上限让我们想起《新论》中所谓 20 亿钱投入官员薪水的说法。这是否是一个令人信服的理由以挽救文本中这一数据，非我所欲讨论。

罗马帝国的大部分时期，在共和时期以及帝制的头三个世纪，国家的民事管理规模比成熟的汉帝国小得多。与此相反的是，罗马高级官员所获报酬比其汉朝同僚多。以

---

〔72〕有关后者，参见 Bielenstein 1980：93 和 125。我在此处及下文使用 Bielenstein 的汉代官职名。

汉代的方式来看，罗马的骑士阶层官员在薪水等级里位列60（*sexagenarius*）—300（*trecenarius*，始于2世纪晚期）级，前者每年可得6万塞斯特斯或1万—2万摩狄（67—134吨的小麦等价物），后者是前者的5倍。一名“100级官员”（*centenarius*，10万塞斯特斯）可主管行省财政，一名“200级官员”（*ducenarius*）可主管一个大行省的财政抑或小行省的总督。一名“60级”官员可监察某种税款缴纳、实施人口普查、管理公共工程或帝王产业。就职能和级别来看，罗马“60级”官员（大约100吨）可能相当于汉朝主管盐（或铁）的长官，位列600石或1000石（13—17吨）。一名“100级”官员（100—200吨）相当于600石（13吨）级别的郡守丞，一名“200级”官员（200—400吨）相当于2000石（22吨）级别的郡守。我们可以看到罗马官员的报酬比同等职能的汉朝官员多好多倍。因此，公元192年的136名罗马骑士阶层官员每年会消耗1540万塞斯特斯或1.5万—3万吨小麦等价物。[73]

身为总督或军团长而享有定量津贴的元老阶层所得酬劳似乎更加丰厚：罗马有关等级差异的观念要求统治阶级
168 的高阶成员得以识别，且公元3世纪早期，一条孤证提及一位高阶总督收入为100万塞斯特斯（1000—2000吨），支持了这一直觉判断。有关元老酬劳的诸细节，我们只得屈从于猜测，不过邓肯—琼斯颇为可行地估计出仅仅73位

〔73〕Duncan-Jones 1994：37-9（下文亦是）。

元老院总督和将军的总年收入为4350万塞斯特斯(45000—90000吨)。这意味着209位高阶官员每年所得几乎有6000万塞斯特斯，换算为小麦等价物则为6万—12万吨，这相当于汉朝在10多万官员身上所投入总额的15%—40%。即使考虑到罗马元老情况的一些误差，罗马皇帝对高阶官员的偿付显然远远好于汉朝皇帝。这个原因必须在政治结构中探寻。在帝制时期，慷慨的酬劳反映了贵族特权与寡头统治的长期遗产，这深深根植于帝国建立之时，很大程度上正是一小撮政治、军事、宗教领袖个人角逐的时期，并且由对各地缺乏安全感的新君主统治者昂贵地维持着。相比之下，汉代中国依赖战国传统，已克服了分封同盟的自治且努力创立一个忠诚和可靠的服务国家的官员阶层（参见本书第三章赵鼎新的文章）。

同时，毫无疑问，整个罗马帝国在帝制的任何时间所投入在真正意义的民事管理上的费用要比成熟的汉帝国少得多。邓肯—琼斯估计民事薪水开支为7500万塞斯特斯，转化为小麦等价物为8万—17万吨，对比于中国则可能是30万吨或更多。他1500万塞斯特斯的估值考虑到初阶官职会以军队基础薪金的2倍来供给6000名下属。[74]实际数字可能会小一些，但考虑到总督的随行人员也可得到报酬且

〔74〕数据未知。参见，例如，Garnsey and Humfress 2001：36（2000名帝国奴隶与自由民）；Kelly 2004：111（上达1万名奴隶以及临时调派的士兵）；Alföldy 2011：210（1万名整个帝国行政职员）。

帝国的被释奴隶有时要求高薪，开支会更高。[75]然而，在我们选择将亚贵胄（subelite）官员的薪资乘以 2 或 3，总额接近 1 亿塞斯特斯或 10 万—20 万吨小麦等价物时，我们也需要考虑由下述事实带来的限制：总督由代表士兵（deputized soldiers）随行，其报酬已包含在军队开支预算中，而且许多下属都是帝国奴隶。此外，我们也需考虑到汉朝奴隶的花费并未包括在先前的估算中，但可能数字颇
169 具规模：政府雇用了 10 万或更多的奴隶，其每年消耗 5 亿—6 亿钱（至少 10 万吨小麦等价物）这一说法可能有些夸张，但至少指出大量奴隶效力于公共部门。[76]因此，援引罗马帝国奴隶的薪资以使整体开支接近汉朝水平的做法是不切实际的。最宽泛地讲，汉朝在民事管理人员上的开支很可能不少于罗马相关支出的 2 倍而且有可能达 3 倍之多。[77]

整幅图景在古代晚期仍未改变。直到公元 6 世纪，较晚期罗马帝国的详细薪水信息才为我们所看到。尽管期间发

---

〔75〕请注意最接近（*proximus*）罗马中央行政机构中一名被释奴隶的案例，该奴隶的薪水为 4 万塞斯特斯（*Corpus Inscriptionum Latinarum* 6.8619），且负责高卢收入的帝国奴隶配有 15 名下属奴隶（6.5197）。

〔76〕有关公元前 44 年的一块石碑见 Wilbur 1943：114，176，397。段落的修辞特点颇受质疑，表明某种夸张，这块石碑上还提及了参与矿业及冶炼的 10 万名罪犯、被征士兵以及官员的存在，参见 Scheidel 即出作品 c。然而就其价值而言，可确信的是，其所断言的支出接近于温饱收入水平。

〔77〕按罗马 10 万—20 万吨小麦等价物计，汉朝 30 万—40 万吨小麦等价物（或包括奴隶甚至可能更多）计。

生了全面重整，高级官员的薪金仍然很高。阿非利加大区总督（the praetorian prefect of Africa）作为一个高薪官职，每年可得 100 磅黄金，按官方折算率或地方实际价钱的一半计，接近 2000 吨，这比东汉三公酬劳的总和还多。长官的薪金依其级别分布在 400—2880 索里迪（各处 50—770 吨不等），远高于汉朝州宰的薪水。[78]

较低官阶的薪酬主要从查士丁尼在公元 534 年对阿非利加大区总督的恢复中得知。其法令罗列了总督部门的 396 名官员。其中 70% 的人可被划入每年 9 索里迪的基本薪金级别，相当于骑士的酬劳，或说官方折算率高达 2400 公斤小麦等价物。4 个最高官职[4 个办公室(*scrinia*)或部门(bureaus)的主管]每年可得 46 索里迪(达 12 吨)，其他 96 人每年所得在 11.5—23 索里迪（ 达 3 或 6 吨 ）。这类似东汉从佐史到 200 石官职的薪酬等级，例如从丞到小郡县的郡守。就薪酬等级与分布而言，罗马官职的构成与上述汉朝官职的构成大致相似。[79]

然而，这一记录似乎掩盖了总体而言更低的平均薪酬。阿非利加大区总督部门（一个非常高级别的管理单位）的

---

〔78〕Jones 1964：397–8；参见 Kelly 2004：65（公元 535—536 年，长官每年得 720—1440 索里迪）。

〔79〕Jones 1964：590–1，在较早期的总督办公室平均薪酬为 9 索里迪，参见页 598，以及换算比率，参见页 446。基本薪酬级别（尽管无薪水信息）的强有力倾向也可发现于公元 384 年国家财政部（*comes sacrarum largitionum*），其中 446 个官员中的 312 个或 70% 属较低层级，参见 Jones 1964：583–4。

396 名官员每年可得 4172 索里迪，或说人均 10.5 索里迪，且与之对应的掌管军务的总督办公室（ducal office）的职员人均可得 15.5 索里迪。然而，记录中其他行省职员的工资水平要低得多：在一些行省部门，职员平均收入在 3.6—4.5 索里迪，或大约 1 吨，甚至已证实有更低的平均收入，例如埃及 600 名官员共得 1000 索里迪，正如查士丁尼统治时期一样。[80]

170 鉴于这些差异，从大区数据推测（较早的）整个帝国情况的做法似乎并不可取。理论上而言，去掉最高级别，如果 396 名官员每年挣得 4172 索里迪，那么 3 万或 3.5 万这样的人就可得 31.6 万—36.9 万索里迪或说 4 万—10 万吨。然而，如果行省职员的实际平均基本薪酬要更低，除非帝国中心的宫廷官员（palatine）的薪酬水准足够高，从而可以有所抵消，否则下属的总体数额也会有所下降，甚至达不到相对适中的水平。如果我们慷慨地将长官和将军的收入加至 20 万索里迪，高层官员也是如此，我们便达致 10 万—20 万吨的小麦等价物，这一区间与对公元 2 世纪所进行的慷慨估算相同，且明显少于汉朝 30 万钱或更多的数额。

考虑到“官僚制”在罗马帝国后期扩张这一熟悉的情形，这一结果似乎令人讶异。但是尽管数字上是如此，考虑到人员安排，对上层薪酬的适度缩减似乎已使得整个支出趋于稳

〔80〕Jones 1964：593–4，599.

定。罗马帝国晚期政府通过剥削已衰败的既有贵族特权，削减了上层薪酬，与此同时雇用着数万名往往薪金微薄的低阶官员。通过将来自象征性总督的资源重新配给那些不匀称地簇拥在主要权力中心周围的较低阶职员，并通过有效要求公民们直接付费给公共服务来供给官员从而外化民事服务开销，原始官僚化得以实现。[81]

罗马帝国因此从昂贵的上层薪酬支出和相对小的民事职员群体转为行省层级上更适中的上层薪酬支出和规模更大的初级职员团体，后者的薪金来源实际在很大程度上被私有化。相较之下，汉朝体系始终削减上层官员的收入，换而以糊口水平的薪金给养数量庞大的低阶官员。因此，汉代中国相较于罗马明显薪金紧缩。在公元6世纪，大区总督每年可得100磅黄金，其所得至少800倍于初阶官员名义上9索里迪的基本薪水，且数千倍于这一时期经证实的实际薪水。与此相反，一名顶级汉朝官员的薪水即便算上赠赏也不超过低阶佐史薪水的100倍。

表一中汇集的数据表明罗马高级官员及罗马军队所有人员相较汉朝同僚的薪酬更高。现存信息使我们至少能够比较所精选阶层的官员薪水与军队薪金，即便考虑到大幅误差。

---

〔81〕有关“原始官僚化”，参见本书第四章彼得·艾希的文章。有关付费及强取豪夺，参见Jones 1964：399–401，467–8，496–9，591，以及605；Kelly 2004：64–8。Jones 1964：399有效地估算出总督职位的购买费用相当于年薪的2倍。

171 **表一　民事与军事人员的年薪（以作物的吨数表示）**

	罗马	汉朝	罗马的倍数（汉朝=1）
顶级官员			
丞相（公元前 1 世纪）		110（包括赠赏？）	
三公（公元 1—2 世纪）		65（？包括赠赏 130）	
执政官级别官员（公元 3 世纪早期）	1000—2000		8—18
大区总督（公元 6 世纪）	1000—2000		8—18
相当高阶的官员			
九卿（公元 1—2 世纪）		35（？包括赠赏 50）	
300 级的行政官员（公元 2 世纪）	335—670		7—14
200 级的行政官员（公元 2 世纪）	225—450		5—9
省级长官			
太守（公元 1—2 世纪）		23（？赠赏）	
埃及总督（公元 6 世纪）	320—650		（<）14—28
100 级的行省代理人（公元 2 世纪）	110—220		（<）5—10
长官（公元 5 世纪）	50—100		（<）2—4
地方行政人员			
县令（公元 1—2 世纪）		16	
初阶官员			
佐史（公元 1—2 世纪）		1.5	
书写员（公元 6 世纪）	1.2—2.4		0.8—1.6

续表

	罗马	汉朝	罗马的倍数（汉朝＝1）	
军队级别				
侯史（公元前1世纪）		6—11		
百夫长（公元2世纪）	13—27		2—2.5	
屯步兵(公元前1世纪）		0.6—0.7＋（？）		
罗马军团步兵（公元2世纪）	1.3—2.7		（<？）2—5	
工资倍数				
顶级官员相对于步兵的倍数	200—1500	200	1—8	172
顶级官员相对于侯史的倍数	20—150	10—20		

数据来源：Jones 1964；Bielenstein 1980；Duncan-Jones 1994：37-8。三公及九卿的赠赏有记载。百夫长管理80人，而侯史可能指挥大约100人到200人（数据源自Loewe 1967：卷1：76）。汉代步兵的基本薪酬基于单身成年男子所得：然而，有家室者也有粮食配给（Loewe 1967：卷1：93-4），这使得比较更为复杂化（尤其当他们可能还为生计从事其他工作时）。

可见的差异始终贯穿于不同层级和不同领域。[82]实际上，罗马顶级官员的收入平均是汉帝国的10倍，在更低阶层级上则缩小至大约5倍。

---

〔82〕这未顾及这一事实：这一纵览有所偏倚而倾向于汉朝官员，因为其中纳入了赠赏，而在罗马这边，赠赏同样可能存在却无法计量。

这一概观忽略了两个相交织的变量：非常规酬劳的作用以及财政开支与社会成本的区别。汉代传统传递出这一印象：相当高级别的官员是帝国大量慷慨赠赏的受益者。[83]因此，据说一名丞相可得1000万钱赠赏，或一名单靠薪水和赏赐而活的御史大夫能在身后留下500万钱。即便这些只是象征性的数据，它们也表明赏赐远超标准薪水并且该层级系统的顶端职位享有年度补偿性配给。然而，这样的福利很可能只属于统治者的亲信。主要的问题在于，这种赠赏在何种程度上延伸至没那么显贵的官职，累加下来可以解释相关国家支出。当一名800石级别（高于绝大多数官员）相当高阶的官员从皇帝那里获得丝绸、羊毛、服饰、酒、肉以及水果，我们必须思考这是否是常规配给的一部分（我们至少可以粗略地计量）的构成。无论如何，对于绝大多数的官员来说，这样的赠赏本身不会带来显著的财富。

封爵是为高层官员提供稳定补给收入的主要途径，赋予受益者一项对在管辖范围之内的家户获取收入的世袭权
173 利。据记载，数目介于几百户到2.6万户之间。[84]有爵位者从这些家户收缴税款并上缴至中央政府。他们获准每年保留每个纳贡家庭200钱作为自身酬劳。[85]据称，近西汉末年之时尚有193—241个有爵位者。假设家户的平均数量为较小的千位数，一名典型的贵族每年可得数十万钱。按每块

〔83〕数据源自 Ch'ü 1972：89–94。

〔84〕Loewe 2004：284 及注释 17。

〔85〕Swann 1950：431–2；Loewe 2004：286.

封地的家户数在1000—5000计，国家每年会流失4000万—2亿钱，即上文所估国家总收入的一小块。

同时，即使20万钱的年收入（按1000户计）也超过了东汉时期除一些顶级官员外所有人的薪酬。我们可推断封爵制度造就了一个受益于国家慷慨赠赏的特权阶层，这一阶层并非完全不同于因偶尔的公共服务而获得高额补助的罗马元老院阶层。然而，即便在这一情形中，收入水平可能依旧达不到罗马的数据：假设一名丞相除去薪水和赠赏外还被授予1万家户，他可得大约500吨粮食等价物，这要少于所有或至少部分罗马元老阶层长官或罗马晚期最高阶官员的基本薪酬。

对汉朝官员巨额财富的记录并不必然反映官员福利的规模。一些顶级官员被授予价值数千万甚至数亿钱的巨额财富，这使其可与最富足商人的典型财富相比肩。与此同时，相当值得注意的是省级官员的财产可介于数十万到数千万钱之间。[86]在这样的情形下，我们并无合理的理由主要从国家收入而非其他因素那里（既有的家庭财富，更重要的是非官方的金钱好处）探求他们的财产来源。对罗马皇帝亲信所积攒的惊人财富的记录正呼应着后者。[87]

这里并不会讨论这些行政系统的社会成本。我们可以预期在所有层级中，可观的收入都来自被统治对象（以及下

〔86〕Ch'ü 1972：93.

〔87〕Duncan-Jones 1982：343.

属官员）支付的酬金、赠礼以及贿赂。虽然有理由认为这大大加重了国家经济负担，但这些做法并没有直接影响到国家财政，除了使国家以低工资雇用职员，或在某些情况下，因非正规收入使得职位具有吸引力，从而促使人们买官。[88]

174 寻租虽解释了下属层级低薪的可行性，但引人注目的还是汉朝与罗马的高级官员以及更广泛的军事收入上的差距。如前文所提出，罗马高级官员的高薪主要归因于贵族统治的传统和政权的脆弱性。后者甚至可能在解释罗马军队里长官与士兵酬劳的巨大差异时更为重要，长官在军中不仅充当军事指挥，同时也是部队忠诚的担保人。在王朝并不稳固且篡位事件频发的情况下，罗马帝国的君主有充分的动力以大额赏赐凝聚军事指挥者们。汉朝统治者则在本质上完全不同的环境中行事，直到公元 2 世纪晚期，高级官员或军队长官通常没有形成对统治王朝及其朝廷的类似威胁。[89]

4.3 国防开支

军事开销的详尽证据不均衡地集中于罗马帝制时期的头两个世纪。在这段时期，我估算军队消耗了略高于一半的国家开支。虽然我们对汉朝日常军事开支知之甚少，不过显

---

〔88〕汉朝较低级官员工资的一再增长（有一次显然是为了对抗腐败）体现了对这问题的某种意识（Bielenstein 1980：125）；有关罗马帝国后期，也可参见 Jones1964：397。参见本书第四章彼得 · 艾希文章中更具概述性的第 7 节。

〔89〕就罗马在王朝的非连续性、暴力颠覆方面的例外性，以及与中国王朝连续贯穿历史的比较，参见 Scheidel 尚未完成的著作 a。

然士兵、尤其是其长官们所得薪酬相对而言要相对适量。因此，汉帝国须比罗马帝国给养一支更庞大的军队以匹敌后者的军事开支。如果汉朝步兵每月可得 3 或 3.33 斛粮食、一些盐，可能还有几百钱，那么即便包括装备，他所耗费的国家开支也不会轻易超过每年 1 万钱的等价物。[90] 率领每 100 到 200 名士兵的长官可能要消耗掉 50 万钱，且骑兵花费也更高。[91] 因此，汉帝国就须给养一支超过 50 万人的常驻军队以使军事开支稍多于 100 亿—120 亿钱国家收入的一半，而这支军队规模远大于罗马帝国军队在公元 2 世纪的兵力。

这样的想法缺乏依据。比较研究难以进行，这不仅因为缺乏汉朝这方的证据，而且也因为在征兵制度依旧扮演重要角色且实际军队的兵力可能随需求而起伏的情况下，西汉时期军队人数的变化较大。随着东汉时期向职业化军队的转变，情形可能变得更类似于罗马帝国的情况，但人数却甚而更为稀少。汉朝军队的兵力多因武帝对匈奴的大战而有比较随意的记录。尽管这些记录已推动了对那一时期军事开支详尽数 175
值的重构，但基础数据的提出很可能被不满于军事征伐的史学编纂传统浸染，进而其人力与财政成本得到了虚扩。[92]

---

〔90〕Loewe 1967：卷 1，93–4 和卷 2，69–71；2006：64–5；Chang 2007b：30。

〔91〕由 Loewe 1967：卷 1，76，96 推测而得。

〔92〕近来一个极端的例子，参见 Chang 2007a：85–6（以及 178–9），作者基于一支 60 万—70 万人，外加很大比例的昂贵骑兵的军队而估计年度军事总开支为至少 290 亿钱。就一份武帝时兵力的清单，其中许多数据看起来是模式化的，参见页 164–73。考虑到数十亿钱用于犒劳获取个别胜利的部队或诱使敌军首领变节，开销惊人的印象被增强了（Barfield 1989：56–7）。在这一领域中，对原始材料的考证乃当务之急。

后来有关战争开销更直接的记录相对适度。公元 2 世纪早期，针对西羌的 12 年大战花费了 240 亿钱；公元 130 年至 140 年，十多年来另花了 80 亿钱；在公元 2 世纪 60 年代，54 亿钱被列为了一场两年半战役的预算（用掉了 44 亿钱）。[93] 至于为应对主要冲突，每年 10 亿—20 亿钱的战役开销与军事开支的基本水平是何关系，我们尚不清楚，但如果后者常规性地大大超过了这些特别费用，那么也就很难设想何以特别费用会显得繁重或值得注意。[94]

对东汉时期而言，军事开支相对适度的观念至少与负责守卫首都洛阳的北军据称包括 3536 人这一事实一致，这与部署在罗马城或其近郊的大约 2 万人的正式兵力及辅助兵力有不小差距。同一时期，黄河北部的一个军事要地驻扎了 1000 人军队，且近来有关西汉晚期在北部边疆卫戍部队兵力的估计表明了总计 2000 人兵力以及数量相当的后勤人员，北部边疆部队的良好文献记录要多亏木牍的发现。[95]

虽然我们确实缺少比例数据以从这些记录中推出整体军事兵力，不过我们所握有的一星半点的证据无法说明汉朝的多数时期与罗马的情形相协调，罗马有一支数十万人的常

〔93〕Yü 1967：61；Peng 1994：161.

〔94〕难以知晓时至公元前 13 年尹湾文献中发现的超过 2300 万的军械清单和其中包括 50 万把弩、超过 1100 万支弩箭意味着什么（Barbieri-Low 2001：2），这份清单过于庞大，不会是省级装备，可能是首都的大型兵械库（有关这一讨论的资料，参见 Loewe 2004：77-8）。

〔95〕Bielenstein 1980：117-8；Chang 2007b：108-18；还有，有关 1000 公里防线上仅驻守 3250 人的兵力，参见 Loewe 2006：63。

备军，甚至在和平年代也会消耗掉国家总收入中较大部分。

用以规避公开冲突并对外国势力施加影响的贡金（subsidies）是对军队花费的功能性补充，这部分同样应归入国防开支这一整体范畴。在这方面，中国这一方罕见地有更多信息可资利用。贡金的安排在想要换取周边挑战者（尤其那些地处草原者）的顺从方面至关重要。在公元 1 世纪，每年大约有 176
4.5 亿钱为拨给鲜卑、匈奴及其他民族的贡金。考虑到对乌桓及西羌的拨款数额相当，那么贡金总计达 7.5 亿钱似乎是可能的。我们缺少西汉时期可相比的贡金金额数量，不过记录表明了同样巨大的负担，举例为证，按顶级的常规赠予，要将 7 吨丝绵及 3 万匹丝绸赠给公元前 1 年时访问朝廷的单于。[96]我们很难将这一数据系于常规军事开支。大九位数的贡金总值或可差不多比肩于一支 10 万人常备军的年开销。

贡金作为较次要的角色贯穿罗马历史，我们所能说的就是这样。即便从帝制伊始就有贡金记录，但数据通常都遗失了，我们的感觉是它们并非一项特别沉重的负担。[97]目前记录中最高金额是在公元 217 年，为确保与帕提亚（Parthia）的和平而一次性偿付的 2 亿塞斯特斯，其时军队年开支已膨胀超过 10 亿塞斯特斯。在其他情况中，1 亿或 2 亿塞斯特斯的高额馈赠仅限于两例与东部边境附庸国维持外交关系的情况。在古代晚期，当罗马应该要更频繁地依赖纳贡之时，

---

〔96〕Yü 1967：61–4（东汉）；Barfield 1989：64–5（西汉）。

〔97〕Duncan-Jones 1994：43–5；参见 Gordon 1949。

记录中的总额相对适度。[98]

现有证据表明，贡金在汉帝国要比在罗马帝国占据“国防开支”这一不合时代的称谓中更大的份额。这促使我们将这一观察与汉帝国相对较低的常规军费以及罗马军队更高的日常军费这两种情形结合起来理解，很吸引人的，它们代表处理冲突的两种策略，其中军队主导政治的程度差异并没有生态环境对这两种策略的影响大。[99]这些差异可能持存于两种制度向军队职业化及其随后在地理、社会上边缘化的长期趋同进程中。[100]

4.4 国家总体开支

钱都去哪里了？在罗马这方尚可做到粗略的分析。在
177 公元2世纪“平常”的一年，6亿—7亿塞斯特斯或总额的60%—65%投入军事；约1.5亿塞斯特斯或更多或总额的15%以食物、救济品、工程建设以及娱乐的形式花费在罗马城居民身上；1亿—1.5亿塞斯特斯或总额的15%经由宫廷开销、薪水、赠赏给了统治者、贵族和管理者们；还有可能少于

〔98〕Dio Cassius 78.27.1（公元217年的支出）；Suetonius，*Caligula* 16.3，*Nero* 30.2；Dio Cassius 63.6.5（对封王的赠赏）。后来的支出包括每年2100磅黄金另加预付给阿提拉（Attila）的6000磅，分别等价于840万以及2400万塞斯特斯；还有在公元562年的协议中支付给波斯人的3万索里迪（或大约200万塞斯特斯的黄金等价物）。

〔99〕欧亚草原上的国家形成频繁依赖从安定区域摄取的资源，参见，例如Barfield 1989。

〔100〕Lewis 2000a；Rosenstein 2009.

10% 的数额通过基础设施建设和其他福利给了行省大众。主体开支集中在两处地域，其人口似乎占帝国人口的 3%：边疆军队（及士兵家属）与大城市居民。此处重要的并非（显然只是不确定的）实际数字，而是没有哪种现实的调整会将多于国家收入一小部分的金额（重新）配给给藩属臣民。[101]

军事开支提供安全保障，其有理由作为任何前现代国家的主要产出；剩下的大部分都挥霍在统治阶层、其他帝国侍臣以及大城市居民所代表的特权群体身上。考虑到膨胀了的行政机构的低成本，除了多个首府的出现或多或少松动了支出的地域限制，并无什么合理的理由认为这一情况在古代晚期有本质上的变化。[102]

我们对汉帝国国家开支的了解远未这么充分，以至于无法进行类似的计算。然而，如果在 100 亿—120 亿钱总收入中国家官员所得不超过 20 亿钱，且如果军队的开销数额不会更高，那么即使主要收入曾用以维系首都和保有一定的结余，相比罗马帝国，汉朝国家收入中的更大一部分或可供

〔101〕即使我们武断地为行省开支增加 1 亿塞斯特斯，这也不可能对超过总额 1/4 的金额负责，而且并无理由认为有何处接近这样的水平（参见上文第 3 节）。按照上文进行的估算，文章中的分析基于开支的下限—上限估算值：军事（6 亿—72500 万塞斯特斯）、大城市建设（2000 万—4000 万塞斯特斯）、粮食供给（5000 万—7000 万塞斯特斯）、娱乐（2000 万—4000 万塞斯特斯）以及行省建设（至少 8000 万—1 亿塞斯特斯）。因而，Katsari 2011：37–8 错误地猜想国家开支中的军事份额要低于通常的假设，高估算值可能要全凭其占有罗马资源的优先性。

〔102〕请注意罗马晚期公共服务的扩展并未影响军事化进程：行政服务本是一种军事服务（*militia*）（Jones 1964：566）。

地方开支使用。[103]

在这样的重构中，罗马帝国显得更偏向于贵族化的“头重脚轻”、更远离地方性事务、军队更为庞大而且更主要关注资源的长距离输送，而汉朝则没那么“头重脚轻”、更为民事化、财政没那么集中、更扎根于地方。

178 5. 结论

两种帝国制度基于不同的背景：在向意大利以外地区扩张的阶段，罗马极大地依赖于一套双层制度——从公民中征兵役且靠行省资源来外化战争的财政开支，而战国且尤其是秦朝（汉朝制度的基础）已努力从普罗大众中密集性地调动兵役与平民劳力及物资。[104]但他们一旦实现了帝国的统一与和平，便开始在制度与组织方式上趋向一致。[105]

两个帝国都尝试建立并维系一个广泛的税务基础并声称握有繁多的收入来源。然而受益于（能对其施以强大压力的）同类竞争者的缺失，双方在本质上都是或成为“低税体

〔103〕在对唐代国家收支账目的评注中（Twitchett 1963：155–6），粮税的40%汇入首都，60%消耗于地方或投入军队。就纺织品而言，半数汇入首都，另一半投入军队、薪水及地方福利。就现金而言，70%用于诸省薪水，30%用于军队。或者，据称1/3的现金与1/7的粮税由首都所消耗。相较于罗马帝国，这意味着资源更多集中于首都而更少消耗于军队。

〔104〕有关罗马制度，参见Tan即将出版的著作；有关汉朝制度的根基，参见Lewis即将出版的著作。

〔105〕有关趋同整个过程，参见Scheidel 2009b。

制”，且最终一旦出现新挑战便无力应对。[106]即便如此，一个比较视角指向了扎根于社会的财政收取方式上的差异。在其存在的头 3 个世纪，罗马帝制继续共和时代偏袒意大利这一中心地带的不公平政策，然而汉朝体制充分利用已建立的余利调动模式且受到运作并不那么良好的后勤限制，从而对居住于大城市区域的核心群体有更高的需求。更概括地说，罗马制度在榨取与分配上都保留了更大的距离。在征税过程中，国家更为抽离：在极其薄弱的上层政府监管过程中，应税财产通常由地方贵胄估值且许多税收都落入其囊中。国家收入的一大部分取自贸易渠道的节点处，以上层开销为首要目标，或源自国家直接掌控的地域。这一方式减轻了直接税收的负担，以牺牲公共税收为代价听凭私人租赁得以兴盛起来。在古代晚期迟到的努力试图拓宽直接税的范围，但似乎成效有限且增加了摩擦。大部分收入都耗费在从交税者到（诸）首府和军事边境区域的巨大转移上。军事需求主导着

〔106〕有关这一观念，参见 Monson and Scheidel 即将出版的著作的编者导言。《汉书》将在汉朝统治伊始所征收的产量之 1/15 的土地税描绘为对前秦税率的降低（Swann 1950：149–50）。尽管汉朝有夸大秦朝所造成困苦的倾向，但这却很可能是真的（参见上文注释〔15〕），且对较早期战争所诱发税率削减也是可信的：里耶所记录自始皇帝统治时的税务数据使我们得以推测出大约为秦朝地税 1/10 存在。汉朝同样减少了劳役（参见 Deng 1999：160）。Lewis 的即将出版的作品认为武帝统治时更重的苛捐杂税是对先前战国时代做法的短命比拟。在罗马这方，大多常规税率并未降低，但比例巨大的非常规苛捐杂税却因内战结束而终止（参见，例如，Millar 1984b；Scheidel 2007b）。有关古代晚期改进税款征收的尝试，参见上文注释〔37〕中的文献。

整个开支。

179 相较之下，汉帝国试图在更广范围内征税但同时以不那么激进的方式转移它们。后勤的限制降低了对中心的偏重，且针对广泛人群的人头税似乎比罗马帝国更为普遍。财政机构以正规国家官僚机构的方式运作，从而能更深地介入地方事务。尽管在罗马世界，捐赠活动填补了地方自治与中央权力的鸿沟，汉朝则将地方人士转变为政府雇员。尽管我们不能断言，但汉朝军事开支不怎么占据主导地位，而贡金扮演了更重要的角色。因这些原因以及后勤运作的局限，收入中的较大份额可能消耗（或保存）于地方。[107]而作为必然的结果，比之在更为狭小且陡直的层级化罗马行政机构中，汉朝国家职员（对立于相互协作却在形式上更为自治的地方精英）的福利可能被更广泛地分配。

---

〔107〕一个为谨慎起见而作的注释：尹湾数据指出在大笔的金钱收入中，仅有一小部分花在地方官员身上，甚至暗示土地税部分货币化的可能性（参见上文注释〔64〕)。更概括性地讲，这与后期所提出的“财政循环”模式一致（参见 Scheidel 2009d：204 对 von Glahn 2004 的论述）。这也带来了大笔现钱运出该区域的可能性，这不会构成沉重的后勤负担：1 亿钱的重量稍多于 3 吨，或说只是几货车的金属重量（尹湾的一条记录甚至明确提及地方官员将现钱运至首都，Loewe 2004：74）。同时，现钱长期单项流动会造成接收区的物价膨胀，这意味着除非有相应的商品转移证据，否则很难设想这样的操作何以能持续下去或有所助益，除非转移主要是为了中央储备，而这是符合更原始财政系统的一个显见可能性（有关国家储备，参见上文，注释〔9〕以及〔35〕)。两种可能方案中的一种是中央提供主要在地方流通的现钱，另一种是现钱在中央与周边地区间以铸币、储备以及有目标支出的循环方式来来回回，就最终结果而言，这两种方案极为贴近，然而跟“税收与交易”的循环模式相去甚远（参见 De Ligt 2003）。

走出这些基本的观察，我们很快就进入推测领域。例如，我们可能会问直接税是否如通常所认为的对汉朝至关重要，[108]一种想法是从逻辑上假定相对较高的纳税者服从率，但也可能有赖于征税时国家官员的调度。如果当真如此，且如果这些收入的大部分用于地方和民事领域（这都是大大的“如果”），我们可能寻思这些特征是否相互关联。一项跨文化研究已发现拥有广泛基础的税收与官僚化及公共货物的供给呈正相关。[109]

考虑到历史上汉朝对地方社会的有限渗透、可能的地方腐败以及民众暴乱的历史，上文看起来可能像是莫名其妙的对汉朝的乐观想象。不过，我们有合理的理由开启这条研究思路。如我在他处所指出的，财政结构的成功重建是后汉朝时代帝国统一的重要先决条件，正如在后罗马时代的欧洲，长期缺少可相比拟的发展，削弱了的国家权力及政治碎片化 *180*
现象同时出现。更引人注目的是，即使在整个公元6世纪分裂时期的严峻离乱情形下，汉朝的财政机构模式似乎也存留了下来。[110]

这便是有关税收与开支的比较视野可能有助于提出更宏观历史问题之所在。通过将资源向远离地方社会的高阶官员、享受特殊待遇的首都以及军队汇集，罗马帝国弱化了税

---

〔108〕Lewis 即将出版的作品认为土地税与劳役是汉朝财政的支柱，且强调相比于更后的时期，商业及地方活动的关税重要性较低。

〔109〕参见 Blanton and Fargher 2008：251–3。

〔110〕Scheidel 2011a.

收与开支的关联。地方开支首要由地方税收及慷慨赠赏维系。[111]帝国的投入有限，且更重要的是，当其出现时也模糊不清。在一个富人有义务进行捐赠的世界里，道路修建断然是好坏参半之事，即使更受欢迎的基础设施投资也需地方贵胄的介入以做斡旋，由此将捐赠人与受益人分开。汉朝体制尚无法倚赖后朝修建的大运河，地理阻碍了主要产品的大规模输送，[112]高层官员所得薪酬更少，军队所受资助没那么慷慨且至少在稳定时期更受民事领导权的约束，高于村庄级别的地方事务由正规国家官员来处理，而非依靠自治的地方贵胄。

这种更大的细胞结构与更深入的国家渗透在表面上的悖论性的混合可能在地方层面增强了国家机构。从长期来看，它可能最终有助于创造国家与（地方精英）社会更为持久的纽带。若当真如此，这一进程及其财政面向可能值得被考虑为对数量不断增长的诸因素的进一步增补，这些因素集结在一起以解释罗马帝国的永久性瓦解以及早期中国国家机构相对更强的恢复力或是再生力。[113]

---

〔111〕Schwarz 2001 与 Zuiderhoek 2009 都强调了市政收入相对于私人捐赠（“euergetism”）的重要性。有关市政财政，参见 Burton 2004。

〔112〕一种类似罗马帝国的“税收与交易”体系稍后出现，参见注释〔107〕。

〔113〕Scheidel 尚未完成的著作 b。

第六章

汉朝和罗马帝国中的城市系统

国家权力与社会控制

卡洛斯·诺瑞纳

汉朝和罗马帝国以其广阔疆域和悠久历史在前现代国 181
家中格外引人注目。其他的前现代帝国，虽然短命，却声称拥有更广阔的领土，比如阿契美尼德帝国（Achaemenid Empire）或者阿拔斯王朝（Abbasid Caliphate），而在南亚、撒哈拉以南非洲地区（sub-Saharan Africa）和中美洲地区，有大把更小的帝国体制似乎曾统治更长的时间。然而，就疆域和寿命两方面结合来看，汉朝和罗马帝国都是无与伦比的。为了理解这些穿越时空的国家权力的壮观规划，有必要理解这两个帝国如何管控各样维持着它们各自国家形态的物质和人力资源。进入这个复杂问题的一条进路是研究这两个帝国中城市的功能。因为和所有复杂的农业社会一样，在汉朝和罗马帝国，城市都是一个较广地域内人口集中的关键点——或者，可能更好的表达是，更广阔社会网络的关键节点——物质和人力资源在其中被最为有效地组织、规范和控制。通过考察这两个帝国中城市系统的变化动力，我们就可以开始评估城市在多大程度上分别是汉朝和罗马国家权力的产物，以及它们是否充当了这两个相隔遥远的帝国进行社会控制的有效工具。这正是本章的目的。

必须承认，对汉朝和罗马帝国城市系统进行系统、全面的比较是不可能的。首先，我们缺少精确衡量城市化比例所必需的人口学数据，而且来自城市背景的材料记录并不充分，没有详细记录下作为更大的城市网络的单个城市间互动的密集程度。〔1〕这些问题对研究早期中国来说极为重要。同
182 样构成问题的还有现代学术界对这两个帝国中城市、城市生活和城市化研究实质上的不平衡。地中海考古学已经成熟为一门独立的学科，大多独立于基于文献的研究者制定出的学术议题，并开始形成某种研究，得以对整个罗马帝国的长期聚居模式进行系统分析。〔2〕而早期中国的考古学，与此相比，仍然停留在文字证据上，并继续关注大型遗址的重要及人工记录。尽管有改变的可能迹象，但是把城市化作为一个多元进程进行系统层面上的分析仍是非常少见的。〔3〕但是这些在人口学、材料证据以及（分别致力于古中国和古地中海地区城市化研究）学者不相干的研究议题间的鸿沟并没有完全排

---

〔1〕 关于城市化的历史研究所面临挑战的透彻研究，参见 de Vries 1990。

〔2〕 关于地中海考古学的基本定位，参见 Alcock and Osborne 2012；关于罗马帝国城市化和聚居的最新研究综述，参见 Bowman and Wilson 2011；Noreña 进展中的著作 b。

〔3〕 Li 2008 提供了一份关于中国历史中城市化最新研究的简要综述，突出了对传统问题的持续强调（1–4），但也提出了新技术和方法的出现，例如在城市活动的地区性差异研究中使用 GIS（地理信息系统）和“趋势分析”（16）；从外来者的视角看早期中国的考古学，参见 Snodgrass 2010 的讨论（“仍然处在青春活力的阶段”，247）。

除汉朝和罗马帝国城市化和国家权力间关系的比较分析。正如我在这一章所希望去呈现的，我们有可能识别这一关系的某些广泛模式和关键特征，它们显明了两个帝国系统中社会控制的性质、范围和深度。

遵循蒂斯代尔（Tisdale）的说法，我们把城市化定义为通过单个聚落点的增加或单个聚落点规模的增加（或两者都有）而开始的人口集中进程。[4] 在前现代世界，这些我们可能称为“城市”的“聚落点”，其首要特点是一种结构上有别于乡村的经济。特别是，城市的居民主要是农业剩余的消费者，其典型特点是一种相对复杂的劳动分工（包括第二和第三产业），同时也被作为结果的经济和社会层级所塑造。这些基本特点使城市区别于其他定居点和乡村。[5] 当然，在实践中，前现代的城市也因其政治组织、行政职能、社会文化服务和吸引力的集中而区别于乡村地区。这些集中很大部分来自于拥有土地的贵族在城市的聚集，这不仅促进了这些贵族集体决策的能力，同样也吸引了工匠、商人和其他试图将其财富和消费能力资本化的人。作为贵族聚集于城市的一个结果，前现代的城市不仅是人口学意义上的聚落点——把 183
它们和乡村地区区分开来的主要变量——同时也是政治—行政管理中心、商业中心和文化中心。尤其在前现代帝国的例

---

[4] Tisdale 1942：311. 关于前现代城市化的人口学基础，同样参见 Scheidel 2007a：74–85，尤其是页 81 有关决定城市化相对水平重要变量的讨论。

[5] 当然，这并不意味着城市缺少农业生产者，或乡村地区缺少第二产业（可以简单参考 Bairoch 1989：263–6）；但是这两个区域间的结构性分野是毋庸置疑的。

子中，贵族在城市中的聚集也与国家权力和社会控制议题密切相关，因为这些地方贵族通常充当了中心国家与地方社群之间的关键纽带。出于本章的目的，“城市化”最终衡量的是这些人口、经济、政治—行政管理以及文化聚集点不断变化的空间分布，以及作为其特点的过程与活动的关联模式，尤其是社会权力在其中被构建的部分。〔6〕

本章的主要论点是，国家权力对汉朝和罗马帝国构建城市化（正如这里所定义的）十分重要，但是两个帝国中国家权力的实际运作却相当不同，暗示了这两个国家社会控制的相对能力。正如我将会论证的，在汉朝的例子中，国家权力对城市化的影响通常都是直接的和干涉性的；而与此相反，在罗马帝国，国家权力对城市化的影响通常都是间接的，但仍然是非常干扰性的。〔7〕当然，这种把直接且干涉性的国家权力划为一边，把间接且干扰性的国家权力划为另一边的区分是非常概略性的，自然不能解释两个帝国中城市生活和国家权力之间关系的每一方面。然而，由于我的关注点必然是“宏大图景”，而不是这两个帝国无数的次要细节和次要例外，那么，这种概略式的说明在目前正在进行的宏观比较分析当中是合理的。

为了评价两个帝国国家权力对城市化的影响，我们必

---

〔6〕 前现代世界中对“城市”的这种广义的功能性理解尤其体现在 Wickham 2005：591–6，以及 Horden and Purcell 2000：89–122，后者强调城市始终是更深入的、主要生态进程的产物；参见 Abrams 1978 有关城镇的有益讨论，即不管从政治、社会或经济的（我还会加上文化的）角度看，城镇不是独立的变量，而是“更大的系统”中的关键场所。

〔7〕 这里的构想受到 Alcock 1993：129–71 的启发。

须首先考虑两个重要变量。第一个是地理。在前工业化的经济中，城市化水平总是受限于有限的农产品剩余，这些农产品剩余只能通过交通基础设施的工具到达城市消费者的手中，其本身受到交通成本的限制，特别是成本更加高昂的长距离陆路运输。所以，汉朝和罗马帝国中城市规模和位置都部分取决于这些城市所在的更广阔的地貌结构。第二个需要考虑的重要变量是汉朝和罗马在权力巩固之前的城市化水平和程度。因为两个帝国都将统治建立在那些已有很好城市和农村定居模式的地区。如果我们要去辨识汉朝和罗马帝国国家权力引发的空间变化，这些既存的定居模式必须考虑进 184
来。让我们依次简要考虑每个变量。

首先，地理。早期中华帝国的世界大致是现代中国的东半部，内蒙古和满洲的南部，在两大流域界定的大区域内发展，“如同社会经济体系分布在地域上的血管”。第一个流域在北边，由黄河及其支流切分开来，西部和西南部则由黄土高原构成，西北部是低矮的山丘和起伏的丘陵，东部则是一个巨大的冲积平原。高原上的黄土以及冲积平原上的沉积土都非常肥沃，但是后者要求复杂的灌溉系统来补偿低降水量和农作物生长期（春末夏初）期间减少的河流流量。第二个流域在南边，由长江和它的主要支流形成。这片区域被高耸的山脉和崎岖的山峰环绕，比它北边的邻居更加湿热，其农业的边际生产力最高。因为优越的土壤、更温和的气候以及更方便的交通，黄河谷地更加适于支持庞大的定居人口。它构成了汉帝国的中央核心，反映在整个帝国在诸侯国和郡都城的空间分布上，主要清楚地集中在华北平原，尤其在这片更高人口密度的地区，正如《汉书》中所记载的公元 2 年的人口普查数字（图一）。[8]

罗马帝国从其在意大利半岛的原初核心区域不断向外发展，达致以地中海为中心，并从地中海开始沿着海岸线深入扩展到大陆内地。传统上习惯于把整块核心区域归为拥有“地中海”气候，但近期研究则强调帝国许多微观区域具有惊人的多样性，包括非常多样的景观、生态和农业制度。最概括地讲，地中海世界的地理以一个促进了近距离和远距离交通的海洋为特点（除了冬季的几个月），大陆边缘不仅支离破碎，也经常被海岸线上高耸的山石相隔于海洋，同时限制了进入内陆的道路。因为这是一个农业剩余相对较低、降雨量和气温又起伏不定的世界，建立微
185 观区域间的多重联系是降低地方环境风险的最好策略。简言之，连通是十分重要的。[9] 由于这一基本需要，罗马帝

〔8〕关于中国城市与地区之间的长期关系，参见 Skinner 1977，尤其是 9–30，211–218，275–299（引证，页 11）；关于早期中国的地区主义，参见 Lewis 2006：189–244 以及 2007：5–29。关于诸侯国和郡，参见 Bielenstein 1980：90–9；Loewe 2006：37–55。关于《汉书》的数字和人口密度，参见 Bielenstein 1947。需要注意的是重大的人口迁徙，长期来看，从北迁到南（参见 Skinner 1977：9–11，以及表 1.1），但是就汉朝大多数时期来讲，南方仍然是一个次要区域；参见 Erickson，Song-mi，and Nylan 2010：152–65。

〔9〕关于前现代时期地中海生态和连通性研究被 Horden and Purcell 2000 放置在一个新的基础之上。关于罗马世界的功能性“形状”，包括地理、旅行时间和季节性数据，参见现在斯坦福的 ORBIS 工程：http://orbis.stanford.edu。

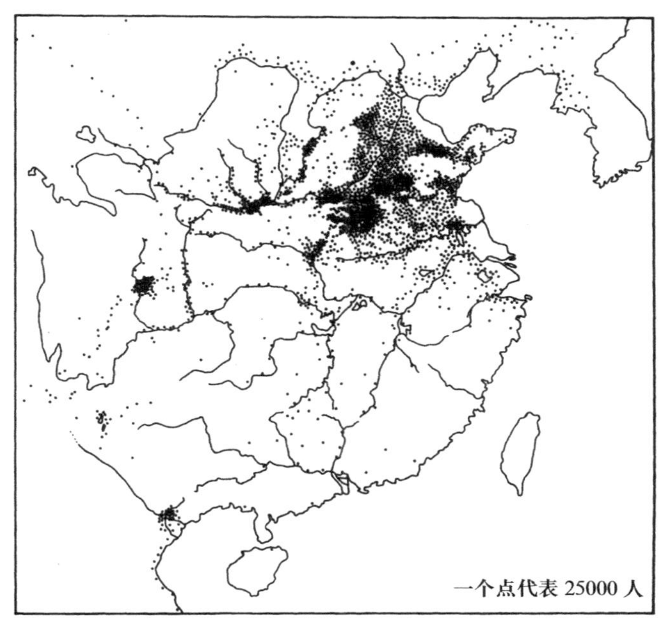

图一　公元 1 世纪初汉朝的聚居区分布

国中城市的空间分布是十分不均匀的，城市聚居点高度集中在地中海沿岸及其附近地区以及接近可通航河流的地区（图二）。[10]

〔10〕图二代表的是来自一项关于罗马世界城市化的研究项目（Noreña 正在进行的著作 a）的一幅初步地图。它建基在从《希腊罗马世界的巴灵顿地图集》（*Barrington Atlas of the Greek and Roman World*，Princeton，2000）收集来的数据，并且包括“罗马”时代（约公元前 30 年到公元 300 年）所有聚居点，它们比《巴灵顿地图集》（*Barrington Atlas*）中最小的定居点更大（正如在 xxv 所解释的，运用在地图集中 5 种尺寸类型中的前 4 种）。

在汉朝和罗马帝国中，地理在决定城市面积上扮演了一个重要的角色。农业生产力和自然交通的效率是两项支配城市密度可能性的关键标准。在这方面，黄河流域
186 和环地中海地区可以被视为结构上相类似。两个宏观区域，每一个都大体上沿着一条东西走向的轴线，作为更广阔的帝国体系的地理核心，并且，这两个区域（并非偶然地）都以它们相对于周边地区城市的高集中度作为特

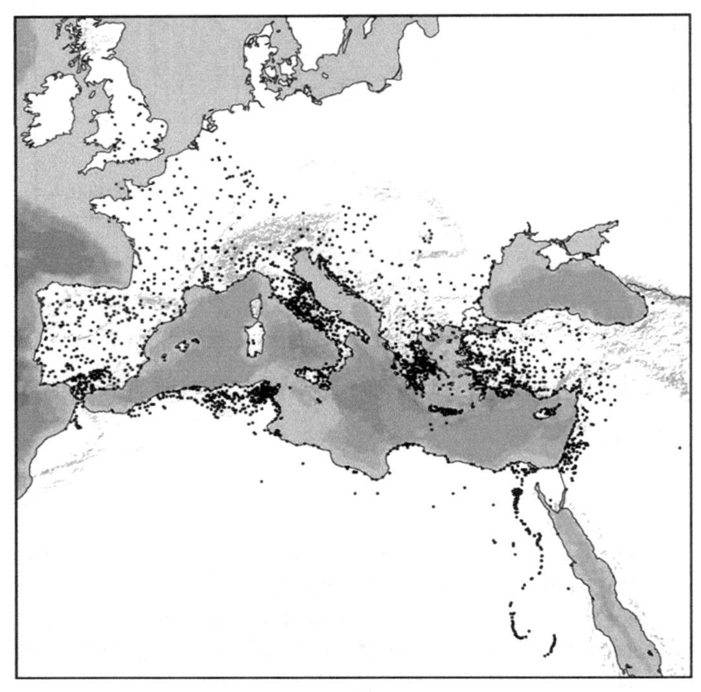

图二　公元2世纪中期罗马帝国的城市位置

点。[11]这些是两个帝国中城市生活得以在其中发展的地理参数。

这些区域中最终为两个帝国所控制的既存定居模式同样也是相类似的，至少在大范围的空间关系上如此。中国华北平原上永久的、有城墙的定居点可以追溯到公元前2000年前。[12]对于商朝（约公元前1600—前1046年）的巡游君主，这些定居点可作为战略中心，在这一点上，这 187
些定居地可以被视为构成了商王朝的“脊梁”。周天子治下（约公元前1045—前771年），这些定居点似乎也是按照这种方式发挥作用。[13]确实，在春秋时期（公元前770—前481年），尽管随着公元前8世纪中央集权君主政治权威的倒塌，大部分独立的（但经常是结为同盟的）城市—国家首次出现了，华北平原上一个成熟稳定的城市网络由此也首次形成了。可以预计，这个时期较大型城市的数量约有200座，拥有数以万计的人口，并很可能在规模上平均达到约8到

---

〔11〕关于早期中华帝国东—西走向的交通轴线的主导地位，可参见 Lewis 2007：7。地中海地区同样沿着一条延伸的东—西轴线，它在前现代时代中的大部分历史反映了东、西部之间对一种潜在“区分”（可以简单参见 Horden and Purcell 2000：18–22；参见 Bowersock 2005），但是海洋本身在某种程度上促进了多方向的交通，而这在中国中心地带的河流盆地并不如此。

〔12〕最早的无城墙的定居点可以追溯到新石器时期（约公元前5000年），但是根据上面所列的标准，这些聚居点并非真的属于“城市”；参见 Steinhardt 1990：36–42 的讨论。

〔13〕关于商时期城市中心的作用，参见 Keightley 1983；另参 Lewis 2000b：359–62。

9平方公里。[14]和它们的先行者相比，这些城市拥有更发达的基础设施能力，尤其在排水系统方面；在空间上也更加缜密地组织在一起，例如，墓葬被限制在城市郊区；还拥有更加具有区分度的城市经济，以不断增长的手工艺专门化为特点。[15]这些较大型城市群之间的平均距离大约是90到100公里。[16]它们显而易见地位于区域聚落等级的顶端，但是数量、分布以及这些次中心之间互动的密集度是无从得知的。在华北平原之外，另一个高度城市化的地区只有长江流域上游的成都平原。这里也有一个成熟的城市体系在春秋时期出现了，其中有几个大型城市，例如成都、广都和新都，[17]它们是更为宽广的城市网络的核心。与此相对，被汉朝控制的其他地区的城市化程度要低得多，尤其是在长江中下游流域的山区和环境恶劣地区。因此，在城市和城市网络的地理分布中，为汉朝（及其前朝秦朝）所统治地域面对着在一个高度城市化的北方（尤其是华北平原）和一个城市化水平相当低的南方（成都平原除外）之间巨大的不平衡。[18]

---

〔14〕文中的数字来自Steinhardt 1990：43–50；但同时也参见了Chen 1994，基于春秋时期城市的6个案例研究，表明更大型城市的平均规模是16平方公里。关于春秋时期城市—国家的概述，参见Lewis 2000b。

〔15〕关于这些变化，参见Chen 1994：735–40，以及表6（关于手工艺的证据）。

〔16〕Lewis 2000b：363，引用Miyazaki Ichisada的计算。

〔17〕Duan 1999强调了这片区域城市体系在春秋时期的迅速发展，并且论证了这块区域的城市化不同于黄河流域，而是受到经济原因（并非政治原因）的驱使。

〔18〕关于华北平原未城市化的外围区域的考古学最近研究综述，参见Erickson，Song-mi and Nylan 2010。

在罗马征服之先，地中海的城市化同样也在地理上不平衡，地中海世界的东半部比西半部拥有更多的城市。这种不平衡源于东部悠久的城市传统，这种传统开始并发展 188
于近东和埃及地区中央集权制国家（开始于公元前3000年前）的兴起与发展；进一步发展于希腊半岛中部和南部城邦（*polis*）的兴起（开始于公元前8世纪）；传遍了地中海中部和东部地区，希腊在黑海、意大利南部、西西里岛以及北非部分地区的殖民地（约公元前800—前600年）；并且还通过新城市和以城市为基础的希腊化王国（约公元前300—前30年）的建立而进一步加强了。[19]这个世界体系中的较大型城市有着万计的人口——最大的，例如安条克（Antioch）和亚历山大里亚很可能达到了小几十万的人口——并且承担着各种功能，经济的、政治管理的以及文化的，它们通常都和更高一级的中心联系在一起。截止到公元前2世纪罗马帝国扩张到地中海东部地区时，简言之，这大片区域已经高度城市化了。与此相对，西部地中海和欧洲大陆可被视为这个城市化和政治集中化世界的一个外围区域。在这些地区，社会和政治制度是相当初级的，并且城市生活并没有在一些孤立地区（通常在地中海沿岸及

〔19〕关于公元前3世纪前美索不达米亚的城市和城市化的兴起，参见例如Kuhrt 1997，第1卷第一部分；van de Mieroop 2007：第一部分；Hansen and Nielsen 2004提供了一份古风时期和古典时期（约公元前800—前300年）雅典城市的详细目录。Jones 1940仍然是希腊化时期希腊城市的最好单卷本调查；更多最近的研究综述，也可以参见Billows 2003。

其附近地区）以外扎根下来。[20]古地中海地区城市化的实证数据表明了这种地理上的不平衡。公元前 3 世纪早期，在罗马开创一个海外帝国之前，这块地区被罗马吞并的区域内大约有 1300 座城市，它们当中大概有 90% 位于意大利、西西里、努米底亚以及地中海盆地的东半部。[21]正如汉帝国的情况一样，罗马帝国也是如此，那些被中央国家征服并吞并的地区有一个特点，那就是一个高度城市化的地区（之后成为罗马帝国三部分中的中部和东部）和一个几乎完全没有城市和城市网络的毗邻地区（三部分中的西部）的基本分野。

这些是汉朝和罗马帝国中城市体系在其中发展的主要地理参数和历史语境，在辨识国家权力对塑造两个帝国中城市化的作用时需牢记这些。为了支撑我关于国家权力在两个帝国中不同的运作倾向的观点——在汉朝国家权力是直接和
189 干涉主义的，而在罗马帝国中则是间接的（却是侵入性的），我将考察三个主题：首都城市、我称为“人造”城市以及以城市为基础的行政管理。这会为城市中贵胄“位置”以及社会权力的空间分布等更广阔讨论做一准备，这些讨论会为两

〔20〕Dietler 2007 提供了一份关于前罗马，铁器时代晚期西方的有用综述。

〔21〕数据来自 Noreña 正在进行的 a 部分。这个数据库包括了 1270 座被证实为约公元前 300 年的遗址。注意这个数字包括了“第 4 个尺寸”的城市（参见上文注释〔10〕），所以应该被视为一个“强”计算；“弱”计算应该仅仅包括前 3 个等级的城市，共计 562 座。我在这里想要强调的主要观点是东、西方显著的地理不平衡不管在哪种计算中都是一样的。

个帝国中的社会控制问题提供一些洞见。不消说，所有这些主题都太过宏大，细察其中任何一个主题都远远超出了本文的范围。因此，接下来所讨论的仅是一个概述，旨在阐释而不是正式证明我的论点。

1. 首都城市

前现代帝国的首都城市首先是权力的中心。它们通常都是首要的城市，甚至经常矮化了其所处城市网络中第二大城市。只有在首都城市中，政治机构和决策制定的权威才最集中。作为结果，首都城市倾向于控制处于其统治下地区的物质资源。首都城市的中心性也是象征性的，例如纪念碑、公共空间和公共仪式通常将首都城市和其他所有城市区别开来，使它成为一个非凡之地。而这一点同时也有助于界定首都城市在一个更广阔帝国体系中的中心和顶端地位。所以，在许多方面，首都城市和国家权力、城市化和社会控制议题息息相关。

西汉帝国的首都长安或多或少在汉朝第一任皇帝汉高祖（约公元前206—前195年）治下从零建立起来。它在一座早期秦国宫殿的旧址上建立起来，靠近渭河边上一个战略位置，这座城市迅速成长为一个巨大的城市群，成为汉国家权力和君主权威的壮观表达（图三）。长安城的城市空间主要由5个皇室宫殿构成，在连续几位帝王治下建成，一起占据了城墙内将近2/3的面积。这些宫殿是有着多种用途的建筑物，不仅作为仪式和管理的综合设施，也是统治王朝权力和威望卓

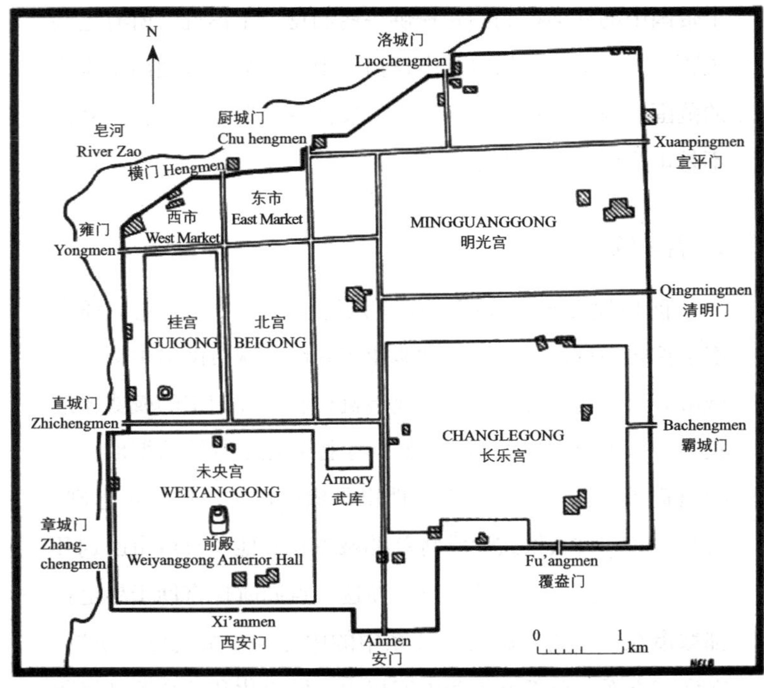

图三　公元前 1 世纪早期长安城的规划

越而令人生畏的表达。[22] 同样令人印象深刻的是这座城的外城墙，它在汉高祖的继任者汉惠帝（公元前 194—前 187 年）统治时期内建成，高达 12 米，周长据测有 25700 米，围住了一块面积约 36 平方公里的区域，以及一系列精心设计的内城

〔22〕参见 Steinhardt 1990：55–7，63–5，以及 67–8 中的讨论；Wu 1995：150–6；Pirazzoli–t'Serstevens 2010：174–5。关于早期帝国城市中帝制意识形态的表达，对于纵向和隐蔽性的强调，参见 Lewis 2006：150–69。

墙，这些内城墙断然地分隔了城内的空间。[23]城市中帝国权威的其他标志还包括武库，一个容纳了该政权一大批武器和装备的巨大建筑物（约25万平方米）以及遍布整座城的数不 190
清城楼，尤其是宏伟城门边和两个中心市场内的城楼，它们传递了一种帝国无所不在和官方监视的无误信息。[24]作为一座“宫”城，长安当然是汉朝一个强有力象征。但是这些宫殿也用来存放帝国档案，这使该城成为一个重要的行政管理中心，以及一个新的帝国图书馆，这使其成为知识组织的中心；它同时也是更广阔的文化和学术潮流（例如有时被贴上“儒家”标签的古典主义）发源和获得动力的地方。[25]此外，它成为一个约有40万人口的主要城市群，也成为一块对其他地区雄心勃勃的贵胄具有吸引力的磁石。[26]它也促成了一个全 191
新城市网络的发展，由城市郊区的陵邑城市（见下文第2节）组成。在人口统计、政治以及文化方面，长安城无疑是一个人口集中的关键点，也是汉帝国整个城市体系的关键节点。在其起源和随后的发展中，长安城是汉国家权力的直接产物。

罗马城花了好几百年才达到长安城的规模或才具有一

---

〔23〕关于外城墙，参见Hotaling 1978。关于内城墙，可简要参见Brennan and Hsing 2010：204；关于早期中国城市中城市空间划分的大致情况，参见Yinong 2000：74–7以及239。

〔24〕关于武库，参见Pirazzoli-t'Serstevens 2010：175。关于早期中国城市的城楼，参见Lewis 2007：77–9。

〔25〕关于长安城的这些方面，参见编者对于Nylan and Vankeerberghen即将出版著作的介绍。

〔26〕这个人口数根据公元2年人口普查数据而来；参见Pirazzoli-t'Serstevens 2010：177。

个可与之比拟的影响力和权力地位。罗马城内居于意大利中部一群城市—国家之中，但是受益于自己相对大的规模，罗马在公元前5世纪末已经确立了其超过拉丁姆（Latium）其他城市的优势地位，到公元前3世纪中期，它已经成为了意大利半岛唯一的霸权。[27]然而，直到公元前2世纪，罗马城才成长为一个真正的特大城市，主要是由于意大利内部的农民迁徙。这种大规模的人口转移本身是由整个意大利半岛土地所有制的根本改变引起，也是由罗马帝国向地中海盆地的迅速扩张而来的财富和奴隶劳工的大量涌入引起。[28]这座城市的人口在公元前最后的两个世纪不断增长，最终达到了（很可能超过了）1百万居民的高位，并由于它的规模和政治影响力，罗马塑造了整个半岛城市网络的变化动力，并且支配了整个半岛内部物质和人力资源的流动。[29]然而，因为罗马仍然在共和政体下运作，其中，决策制定要跨过多个机构来推进，政治权力也在一群竞争激烈的贵族家庭间被分

〔27〕罗马对意大利的征服可以归因为它超出其竞争者的巨大人力资源优势，这是强加于战败社群的有效条约义务体系的产物；参见 Eich and Eich 2005 关于共和帝国主义作为一种国家形成类型的令人信服的分析；同时可参见下文进一步的讨论。公元前3世纪末城市人口据估计有20万（Morley 1996：39，对较早期文献的引用）。

〔28〕这些互相关联发展的因果关系、年代学和影响继续成为激烈辩论的主题（对于上文中的构想主要源自 Hopkins 1978：1–98，很难做到恰当完全）。关于带有充分参考文献的近期讨论，参见 Rosenstein 2008。

〔29〕关于人口，参见 Lo Cascio 2000。关于罗马城对意大利城市化和经济组织的影响，参见 Morley 1996 和 2001；Patterson 2006。关于人口学背景，参见 Scheidel 2008b。

割，这座城市本身几乎没有连续性的、中央集权的和长期的规划，因此，罗马城的城市风貌多少有点不稳定，在象征性上也支离破碎，几乎没有什么可以象征其作为帝国首都的地位。[30]这个宏伟城市中心的处境在共和国晚期的“军阀”影响下开始改变，尤其是在公元前 1 世纪苏拉和恺撒，罗马广场（the Forum）地区和卡皮托林山（Capitoline Hill）开始展现出罗马的帝国权势。但是确实要到奥古斯都统治下君主政体的到来，新政权对决策权实现有效垄断之时，这座城市才 192
发生转变，尤其在其内部管理和城市架构上，日益反映出奥古斯都及其继任者的权力和主导地位（图四）。[31]自此以后，它确实作为政治和管理的中心是一个帝国首都了；作为地中海地区物品、观念和人口的广阔网络的主要中心；作为罗马统治一个幅员广阔帝国的宏伟表达。在这些方面，罗马既是罗马国家权力的产物，也是工具。

长安城和罗马城都是各自帝国合适的首都城市，它们都拥有大量人口，能有效控制跨地区资源的流动，是重要决策机构的中心，这些通过强力修建一系列壮观的公共纪念物而强化。它们也是政治和意识形态上维护国家权力的有效工具。然而，作为国家权力的产物，它们以非常不同的方式发展着。长安城是汉高祖有意识地、深思熟虑创造出来作为帝

〔30〕关于罗马共和时期地形学的实用综述，参见 Dyson 2010：17–116；关于竞争性政治和一个断裂的城市景观之间的关系，也可参见 Favro 1996：24–78。

〔31〕关于奥古斯都治下罗马的转变，参见 Favro 1996；另参 Dyson 2010：117–91。关于更普遍的君主政体对城市的影响，参见 Ewald 和 Noreña 2010。

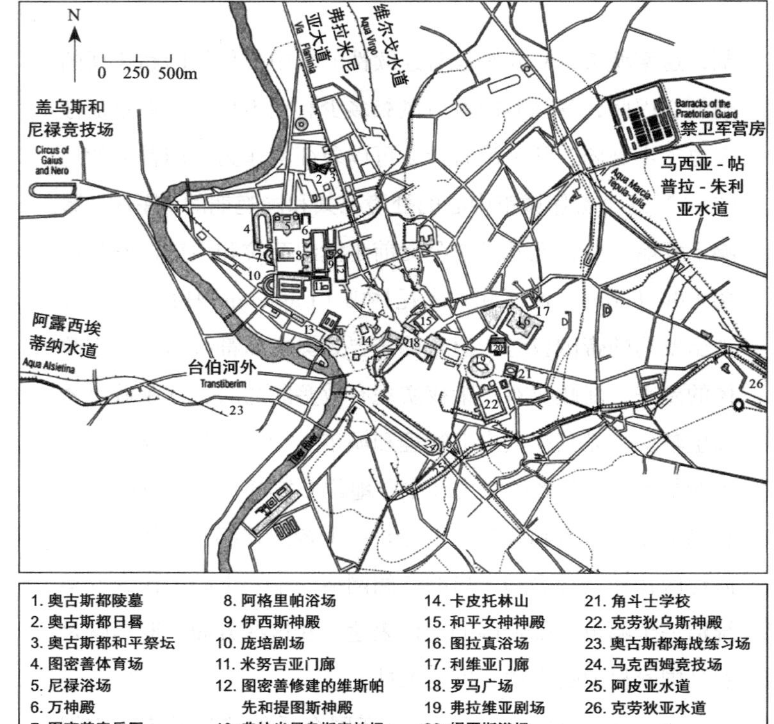

图四　公元2世纪早期罗马城的规划

193 国的新首都，因此是一个国家权力的直接产物，而罗马城在共和国时期仅仅因为罗马在意大利和海外的征服才逐渐发展成一个大型且有影响力的城市，因此，它应该被视为国家权力的一个间接产物。长安和罗马像所有的首都城市一样，依赖政治权威和军事力量的特别配置，但是只有在长安的例子上，权威和权力才以一种“自上而下”的方式转变为对首都城市的创造。在君主政体下，罗马城开始以一种非常类似于长安的方式运作，并且日益和汉首都一样成为国家权力的直接产物。[32] 所以，敏感于这两座城市在各自政治格局中的改变是很重要的。尽管至少在其起源和早期历史中，长安和罗马沿着相当不同的轨道发展，因此展示了国家权力在首都城市形成过程中不同的短期和长期作用。

2. “人造”城市

在前工业化经济中，所有城市在某种意义上都是人造的，因为它们都依赖一整套政治机构、强制工具和合法机制，它们共同使得一群非主要生产者靠自耕农生产的农产品剩余过活。虽然如此，城市化作为一个深入和内嵌的过程，和那些仅通过中央国家理性的、有目的的行动而产生的城市群，两者之间我们仍然可以做一个有用的区分。我们将这些称为“人造”城市的典型实例，区别于那些更为有机地发展起来的城市，都可以在汉帝国和罗马帝国中找到，但是正如我们将会看到的，它们通过十分不同的国家权力形式而出现。

汉帝国中“人造”城市最明显的例子是长安郊区的陵邑（tomb towns）。这些陵邑在汉朝皇陵的附近区域兴起，汉朝皇帝被埋葬在首都城市北面巨大的人造山下，紧靠着郑国渠（渭河北边）北岸的一条山脊，东边沿着浐河。[33] 13 个这样的墓丘在西汉时期被建造起来，从高祖皇帝（约公元

---

〔32〕这是 Noreña 即出著作的一个中心观点。有关长安和罗马在根本上是不同的——尤其是它们各自的城市景观——这一更为传统的观点，参见 Brennan and Hsing：2010；另参本书第七章陆威仪的文章。

〔33〕关于帝王陵邑，参见鲁惟一的最新著作 2010a。

前202—前195年在位）的长陵到平帝（公元前1—公元6年）的康陵（图五）。这13个墓丘旨在为已故皇帝及其家庭提供一个精心建造的礼仪空间，这些宏伟的陵墓群需要日常的维护和稳定的收入，这相应地需要选定的区域，并有数量充足的永久居民来维护它们。

194 为了获得必需的人口，许多汉朝皇帝至少有7次强制迁移了帝国其他地方的人民，经常包括来自州郡地区的世家大族，并把他们重新安置在这些毗邻首都的新城镇。[34]人数

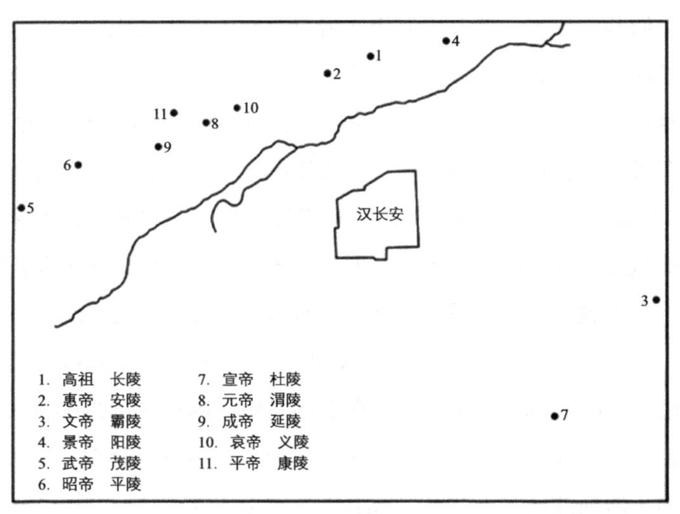

图五　公元1世纪早期，长安郊区上的陵邑

---

〔34〕Loewe 1986a：209–10；Loewe 2007：22–3以及95–6。这种人口转移的逻辑由一位朝廷大臣明确地表达了出来，他试图说服成帝（约公元前33年—前7年在位）另一次这样的转移应该有效："天下民不徙诸陵三十余岁矣，关东富人益众，多规良田，役使贫民，可徙初陵，以强京师，衰弱诸侯"（《汉书》30，引自Lewis 2007：23）。

非常可观。据有人估算，这些城镇达到了超过 30 万的人口，当中的一些城镇人口可能比长安城内城的人口还要多。[35]按照这个规模，这些陵邑是主要的聚居点，我们可以设想它们行使了较为高级的城市功能。这些新城市也是由中央国家有意识地制造出来的。如果这些皇家陵墓没有沿着郑国渠建立起来，如果州郡地区的人口没有被强制迁居到陵墓周围，那么就没有理由相信这一系列大型城市能够在这块特定区域发展起来。因此，这些陵邑代表了国家权力直接和干涉性地进行城市化的典型例子。

在罗马帝国，多瑙河边境地区发展起来的民事聚居点 *195*
[村（*vici*）和镇（*canabae*）] 也可以被视为“人造”城市。在奥古斯都治下罗马跨入第一个千年的征服之前，这片区域和地中海世界接触甚少，没有真正的城市化传统。然而，到公元 2 世纪末，这片边境地区布满了一系列相互连结的城市群。[36]这种特殊城市体系的演变很容易追溯。在公元 1 世纪的进程中，随着奥古斯都的征服，一条军事基地警戒线沿着多瑙河建立起来，既包含巨大的军队基地，也包含有较小的辅助堡垒。此外，几个老兵殖民地在巴尔干和多瑙河之间建立起来。在公元 2 世纪初，图拉真皇

---

〔35〕Lewis 2007：95，参阅公元 2 年的人口普查数据（参见上文，注释〔26〕）。

〔36〕最近一些关于多瑙河流域城市化不同方面的研究是 Oltean 2007（达契亚）；Haynes 2011（色雷斯）；Mladenovic 2012（上默西亚）。关于这片大区域的考古学，最近正被航拍所改变，也可参见 Wilkes 2005。

帝治下，多瑙河北面的达契亚王国（Dacian Kingdom）被征服和吞并，而在多瑙河下游地区，一个更加广阔的道路体系和日益增加的殖民聚居点有助于一个成熟的地区性城市网络的发展。事实上，到公元2世纪中叶，大量的民事定居点在沿多瑙河和达契亚军事基地的紧邻地区发展起来，它们中有许多被哈德良皇帝转变为正式的罗马自治市。〔37〕由于缺少关于古地中海地区城市的一些界定特征，尤其在宏伟的建筑方面，这些在多瑙河边境地区的民事定居点过去常被研究罗马城市化的历史学家忽略，但是现在普遍公认的是这些城址位于区域定居点等级的顶端，许多定居点还提供了和更高一级中心有关的服务。在任一功能界定中，它们都满足“城市”的资格。它们都是罗马国家权力的产物。然而，这些定居点并不是因为中央国家已经在这片区域启动了城市化政策而出现的，而是因为之前散布的地方人口被吸引到这里，希冀能从罗马士兵的驻扎中获利，后者出于战略原因，沿边境地区驻扎，并受到中央国家支付的军饷的激励。〔38〕所以在这一特定城市体系的产生过程中，国家权力的角色是清楚的，但其对这片区域聚居模式的影响则是间接的，是其军事战略和财政运作的一个结果（当然

〔37〕关于 *vici* 和 *canabae* 的一般讨论，参见 Poulter 1987；Hanel 2007。

〔38〕Kemmers 2006：189–244 给出了一个关于军事支出和付给士兵现金军饷的详细后勤记录。关于军事支出在罗马全部财政支出中的比重，参见本书的第五章沙伊德尔的文章，该文估算这一支出总计要大大超过一半的国家总支出（60%—65%）。

是无意识地）。

因此，不管是长安城周围陵邑的例子，还是毗邻多瑙
河边境地区军事基地的民事定居点的例子，一群“人造”城 196
市都因中央国家权力而在某一特定时间出现在某一特定区域
内。当然，关键区别在于陵邑是由国家权力的强制而大举建
设出来，而罗马的村和镇则是由之前散布各区的人口自愿重
新安置而形成。但是值得重申的是，只有罗马国家权力的影
响才能以物质激励这样的人口移动。现在，仅从这两个案例
中得出的结论不应该被推得太远，因为我们可以在两个帝
国中找到或间接或直接的国家权力创造“人造”城市的证
据，[39]虽然如此，长安附近的陵邑并没有变得非常大，而在
多瑙河边境区域的村和镇则逐渐形成了一个非常广阔的城市
网络，所以这两个案例有效表明了国家权力的不同倾向及其
对两个帝国城市化的广泛影响。

3. 基于城市的行政管理

帝国可能会被理解为以一个主导中心对大量附属边缘地区统治为特征的国家。尽管规模本身并不是界定帝国的一个特征，但是绝大多数帝国，包括这里所考察的两个帝国，都声称自己拥有广阔的领土。管理这些领土及其居民的挑战

〔39〕例如，中国西北部边境地区的要塞城镇（参见 Erickson et al. 2010：145–52；Pirazzoli–t'Serstevens 2010：182–3）可能通过自愿迁移而很好地发展起来（至少在部分程度上），在罗马帝国中也有一些强制性人口迁徙的证据（很难量化）（参见 Alcock 1993：142–5）。

对前现代国家来说尤为严峻，技术上的限制和时间、空间上不间断的问题会强烈阻碍对广泛分散的国民进行直接控制。基于此，帝国统治倾向于空间上的扩展，却在社会控制深度上较浅。对于前现代国家来说，管理广袤领土的一个方法是控制它们当中大部分的战略空间，其中，城市作为经济、政治和文化的聚集点尤为关键。因此，大多数前现代帝国以一种蜂窝的方式进行组织，而城市则作为这个大规模行政管理网络中的关键节点。汉帝国和罗马帝国无一例外都是这种模式，但是，中央集权式国家权力在城市之中以及通过城市的运作又一次十分不同。

公元 2 世纪，罗马帝国达到了帝国权力的顶峰，它在其行省部署了约 200 名高阶民事管理者，这些官员当然不是自己亲自管理行省，而是在随从、二等士兵以及奴隶的协助下进行管理，这使得行省中的罗马官员（广义上的）的数量总计达约 1 万人。但对一个拥有大约 6000 万居民的帝国
197 来说，这仍然是一个格外小的数字。[40] 尽管罗马行省行政管理在奥古斯都时期被理性化，在公元第一个 200 年的进程中，一种原始官僚结构确实出现了，但是中央政府从未设法将直接控制强加在国民身上。[41] 相反，它将大量关键的行

---

〔40〕关于高阶官员的数量，参见 Hopkins 2009：184；另参 Eck 2000：238–65 关于罗马帝国中期行政人员的总体概述。这个数字意味着比例为每 6000 个臣民中有 1 个管理人员（同时意味着每 30 万臣民对应有 1 个高级官员）。

〔41〕关于一种原始官僚体系在罗马的出现，参见 Eich 2005；关于一种比较的视角，参见本书第四章彼得·艾希的文章。

政管理任务，特别是维持秩序和征收税款，交给半自治的地方政府，特别交给那些主导政府的地方贵胄。作为这些极其重要的行政管理服务（没有它们，帝国是根本不能运作的）的回报，这些当地贵胄经常被授予罗马公民身份的嘉奖，该身份是地位的重要标志，也包括拥有一系列法律特权，同时也给予这些当地贵胄在反抗贵族权威的地方暴动发生时以武装支持的隐含允诺。〔42〕这种中央政府和地方贵族双方皆能获益的系统性合作是罗马帝国在第一个 200 年稳定的基础。

在对其疆域日复一日的管理上，罗马依赖地方贵胄，这是前工业帝国的典型方式，其中，中央和地方贵胄之间的系统性合作已成为惯例。〔43〕在前现代历史中，这种主导模式的一个主要例外是中华帝国，其中，国家设法以一种更直接、更高程度的中央集权方式统治偏远地区，其程度超过任何一个类似的政治体系。这里有两点需要强调。首先，汉帝国官员的总数为 13 万，大约有 10 万人散布在帝国 103 个州郡和诸侯国里，另外约 3 万人则分布在长安及其周围地区。〔44〕这一规模超过罗马帝国政府的 10 倍以上。在一个已经充分证实的郡县（东南部的东海郡）里，中央政府设法

---

〔42〕Reynolds 1988 和 Brunt 1990：267–81，515–17 有对这一交换的清晰讨论。进一步的讨论参见下文。

〔43〕例如，参见 Eisenstadt 1963：115–221；Kautsky 1982，尤其是 132–43。

〔44〕这些数字推断自尹湾文书中具体的管理信息（参见下文，注释〔45〕，〔46〕），并且广泛地与书面史料（尤其是《汉书》和《后汉书》）中的证据相符。因帝国总人口为 5770 万，所以帝国官员和臣民的比例将是 1：428（参见 Loewe 2004：70）。

在较大的县里部署约60—107名的官员（管理大约1万户，或4万到5万人口），而较小的县里则部署约22—86名官员。[45]第二个关键点甚至与这里的主要论点更相关，即汉朝管理系统中所有级别的官员，包括从中央官员到州郡和诸侯国的官员一直到县级别的官员，都是中央任命的。这种
198 高度中央集权化的统治结构自中国帝制历史的较后期而广为人知，但根据东海郡尹湾村出土的一系列文件，我们可以推断这种统治结构在汉代已经存在。[46]这些文件清楚表明，被派往这些县的官员和东海郡的贵族并不是当地人，而是来自他们任职的行政区之外。如果这样一套系统在整个汉帝国普遍流行的话（没有任何理由认为东海郡是独一无二的），那么我们可以断定，即使在地方行政管理这一级上，中央政权也设法通过由中央任命帝国官员来直接管理其领土并统治它的臣民。这在其他任何一个前现代帝国中都没有真正平行的例子。

当涉及汉帝国和罗马帝国中城市的位置的时候，基于城市的行政管理组织很可能代表了两个帝国国家权力操作和运用的最突出差异。这种区别并不那么依赖于两个国家向各自臣民收税的能力，因为汉帝国中央任命的官员以及罗马帝

---

〔45〕Loewe 2004：49. 这些数字暗示帝国官员和臣民的比例从1∶374（107名官员管理4万人）到1∶833不等（60名官员管理5万人）。

〔46〕Loewe 2004：38–88中有详细讨论；有关一个简要总结，提醒我们对东海郡情况的一般化处理，可参见Loewe 2010b：308–11。关于地方管理的一般概述，可另参Bielenstein1980：90–113。

国的地方贵胄都同样有动力（并且都处在有利地位上）把资源引离中央政府而引进他们自己的腰包。[47]相反，区别在于产生社会权力的机构和进程的空间分布及中央对其的控制。[48]正如我们所看到的，两个帝国依赖城市来统治各自的领土，但汉帝国通过把外地官员强加给地方社群而设法对当地事务发挥一些影响，而罗马帝国至少在帝国早期和中期，无法有效限制地方贵胄的自主性，因而也少有能力在一个全帝国基础上介入地方自治事务。因此，罗马帝国根本不能取得像汉帝国控制这些关键社会权力节点一样的控制程度。在两个帝国的发展中，这种根本区别是如何发生的？它如何与社会控制这一更广泛议题联系在一起？这是我们现在要转去谈论的主题。

汉帝国和罗马帝国社会权力的分布——正如我在这里所表明的，是国家权力和城市化关系的一个指标——在两个帝国系统中的构造相当不同，正如上文的案例研究所展示的，它们还对两大帝国中城市作为或不作为社会控制工具的方式有深远而持久的影响。社会权力分布的关键区别以及这两个国家所具有的在社会控制相对能力上的相应区别，可以 199
部分地由两个帝国迥异的国家形成历史进行解释。下面让我们依次考察这两个帝国。

---

〔47〕Scheidel 2009b：19 也持此观点；关于这两个帝国征税动力的更多细节，参见本书第五章沙伊德尔的文章。

〔48〕我是在 Mann 1986 所发展的意义上使用“社会权力”一词的；另参 Noreña 2011：10，322–3。

在汉帝国的例子中，城市中贵胄所扮演的角色以及在帝国更大的社会政治结构中更普遍的城市地位，最终都是战国时期（公元前481—前221年）大规模政治和军事变动的产物。[49]推动这些变化的主要动力是军事调动上的一次革命。随着西周末年有效王权权威的倒塌，在公元前8世纪的前50年，中国华北平原及其附近地区中几个相互竞争的国家开始参与到持久、两败俱伤的战事中。大多数国家仍然是相对小的武力部署，不超过1万人，由贵族及其从二轮战车下来进行战斗的家臣组成。但是有一些国家，特别是秦国和晋国，开始利用它们更多部分的人口，追随长江流域的吴国和越国的带领，开始部署更多装备着先进盔甲和铁制兵器的步兵军。在沿着这些道路的发展上，没有哪一个国家比秦国走得更远。到公元前4世纪的后半段，经过商鞅在公元前4世纪50年代启动的一系列改革后，秦国把大量［人数（也许）达到了几十万］听从中央统一指挥的军队投放到对抗其对手的战场上。[50]这种人力上的优势被证明是决定性的。到战国末期，秦国已经击败了所有对手并在一个广阔区域内巩固了权力。

秦国的军事胜利之所以成为可能，乃因早期中国的国家与社会关系发生了一种更深的转变。秦国成功动员国都人

〔49〕关于之后所发生的，参见Lewis 1990，尤其是53–96，1999，以及2006：30–50；Hui 2005：64–87；Chang 2007a：40–64；Rosenstein 2009，尤其是24–8，40–5。

〔50〕关于商鞅改革，另参Bodde 1986：34–38。

口以及农村地区农民的基本机制是一种简单的交易，凭借这种交易，那些在步兵团服役的人都可以得到一小块足够养活个体家庭的土地作为嘉奖，用来交换他们的兵役和税款的缴纳。通过将土地大规模划分为方形小块，土地的耕作面积得以最大化，也通过把军事区（县）转变为地方管理的基本单位，这一交易被系统化。[51] 因着这些安排，农民取得了一个相对稳定的收入，也取得了一个不再依赖地方贵胄指令的社会地位，且秦国得以建立其可怕的战争机器。因本文的目的，这里尤为强调的是这种交易对旧贵族的不良影响。由于在战国时期更为成功的国家所塑造的新秩序中，特别是秦国，城市—国家不再在中央国家的政治和管理体制中享有特 200
权地位，而被剥夺军事职能的地方贵族在自己的城市中也丧失了权威，在日复一日的管理上日益被委任的官员和忠于君主政体的人替代。换句话说，战国时期帝制国家形成的一个直接结果就是，东周时期以城市为基础的贵族近乎消亡，城市被剥夺掉作为社会权力的独立基础。[52]

汉朝是这种军事改革以及与之相伴随的制度架构的继承者。这是上面所呈现的案例研究所处的较广泛的历史背景。长安城能被有目的地打造成一个无可匹敌的新皇城，部

〔51〕关于汉朝时期农业的实例，参见 Nishijima 1986：551–74；关于地区一级的登记和募兵过程，参见 Loewe 2010b：312–3。

〔52〕当然，旧贵族并不是完全消亡了。尽管到战国末期，旧家族已经失去了绝大部分独立的政治权威，但是他们中的一些人仍然设法保住了自己的田产和地方地位。参见 Ch'ü 1972：160–65 中的讨论。

分是因为缺少其他有相似权力和权威集中的对手城市。中央国家可以强力迁居人口并创造一整套新的城市系统，正如长安城外那一连串陵邑，因为国家运用了其对城市臣民的直接控制。君主政体可以深入渗透到地方自治事务，尤其是通过将中央任命的官员强行派入城市和城镇，因为当地的贵胄并不足够强大到能够对抗中央政府来护卫其民事自主性。汉帝国的城市并不倾向于作为社会权力的独立基础来发挥作用，这点最能由其他城市景观和城市构造体现出来，正如它们所示的那样，城市大部分缺少当地贵胄权威和权力丰碑式的表达，正如本书陆威仪的文章（第七章）令人信服的阐释。国家权力不仅仅对汉帝国城市化的动力有着直接的影响，同时限制了地方贵胄的权力和自治，这必然会把城市转变成为中央政府社会控制的相对有效的工具。

相比之下，罗马帝国中的城市确实倾向于作为社会权力的独立基础来运作，且地方贵胄确实代表了一种抗衡中央政府权威的重要力量。罗马帝国的自治市所容许的公民高度自治权强有力地表现了这些城市地方贵胄持续拥有社会权力，正如他们通过公共建筑和给当地人口提供公共娱乐来宣传他们的权力和地位一样。[53]在城市和地方贵胄于帝国广阔结构中的地位这一点上，罗马和汉朝很相似，而这可以在很

〔53〕关于与汉朝城市的差异，（再一次）参见本书第七章陆威仪的文章。关于罗马城市中的市政建筑、公共娱乐以及公民捐赠的参考文献仍然要从 Veyne 1976 开始；更多的近期分析，参见，例如 Lendon 1997：84–89；Zuiderhoek 2009；Noreña 2011：第 5 章。

大程度上归因为罗马国家形成的早期历史。那段历史的关键时刻就是在奥古斯都和他的继任者的治下，罗马共和政体发生了猛烈的内向破裂并以君主政体取而代之，这一项政治转 201
型与下述方面广泛一致：帝国大规模扩张的中断、一个更加理性的政府体制和更加稳定的纳贡制度的建立。[54]

出于本文的目的，奥古斯都治下出现的新秩序（该秩序给罗马帝国带来了将近250年的稳定）中最相关的特征当属上述讨论到的中央政府和地方贵胄在整个帝国的合作：后者监督地方管理和帝国税款的征收，以此来换得身份标志（尤其是罗马的公民权）、武装支持的隐含许诺，以及对于那些地位尤为显赫的人来说还有在帝国政府晋升的可能性。这种安排是本书（第五章）沙伊德尔称为“大型交易”的结果，一方面，它适合于地方贵胄，因为这使得他们增强并确实提高了自己在各自社群中的地位；另一方面，它也适合于中央政府，因为以这种方式它可以间接并廉价地管理偏远地区的臣民，并将它的大部分物质资源专用于维系一支大型的专业化常备军，这支常备军既可以保卫帝国边境也可以提供一些内部治安。[55]无论怎么看，罗马军团都是中央控制帝国领土和资源的一种根本机制，也是理解其长治久安的一个关键。这种强有力强制工具的长

〔54〕关于罗马城中这些政治和结构上转变的巧合，以及它们对早期帝国历史的广泛寓意，参见 Noreña 2011：10–14，322–4。

〔55〕关于罗马军团的内部治安职能，现可参见 Fuhrmann 2011，尤其是 201–38。

久保持只有在自治贵胄承担地方管理和赋税征收的重担时才有可能。但是从中央国家权力的视角看，确保这种“军事—纳贡综合体”的大型交易是以相当大的代价获得的。因为与汉帝国不同，罗马帝国地方贵胄仍然继续拥有一些独立的权力和权威，因此，城市仍然作为社会权力的部分独立基础来运作。在这一方面，罗马帝国一些通常被视为有效统治策略的显著特征，例如将行政管理责任转交给地方市政以及赋予地方贵胄罗马公民权，实际上都可以理解为中央政府的相对弱势以及无法将其意志强加在臣民身上的标志。只要这场大型交易的双方体认这场交易符合各自的利益，那么交易就能平稳运行，尤其在帝国中期（约公元70—180年）的时候。但是到5世纪，当地方贵胄不再认为“入伙”中央政府社会和政治秩序有利可图时，并且
202 （在事实上）停止纳税时，这套体系就开始崩溃瓦解了，而帝国政府也无力把这一体系带回来。[56]

简而言之，作为其依赖城市及地方贵胄的结果，罗马帝国既没有基础设施能力，也没有在全帝国规模内直接塑造城市化和城市生活所必要的组织架构，相比于汉帝国对其帝国范围内社会权力分配的控制，罗马帝国的控制较少。因此，与汉帝国不同，罗马帝国中的城市并没有真正发挥中央

〔56〕公元5世纪中央权威的倒塌，特别在西部帝国，是一个宏大且复杂的主题，有浩如烟海的参考文献；对于这里所特别强调的议题，例如，在中央政府和地方贵胄对有限物质资源的竞争中不断变化的权力平衡，参见Wickham 1984中的清晰处理。

国家进行社会控制有效的、“自上而下”的工具作用。[57]

这个结论对于我们理解汉帝国和罗马帝国及其各自后来的影响至少有两个主要意涵，每一点都不能在这里深入探讨。第一个意涵有关本章讨论的国家权力的不同形态及其对两个帝国城市化速度和规模的可变影响之间的关系。因为两个案例的一个主要差别是罗马帝国的城市在总数上爆炸式增长。大约公元前 300 年和公元 2 世纪中叶之间，罗马帝国城市数量从大约 2200（2258）座飙升到稍超过 3100（3118）座，有 38% 的增长主要发生在帝国的西半部分。[58] 这是定居模式的巨大转换，在汉帝国的同类区域中似乎并未出现过这一现象，尽管长江流域在秦汉帝国巩固中央权威之前也缺乏城市网络。确实，至少在前现代的语境中，北非、伊比利亚半岛和欧洲大陆西部的生态比长江流域的生态更有利于发展大规模的城市化。但是这种明显的差异无疑造成了一种印象：罗马帝国的国家权力比汉帝国的国家权力在城市化上起着更大的推力作用，人们从中可能会推断出国家权力的间接运作，尽管其作为把城市转变为社会控制工具的机制来说不

〔57〕关于罗马帝国社会权力的一般状况，城市当然作为维持社会控制的强有力工具（例如，参见 Whittaker 1997），但是它是服务于帝国范围内贵族利益的社会控制，而不是服务于中央利益的社会控制。这两处重叠只是暂时性的，最终是互不相关的利益，“全盛期”罗马帝国的决定性特征是 Noreña 2011 中的一个关键主题，尤其是页 245–324。

〔58〕这些数字代表了一种“强”（high）计算，来自 Noreña 正在进行的著作 a（参见上文，注释〔10〕和〔21〕）。“弱”（low）计算算出的数字为 958（公元前 300 年）和 1274（公元 2 世纪中期）座城市，表示有 33% 的增加。

太有效，但不管怎样，它比创造城市的国家权力直接操作来说，仍是一个更大的促进因素。

从本章结论得出的第二点重要意涵有关欧洲和中国国家权力和国家制度的长期发展，两者从公元6世纪开始有显
203 著的不同。我们已引用了几个原因来解释沙伊德尔和其他人所言的中国和欧洲之间的“第一次大分流”（the first great divergence），这被用来衡量两大区域中中央国家权力的分解或重建。[59]正如本章所考察的，两个帝国国家权力和城市化之间关系的差异应该被加入到这个名单中。因为尽管汉朝晚期有着一些与罗马帝国晚期的结构性弱点，尤其大地主拒绝纳税这一方面，但是汉朝晚期的中央机构，包括借助城市进行的中央集权统治，最终都以一种西欧没有匹配形态的方式在隋朝（公元581—618年）尤其是唐朝（公元618—907年）时于中国华北平原上重建，西欧在公元5世纪中央罗马权威倒塌之后就保留了政治上分裂的状态。这也许是汉帝国和罗马帝国国家权力在城市化上直接和间接运用之间差异的最终结果。

〔59〕尤其要参见 Scheidel 2009b，以及本书第五章他的文章。

第七章

罗马帝国和汉帝国城市中的公共空间

陆威仪

城市在罗马帝国和汉帝国中扮演着相似的角色。在两个帝国中，城市都是主要的行政中心、大规模的手工艺生产场所以及所有重大贸易的集散地。出于政治控制和经济活动的目的，城市是帝国的关键中心。当我们说这两个帝国都是由依赖周边乡村提供粮食和相关资源的城市所组成的网络时，这确实没有错，但是，两个帝国中所有高层次的活动都集中在城市当中。两个帝国还有一个共同特点，即帝国首都的绝对重要性，帝国首都都充当了它们各自世界的最高中心，并且也成为各自帝国组织原则的一个缩影。尽管有这些在基础、功能层次上的相似性，罗马帝国和汉王朝各自的城市的本质仍存在着几个主要差异。而且，这些不同之处相互关联，所以不妨把它们视作一个协调的机制或结构，体现了两个帝国之间某些主要的差别。因为我们缺少汉王朝有关城市底层民众生活的任何可靠信息，所以我们关于两大帝国城市社会差异的讨论都只涉及 204

上层阶级[1]。

1. 引言

我认为在这两个伟大的早期世界帝国中，城市所扮演的角色必然有基本的相似之处，这里我集中讨论两者之间特征模式的差异：每个帝国试图界定其与所统治世界的关系模式，以及与其诞生而来的历史的关系模式。概而言之，它们的不同在于：罗马城由主要建筑类型群来界定，在界定罗马
205 文明理想的活动中，这一建筑类型群反复被运用。这样的建筑包括了浴场、剧场、用于格斗运动的竞技场、用于战车比赛的马场以及供奉诸神和君王的庙宇。因此，它们全都为公共使用、为大众集会所建。这些建筑由石头筑成，受到来自（罗马城中最重要的）统治者或（组成了地方政府的）其他城市地方贵胄的炫耀性慈善的赞助。统治者和地方贵族因此至少在某种程度上通过提供公共集会的场地、公共表演的娱乐享受来彰显自己的地位，在这些公共集会和表演中，赞助人自己可能还会在享受其善行的人群前抛头露面。正如这些建筑的根本重要性所显示的，贵族帮助把城市界定为一种独特的社会形式，使这一社会形式成为罗马帝国文明的中心。

这些贵胄以及由其形塑和控制的城市社会形式，都是更早已形塑了希腊和意大利文明的城市—国家世界的直接继

---

〔1〕 关于我们所缺少的这类信息，只可能从考古学而来，而且这种考古工作还要有完全不同于中国考古学关切的视角。参见 Razeto 2011：26，176，193，and 260。

承人，罗马帝国就是从这个城邦世界中直接脱胎而出的。这一城市历史遗产的重要性不仅由界定城市的贵族的基本功能所标记，也由重要城市历史上的重要事件被纳入其城市结构的方式来标记。这对于罗马城本身来说尤其真实，这座城不断地重建，不断地吸纳新元素来歌颂一连串的统治者及其成就。被熔进物理结构之中的罗马城历史首先向罗马人的军事成就致敬，由此，在城市布局及其被感知的模式中，这些军事成就的政治中心性成为主要的元素。

汉王朝的城市，尤其是帝国的首都，由完全不同的相互联系的特征来界定。首先，建筑物几乎全部都是木质和生土夯筑的。与古希腊及其后的罗马通过石头建造的建筑物来宣告城市“不朽”的理想不同，汉王朝的城市则用易腐坏的物质来建造，有意识地表现为短暂的现象。这种对城市作为新创造而不是过去的延伸产物的强调对帝国首都尤为重要。该时期的著述描述了首都作为新建王朝的创造物，就意味着它不应该有任何的历史，或者它的过去可以被忽略。这种对于过去的态度正好与罗马人相反，因为罗马人总是把历史熔进罗马城的城市结构里。尽管废弃和荒废的首都主题没有在汉王朝时代的文学作品中出现，但在随后的王朝中成为一种标准的文学主题。地区首府与其过往历史的联系较为清晰，这样一种联系没有体现在帝国秩序中，而且，正如我接下来会讨论到的，它反而导致了这些城市地位的降低。

罗马城市由一整套用于公共用途和集会的建筑物来界定，而汉王朝的所有公共建筑都被设计为专门保留给中央朝

206 廷官员使用，他们被委任管理一块给定的城市区域及其周边。“公共”空间被禁锢在高墙之后，界定它们的并不是其开放性（openness），而是其作为由特权之人组成的特定群体使用的场所。他们以这样的方式复制了界定君主权力的空间逻辑（参见下文）。在某种程度上，存在着一个被正式承认的城市贵胄阶层，它包括被任命的官员，这些官员拥有被允许进入官方空间的特权。也有根据财富、地产及地位来界定的地方贵胄，但是这些人既没有官方身份也没有任何合法的公共行为模式能够认可他们的地位。这些原本是自己城市中“天然”贵胄的特定城市贵族之所以缺席，直接源于下述历史进程：春秋时代（公元前 771—前 481 年）扎根于城市的贵胄控制着中国，但在随后战国时期的三个世纪中，他们被突然出现的大国统治者赶跑，最后系统性地瓦解。中国更早的城市—国家的历史轨迹与地中海盆地城市—国家历史轨迹的差异有助于说明下述事实：城市的历史遗产在汉王朝的政治秩序中没有扮演任何角色，却在罗马帝国的主要城市保留着中心作用。

汉王朝拒斥这一想法：城市在某种程度上是从其特定历史中自动发展而来，另一种观念却在加强——所有地方性或地区性的联结将导致认知上的局限和偏见，这些必须在帝国秩序中被压制。在一个帝国通过超越亲属群体、乡村以及战国的区域世界的特定纽带宣称其权力的体系中，城市作为系于其腹地和被地方贵胄控制的自然或有机实体没有自己的位置。地区性城市和地方社会的所有要素一样，只有逃离当下环境的拘束，加入由统治者及其臣民所组成的包容性的政治秩序，才能成为帝国秩序的一部分。

某种程度上，这种差异在两个帝国的政治首都的性质中得到了最好的表达。正如其名称所暗示的，罗马帝国是罗马城本身的延伸。这座带着城墙的小城市逐渐吞并它的邻居，然后是意大利中部，半岛的其他地区，地中海西部，再然后是讲希腊语的世界，最终向北进入高卢地区、巴尔干半岛各国以及（简化的）日耳曼地区，这就是一个小城市逐渐吞下世界不断扩张的故事。甚至在帝国内部，统治者仍然坚持着早期共和国政府的许多形式和模式，“罗马元老院和人民”仍被视为国家的核心。在那个世界帝国，罗马城仍然保留了独特的尊荣，即使它的统治者不再来自罗马或者不在罗马停留太长时间。

与此相反，汉王朝是一个纯粹的新创建的王朝，不存在
任何有尊荣的城市中心。当一个来自楚国南部、出身卑微的 207
人建立这个国家时，他本人不是任何既存国家的政治主角。关于定都在哪里曾经有一场辩论，都城的选址最终定在秦首都的南部，这完全出乎预料。正如汉初许多人所说的那样，汉帝国是一个“刘家的”帝国，它不系于任一特定地方。没有一座城市的历史，一群“本土”贵胄，以及都城由一个统治家族所创造，这些都直接与这个帝国的历史背景所关联：不是对基于一既有都城的既有国家的扩张，而是通过一个政治上“不知打哪儿来”的统治家族的成功确立，且此统治家族的地位因其与任一地区没有联系而得以合法化。

2. 城市及其公共建筑

作为一个世界帝国的首都，罗马城因为一系列独特的建筑和其他建筑设施而卓尔不群。[2] 其中许多（如果不是全部的话）建筑物都遵循这样一个原则：在罗马世界乃至整个古代地中海世界，权力和地位都是通过展示壮观之景的力量而产生。[3] 这样的展示采取多种形式：雕塑，铸币，视觉娱乐，甚至统治者本人。然而，在城市语境中，唯一重要的展示模式是建造巨大的公共空间和建筑群，人群能够在这些建筑中集会，进行个人性的活动或者享受集体性的娱乐，这些活动或娱乐通常也由搭建这些建筑的同一批人提供。在罗马城的例子中，帝王自己通常会提供这样的建筑群、房屋和景观，且他们所提供的是帝国权威的基本形式。

罗马城中最重要的展示地点和内容是界定该城社会和政治中心的一系列广场。[4] 这些广场中最早的一个——罗马广场在共和国时期已经逐步成形，并且已经包含了像雷吉亚（Regia，与国王的早期统治相关，后来与古罗马宗教中的大祭司有关）、维斯塔神庙（Temple of Vesta，和维斯塔贞女）、库里亚（Curia，元老院的会议厅）、卡斯托尔神庙（Temple of Castor，纪念公元前 496 年一场战役之后卡斯特和伯勒克的愿

---

〔2〕 关于共和国时期和帝制时期罗马城的物理建筑，参见 Stambaugh 1988；Aldrete 2008：第 2、3、8、9 和 11 章。

〔3〕 Bell 2004；Fredrick 2002. 在这一点上，我发现了特别有价值的东西，Tuck 2009。

〔4〕 除了 Stambaugh 1988 和 Aldrete 2008 中“广场”条目外，还可以参见 Anderson 1984；LaRoca 1995。

景）、市民集会场（Comitium，市民集会的场所之一）以及邻近的演说家站台或讲台（Rostra，用第一次布匿战争中俘获的船只铜锤装饰）。与此同时，广场也作为一个交易和借款的商业中心，愈发成为伟大的城市景观之地，并且与尊贵的雕像、 208
神殿、拱门、圆柱和其他纪念罗马胜利的纪念碑挤放在一起。

在帝制时期，随着尤利乌斯·恺撒（技术上被算为共和制下的公元前46年）、奥古斯都（公元前2年）、维斯帕先（公元75年）、图密善（公元97年由涅尔瓦敬献）和图拉真（公元113年）陆续开辟新的广场，这片地区日益扩大。这些新的公共空间提供了法庭、神庙以及更多商业活动的区域，同时也向聚集在那儿的人群宣告建造这些广场的统治者们的伟大功绩。其中最显著的例子恐怕要数图拉真凯旋柱（Column of Trajan），在它上面记载了达契亚战争的整段历史，被放置在图拉真广场前面空地的中心位置。

除了这些巨大的公共空间以及被建造起来讴歌某个帝王的相关建筑，宣扬帝国胜利的纪念物同样竖立在罗马的街道上，从城门一直到市中心，斯蒂芬·塔克（Steven Tuck）称其为“一件庆祝的盔甲”。[5]这些纪念物中最重要的是凯旋门，其数量最终超过100座，它们沿着传统的凯旋式路线摆放，也聚集在靠近马克西姆跑马场（Circus Maximus）的中心位置或罗马广场的任意一端。[6]这些拱门着意用石头保存胜

〔5〕 Tuck 2009：讲座26（“帝国拱门、圆柱和纪念碑”）。

〔6〕 对纪念碑这种形式最详细和有价值的讨论是Brilliant 1987；Kleiner 1985。

利的历史，使之永远可见，永被铭记，而凯旋式只是短暂的事件。[7]不管在凯旋门的伟大时代之前还是之后，罗马人也用上述提及的装饰着被缴获船只的青铜锤来纪念胜利，凯旋柱也装饰着这样的锤和其他战利品，比如俘获的盾或武器，那些伟大的凯旋柱也是如此——比如安东尼·庇护的凯旋柱（置于罗马城墙外），上文提到的图拉真凯旋柱，以及与纪念马可·奥勒留（Marcus Aurelius）的日耳曼战役相关的凯旋柱。

除了所有这些公共建筑和纪念罗马军事胜利的纪念碑外，罗马城也以帝王建造的数不清的建筑——它们作为礼物被送给子民——为标志，罗马人民希冀能在其中找到消遣和快乐。这些建筑中最突出的是弗拉维亚王朝的帝王们修建的圆形大剧场（Colosseum），它建在尼禄臭名昭著的黄金宫（Golden House）地基上。这座巨大的圆形剧场有效地使尼禄违法霸占的区域复归为公共使用，成为包括动物围猎、角斗和模拟海战在内的数不尽的公众娱乐活动的举办地。这样的娱乐服务于广泛的目的：纪念军事胜利，通过把异域的动物带进城内来歌颂帝国广阔的领土范围，通过公开处决
209 罪犯（随后是基督徒）来显示罗马的正义，创造公共体验。其中，民众根据社会等级落座于不同位置的公共座椅上，他们可以和统治者坐在一起，并直接接受帝王的慷慨赠予。[8]

〔7〕 有关这一重要惯例的重要评估，拱门成为罗马城市结构的一部分，参见 Beard 2007。

〔8〕 Bomgardner 2000；Welch 2009；Tuck 2009：讲座 13（“圆形剧场”）。

第二座由一个皇帝所建的用于大众娱乐的大型公共建筑是马克西姆跑马场，主要用于战车比赛。[9]这样的车赛是罗马城内最频繁、最流行的公共娱乐形式。跑马场可以容纳25万名观众，它坐落在罗马城中心，很可能就是罗慕路斯（Romulus）举办第一次竞技比赛的地方，同时也坐落在凯旋式的标准路线上。座位都是免费开放的，各个阶层的男人、女人允许混在一起。比赛路线奢侈地以圆柱和雕塑装饰着，公众清楚地感受到一种奢华感同时带有竞赛的狂热气息。所有主要的竞赛（其中一部分和宗教节日有关）都由帝王及其家族赞助，他们经常坐在专为他们保留的一个特别包厢里公开露面。车队由四个派系所控制，每次一出场，都会在罗马民众中引发一阵狂热的喝彩。皇帝选择公开支持某一派车队会带来政治上的影响。

另一种用于大众娱乐的公共建筑类别是剧场。[10]尽管其建筑和剧作种类都是从古希腊改造而来，但罗马的剧场在强调场面壮观这一方向上逐渐发生了转变：剧场运用了丰富的特效，给予喜剧凌驾于悲剧之上的特权，经常上演闹剧，发展出更为通俗的剧种，例如滑稽剧和舞剧，允许女人在舞台上上演浪漫的私通甚至色情的故事。对场面和娱乐性的强调使剧场成为一个公开的、吸引各色人等的大

---

〔9〕 Cameron 1976; Humphrey 1986; Futrell 2006; Tuck 2009：讲座21（“罗马的跑马场——马车比赛的竞技场”）和讲座22（“比赛中的一天”）。

〔10〕除了Stambaugh 1988索引引用的书页外，参见Scodel 1993; Slater 1996。

众聚会之所。罗马城中的第一个剧场由庞培（Pompey the Great）在共和末期修建，第二座则由尤利乌斯·恺撒规划修建，尽管最后在奥古斯都的外甥马塞勒斯（Marcellus）时期完工。

最后一类由统治者建造、供城市民众使用的公共建筑是浴场，尽管这不是定期聚集在一起观看壮观场面的场所。[11]塔克将这些巨大的建筑群描述得更像温泉浴场而不是简单的公共浴室，它们由大理石、地板图案、雕像、喷泉以及花园来装饰。墙上有玻璃窗户，有时还装饰着神话中的场景，高度超过 100 英尺。这些“温泉浴场”提供了一个欢乐的场所，
210 罗马人聚集在一起，在不同温度的水中洗浴，锻炼，听音乐或者进行公共演说，按摩或者理发，享受小吃和酒。它们免费向所有人开放，使不同阶层的人混在一起，建立或加强联系，经营各自的生意，但丝毫不会以任何方式模糊社会等级。它们以这样的方式向所有罗马人清晰地展示出帝国的恩惠及其统治者非凡的慷慨。

罗马城因此被公共空间和公共建筑所覆盖，这些公共建筑由它的统治者建立，成为城市平民自由集会的场所，而汉王朝首都——长安和洛阳——的城市景观则呈现出完全不同的画面。[12]尽管这两座城市在细节上相当不同，但

〔11〕Fagan 2002；Yegül 2009；Tuck 2009：讲座 27（“罗马的帝王浴场——给大众的温泉浴场”）和讲座 32（“地方浴场和罗马的浴场文化”）。

〔12〕关于汉王朝首都的布局，参见 Lewis 2007：第 4 章，2006：169–86；Hung 1995：第 3 章；Wang 1982：第 1、2 章。

它们都以“公共”空间（宫殿、政府机关、官方作坊、寺庙、粮仓以及军械库）和私人空间（住宅、仓库、商业场所）之间清楚的区隔为特点。私人可以自由集会的场所只有市场，这块区域受到严格管控，并严格限定开放时间。在罗马城，公共空间中人群的聚集和人群与君主的碰面是一项政策；汉王朝则不同，公共空间被精确地界定为排外的空间，只有被授予特权的人才能进入。

这一点需要简略阐述一下，因为它展示了罗马世界、更普遍意义上的西方（以及印度）以及中国三者之间在权威实践上的一个根本区别。在罗马，大量的金钱和能源用在公共空间的建设以及人群的大规模聚集，所以，正如其所显示的那样，一个统治者也以聚集人群、成为其中焦点的能力为标志。通过向有意聚集起来的人群展示自我，权力得以生成，这种权力的生成在罗马社会较低阶层的民众中不断重演。因此，罗马贵胄的屋子前院都有通道和公共房间，装饰有军事战利品、若干公共荣誉以及有名祖先的半身像或肖像。家长们就在这些房间接待生意和政治伙伴。这里最重要的仪式恐怕要数问候礼（*salutatio*）了：众多被庇护人在黎明时分聚集在家主的家门外，由家主接见进入中庭，中庭是主要的会客厅。庇护人会接见他所有的被庇护人（这些被庇护人穿着他们正式的托加袍），和他们一起商谈自己的生意，给予和接受好处。在元老院或当地议事会集会的那几天，被庇护人将会陪同他们的庇护人一起前往广场，集体彰显庇护人的权力和影响力。主要的家庭仪式，例如婚礼和葬礼，也会在前

211 院这些房间举行。[13]简言之，房屋的结构和用途构成了其作为公共空间的一部分，家主就在这个公共空间召集他的追随者。能够聚集的人越多，这个家族的权力和威望也就越大。

而另一方面，汉王朝的权力却产生自排外原则，在这一原则中，外部区域和公开空间都被界定为卑微的，通过不断地向内移动，一个人的权力、地位和声望随之升高。最高权力的这一隐藏的、内在的原则出现于早期中国祖庙的结构中，其中，祖先是权力的最终来源和所在。它在战国时期得到发展，当时，统治者通过把自己隐藏在高墙之后，日益寻求安全和权力的神秘性。据记载，秦始皇强调他对保持不被看见的迷恋，“紫禁”（forbidden）这个词语作为统治者的空间代号早在汉朝就已出现。在这样一个世界中，所有人都需要穿过一系列墙才能触碰到权力所在地，每一道门的管理变得越来越严格，允许通过的人逐步减少。因此，通过把能够面圣或者远距离望见帝王的人数减到最少，并把面圣作为一项只授予少数被挑选的人的最高殊荣，汉朝皇帝们显示出了他们的权力。和罗马一样，汉朝的贵胄复制了这个政治世界的结构和价值，以逐渐减少准入者作为他们的组织原则。[14]

---

〔13〕关于罗马贵胄房屋的结构和社会政治功能，参见 Clarke 1991；Wallace-Hadrill 1994；Mckay 1975；Tuck 2009：讲座 6（“罗马人的房子——空间和装饰”）。

〔14〕关于中国房屋背后的空间规则以及它们在政治世界中的衍生，参见 Lewis 2006：113–20。

进一步的比较性洞察可以通过发掘罗马帝国公共建筑特色的汉帝国版本来获得。一个最突出的特征是军事战利品。在春秋时期的中国，缴获的武器堆积如山，成为战利品，而在战国时期，这种实践痕迹是缺失的。然而，秦始皇确实在他的都城咸阳周围竖立了一系列关于其军事胜利的纪念物。首先，当他战胜战国的其他国家时，他会在咸阳之南、渭河之北建立起战败国的宫殿复制品。这些仿造的宫殿是战败国家的象征性缩影，里面满是来自那些国家的乐器和歌女，并用皇帝可秘密通行的隐蔽通道连接起来。他还把战败国中最有权势的家族强制性迁居去照管他的陵墓、避暑之地和宣告其军事胜利的碑碣。最后，他熔化了缴获的武器，用它们铸造了 12 尊象征不朽神祇的巨大铜像，传递出对其胜利的神圣祝福。[15]

这些战利品和罗马形成了鲜明的对比。首先，绝大多数中国的战利品是不公开的，而是作为皇权附属物被有意识地隐藏起来。其次，尽管它们也颂扬军事胜利，但是，宫 212
殿、人民和铜像这些战利品本身并没有明显的军事色彩，相反，它们被归入一个更广阔的规划当中，这一规划以象征性和仪式性的方式描绘了宇宙观层面的新的统一王国，其中包括取象于星宿的宫殿群。最后，也是最重要的，汉人将对这些活动的记录视为其绝对霸权的证据，在两汉的都城中，这种胜利的纪念物基本没有。这种对于军事胜利的抑制作为中

〔15〕Lewis 2007：89. 关于早期军事战利品，参见 Lewis 1990：25–6。

央朝廷政策——否认军事力量在国家中的基本作用，继续存在于随后历代中国王朝的仪式和建筑工程中。

战争纪念物作为各自帝国首都城市景观中的一项要素，是否用作公共用途反映出帝国统治者角色的分歧。罗马元首的权力最终建基于其军事角色，“绝对统治者”（*imperator*）这个词意指专门的军事职责。帝王本应该在战场上指挥军队。确实，几个没有任何军事经验就登上帝位的皇帝——卡里古拉（Caligula）、尼禄（Nero）和康茂德（Commodus）都声名狼藉，因为他们试图将其德行（*virtus*）建基于舞台上的优伶或竞技场上的角斗士，因此，有时他们被当作疯子。[16]另一方面，在中国，皇帝则应该把军事指挥权委托给别人，正如他们把行政管理权委托给别人一样。然而，历代王朝的建立者总是通过军事行动崛起（除秦始皇以外），并且，一个王朝的第二任帝王在其王朝的奠基过程中有时也会扮演一个军事性角色，这样的事实被认为是尴尬的必然，因而不会在公共表演或公共庆典中体现。

两个帝国在兽斗比赛和角斗比赛的角色上也出现了同样的差异。在罗马，这些比赛是常规公共表演的一部分，并呈现在罗马斗兽场这座伟大的纪念物中，而在汉王朝，这样的场合是私人娱乐或朝廷象征性仪式中的元素。文献记载，汉朝皇帝曾在他们皇宫中的特殊围栏里举行过兽与兽之间或兽与人之间的格斗。更重要的是，位于都城外的巨大的皇家

〔16〕Tuck 2009：讲座 24（“作为表演者的皇帝”）。

猎场中也有大型的狩猎仪式，让人和野兽搏斗，他们有时甚至赤手空拳。相似的是，一些文献记载也表明，举行过一些击剑比赛（经常是战死方休）以供战国晚期或早期帝国统治者娱乐消遣。[17]因此，正如在早期中华帝国，军事纪念物大多保留给统治者和朝廷，所有的军事仪式或以戏剧方式呈现统治者对自然世界之征服的暴力仪式也是如此。给普通民 213
众提供暴力的战争场面，在其中，国家展示对敌人和异己之物的杀戮，这并不被汉朝朝廷视为可以接受的事情。[18]

尽管汉王朝统治者所颂扬的暴力仪式并没有公之于众，但是它们似乎既没有被刻意保密，也没有无限期地成为一种特权。关于这一点，最明显的证据来自东汉墓穴艺术，它描绘了人和兽之间的搏斗，更加罕见的是两个装备着矛或剑的人之间的战斗。[19]这些墓穴中的场景通常被理解为描绘了东汉贵胄的生活理想，他们试图通过图像的力量在来世实现这些理想。因此，墓穴中对这种打斗场景的描绘表明皇帝生活方式的这一方面（不管有没有被官方认可）已经成为贵胄生活中一项相当普遍的内容。同样，文学作品也描述了来自主要城市的世家大族举行的盛大的集体狩猎，与皇家的围猎相类似。[20]然而，无论是艺术上的证据还是文学上的证据，

〔17〕Lewis 1990：150–7，2012.

〔18〕关于罗马世界中有组织的暴力场面的政治运用，参见 Plass 1995；Fagan 2011；Kohne and Ewigleben 2000；Futrell 1997。

〔19〕Lewis 1990：150–7.

〔20〕Lewis 2009c：89–91.

都无法表明这类活动曾变成公开的、公共性的场面，并有大量群众观看。

在罗马，暴力仪式作为公共景观上演，而在汉帝国，却保留为贵胄特权，私人的观看，与此同时，没有证据表明汉朝有过任何类似罗马在指定的公共建筑物中出现的活动，比如戏剧、战车比赛和洗浴。艺术和文学作品中描绘了各种各样的音乐表演、杂耍和摔跤，但是这些也都呈现为贵胄的私人娱乐。这样的一些表演可能在某些场所供较穷的人消遣，比如酒馆，但是没有证据显示这些表演是由汉朝贵胄提供的。尽管我们的材料无法证明普通民众也能享受这些娱乐，这可能仅反映出这些材料的阶级偏见，但似乎比较清楚的是，这些在罗马必需的活动所带来的大量的人群聚集，显然不能被汉朝朝廷接受。因为统治者避免任何公开的自我展示，也因为任何视城市为一种在集体聚集中表现自我的社会形式的想法在数个世纪之前就已被压制（参见下文），所以任何形式的大规模公共集会都以公共安全的名义被禁止。

这种对于人群集会的普遍禁止只有一个例外，那就是官方的城市市场。这些区域通过两种建筑形式而被定义为公共空间：一个坐落于中心位置的多层塔以及由摊点组成的栅格，中心多层塔是主管官员的住所，而商铺按照他们所卖商品的种类被安排在栅格中。他们同样遵循汉王朝公共空间范式，被安置在高墙之后，仅仅在规定的时间开放，以旗和鼓
214 作为信号。标志着清晨开市和傍晚闭市的击鼓提供了中华帝

国城市空间主要特征的最早已知形式，在这个形式中，一个由政府设置的声音背景标志着一天的节奏。〔21〕根据秦律，所有的交易记录都要呈递给官府，所以，所有商业往来都会使参与者和官员定期接触。

秦汉政权也通过对度量衡标准化的强调把人们纳入到公共领域之中，作为商业交易的一项要素。两个政府都创造了一些物件——包括秤砣、勺子和测量容器——用以确定重量、长度和容量（尤其是粮食）的标准单位。这些单位根据秦始皇的法令确立，秦国通过把法令刻写在这些确保市场标准的测量物件上——或是完整版或是删略版，强调了国家作为普遍标准创造者的角色。秦二世在同一范畴内制定了一条附加法令，这条附加法令被增刻到许多新制造出的测量物件上（在一些情况下，甚至召回了旧的测量物件回炉到官方作坊中加入这条新的铭文）。在短命的秦政权相对稀少的存留物中，留下了大量这样的物件，可见，这项举措对国家是多么重要。学界已经收集到了 12 件刻有铭文的测量容量的青铜器具，60 多件刻有铭文的用于杆秤的秤砣，数不清的带有青铜铭文斑块的生铁秤砣，特殊的被附加到陶器上的青铜铭文和铁铭文，数不清的印有铭文的陶罐。在 100 多件这种陶罐残片中，绝大多数都是使用印鉴印出铭文的，从而保证了文本复制的正确性。有趣的

〔21〕Lewis 2009a：89–90 描述了用鼓来示意长安城居住里坊在一天开始之际的启动，以及它们在一天结束时的关闭。Hung 2005：第 4 章描述了同样现象的后期版本。

是，这些陶罐为“皇帝”两个字应该出现的地方留出了空白区域，这表明平民百姓把这个称号看得太过神圣，不敢提及。[22]汉朝继续制造用于测量的标准器具，但没有例行性地加入铭文，因为市场上的标准单位制度已经从前朝继承下来。

正如查尔斯·桑夫特（Charles Sanft）在其近期的“教授资格论文”中所论证的那样，大量这样的例子以及在诸如陶罐这样粗陋的媒介上的宣传，显示了早期中华帝国政权一项自觉的政策：宣传国家及其行动的意识，以创造共同的知识与标准，从而团结帝国所有臣民，鼓励平民在其个人
215 活动和利益上认同国家行为。因此，尽管这些政权普遍对人群的聚集存有疑虑，并且绝不像罗马帝国那样鼓励人群在诸多这样的场所聚集，但是，它们确实利用了一大群人在市场上的聚集以及发生在那里的实物交换来传播一种对国家积极行为的认识与承诺，从而逐步灌输了公共领域的理念。

市场作为一个大量人群可以合法聚集的场所，同样也是国家和人民进行交流的特权场所。较为民间的交流形式包括张贴公告，在某些特殊情况下，还包括公开展示物品和文书并要求回应。更残忍的是，市场也用作执行公共刑罚——鞭刑和死刑的场所。那些犯了滔天大罪的罪犯的头颅——有时则是一整具尸体——也会在市场中示众。正如使用刻有铭

〔22〕Sanft 2014.

文的度量工具那样，这些举措使市场成为一个传播公共理念的特权场所。

最后一个被建构的场所是西汉帝王陵墓群，它在长安城北建立起来，周围聚集着大量的人群，因着它汉帝国为天下所知。正如佐原康夫（Sahara Yasuo）最近所指出的，秦汉帝国的都城通过系统性地建设标志着城市独特性的城外建筑群而与其他城市区分开来，也常通过仪式性地强调它与更广大宇宙秩序的联系而与其他城市相区分。[23]在长安城，这个（城外系统建筑的）角色由一排排大型墓冢承担，它们以人造土山的方式在渭河北岸被建造为皇陵，有一些还有显赫的官员和将军的附属坟堆相伴左右。每一个陵墓都有用于祭祀的木制建筑，所有这些都由陵邑的居民来维护，陵邑专门为其提供资金和劳动力。遵循汉朝创立者的政策，这些陵邑的居民主要来自帝国其他地区世家大族的强制性迁入，正如本书第六章所讨论的那样。这种做法有双重的好处：既把各地世家大族从他们的世居地迁走，又提供了越来越多的人才与财富，他们直接依附朝廷。很多城市扩张为非常大的规模，总人口超过了首都内城的人口。这些城市成为进行官员招募时最大的后备人才库，并且这些人逐渐形成了富有特色的都城文化的基础。

帝王陵墓、祭祀建筑及相关的陵邑共同构成了富有特色的公共空间模式。它们至少在两个方面具有公共性。首先，

〔23〕Sahara 2002：88–100.

它们是帝国威严的具体体现，也是帝国威严与上天力量连结的具体体现，这对都城民众而言是可见的，而且它们确实界
216 定了城市的自然布置。其次，它们是系于皇陵的人口大规模聚集之地，凭借与帝国体系的关联，当中许多人成为帝国的主要臣仆。皇陵及其陵邑以这样的方式建构起了朝廷的另一个中心，但是，与朝廷不同，它们开放给公众，并且是集体集会的场所。

罗马帝国和汉帝国的其他城市也有一些相同的公共建筑，尽管在数量和规模上都不如首都。在罗马帝国，城市—国家被认为是组织和行政的自然单元。事实上，我们可以说，罗马人视他们的帝国为半自治性城邦在最高的罗马城邦之下的集合体。[24]这意味着尽管帝国不同地区的城市化程度和形式千差万别，但在任何一个大城市都会有一些标准的公共建筑或空间。

在许多方面，西方的城市经常作为罗马帝国主义的结果而出现，它们建基于罗马的殖民地或要塞，呈现了罗马城市生活最清晰的想法。罗马城在其地貌特色中自然成长起来，与其本身不同，罗马的殖民地和后来的城市试图建立一个正方形或矩形的轮廓，由城墙围起来，街道以一种严格的垂直形式相交叉。城市广场位于中心位置，理想上要处在主要的南—北向和东—西向道路相交的地方。广场本身也是一个矩形，布局上要与主要街道平行，周围是门

〔24〕Drinkwater 1987：354.

廊，用于遮阳挡雨，两边则矗立着大型公共建筑。主要的公共建筑总是坐落于广场之中，至少包括一个法庭、一个地方议事厅，通常也有一个民间宗教的神庙。这样一座神庙会供奉希腊罗马形式中主要的本土神祇——卡皮托林三神（Capitoline Triad）：朱庇特（Jupiter），朱诺（Juno）和密涅瓦（Minerva），或者供奉帝王及其家族。其他的神庙散布在城市中，坟墓则分布于进出城市的主干道两旁。这样的城市作为罗马世界的一部分，也会包括至少一个综合浴场、表演哑剧和戏剧的剧场、用于血腥竞技的竞技场、用于战车比赛的跑马场。从高架渠而来，用以供给喷泉、洗浴以及更多世俗用途的水同样很重要。最后，主干道也经常以门廊、纪念门和凯旋门作为特色。[25]

尽管在考古发掘中没有像罗马帝国的城市那样有文献记载，但汉王朝的地区城市同样也基本是其首都的简化版本。它们和长安城共享相同的建筑元素：界定城市的外墙，隔离居民住宅区和皇宫、官府所在的政治区域的内城墙以及一个规范化的市场，允许人群聚集在这里进行有控 217
制的商品交易。它们也以同样的原则来运作：普通人被排斥进入政治内城中，因此，他们与国家官员的交流被局限在市场，必要时还有法庭。正如在墓葬艺术中所描绘的，市场同样有供官员使用的多层塔和供商人使用的单层建筑或栅格。

---

〔25〕Levick 1987；Drinkwater 1987；Salmon 1970；Bradley and Wilson 2006.

3. 公共空间及其建造者

罗马帝国和汉王朝的次要城市各自的公共建筑和空间得以建造的模式有显著差异。在罗马城市，界定公共区域的建筑大多通过当地贵胄所提供的显而易见的公共慈善事业得以建造。当地世家大族的首领提供了建造浴场和竞技场的费用，这种公共服务被永久性地记录在建筑物的某些可见部分的石刻上。事实上，罗马帝国的城市贵胄资格最终取决于提供这种慈善，它被马克斯·韦伯描述为“富人捐赠”(liturgies)。[26]因此，定义城市景观的巨大建筑成了地方社会秩序的具体体现和展示。同样重要的是，这种城市社会秩序以效仿罗马城的建筑为标志，对“罗马化”进程而言必不可少。在罗马要塞和营寨演变成边境省份的城市，垂直街道计划和界定罗马城市文化的建筑的存在某种程度上是强加自帝国中心的产物。然而，更为普遍的是，当地野心勃勃的贵胄有意通过建造独特的公共建筑，标榜自己是罗马帝国的一部分，目的是通过与伟大的罗马城所提供的样式相连接而抬高自己在当地的地位。这样公开示范的慷慨有助于当选重要职位，在某种情况下，将具体数量的私人财产贡献给公共建筑或在其中举行仪式和娱乐表演是担任公职者的一项义务。[27]

---

〔26〕Weber 1946：165.

〔27〕当代学界从强调罗马化是来自中心的强加转变为强调罗马化是当地贵胄为了自己的目的而积极接受和推行的，这在 Millett 1990 中有最为经典的表述。对于这本书的批评集中在挑战一种简单的罗马—本土两分法，参见 Woolf 1998；Mattingly 2006。

虽然建造公共建筑及其铭文首先是社会最高阶层成员
职业生涯的一个方面，但是路易斯·雷维尔（Louise Revell）
提出，这样的场所同样也可以被更广义地解读为社会各个阶
层的人们在其中表现或重新界定自身的地位。[28]因此，普
通的男性公民并不会捐建建筑，但是会使用它们。他们作为 218
观众的一员会参与政治和宗教仪式，在游戏和竞赛中成为人
群的一部分，或者在浴场参与形成社会网络。他们作为政治
公众的一员，其参与对较高阶层之人的地位得到认可必不可
少。这种模式对罗马帝国所有公共空间的政治角色至为重
要，拥有某些权利的人进行集会，参与事务，依据各自身份
而拥有实际位置，这些对于帝国运转而言相当重要。

除了地位较低的群体必须参与公共空间的仪式和表演外，界定那些空间的某些活动——尤其是提供公共捐赠及相关的铭文展示——提供了一些模式，使得那些地位较低的群体可以公开地表达自己。因此，尽管女性不能参与政治集会，她们在游戏和比赛中也是公众的一部分。那些来自特别富有或优秀家庭的女性可以获得女祭司的职位，她们甚至可以进行公共捐献，这些恩惠会被永久记录在石头上。被释奴隶同样可以如此，尽管他们被禁止担任最高官职，但如果他们的财富足以行善的话（以赞助比赛最为显著），那他们的名字同样也可以被刻在石头上以示纪念。也有许多铭文纪念军人的生活和行为，可根据这些军人的军衔和他们所属的军

〔28〕Revell 2009：第5章。

团来加以甄别。尽管不是严格意义上的公共建筑，沿着进城主干道而立的葬仪纪念碑也可以很大，并以浮雕或雕塑作为装饰，从而使它们所纪念的那些人物具有公共内涵。以这种方式，公共建筑就不仅是最高阶层贵胄建立起来或为最高阶层贵胄而建的砖块和大理石建筑物。相反，它们成了社会各个阶层、性别、年龄的人都可以在城市生活中寻找到自己位置的地方，这对一个罗马人来说是根本所在。

雷维尔展示了罗马城中公共空间的社会性用途如何不局限于简单重申既定的阶层和荣誉，这对我们思考汉帝国中相平行的问题尤为有用。在汉帝国，所有的公共空间都明确地由国家官员来建造和管控，所以，被认可的公共领域也就在形式上等同于国家活动的场所。然而，就像在罗马城一样，被合法界定的公共领域为那些没有被正式承认为贵胄的人提供了参加贵胄活动的空间，并且也为其他群体的行动提供了模式，实际上扩大了公共领域。

这一扩大了的公共领域至少可以从以下 4 个方面来理解：1. 国民在经济上和社会上被卷入商人和非官方贵胄的世界，通过私人关系或国家的经济行为而被纳入国家之中；2. 西汉的帝王陵墓及与其相关的城市创造了一个公共空间，在这个空间里面，重要的非官方贵胄成员找到了其在帝国秩
219 序中的位置；3. 通过市场中的集体活动而形成的团体和网络也在帝国秩序中找到了一席之地，或者说是作为帝国秩序非法但不可或缺的延伸；4. 地区和地方城市中政府的行政管理活动需要当地贵胄的参与，因此，这些地方贵胄就成为

没有得到官方正式任命的帝国秩序的活跃代理人。我将简要地分别考察这几个现象。

非官方贵胄的财富和影响力使得他们可以与地方官员联系在一起，有时甚至主导后者，自汉朝建立伊始这就是备受文人谴责的问题。后来，司马迁把商人的这种权势和影响力作为一个简单事实记录下来，甚至还描述了皇帝向商人和工坊主授予荣誉以表彰他们对国家的贡献的事情。这个时期的诗歌也谈到了大商人与官员或皇家成员的社会交融。〔29〕

除了这些对于商人政治力量的简短观察外，一些传记也戏剧化地描绘了官员和大商人在社会和经济上的融合。大诗人司马相如的传记就描述了他作为一个年轻人，怎样作为县令的贵客在官方旅舍（都亭）下榻，并受到礼遇。一群当地商人对此印象深刻，他们当中有一人在府邸设宴邀请县令和司马相如。司马相如用音乐和诗歌为宴会助兴，引得此人的女儿爱上了他，传为一番美谈。他们随后私奔。这对年轻夫妻经营一间酒坊，短暂陷入穷困。最后，为了家族的体面，也寄希望于司马相如在政治上的成功，这个女孩的父亲被说服了，他认可了他们的婚姻，并给这对夫妻大量的财产。后来，司马相如成为朝廷上第一流的诗人并得到了政治

〔29〕例如，参见贾谊（卒于公元前169年）、班固等人的著作；《汉书》（北京：中华书局，1962，第2244–2249页）；华岑（Watson）的司马迁译本，1993，第二卷，第381页，第387–395页，第440–441页，以及第450–453页［由伯顿·沃森（Burton Watson 翻译）］；以及康达维（Knechtges）的萧统译本，1982，第105–107页（班固，《西都赋》）以及第203页（张衡，《西京赋》）。

任命。与此相类似，在汉武帝时期，张汤一度是汉朝朝局重要的司法和主导性人物，他的传记以相当的篇幅描述了他与富贾的日常交际帮助他把后者纳入自己的政治活动，并使自己也参与他们的商业交易。[30] 因此，可以清楚看出，社会网络、联姻以及共享的商业活动的形成使得地方的贵胄（最主要的是商人）参与到国家事务当中。

商人们除了通过与官员的联系而参与到正式的公共领域外，司马迁还认为，经济力量事实上也建构了一个平行的权威
220 等级制度。富甲一方的地方贵胄形成了一个“无冕贵族”，较穷的邻人按照伺候国家官员的方式来伺候他们。这些富人们不仅有权势雇用邻人的服务，花钱免除所有官府的义务，还通过显而易见的慈善事业获得影响力，主导他们所在的地区。[31]

汉王朝对盐铁垄断的依赖是商人们借经济活动获取通往公共领域权力和地位的最后一种方式。通过炼铁发家的家族有时会迁居到可以被国家更紧密监管的地区。但是在这些新地区，他们不仅依靠财富，也依靠国家对他们的庇护来获取地方影响力。桑弘羊和其他被委任去指导国家盐垄断的商人，凭这方面的能力逐渐把持朝政，这样的例子更清楚地证明了这一点。[32] 因此，国家和经济之间不断变动的界限导

〔30〕Watson 1993：2，260–1 和 385–95。

〔31〕Watson 1993：2，447. 关于在汉王朝中，慈善作为一种官方或非官方的权力模式，参见 Lewis 2009b。

〔32〕Watson 1993：2，450–1；参见 Twitchett and Loewe 1986 中关于“盐垄断”和“桑弘羊”的索引项。

致商人一会儿被排除在官方的公共领域之外，一会儿又被卷进官方的公共领域之中，但是贯穿于这些变化中的始终是他们继续行使实际的公共权力并发挥影响力。

地方贵胄能够进入国家领域的第二种方式是上文提到的把全帝国最显赫和最有权势的家族强制迁居到长安城北面用来守护帝王陵墓和维持祭品供奉的城镇。这些家族最初是战国时期的主要势力，并就此成为新建立的汉朝的主要竞争者，但他们的新位置使得他们不久就成为官府招募官员的最重要人才库。这些城市的重要性和繁荣吸引了来自全国各地的自愿的移民，这些移民成为同一个半公共领域的参与者。正如司马迁所说，不管是强制性移民还是自发性移民，以及渭河谷地土地的相对匮乏，都意味着对许多人来说，农业并不是他们的选择，因此这个地区的大多数人都投身于商贸和制造业。[33]在官员招募人选的人群中，这种重商主义活动再次显示出不被承认的地方贵胄如何通过把自己的活动转移到国家创造的公共空间而使自己跻身政府领域。

市场是公共空间的主要形式，它提供了一个开放空间，使那些没有官职的人能够非正式地参与官府（活动），或发展出与国家网络相竞争的平行网络。在市场中，除了上述提及的商人的非法权力外，还至少存在两种形式的非法权力。221
首先，以“游侠”之名为人所熟知的流氓团伙经常在市场

〔33〕Watson 1993：2，441.

聚众赌博，或者在斗志高昂的年轻人或屠夫中招收新成员。正如司马迁所描写的，这些游侠是和平时期的罪犯，但在叛乱或内战时期则成为重要的政治人物。汉朝的建立者就曾经是游侠所招募的痞子，他的许多重要部下也是这类人。西汉时期，几个主要的游侠作为穷人的守护者或是社会的调停者而享誉全国，他们还发展了囊括诸多官员的庞大社会网络。许多游侠自己成了受命的官员，去摧毁地方豪族，一些从事相似工作的官员则在他们退休时成为了游侠。京城的游侠组织甚至规律地与官员联系，为其提供刺客或打手的服务，同时也从官员那里得到赞助和保护。因此，市场中的这些游侠既作为国家代理人而行动，同时也构成了一个与之相平行并相互竞争的基于暴力的地位和财富网络。〔34〕

另一种在市场中运行的网络围绕所谓的萨满巫医展开。许多个人在市场中提供类似医生、占卜者，或者两者兼而有之的服务。有几则逸事还把这样的人描述为官员和统治者的竞争者或替代者，他们保证了人与神之间的恰当联系。朝廷法令也把这些人和商人联系在一起，把他们当作拒绝缴纳税款的牟利者。有几则文本还描述了他们诱骗许多人为其服务，这些人包括了与游侠也有来往的品行不端的年轻人。〔35〕尽管这些人中的许多人显然不是未被认可的贵胄

〔34〕Watson 1993：2，第 122 章和第 124 章；Lewis 1990：89–91；2006：163–5。
〔35〕Lewis 2006：165–7.

成员，会按照商人和游侠的方式行事，但大家族和抱负远大的官员中确实有人追求像郎中和灵媒这一类的职业。更值得注意的是，在汉朝，“萨满”一词也适用于有权有势的地方大族，他们以捐助宗教教派作为其权力的基础。因此，“萨满”一词在一些语境中蕴含着未被认可的贵胄资格，并且当他们从皇帝那里获得恩宠的时候——比如汉武帝时期——这些人就可以进入国家领域。同样值得注意的是，某些与受“萨满”赞助有关的地方宗教祭仪同样也由商人来组织。[36]

最后一个为野心勃勃的地方权贵提供机会，使其能够非正式地进入国家领域的城市空间就是地方官府。汉朝官员，即使是如尹湾汉墓出土文献所表明的相对卑微的官员都 222
是由中央政府派出的。[37]因此，他们中的绝大多数对于要管理的城市一无所知。在一些地区，他们甚至不能讲当地话。因此，尽管地方官府在理论上对所有人都是封闭的，除了那些因为某些法律纠纷而被传唤的人，但是在实际的实践过程中，地方世家大族作为一个永久性的副官僚机构在官府中服务，与这些由中央政府派出的官员一起工作。因此，汉帝国中所有官方承认的公共空间也成为这样一个地方：未被认可的地方贵胄或其他社会网络中的成员可以和那些被认为是唯一真正贵胄的官员一起工作，并模仿他们的行为。

〔36〕例如，参见，Wu 1980：333 和 338–9。

〔37〕Loewe 2004：38–88.

4. 城市及其过往

最后一项将罗马城和罗马城市的公共空间与汉帝国的公共空间区分开的特征就是它们与各自过往的根本不同的关系。这一点反过来又是因为这两个国家与主导地方城市社会生活的贵胄之间的关系不同。简短地总结一下，罗马城的公共空间以及罗马帝国其他城市的公共空间，都强调它们和一个古老过去的联系，并且在一定程度上，这些公共空间把城市描绘为一个在其起源与今天的历史之间展开的产物。把城市视为延续的、发展的实体，通过其历史来界定的设想与另一个观点紧密相关，即任何一座城市的本土贵胄（城市历史的继承人）都是城市的权威。

与此相反，汉朝的首都则呈现为皇室的创造，对过去的提及也只是为了宣告那些汉朝已经克服了的、早先的失败和灾难。背景卑微的汉室没有任何历史。而且，它的第一个首都没有任何可用的历史，仅是秦皇宫外围的一块地方。因此，首都的历史以王朝的建立作为开始，它跨越时间持久性的基本物质表达则是那稳定蜿蜒的帝王陵墓。这些皇陵标志的不是一段城市的历史，而是皇族的血统。尽管其他城市有更长的历史，但是这些历史并不使它们和汉朝发生联系，而毋宁说标志着它们作为较早的存在表达了有限的地方权力，或是作为秦朝的地方基础。正如我将在后文讨论的，汉室通过超越所有地方纽带和限制来证明自己统治的合法性。诉诸任何一座汉朝城市的历史只能显示出这座城市有限的地方属性，而这正是统治家族及其官员声称要去超越的。出于同样的理由，诉诸任何地方人口也与现在界定汉朝权力的原则相冲突。因此，贵胄只有根据其成为汉王朝一部分的程度，只有通过担任服务皇帝的官职，才能被正式地认可。

建都时对过去的这种刻意回避有一个显著的例外，那 223
就是汉朝把上文提到的秦始皇用收缴来的武器熔铸而成的金属巨人作为城门的守护者。然而，这个表面上的例外意义不大，有以下几个原因。首先，也是最重要的，在长安城最初建设的时候，这些铜像所包含的“过去”总共不过一代人而已。这就好比奥古斯都时期的罗马城不追溯尤利乌斯·恺撒之前的历史一样。其次，这些铜像并不是城市景观的永恒特征，而是移动的物品。最后一座残存的铜像被移进后来的首都，也作为另一个版本的荒废和消失的首都成为诗歌中纪念的主题。最后，正如下文将讨论的，秦始皇的首都很大程度上是无中生有的创造，有意识地突出与过去的断裂，是秦始皇视自己为终结历史的完美或贤明统治者想象的一部分。[38]因此，这些对相当近期的历史追溯，以及纪念一个完全与过往所有历史相断裂的物品，并不对这里的论证构成挑战。

上文已经讨论过罗马城拥抱历史的几种方式，这历史被刻于公共空间中。广场纪念着它的捐建人，庙宇或者其他

〔38〕关于秦始皇视自己的统治为历史上的一次彻底的断裂，以及自己为“弥赛亚式人物”的详细讨论，参见 Pines 2014。

显要建筑铭刻大事件。相似的是，纪念拱门永远地追忆着特定的军事胜利，巨大的公共竞技场、浴场、剧场也都让人回忆起建造者的声名。公共建筑这种纪念性和历史性的功能通过刻写铭文来宣告那些捐赠者的光荣行为而得到了清晰的表达。帝制时期，次要的历史声明会刻在不那么重要的建筑物上或家庭墓碑上。

除了这些宣告历史并因此构成一段帝国建筑史的场所外，罗马城的公共空间也纪念追溯建城神话的事件。罗马人相信罗慕路斯曾在帕拉蒂尼山（Palatine Hill）上修建城防工事，山上有一个可以俯瞰马克西姆竞技场和屠牛广场（Forum Boarium）旧址的罗慕路斯小屋（Hut of Romulus），这里被认为是罗慕路斯和瑞慕斯被河水冲上岸的地方。当奥古斯都为自己修建在罗马的居所时，他把它建在了罗慕路斯小屋附近，为的是突出他作为罗马第二建立者的身份。罗马城的居民也可以在同一区域看到一块裸露的岩石，这被认为是罗慕路斯为建城而占卜的地方，在山脚下有一个被认为是母狼曾经哺乳婴儿的洞穴。罗马广场中有一个纪
224 念物纪念罗慕路斯升天的地点。这里的其他建筑——比如雷吉亚，维斯塔神庙以及库里亚——都被认定是王政时期的建筑。广场中的卡斯托尔神庙纪念这位神祇及其弟弟在一场早期战役中可能给予的帮助。和谐女神神庙（The Temple of Concordia）同样坐落在广场上，它于公元前 367 年建成，用来纪念平民和贵族之间的一个公约，公元前 121 年还得到了扩建，以庆祝贵族对格拉古兄弟的胜利。

广场中的另一处地点是一块用栅栏围起、被称为净化之泉（the Lacus Curtius）的洼地。这块洼地用来纪念马库斯·库尔提乌斯（Marcus Curtius）的英雄事迹，人们认为他于公元前362年全副武装地骑上马背，跳进了这个广场中神奇地打开、随后又奇迹般关闭的洼地。〔39〕

这只是分布于罗马城中的历史遗址的一个样本。以同样的进路进入历史也是早期帝国文学的特点，其中许多杰作都涉及了罗马的起源和历史。关于罗马城古老过去的文学描述开始于诗人恩纽斯（Ennius，卒于约公元前169年），他的历史史诗《编年史》（*Annales*）追溯了罗马城从特洛伊陷落到公元前186年老加图（Cato the Elder）任监察官的历史。维吉尔（Vergil）的《埃涅阿斯纪》（*Aeneid*）也追溯了罗马城建立的历史，为奥古斯都的胜利创立了神话先例。与之同时代的李维（Livy）也撰写了他的罗马史，叙述了罗马城从公元前753年建城之前直到奥古斯都时期的故事。甚至奥维德（Ovid）也在他的《岁时记》（*Fasti*）中，把罗马历史上许多事件的记载整合进他关于节日庆祝及庆祝场所的日历中。〔40〕

尽管帝国的其他城市都比不上罗马城中政治铭文的密

---

〔39〕体现罗马城中历史遗迹的这些数不清的例子在 Stambaugh 1988 均有标注。参见“罗马”下的索引条目，这一条目按字母顺序把所有主要的遗迹以副标题的方式罗列出来。

〔40〕关于罗马文学和城市历史的联系，参见 Quint 1993：第1—4章。关于奥维德《岁时记》中的政治，参见 Barchiesi 1993；Newlands 1995。

集程度，但许多城市（尤其是希腊东部）的历史更为久远，享有伟大的文化和历史声誉，这些声誉通过追溯早于罗马的历史而体现出来。更重要的是，所有罗马城市，不管是新建的城市还是历史悠久的城市，都以标志其“罗马性”（*romanitas*）的同一模式的主要公共建筑以及记录这些建筑来源的铭文为特征。因此，罗马世界的每一座城市只有通过公共场所的产生以及与这座城市建城历史相关的碑铭记录才能参与到帝国之中。

把连结过去的建筑物融入罗马的城市景观也表现在坚持用石头来建造城市。这种从希腊世界引入的建筑模式在奥古斯都的名言中被宣告为帝国城市的模式：“我接手的是一个砖的城市，留下的是一个大理石的城市。”[41]
用石头来建城旨在使这座城以及详述其建造过程的铭文达
225 致永恒。它们被后世的帝国公民赞叹和阅读，存留几个世纪，成为建筑素材的来源，沉思冥想的对象，荣光稍纵即逝的艺术表现，最后成为现代历史学家和考古学家的研究来源。

相比之下，秦汉王朝的都城和两个王朝中的其他城市一样，都是用木头建造并由生土夯筑而成的。在都城，这些材

〔41〕Suetonius，*Augustus* 28.3. 转引自 Stambaugh 1988：51。奥古斯都在其《奥古斯都功业录》（*Res Gestae*）中提供了关于这一改造的细节，《奥古斯都功业录》被镌刻在几个供奉他的神庙石头上。参见 Brunt and Moore 1967：27–9 和 61。关于奥古斯都重建罗马城的意义和影响的详细分析，参见 Favro 1996。

质同表现政治幻灭的文学和文化主题联系在一起。尽管谁都不能言及皇帝的死或一个王朝的终结，但每一个人都知道这是不可避免的，都城的倾覆成为一项重要的诗歌主题。它作为王朝的一个创造，和王朝一同倾覆。根据法令，它进行从无生有的创造，当这些法令失去效力，它也就复归于无。因此，秦朝的都城咸阳被反叛者项羽烧为平地，长安则在西汉末年毁于一场内战，洛阳在东汉末年毁于权臣董卓之手。[42]

这种不把帝都系于任何历史的模式不仅是都城的物质形态易朽坏的结果，也是帝国创造的意识形态的结果。尽管秦始皇是皇室的一员，也向他的祖先献祭，但是秦始皇也坚持其成就在历史上独一无二，并标志着与过去的断裂。因此，最能体现秦始皇自我理解的铭文把先于其统治的所有历史都描述为不断的杀戮和混乱，也把所有更早的非秦国统治者都描述为叛乱者和罪犯。正如柯马丁（Martin Kern）所说，秦始皇“并没有赞美他先祖的成就并以此来间接地累加上自己的功绩，而是直接地展示了自己的成就”。尤锐（Yuri Pines）更为详尽地阐述了这一观点，并将其置于当时的政治哲学之中。[43]尽管秦始皇的事业通常被他之后的统治者视为丑闻，但他仍然为所有后来的皇帝提供了一套不为人知的模式，甚至他“狂妄自大”的行为也经常成为惯例。[44]在这个

〔42〕Lewis 2007：100–1.

〔43〕Kern 2000：146. 这些铭文的完整、带注疏的文本收于 Kern 2000：10–49。Pines 2014.

〔44〕Lewis 2007：第 3 章（尤其是第 70–74 页）。

例子中，和过去的断裂成为历代王朝奠基时的常规特征，使得那些从绝对或相对卑微的身份中兴起的人创造出一个以新都城、新礼制和新法律为标志的新国家。即使到后来中国人拼凑出了一套合法的王朝更迭的理论（正统），每一个王朝仍然是一个新的创造，而非像罗马城那样是早先国家的空间拓展。

尽管创立统一帝国的成就史无前例，并且所有后继王朝及其首都都进行了制度化的创新，这些解释了不诉诸中
226 心城市历史的决定。但是，在政治上拒斥其他城市过去的历史有两种更进一步的解释。第一，罗马城本身发源于一个城市—国家，并且它的帝国出现在一个城市—国家仍为基本的文化和行政单位的世界中，而中国的城市—国家时代在很大程度上已经在帝国创造前的250—300年走向终结。[45]更重要的是，大型领土国家（每一个都由一名最高统治者统治）在中国的兴起取决于此前统治几个世纪的城市贵胄的瓦解。因此，战国时期（公元前481—前220年）那些控制着日后成为中国疆土区域的政治组织已经能够仅通过消灭城市的主权独立地位以及在社会上瓦解这些本土城市贵胄来获取权力。考虑到其历史，罗马继承了元老院和旧共和制贵胄作为皇帝角色的基础，后者最初包括即时且永久接管共和政府。帝国的其他城市将其旧有的执政团

〔45〕关于中国城市—国家（city-state）的自然和历史及其消亡，参见 Lewis 2000b，1990：第1–2章。

体转变为行政管理的载体，也把它们的贵族或富有且活跃的公民转变为帝国贵胄。与此相反，中国的城市贵胄在创造战国的过程中已经作为政治参与者被消灭了，秦汉帝国正是这种排除制度的继承者。

汉朝的地区性城市及其贵胄没有被正式承认为政治实体的第二个主要原因是：中国的知识分子和政治行动者逐渐认识到社会等级制度是根据递进的包容圈模式而建成的，在这个递进的包容圈中，权威来源于一个无所不包的凌驾于有限部分的整体。[46]在战国末期，政治哲学家和行政文书都认可新的领土国家的权力凌驾于已衰微的城市—国家，他们坚持后者有限的视野和狭小的地理范围会使其统治者和贵胄充满愚昧的偏好。这种偏好被解释为“俗”的影响，在习俗之下，人民受束于积累的习惯和贫乏的经验。与此相反，庞大国家的改革统治者和他们的哲学助手及支持者由一个包容性的视角所界定，这个视角尽其所能把整个世界纳入一个领域中。这在秦始皇宏大的宣告中达到高潮，他宣称自己已把和平和繁荣带至率土之滨以至其中最卑微的生物，而他则从刻有其碑铭的山峰上向下凝视这所有一切。

这一想法为汉帝国所继承，汉朝的许多思想家就使用这源于地理界限的“俗”来解释秦朝的本质及其最终的失败。正如司马迁所描述的，早前战国的每一个国家在汉朝统

〔46〕这种想法的不同层次和不同形式在 Lewis 2006 中得到了厘清。

227 治下呈现为一种有限的、地区性的文化，受限于源自其地理和历史的习俗。[47]这套不将自己系于任一前朝的说辞被证明是极其有用的。汉朝统治者发源于南方，曾短暂定都于黄河冲积平原东部的洛阳城，最终定都在旧秦腹地的环山险要之处，汉朝统治者似乎超越了与任何特定国家的关联，并因此使自己成为一个中心。围绕着这个中心，开明的、有公共精神的人能够摆脱此前爱国主义的狭隘限制去形成一个超越性的、普遍的王国。把来自全帝国的世家大族强制性迁入新都是对此想法最早的制度性表达。被留下来的少数旧国家贵胄或起而填充政治真空的雄心勃勃之人都落在公共领域的界限之下，这一公共领域现在被认为是由服务于普世帝王所界定的超越性领域。

5. 结论

罗马帝国和汉帝国有许多共同的特征。两个帝国通过将整个世界与其所熟悉的内容联合，甚至扩展它们的国境线以吸引更多远方的居民，在大小体量和结构上彼此相似。正如沙伊德尔所说，只有在城市层面上才有最重要的区别。[48]然而，即使在城市层面仍然有许多共同特征，这些城市是人口最集中的地方，是提供了最好商品和最精致

〔47〕Lewis 2006：202–12.

〔48〕Scheidel 2009b 勾勒了相似性和趋同性的特征。对于城市的这一观察参见 Scheidel 2009b：19。

生活方式的“中心地点”，是构建国家的管理中心，也是贸易和工艺生产的关键节点。然而，也有一些关键性的不同，我关注的正是这种主要的、有意义的差别领域，即两个帝国关于公共领域及其公共空间的不同定义。

这种对比在首都层面最为清晰。正如其名字所表明的，罗马帝国是罗马城的帝国，而汉帝国，如它的开国君主和其他人所谈及的，是刘家的帝国。罗马城的公共建筑、公共纪念物和公共空间提供了一个有关“罗马性”的定义，它以石筑的竞技场、跑马场、剧场、浴场设施和供奉诸神与先王的神庙为标志，所有建筑都刻上了纪念其建造者的铭文。它们还提供了从罗马城建城之初直到今天的历史，首先以与罗慕路斯和诸君王相关的遗址为标志，还有使皇帝的胜利永恒化的纪念拱门和纪念柱。被挑选出来用于公开展示的特定历史也把皇帝首先定义为一个军事人物，其次是一个伟大的公共捐助者。它还与军队的中心地位紧密相关，军 228
队是创造帝国并频繁供给帝国管理核心的一个单独的专业机构。

中国的各个都城——咸阳，长安和洛阳——与其帝国之间并没有这样的关系。首先，这些城市的多样性这一简单事实非常重要。尽管罗马皇帝逐渐远离了罗马城，君士坦丁堡却最终作为东边希腊语地区的第二首都出现，但是，汉朝关于定都位置的辩论，标志着一种新型统治的迁都，以及重新设计城市空间以支持这种新型统治风格，这些都不可能在罗马这样以城市为基础的帝国中出现。汉朝首都正是由历史的匮乏和不使用经久不朽的建筑材料来定义，这使王朝可以按照自己的计划来安排城墙、街道、宫殿和官府。汉朝首都中一系列开放的公共建筑和公共空间的缺乏使得公共领域等同于国家。这同样使得汉朝皇帝的善行与其所建立的和平、秩序以及等级相等同，这与罗马那些漂亮且经久不衰的城市景观以及人们在其中聚集以沐浴统治者光辉的公共空间的建造形成鲜明对比。在秦朝的实验失败之后，对于军事纪念物的远避标志着军队的非中心性，这是历代中国王朝一个频繁更改但仍然持久延续的特征。在任何情况下，军事胜利纪念物的缺失清楚地标志着皇帝不参与军事事务，除了开国皇帝这个例外。

在地区性城市的层面，两个帝国的主要区别在于，罗马帝国仍然建基在城市—国家之上，其中，本土城市贵胄仍继续在议事会中任职，定期为这些城市的地方管理和公共生活做贡献。后者最主要的表达是通过显而易见的慈善工作（或者“捐赠”）赞助公共建筑或于其中举办演出，这些善行被记于建筑物的铭文中。以这种方式，定义城市结构的大型石质公共建筑是政治和社会秩序在物质上的具体体现，正如在首都一样。罗马城展示了皇帝的成就（以及建城和共和国时期的英雄），而地区性城市则展示了本土贵胄的荣誉。

中国的地区城市和罗马的地区城市一样，都是帝国首都的一个缩影。和首都一样，它们的公共领域就等同于国家的公共领域，由隔开城市中政治区域的高墙所标志，这些部分是官府和受规制的市场。和首都一样，城市的本土历史并不是公众为之骄傲或者愿意颂扬的话题。孕育了中华帝国的战国通过有意消灭基于城市的贵族政策建立了自身，这些贵族曾在公元前 800 年到公元前 500 年主导中国。新的国家围绕一个最高统治者建构起来，这个统治者依赖对大量农民军 229
的调动而扩大了自己的权力。在这些国家内部，最重要的一步即是对之前控制城市—国家的城市贵胄在政治上进行排除，他们被统治者委任的代理人取代。通过系统性地将地方贵族迁居到汉朝皇帝陵墓附近，以及汉武帝治下在一场实际战争中与那些留存下来的当地贵胄交战，这种对本土、地方贵胄的抑制以批评偏好和流传下来的习俗而呈现出来，在帝国中进一步发展。任何模式的以公共建筑形式进行的王室馈赠都是稀缺的，包括任何通过类似公共恩惠寻求建立自己地位的地方贵胄也基本不见，这导致公共领域的建立局限在那些被国家筑墙围住和占据的空间中。

因此，尽管罗马和汉帝国都精心构筑了自己的城市景观来展示统治者的性质、军队的角色、本土贵胄的地位以及对文明特征的界定，但是，并没有哪一个帝国的公共领域因此就成功地受限于它们理想的模式。与此相反，在每一个帝国之中，公共空间为了统治者的权力和荣誉而被建立起来，贵胄同样也提供了一些空间，在其中，不那么尊荣的人也能够找到政治秩序中或正当或不正当的角色。同样地，两个帝国中被正式承认的贵族建立其公共声名的行动也为较低等级的人民提供了被模仿和采用的模式，以提高自己的权力和地位。城市的吸引力在于，统治者和贵胄为了自己的荣誉精雕细琢使其成为光彩夺目和提供一切最好之物的场所，这一吸引力不可避免地将自己转变为被正式等级排除在外之人的选择，但这批塑造了另一种城市权力网络和系统的人也可以从城市中受益。

第八章

鬼、神与将至的末世

早期中国与古罗马的帝国和宗教

普　鸣

本章将考察古代中国皇权的宗教维度，并与罗马进行 230
比较。在中国与罗马，早期帝国的形成与神圣统治同时发生。同样，在双方那里，这些主张均颇受争议，帝国内的一些宗教运动拒不接受帝王是神圣的，而另一些宗教运动则试图更强调人潜在的神圣维度。有关一个帝国统治正当形式的争论持续了后续几个世纪，这些争论的方式对两个帝国的本质都有巨大的影响。

在本章中，我旨在分析为何有关统治者神圣地位的主张在两种文化中都于帝国形成时出现，并探究其后争论进展的不同方式所带来的历史意义。

1. 帝国的比较：成对的统治，人与神圣的帝王以及千禧年运动

在罗马与中国的世界，帝国的历史惊人地相似。在双方那里，帝国的形成都关涉两个关键人物：罗马的尤利乌斯·恺撒与奥古斯都，中国的始皇帝与武帝。在双方那里，

前者（恺撒与始皇帝）都试图建立帝国秩序，且都被其后的传统视为创立了帝国却未能使其合法化的僭越者。在双方那里，这一失败所引发的内战都结束于一个帝国秩序的重建，这一重建得益于关键人物，他将失败的创立者发起却未能实现的帝国体系巩固并合法化。而且，在双方那里，帝国的正当性都关涉神圣皇权的主张。这种对神圣统治权的主张是新颖的，并且在双方那里，这些主张都与当时宗教及政治实践相悖。毫不意外，这些主张都饱受非议。

231 同样，在双方那里，与帝国体系相对立的千禧年运动（millenarian movements）开始形成。两者都包括启示性的声称，这声称来自一个更超拔的道德神明、呼唤着弃绝此在世界并跟随神圣教诲建立一个全新的秩序。再次，在双方那里，这些宗教运动中的一支变得极其有影响力，最终成为帝国的主导宗教。在罗马帝国那里，这一宗教当然是基督教；在中国这边，这一宗教是天师道（Celestial Masters）。自此之后，备受质疑的宗教成了帝国意识形态的一部分，并在帝国灭亡后，以一种（潜在的）独立组织而得以建制化。

有关天师道的这番论述初看起来可能令人惊讶，所以多说几句或许会有所助益。当我们对比罗马与汉帝国时，看上去着实不同的一点正是这一事实：汉帝国早于罗马帝国衰亡。但这有所误导。汉帝国确实在公元 220 年衰亡，一个成功一统疆域的帝国确实没有持续几个世纪，然而，紧随汉朝的魏国形成了一个控制整个华北平原的大帝国。尽管魏从未成功控制南方地区，但那时它们的确不知道自己将会衰败。

从那时有关帝国事业的观念来看，魏完全视自己在接续（并推进）此前几个世纪的帝国事业。

在中国，汉帝国的衰落反而最好划定在4世纪初期，即华北平原被来自草原地区的军队侵占之时。当然，这是横跨欧亚大陆的草原民族一次更大规模崛起的部分图景，而这也促成了罗马帝国的衰亡。

对在欧亚大陆两端的帝国来说，这种年代上的可比性也正与该时期的宗教历史有关。汉帝国末期，天师道在今天的四川形成了独立的社群。当汉朝衰落，天师道将汉朝将军曹操视为受神明相助开创新朝代的人物，曹操之子曹丕开创了汉之后的魏，随后魏接受了天师道，魏的许多贵胄都信奉天师道的“道”（the Way）。之后，所有大规模的建制化道教运动都将自己追溯至天师道。

在罗马与中国，这种对所谓千禧年运动的归依都从根本上改变了帝国意识形态的本质和宗教运动的本质——并以类似的方式再次出现。

尽管欧亚大陆两端的两个帝国有着这些显著的相似性，但这两个彼此关联之处经常成为两者的相异之处。第一个涉及有关帝国崛起的本土政治理论；第二个涉及西方与中国宇宙论主张的不同。

下面我们从第一个说起：在罗马，帝制的引入包括对 232
共和的自觉背离，也被视为不同于更早期的王政时期。这些术语——共和、王政、帝制——继续构成随后整个欧洲历史中政治话语的基础。罗马帝国陷落后的1000多年中，欧洲的绝大部分后续历史都由君主制支配。但是试图重建与罗马帝国齐名的帝国之努力层出不穷（查理曼大帝当然是个明显的例子，还有更近些的拿破仑以及希特勒也尝试这么做）。更近一些，创立共和国的努力已在与罗马共和国的关联下自觉地进行（以法国与美国革命为例）。

中国的政治术语则差异显著。帝国的形成在中国就像其在罗马一样备受争议，但帝国最终还是像过去的君主制王朝那样被称为一个朝代。并且在这之后也是如此。在前现代的中国，确实没有一个词语可以被精确地译作“帝国”。[1] 就此而言，也没有一个词语可以被精确地译作“共和”。的确有些词语可以被译作“君主制”，这却会带来对潜在差异的强调：就中国历史中所有有关政体正当形态的争论而言，君主制似乎本身不曾成为重要讨论的话题。简而言之，有关君主制、共和制和帝制政治秩序差异的讨论在中国并未出现。

这把我们带向了第二个（尽管是直接相关的）潜在的差异之处，即，经常被指为中国与地中海地区之间的宇宙论差异。经常有说法认为在中国有一种设想：宇宙是一个和谐的、一元的体系，因此，人类世界也应规范性地成为一个统一的、和谐的世界。[2] 因此，由于这些宇宙论的假设，帝制在中国就被视为一种规范——的确，就像组织世界的自然方

〔1〕 常被译作“帝国”的是中文的“天下”（“tianxia”）——“天之下的一切”（“all under heaven”）。但这一术语自青铜时代起就被用于描述君王达致的秩序，正如其对汉时期（已达成时）秩序的描述一样。

〔2〕 例如参见 Mote 1989。

式一样；然而在地中海地区以及欧洲，大体而言不存在倾向于将帝制视为一个规范的宇宙论假设。[3]

本文的目标是探求有关人类与神圣君权的主张所由来的文化争议，并且向那些强调中西宇宙论巨大差异的学者描绘一条比较的进路。

2. 鬼魂的驯化：早期中国宗教实践中的亡者、诸灵和祖先 233

首先，我们概述性地介绍早期中国的宗教实践。这里我会集中在战国到汉时期（从公元前 5 世纪到公元前 1 世纪）主导性的宗教实践，然后在下一小节对这些宗教实践如何随时间而改变进行更多历史性的讨论。

人类被认为由大量不同的能量（energies）、灵魂（souls）与力量（powers）构成。一些能量（“气”）与人的情感相系，而灵魂（“魂”与“魄”）则与人格相系。另一个构成物是灵（“神”），它给予人以意识以及控制事物的能力。人在活着的时候，要尽量培育这些能量以及他们的灵，尝试改善它们并将其保存在人体之内。

后面这一点至关重要，因为当人死时，这些能量及灵确实会离开身体。[4]这对生者而言是非常危险的处境，由此而生的新近亡魂容易被充斥着嫉妒、愤怒和憎恨的能量所占据，而所有这些都指向了生者，一定程度上，这是因为他们

〔3〕 马克斯·韦伯可能是此观点最有影响力的支持者，参见 Weber 1951。

〔4〕 有关早期中国身后之事的讨论，参见 Yu 1987；Brashier 1996；Mu-chou 1998；Poo 1998；Cook 2006；Seidel 1987；以及 Puett 2005 与 2011。

依然健在。而且，灵现在脱离了身体的束缚后，变得更具威力。结果就造就了可能会危及生者的极危险的鬼魂。

对于生者来说，万幸的是，愤怒和憎恨的能量易于随时间而消散——很可能是因为与人格相连的灵魂也随着时间而消散。当这些能量消散后，亡者之灵甚至变得更具威力，并且也逐渐远离生者。实际上，它更不愿意停留在地上，而是越来越多地游走在天上。

对这一栖息地的考虑很简单：天上也充满着其他诸灵（神），包括各种自然之灵，以及最为重要的、被视为最具威力的神明“天”本身（也被称作“帝—神”）。这些灵纯粹由存在于活人身上的同一种灵构成，它们的形式远没有那么精纯，且更为稀薄。当亡者之灵卸下更多来自大地、压制它的元素（身体、与人格相系的灵魂），它变得更像天上的那些灵：极有威力，但也远离人世并可能对其漠不关心。并且，
234 因为这些灵控制着诸如天气这样的事情，这种漠不关心也可能是危险的。所以，从活人的角度看，诸灵的行为可能看起来高度反复无常——不是因为诸灵充斥着新近亡魂的愤怒与憎恨，而是因为相对而言它们对人类并不上心，因此可能会不顾人们的需求而降雨或干旱。

简而言之，如果新亡之人的鬼魂在可能发怒并怨怼生者的层面上来说是危险的，那么灵（久亡之人的诸灵以及内在于人的其他诸灵）在另一层面上来说也是危险的，它们极强大，相对而言却对人们的需求漠不关心。鬼魂对生者可能怀有恶意，而诸灵（就活人的角度看）则是冷漠的且可能反

复无常。

这是理解早期中国宗教活动的背景。存在的问题很清楚：人们不得不处理危险的新近亡魂以及可能难以捉摸的强大诸灵。早期中国宗教实践旨在尽可能地去转化这些角色或至少伪造出与它们的联系，从而使它们更积极地回应生者的需要。

对于新近的亡者，首先要关注的是将亡者的人格与其灵相分离。仪式活动会将亡者的灵魂与埋入坟墓的身体放在一起。目的就是使灵魂留于坟墓中，离开生者。这部分通过仪式劝告来实现——劝告灵魂不要离开坟墓。也会通过将坟墓布置成一个灵魂愿意居留之所来实现这一目的。那些与死者生前相关的东西（包括食物、文本等）会被置于墓中，希望灵魂因此更愿待在那里，不会与灵再结合，也不会攻击生者。

墓中灵魂后来的命运就不清楚了。一种可能是灵魂将最终消散。也有一种可能是灵魂在各种福地（paradises）重生——例如与西王母有关的西天。不管哪种可能性，灵魂都会被带离生者的世界。

灵的命运会有所不同。生者会举行各样的仪式活动将灵转化为一位祖先。灵会获得祠堂内的牌位（tablet）、庙号（temple name）以及受祭的确定时间。这些都不会基于此人的人格（生者希望将其隔离于坟墓内），而是依据灵在祖先世系中的位置。在适当的仪式时刻，诸灵会从天上被召唤进入祖庙，并作为一位祖先而接受祭祀。之后，这名祖先就会被要求像一名祖先那样行事，继而将生者当作理应相助的后人。倘若成功，这就意味着灵会失去可能很危险的能量与灵魂，成为一位支持性的祖先，使用其能力为生者行事。

235 然而，这些将灵魂与灵相分离的努力和将灵转化为祖先的努力从不被视为完全成功。就新近的亡者而言，其灵常常再次与灵魂及能量连结，并因此恢复为高度危险的鬼魂，而更远的祖先可能会对生者的需要越来越不关心。因此，必须重复献上祭品，因为这一过程从未完结：祖先总会恢复为危险的鬼魂或冷漠的诸灵，因此生者就处于持续尝试将其再次驯化的处境之中。

3. 中国青铜时代的宗教和政治

理解发端于中国早期的政治秩序的一个关键部分是看每一个政治秩序如何尝试借用这些宗教活动。我们从青铜时代晚商的诸侯国（约公元前1250—约前1050年）和西周王朝（约公元前1050—前771年）开始，并再次从死者入手。[5]

当晚商时期王室中有人过世，此人会获得一个庙号以及在仪式周期受祭的日期。[6]但正如预期的那样，仪式从未完全成功，祖先可能依旧极度善变。考虑到祖先们随着时间变得更强大且更为疏远，那么降于生者的灾祸类型常常会是哪代祖先引发问题的一个预兆。譬如，如果有人牙疼，那么占卜就会针对最近过世的祖先，看看是否是它们中的一人在

〔5〕 有关商代的一篇出色的概述，参见Keightley 2000。

〔6〕 Smith 2010.

诅咒生者。一旦找到元凶，就要执行另一次占卜，来了解什么祭祀能平息这个有问题的祖先。

但诸如干旱以及不时之雨等这些问题则由更高的力量操控着——不幸的是，该力量几乎完全不会回应人类的仪式。最强大的灵是帝，它极具威力又全然不顺从人类。因此，皇室会向更近过世的祖先们献祭，会请求这些祖先去款待祖先世系中的上一级，这会一直到达最远的祖先们，而它们会款待帝。所期望的不仅是将新近过世的人们转化为祖先，还要利用这些角色来尽可能地创建一整套众神，包括祖先和理想上为皇室行事的诸灵。当这样行得通时，就会出现行事有助皇室的支持性神圣众神。不过当然，常常不会如此，灾祸会如雨点般袭向生者，也要再次献上 236
祭品。[7]

那么非王室家族呢？商时期，我们只有王室宗族的文献资料，不过在接下来的西周时期，我们则有更多的证据。周推翻商之后，周声称唯独自己能达致至高神（周称其为“天”而不是“帝”）。周王朝的奠基人文王与武王过世后，会去侍奉天，并且之后每一代的祖先都会请求其各自的前一代最终达致天。当然，商的祖先不再被允许达致这位至高神。[8]

关于青铜时代政治秩序如何与仪式秩序交织在一起，

---

〔7〕 参见 Puett 2002：31–79。

〔8〕 有关周朝，参见 Li 2008 以及 2009。

我们已经看到一些线索，现在让我们退回来，展示当时政治文化的整体运作。贵族世系掌控着所有的土地与资源。其中，最有权势的宗族会去争夺“王”这一称号。唯有王室宗族才能将其祖先世系追溯至更强大的祖先，这些祖先会侍奉至高神。其他贵族世系的（宗教与政治）地位由其相对执政宗族的位置来决定。健在的非王室贵族们会得到由王赐予的土地与资源并代其统治。非王室贵族们的祖先会在天上继续侍奉王室宗族的祖先。

但这一政治秩序包含着自身衰败的种子。在一朝之初，统治宗族当然处于巅峰之时——它成功推翻前朝的事实说明它已取得其他宗族的支持。而且，当统治家族授予多个宗族土地与资源，受封者常常是那些跟随新王讨伐前王的人。然而，随着世代更替，管控封地的非王室宗族会与统治家族的关系愈发疏远，随着时间流逝，统治宗族的权力会大幅衰退。

这一衰退也同样发生于仪式系统中。统治者通向至高神的唯一途径是通过宗族祭祀体系——将宗族上行至开国祖先。那么，随着世代更替，王与至高神的距离越来越远。因此，随着时间流逝，统治家族会失去其与至高神的联系，正如统治家族失去其对其余宗族的权力一样。

在这一衰退逐渐发生之时，其他贵族世系愈发会去争
237 取谁能够获得支持去推翻统治家族。当一次征伐行动最终成功时，这一循环会重复一次。这样一种一些贵族宗族推翻另一些贵族宗族的政治体系被称为朝代循环。

4. 战国时代

随后的战国时代（公元前 5 世纪—前 221 年）摒弃了青铜时代的贵族体制，出现了大量不同的社会与宗教秩序。勾勒这段时期出现的其他进路会有所助益。

5. 摒弃宗教活动

5.1 墨家

出于本文的目的，其他秩序中最重要的之一是墨家，它是围绕其老师墨子的教诲而组织起来的小团体。不同于那时的宗教活动，墨家认为，天是一位全然良善的神明，它其实是为了人类的益处而特别创造了宇宙：

> 且吾所以知天之爱民之厚者，有矣。曰：以磨为日月星辰，以昭道之；制为四时春秋冬夏，以纪纲之；雷降雪霜雨露，以长遂五谷丝麻，使民得而财利之；列为山川溪谷，播赋百事，以临司民之善否；为王公侯伯，使之赏贤而罚暴；贼金木鸟兽，从事乎五谷丝麻，以为民衣食之财。[9]

而且，墨家认为死者的鬼魂既不危险也不反复无常，反而是全然善意的。实际上，它们被天安排进一个层级体系，这一系统被设计出来为生者的需求行事：

---

〔9〕《墨子·天志中》，四部备要版，7.6b–7a。

> 故古者圣王明知天鬼之所福，而辟天鬼之所憎，
> 238 以求兴天下之利，而除天下之害。是以天之为寒热也，节四时，调阴阳雨露也，时五谷孰，六畜遂，疾灾戾疫凶饥则不至。[10]

并不是生者用祭祀将诸鬼魂转化进善意的祖先的层级系统，天已经为生者将鬼魂安排进这样一个层级系统。

因为天全然良善，又为生者组织了宇宙和鬼魂世界，所以一切生者的行为都当依循天的指引。相应地，墨家反对人类使用祭祀来操纵灵界。在墨家看来，这么做会扰乱由天设立的恰当的层级体系。同样的方针亦适用于吊丧。

墨家进一步主张：人类社会的组织应当仿效天所设立的层级体系。地上的层级体系应是一套纯粹的贤能制度，其中，人们或升或罚仅依据他们服从天之圣训的程度。

正如我们将看到的，这些视超拔神明全然良善、为人类的利益安排世界，支持地上贤能制度应基于追随神旨的程度等观念将在千禧年宗教运动中占据主导地位，并持续出现在后来的中国历史中。[11]

5.2 自我神化运动

从旨在避免他人死后命运的运动中，可以看出对当时

〔10〕《墨子·天志中》，7.6a–6b。

〔11〕对墨家宇宙论更全面的讨论，参见 Puett 2001：51–6。

宗教活动的一种不同回应。倘若所有人已有灵于身内，倘若天上的诸灵同样由灵组成（更为精纯且免受诸如身体这样的地上实体的侵扰），那么目标就是在一个人的有生之年提炼自身的灵。[12]最终，所希冀的乃是将自身的灵提炼至不会死亡而是直接登天。因此，这个人也不会被转化为一名祖先。此外，他甚至可能于升天时携带自己的灵魂，从而成为带有自身整全人格的灵。

许多这类运动愈加集中在“太一”上，它被认为比天更强大且更为初始。[13]如果天是与当时祭祀活动相关的诸神 239
系统的一员，“一”会是那些希冀超越这些活动的人都诉诸的对象。

很容易想见，这种运动饱受非议。自我神化注定失败（这样的话，投身于此就是浪费时间），或者倘若真的成功，这将意味着一个人会从所有祖先崇拜中独立出来。

5.3 国家集权

在批评当时贵族社会与宗教组织的所有运动中，最有影响力的肯定是后来被称为“法家”的所开展的运动。其中大多数基于对商鞅（商地领主，死于公元前 338 年）在秦国

〔12〕Puett 2002：80–121.

〔13〕在我们有关“太一”的大批现存文献中，最早的一个是“太一生水”（“伟大的一生出水”），这是从郭店墓中出土的一部公元前 4 世纪的文本。该文本将“太一”描述成生成宇宙的其余部分，包括天与地。参见 Puett 2002：160–5。

实施的一系列改革的大力支持。这些改革包括尝试集中国家控制、建立平等适用所有人（平民与贵族均不例外）的一系列法规和刑律、设立以才能而非出身为标准的官僚系统。这些改革旨在让国家直接掌控土地和资源并使用这些资源服务于战争。

这些改革的目标之一是削弱贵族家族的势力，这些贵族家族主导了此前若干个世纪的政治权力。倘若改革成功，这也意味着贵族势力赖以依靠的宗教系统会被废弃。成功的官僚制会确保国家长存，并会终结与朝代更迭相关联的贵族宗族兴衰（往往和与天相连以及之后远离天的相关表述有关）。

6. 秦与汉初

这些政策在秦国实施得最为成功，秦国成功地建成了一支庞大并且训练极其有素的步兵军队。公元前 221 年，秦国击败了当时其他诸国并建立了一个中央集权国家。之所以取得这样的胜利，乃直接源于秦国建立的集权制，其在部署战争资源方面远优于邻近诸国所能做到的。

建立新朝时，秦的新王并未开启一个与青铜时代贵族王国一样的新王朝。相反，新王明确强调他与过去割裂并建
240 立全新制度的程度。首先，他为自己创造了一个新头衔——他不再使用王这个称号，而是宣称自己是始皇帝（皇帝，一般译作“第一位帝王”）。在其碑铭上，他宣称自己是位前无古人的伟大统治者，并开创了一个全新秩序：

> 维二十八年，皇帝作始。端平法度，万物之纪……普天之下，抟心揖志。器械一量，同书文字……匡饬异俗……功盖五帝。[14]

由始皇帝开创的仪式系统强调与过去的断裂。他宣称自己为始皇帝，他的儿子为二世皇帝，以此类推——一个全新的王朝。始皇帝明确宣称这一王朝将延续万代，却完全没有预想到王朝会逐渐衰落。[15]奠基者(他自己)不会死去，也不会成为一个对生者而言永远遥远的祖先。相反，始皇帝自己将成为神并以未死的不朽者升天。他将作为一名不朽者成为他所开创的新秩序的一名祖先，但并非一名愈发疏远且遥不可及的祖先，而是新秩序中活生生的存在。

尽管秦帝国很快衰亡了，但随后的汉帝国试图重建一套类似的秩序。武帝（公元前141—前87年在位）确实在很大程度上重建了秦的仪式系统。始皇帝开创、武帝巩固的仪式系统凸显出对绝对权威与无尽帝国的诉求。统治者会巡视整个疆土，亲自在每一处神圣之地献祭。在亲临每一处这样的地点时，他将登上一个仪式祭坛。祭坛的每一级阶梯都象征着诸神等级的一个新阶段。天乃是第二高层级。统治者将迈向最高一级——“太一”，自此之后统治者将作为一名不朽者登天。[16]

很明显，（从皇帝的角度看）帝国仪式系统的基本目标

---

〔14〕《史记》,《秦始皇本纪》，中华书局版，6.245。

〔15〕《史记》,《秦始皇本纪》，6.236。

〔16〕Puett 2008.

241 之一是冲破当时的宗教实践。如我们所见，大部分的早期中国宗教活动可被视作驯化无常鬼魂与诸灵的一部分，为将它们转化为为生者行事的祖先与神所做的不懈努力。这样的尝试永无止境，因为其进程从未完成——祖先与诸神总会返归无常的鬼魂与诸灵，因此人们就处于一遍遍尝试驯化它们的处境之中。

该制度经武帝巩固，诉求被达致“太一”，如上所述，“太一”被认为是高于且早于天、包罗所有其他神力的神明。统治者自己将成神，与“太一”相系，并获得高于鬼魂与诸灵的直接力量。统治者自己也将成为不朽者，并独立于待其过世后举办的仪式程序。世界在其力量之下得到统一，而非处于（无神性的）人类无尽的驯化程序之下。而且，自青铜时代贵族体制的内在衰落会被克服：从创始祖先那里不断减弱的宗族权能不再是一个问题，因为帝国的统治者们会是神，帝国因而永生。[17]

7. 人类作为世界的中介

由始皇帝创建、武帝巩固的神圣王权仪式制度与帝国大范围的军事扩张并行。到了公元前1世纪，帝国显然过度消耗了资源。随着始皇帝与武帝的帝国政策被抛弃，与其相连的仪式制度最终也于公元前1世纪30年代被颠覆。[18]取而

〔17〕Puett 2002：225–58 与 287–316；Puett 2008。

〔18〕有关西汉后期仪式改革，参见 Loewe 1974；Kern 2001；Bujard 2000。

代之的制度被表现为对青铜时代仪式制度的复归。与孔子相关的文本被命名为“五经”，且被解读为阐释周朝的伦理及仪式制度。

天，而非“太一”，再次被设为至高神明。统治者被明确界定为人，祭祀制度并不以神化统治者为目标，而是要将统治者恰当地与其祖先及天地放在一起。

在这一制度下，统治者被认作“天子”而非一名威严神王。而且，统治者的天子身份被明确地表现为仪式性的关系：没有说法声称“天”生下统治者或者统治者凭神权统治。
相反，统治者只是在仪式措辞中被界定为天子：通过向天献 242
祭，一个人向亡父献祭，他也被召唤作为民之父母。民众的家族谱系将因此延伸至统治者，他们会跟随统治者像跟随父母那样，统治者的家族谱系会直接上达致天，以天为父，同时也会下达致民，以民为子。整个国家将因此如一支宗族那样运转。

《礼记》(*Book of Rites*) 在这一时期作为“五经”之一而经典化，其中一章将这一创造严格界定为一种驯化。此章描述了孔子的叙述：远古时期一种原初的统一经过圣人们连续的改革遭到破坏，这些改革创造了一个强大的国家，却失去了先前的统一。接着，孔子吁求统治者通过仪式，吸纳所有改革，并将它们带入一个被构建的世界［该世界中，所有成员都视自己为一单支宗族的组成部分（当然他们不是的）］，以此来重建先前的统一。如孔子被引述为：

> 故圣人耐以天下为一家，以中国为一人者，非意之也，必知其情，辟于其义，明于其利，达于其患，然后能为之。[19]

此章明确将这种把国家融为单一家族的仪式构建与农耕的驯化过程做一对比。在后者那里，互不相干的种种现象（野草破土而出、雨水、干旱、不同时节出现的冷暖等）都被驯化且转化，以便建立一个直接有益于人类的全面交互系统。每个人通过仪式做相同的事：统治者处理互不相干的种种事情（包括疆域内的多股权势、他所承袭的制度改革等），并以这种王国运转的方式将它们理想地融为一个单一家族。

于是，统治者成为中心，连结起天与不同宗族间构建的仪式关系。不同于统治者超越一切因此掌控一切，相反，通过成为他所构建的关系网络（天、地、祖先以及人民）的中心，统治者定下了一套秩序。[20]

243 而且，这些仪式关系仅当每一位都承担起派予他的适当角色时才能够维持：统治者会被要求如天子那般行事、待民如子，民众会要求待统治者如父母，天会被要求待统治者如子、待民众如后裔。这一人类王权模式也因此与朝代更迭联系在一起。唯当天子成功担当起他的角色，他才能统治；他的失职将标志着朝代终结并因而诞生一个新王朝。

---

〔19〕《礼记》,《礼运》9.22/62/5。关于这一章更全面的讨论，参见 Puett 2010。
〔20〕有关这些议题的更全面讨论，参见 Puett 2008 以及 2005。

不过，这种建基于周朝模板的一套仪式并不排斥官僚制帝国。这只意味着从仪式角度讲，官僚制的帝国呈现为家长式王朝。[21]

此外，甚至皇帝这一帝王称号也依然被使用。汉统治者可被冠以任一称号（皇帝或天子），且可采取符合任一称号的行动。有些统治者会在不同时期和不同对象前更多表现某一种称号，且不同统治者会强调这一称号或那一称号。我将在下文再谈这一点。

8. 诸神的启示

到了公元 2 世纪，汉朝失去了很多对地方贵族的权力。帝国开始崩溃，动乱在疆域内发展。

公元 142 年，“一”（也称作“道”）化身老子并向张道陵交付启示。基于这些教诲，张道陵开启了一个称作“天师道”的运动。这一运动发展得相当壮大，在今日四川形成了一个独立社群。大约同一时期，另一个称作“太平”（“伟大的和平”）的运动在中国东部成形。

这些运动的启示是宣扬一个因为人们的不适当行为而行将到来的末世。在诸多关键议题中，两支运动都指出的是当时的宗教活动并非驯化鬼魂，反而赋予鬼魂力量。两支运动都声称，在鬼魂之上还有一个并不无常而且良善的诸神世界——人类应当真正跟随它们的指引，而非试图驯化、转化

〔21〕可比较本书中第三章赵鼎新和第四章彼得·艾希的文章。

它们。两支运动也都宣称将建立的新制度会是一个完全的贤能制度，在其中，自我神化将面对更广大的人群。

这些论点值得细细考察。

244 ## 8.1 《太平经》

《太平经》是一部驳杂的汇编著作，不过最早的一部分（此处所考察的）很可能可以追溯至东汉晚期。[22]这些文本是否真地写于太平运动期间已不得而知，但无论如何，文本都是汉朝晚期有关启示和政治领域组织方式的末世文本的典范。[23]

我们再次从死者及其在世界的位置说起。存疑的《太平经》章节认同墨家对待死者的一般想法。天定下了祭祀与贡品数量的绝对准则。因为所有生灵的行事都该依循天的指引，所以《太平经》（正如面对这些准则的墨家）反对人类使用祭祀操控灵界。这么做会扰乱由天设立的适当的等级体系。相同的指引亦适用于吊丧。

《太平经》设定了一个宇宙，其中，所有生灵（包括诸灵）都扮演一个宇宙性的角色。此外，赏罚会依据这些生灵依循先定指引的程度而定。

与墨家相同，我们所考察的《太平经》章节中的超拔神

〔22〕有关《太平经》的出色研究，参见 Kaltenmark 1979；Xiong1962；Petersen 1989，1990a 和 1990b 以及 Hendrischke 1991 和 1992。

〔23〕《太平经》是一部极为驳杂的汇编。我这里讨论的部分由一名天师道者与“真人”（Perfected）的对话构成。大多数学者认为这部分的内容可能处于东汉晚期语境。可参见 Hendrischke 2000 中颇有帮助的总结。

明是天，并如墨家所相信的，它既不无常也不冷漠。处于这超拔神明下的不同诸灵亦不无常或冷漠。相反，诸灵被天安排进一个诸神系统，并协助天来养育万物。诸神的级别依赖其达成这一目标的程度。因此，宇宙运行如一个贤能官僚系统：

> 天地之间诸神精，当共助天共生养长是万二千物，故诸神精悉皆得禄食也。比若群臣贤者，共助帝王养长凡民万物，皆得禄食也。故随天为法，常以月十五日而小上对，一月而中上对，一岁而大对。[24]故有大功者赐迁举之，其无功者退去之，或击之。[25]

天将诸灵所构成的诸神系统运行为一个贤能官僚系统，依据 245
诸灵相助民众的程度晋升或惩罚它们。

相同的原则也构成人类命运面对神圣力量的基础。以鬼魂为例。在《太平经》中，一人死后的命运取决于其生前的行为。生前良善且好学之人将为其死后带来回报，他将成为快乐漫游的鬼魂："然，守善学，游乐而尽者，为乐游鬼。"[26]反之亦然。倘若一人生前行事不当，则将化为凶险的鬼魂：

---

〔24〕这里指的是在官僚制中，官员向上级呈递的报告。参见 Hendrischke 2010 中的精彩讨论。

〔25〕Ming 1992：151.407–8，此处及以下我的翻译极大受益于 Hendrischke 2007 中的翻译。

〔26〕Ming 1992：52.73.

> 其自愁苦而尽者为愁苦鬼，恶而尽者为恶鬼也。此皆露见之事，凡人可知也。而人不肯为善，乐其魂神，其过诚重。[27]

鬼魂本来一点也不凶险或无常。良善之鬼与凶险之鬼的不同仅仅取决于此人生时的行事。倘若此人良善好学，且因此达致欢乐之态，此人过世后亦是如此。若此人行事相反，那将化为一个怨恨而邪恶的鬼魂。换言之，凶险之鬼仅是人类在世时行恶的结果。这是一个道德的宇宙，其中的坏事都是恶行之果。

那么何以凶险之鬼流行于世？这是人类普遍衰退的一部分：

> 人生乃受天地正气，四时五行，来合为人，此先人之统体也。此身体或居天地四时五行。先人之身，常乐善无忧，反复传生。后世不肖反久苦天地四时五行之身，令使更自冤死，尚愁其魂魄。[28]

民间宗教的世界乃是历史性衰退的结果，死者在其中化为必
246 须处理的凶险之鬼。古时，人们适恰地生活且完全适应于宇宙；他们的鬼魂同样是欢愉的且会复归帮助生者。正是在最

〔27〕Ming 1992：52.73.

〔28〕Ming 1992：52.73.

近的几个世代，人们才变得充满怨恨，因此过世后变成怨恨而凶险的鬼魂。

过去的圣贤们懂得这一点，因此他们非常好学。如今，统治者依循此道则至为重要，鉴于历史性的衰退已然发生，唯有如此才有可能实现“太平”：

> 是故古者大贤圣深计远虑知如此，故学而不止也。其为人君者乐思太平，得天之心，其功倍也。魂神得常游乐，与天善气合。〔29〕

这一衰退何以发生？对我们讨论范围内的《太平经》章节的作者来说，衰退乃是错误逐渐累积的结果。在这些作者称之为“下古”（late antiquity）的时代，那些错误发展得如此极端乃至整个宇宙陷入了危境：

> 上古得道，能平其治者，但工自养，守其本也。中古小失之者，但小忽自养，失其本。下古计不详，轻其身，谓可再得，故大失之而乱其治。虽然，非下古人过也，由承负之厄会也。〔30〕

下古世界处于如此险境仅因为它太迟了：过往的错误已经累

〔29〕Ming 1992：52.74.

〔30〕Ming 1992：37.61.

积到一个地步，以至于那些生在下古时代的人都极大地失去了道。文本将此称为继承的重担——活在先前世代的错误累积下的重担。[31]

道已降下正当的教诲，但随着小过的累积，人类已经逐渐偏离了这些教诲：

> 本道常正，不邪伪欺人。人但座先人君王人师父
> 247 教化小小失正，失正言，失自养之正道，遂相效学，后生者日益剧，其故为此。积久传相教，俱不得其实，天下悉邪，不能相禁止。故灾变万种兴起，不可胜记，此所由来者积久复久。愚人无知，反以过时君，以责时人，曾不重被冤结耶？天下悉邪，不能自知。帝王一人，虽有万人之德，独能如是何？然今人行，岂有解耶？……此尽承负之大效也。反以责时人，故不能平其治也，时人传受邪伪久，安能卒自改正乎哉？遂从是常冤，因为是连久，天怜之。故上皇道应元气而下也。[32]

作者极力主张，不断增长的祸乱并不是神圣力量无常或冷漠的结果。一切知识都是神启的并且已经适切地交付人类。但人们常犯小过，这些过失累积起来以致人类已无法纠正局

〔31〕参见 Hendrischke 1991：8–22 的出色讨论。

〔32〕Ming 1992：37.59–60.

面。事实上，这些过失甚至已累积到以致整个宇宙如今都陷入危境：

> 夫天地人三统，相须而立，相形而成。比若人有头足腹身，一统凶灭，三统反俱毁败。若人无头足腹，有一亡者，便三凶矣。故人大道大毁败天地，三统灭亡，更冥冥愦愦，万物因而亡矣。夫物尽，又不能卒生也。[33]

过失之累积在对待死者的事上体现得尤为具体。在对待死
者方面，重要的是维持一个适当的平衡：生者与死者之关
系当如昼夜之关系。鬼魂须滞于其寓所，正如夜不当胜于 248
昼。若是相反，则诸鬼被允许变得过于强大，它们将极大
地危害生者：

> 又生人，乃阳也。鬼神，乃阴也。生人属昼，死人属夜，子欲知其大深放此。若昼大兴长则致夜短，夜兴长则致昼短，阳兴则胜其阴，阴伏不敢妄见，则鬼神藏矣。阴兴则胜其阳，阳伏，故鬼神得昼见也。夫生人，与日俱也；奸鬼物，与星俱也。日者，阳也。星者，阴也。是故日见则星逃，星见则日入。故阴胜则鬼物共为害甚深，不可名字也。乃名为兴阴，反衰

〔33〕Ming 1992：92.373.

阳也。使治失政，反伤生人。[34]

上古的伟大圣贤明了诸鬼的危险，故而限制对死者的祭祀。他们将自己的心专注于死者，确保唯有自己的亲属方能领受祭品。他们向过世亲属供奉的饮食不会多于这些亲属生前所受，以防止诸鬼变得过于强大：

> 以上古圣人治丧，心至而已，不敢大兴之也。夫死丧者，天下大凶恶之事也。兴凶事者为害，故但心至而已，其饮食象生时不负焉。故其时人多吉而无病也，皆得竟其天年。[35]

在中古，生者开始增加对死者的祭祀，因而无意间赐予了诸鬼力量。但生者未能将心朝向仪式。这些过失导致生者的许多亲属未能领受祭品，反而被大量其他鬼魂领受了。诸鬼会摄取这些献祭并与生者生活在一起，诅咒他们使其生病：

249 中古送死治丧，小失法度，不能专，其心至而已，失其意，反小敬之，流就浮华，以厌生人，心财半至其死者耳。死人鬼半来食，治丧微违宝，兴其祭祀，即时致邪，不知何鬼神物来共食其祭，因留止祟人，

〔34〕Ming 1992：46.50–51.

〔35〕Ming 1992：46.52.

> 故人小小多病也。[36]

生者向死者献祭太多，因而无意间赐予了诸鬼力量。

在下古时期（作者认为正是他们所处的时期），这已发展到极其危险的地步：

> 下古复承负中古小失，增剧大失之……致其死者，鬼不得常来食也。反多张兴其祭祀，以过法度，阴兴反伤衰其阳。不知何鬼神物悉来集食，因反放纵，行为害贼，杀人不止，共杀一人者。见兴事不见罪责，何故不力为之乎？是故邪气日多，还攻害其主也。[37]

生者向死者献祭越来越多，其结果便是诸鬼及诸灵被极大地赋予力量，甚至，生者的祖先没来领受祭品：一群数量大到根本无法知晓谁是谁的诸鬼及诸灵分享了祭品，为所欲为，残害生者——以此确保有更多献祭将供其享用。

换言之，当时意在通过祭祀驯化死者的宗教活动正是引发问题的根源，也是祭祀意欲解决的祸患：一个由高度危险且攻击生者的鬼魂组成的宇宙。诸鬼因此大行于 250
世，此时分外凶险，不过这并非宇宙的固有构成。宇宙远非由厉鬼和无常冷漠的诸灵所宰制，《太平经》这一章节认

〔36〕Ming 1992：46.52–53.

〔37〕Ming 1992：46.53.

定宇宙由全然良善的生灵管理，正是它们给予了人们所掌握的一切知识。此外，厉鬼之所以存在是因为生者行事卑劣——当然，这只证明了这是一个道德的宇宙。万物如今如此危险的原因是，过去几千年，过失一直在累积，如今厉鬼已被极大地赋予了力量。

如何解决这一问题？文本明示，即使再降下另一位圣人也无法解决问题。这只会简单重新制造出上文讨论过的同一问题：过失继续累积且终将引发更多危险。相应地，现在天降下天师来交付其启示："复欲生圣人，会复如斯，天久悒悒。于是故遣吾下，具为其语，以告真人。"[38]这些启示有何内容？很有趣，启示中许多内容都关乎要努力防止将太多权力集于一人，因为这是引起衰落的部分原因。由于天已给予适当的指导，关键就是莫将某人当作完美的圣人。相反，目标应是搜集所有前人的著作，以期在整合的基础上产生一个正确的观点：

> 上古圣人失之，中古圣人得之；中古圣人失之，下古圣人得之；下古圣人失之，上古圣人得之。以类相从，因以相补，共成一善圣辞矣。[39]

对生者而言亦是如此。既然过往无人可被赋予十足权威，则

[38] Ming 1992：91.350.

[39] Ming 1992：132.352.

当下亦无人如此："故天不复使圣人语，会不能悉除其病，故使天下人共一言，俱一集古文考之也。"[40] 因此，整个政治秩序围绕这一观点组织起来：无人应被赋予过高权威。所有真理皆为神启，无人（圣人或圣王）应被授予解释神圣知 251
识的全部权威。

因此，对不断生发的祸乱的解决之法被设计为谨防某人被赋予创建新秩序的权力，或被当作拥有单一权威的圣人。建立纯粹的贤能制度是目标所在，以期不再有某个特定的人被视作圣人且具有单一权威。

8.2 一个仙人们（Transcendents）的社会：《老子想尔注》

《老子想尔注》亦成文于汉代晚期。[41] 天师后来将此文本视为本师门所著，甚而视其著者为张道陵之孙张鲁，由其在公元 142 年受仙人老子启示所作。尽管无法得知这一归属是否正确，但此文本写于天师运动期间或至少为其所用的事实表明，就我们的目的而言此书是一本无价的著作。

与之前讨论过的墨家及《太平经》章节很像，天师声称存有一位良善且并不无常的超拔神明。墨家与《太平经》的作者称此神明为"天"，而天师称其为"老子""道"或"一"。

---

〔40〕Ming 1992：91.356.

〔41〕《老子想尔注》发现于敦煌（S 6825），是对《老子》3—37 章的注文。有关《想尔注》的出色研究，参见 Rao 1991；Ôfuchi 1991；Bokenkamp 1993，1997；Boltz 1982。

正如早先的自我神化运动和帝国礼仪体系，天师诉求比天更为初始且强力的神明。

《想尔注》将《老子》理解为由“一”而出的更早的启示。此超拔神明统御（囊括天和地的）同样良善又不无常的诸灵系统。该系统赏人间之善行，罚其恶行，因此，至少于人而言，宇宙是全然道德的：“天地像道，仁于诸善，不仁于诸恶；故煞万物恶者，不爱也，视之如刍草如苟畜耳。”[42]人们相应地被要求依循超拔之神和次级诸神系统的指引，而不是为生者之故去尝试驯化和转化诸神。

然而，与墨家及《太平经》的部分不同的是，天师将这一诸神体系定义在对鬼魂的民间崇拜之上，并比民间崇拜的鬼魂更为优越。而死亡本身其实是由“道”所设立的对恶行
252 的惩罚。倘若一人依循对“道”的感知，即可长生而永不为鬼魂：

> 道设生以赏善，设死以威恶，死是人之所畏也。仙王士与俗人，同知畏死乐生，但所行异耳……俗人虽畏死，端不信道，好为恶事，奈何未央脱死乎！仙士畏死，信道守诫，故与生合也。[43]

---

〔42〕《想尔》，32–34 行。

〔43〕《想尔》，299–230 行。这里以及下文中我对《想尔注》的翻译深受 Bokenkamp 1997：78–148 中出色的翻译的启发。我同伯肯坎普（Bokenkamp）一样，采用 Ôfuchi 1991：421–34 中原稿的影像版所标注的注本行数。

那些依循“道”的感知的人会长生。未能依循感知的则被称为俗人。俗人会死：

> 太阴道积，炼形之宫也。世有不可处，贤者避去，托死过太阴中，而复一边生像，没而不殆也。俗人不能积善行，死便真死，属地宫去也。[44]

驯化诸鬼、诸灵并建立一个分级的诸神系统并非关切所在：诸灵已然和善且被安排进一个诸神系统，诸鬼已受到了道之地宫的监管并受其惩罚。因此，天师反对当时一般宗教之核心的祭祀活动：“行道者生，失道者死，天之正法，不在祭餟祷祠也。道故禁祭餟祷祠。”[45]因此，世界的适切秩序无须仰仗人类对自然及神界的驯化，而需依循道的良善感知。事实上，适切的统治包括单纯地跟随道并将其实践介绍给下面的官员与大众：

> 王者执正法，像大道，天下归往……道之为化，
> 自高而降，指谓王者，故贵一人。制无二君，是以帝
> 王常当行道，然后乃及吏民。非独道士可行，王者弃 253
> 捐也。上圣之君，师道至行以教化。天下如治，太平

〔44〕《想尔》，227–230 行。
〔45〕《想尔》，374–5 行。

符瑞，皆感人功所积，致之者道君也。[46]

若说文本的神学体现了对当时宗教活动的颠覆和拒绝，其宇宙论亦是如此。如上文所见，宗教活动背后的长久关切之一是，人死后鬼魂与诸灵变得难以掌控（而且随时间流逝愈发如此），它们离开了身体。因此，自我神化之法出现了，借此法，人可以避免死亡，滋养内在于自身的灵，升天且越来越接近于“一”。《想尔》则颠覆了这套宇宙论。“一”不仅指导过程，出于滋养诸灵的缘故，实际上它还精准地创造了形体（包括宇宙整体及微观层面的人体）。而且，它并不情愿做这些：“吾我，道也。志欲无身，但欲养神耳。欲令人自法。”[47]倘若诸灵得到滋养，形体（这里指宇宙）便得长存。人类被呼吁效法于此，使用自己的身体聚积精华从而使诸灵完整：“道教人结精成神。”[48]若人依循这些训诫，便会成仙且其身长存：

人但当保身，不当爱身，何谓也？奉道诫，积善成功，积精成神，神成仙寿，以此为身宝矣。[49]

但为何“道”不愿创造形体？因为这一创造也有危险。就

〔46〕《想尔》，527–33行。
〔47〕《想尔》，154–5行。
〔48〕《想尔》，87行。
〔49〕《想尔》，161–3行。

人体而言，危险显而易见。多数人不会使用其身滋养诸灵。他们反倒误用其身，交媾过多，挥霍其精，损耗其灵，遭受死亡。因为如此，“道”不得不准许交媾产生新身体，以期其中某些身体可被合理使用。因此，“道”不得不再次不情愿地创制形体，还创造交媾、家庭甚至对死者的祖祭：

> 今此乃为大害。道造之何？道重继祠，种类不绝。254
> 欲令合精产生，故教之……上德之人……能不恋结产生，少时便绝，又善神早成。言此者，道精也，故令天地无祠，龙无子，仙人无妻，玉女无夫。[50]

仙人不会过度交媾而挥霍其精，反以精成就其灵。它们如天地一般，成仙，脱离家庭生活，永远活着，既不献祭也不受祭。简而言之，它们独立于当时的宗教活动。

然而，大部分人类做不到这些。他们耗尽其灵而死，而非成就其灵而成仙；他们未能有助宇宙长存，却相反为之。这就是为何整个宇宙如今会陷入危境以及为何“道”要给予更多启示。

如何组织一个依这些教诲形成的社会是显而易见的。正如宇宙是赏善罚恶的道德体，一个社群也立基于相同的准则。社群中的层级划分并不基于出身，而是才能，而才能的确定则依据依循超拔神明老子指引的程度。运动的领袖正是

---

〔50〕《想尔》，57–63 行。

那些完全依循这些指引的人。下面的人依其能够依循这些训诫并依此培养自身的程度在层级制度中获得晋升。这进而会形成一个人类利用身体涵养诸灵的社会并由此渐渐有助于保存更广袤的宇宙。这些人中最成功者便会在社群层级中上升且最终成仙。

《想尔》也借用了先前宗教运动的要素。[51]如始皇帝与武帝的帝国体制那样,《想尔》声称能达致比天更为超拔的神明。"老子"也被称作"道"或"一"——显然与帝国体制下的"太一"崇拜有关。此外，天显然也是"一"之下诸灵的一员。正如帝国系统中那样，能人将得以成仙。因此,《想尔》的目标是从早期帝国系统的宗教驯化活动中脱离，达致同样的纯粹与独立。

255 但是，与墨家类似,《想尔》认为宇宙是道德的，由一位道德超拔的神明指引，该神明统御有德行且并不无常的诸灵。因而，不仅统治者超越了当时的驯化活动，而且那些驯化活动自身被假定为非必要且着实有害于道德的宇宙：宇宙由不受祭的诸灵统治，祭祀是人类危害宇宙的高度破坏性的活动之一。

因此，自我神化之法并不是人类试图为自己获得更大权能的产物，即，使人们（或者那些执行教化的少数人）获得诸灵专属的能力，或使皇帝得以超越国家层面内嵌于祭祀体系的

---

〔51〕有关《想尔注》的宇宙论及其使用较早期材料方式的更全面讨论，参见 Puett 2004。

固有的王朝衰落。相反，超越之法是源出于“一”的神启之果。而且，依循这些启示不仅可助益能人，也助益整个宇宙。

社会亦是如此。自我神化不断增长的程度使人们处于社会层级中较高的级别，而非完全脱离于社会的其余部分或将其操纵。而且，超越促使人们独立于宗教祭祀活动，而非独立于（或主宰）社会环境。

或许，最重要的是，如墨家那样以有道德的贤能体系的形式界定宇宙和社会世界意味着尽管统治者依旧是一个神圣角色，但其下的制度比西汉帝国鼎盛之时是更为贤能式的。并且，成神以纯粹的贤能为据，赋予了所有人可能性：任何人都可走上这条成神之路（人数越多越好），这会使其处于社会层级中更高的级别。

将《想尔》视为自身的文本之一的天师退出汉帝国，建立了一个独立的社会。[52]同时，汉朝成功镇压了东部的太平叛乱，但为此付出了巨大的代价，加之对军事力量的屈从，使得汉朝大大衰落。公元3世纪初，汉朝被推翻了。天师支持曹操，其子而后创立魏国。天师成为了魏国的主要力量。

9. 安排死者：早期中国的宗教与政治

迄今为止，我已考察了几种不同模式的政治神学，它们关乎如何组织社会、政治世界以及鬼魂和诸灵的世界。

第一种建基于激进革新的主张：一位纯粹的圣人与过 256

〔52〕有关天师道，参见 Ôfuchi 1991；Kleeman 1998 和 2007。

往完全断裂并开创全新秩序，他成为民之先祖并最终超越天地，不会死去。简言之，即神圣皇权的主张。

第二种是公开宣扬的礼仪秩序，表现为复归青铜时代的周朝体制，以孔子编纂的文本为媒介。在此体制内，统治者是人，却是理想中最富修养之人，他以（从礼仪的角度讲）家长族系的形式将宇宙各种实体与社会秩序关联在一起。

第三种来自千禧年运动，自我神化重现其中，但此次却呼吁所有人都要跟随。与此相关的是吁求一种更为彻底的贤能统治形态。在此前讨论的《太平经》相关章节中，并无单个的圣人获准开创全新秩序，甚至也没有一批传自先贤的文本被视为权威。相反，一切革新和有关如何建构合理秩序的详尽知识都被假定为源于全善之天。最能反映上述这一纯粹国度的政治秩序是，国度中没有一个人（无论是活着的还是死去的）被授予过多权力。人们在一切想法的自由流通中获得知识。在《想尔》的可见版本中，确有一套可待依循的清晰教诲，但这些教诲被归于超拔神明“一”。不过此处被吁求的全新制度是纯粹的贤能制度，其中，任何人可通过自我修行超越鬼魂世界而成仙。

当然，我们倾向于将上述第二种政治神学与古典中国政治秩序相联系：当后人与开国的祖先越来越疏远时，统治者作为天子，统治着一个逐渐失去统御后代能力的王朝。

但另外两种政治神学继续在中国享有同等漫长的历史。首先，由始皇帝发展、武帝巩固的神圣皇权礼制被之后的道家挪用，继续为统治者举办各种仪式。[53] 并且，统治者声称与过往决裂并开创一个全新秩序的情况同样在后来的中国历史中延续。

此外，我们所看到的在千禧年运动中尽显的观点也在
后续的中国历史中重现。[54] 一些朝代会因千禧年运动的兴 257
起而覆灭，后者通常包含来自超拔良善神明的神启主张，呼
吁彻底的贤能制度以及关乎全体人类的神圣潜能。

如我们在秦—汉初帝国体制与天师的互动中所看到的那样，第一种和第三种政治神学互为镜像：两者都基于创建全新秩序的主张，都包含超越当时的宗教活动以及成神的主张。两者的主要差异在于，这些成神诉求在多大程度上向大多数人开放。这两种政治神学之间的紧密互动有助于解释它们在历史上的关联：后来的道教仪式构筑于帝国礼制之上；如此多的千禧年运动既带来了王朝终结（眼前的例子是汉朝），又以它们的拥护促成下一个王朝崛起（这里的例子是魏国）。

回到一个更开阔的比较语境可有助于探求这些政治神学的意涵。

10. 比较思考

在罗马与中国，神圣王权主张的出现都与帝国的崛起

〔53〕早期日本国家的礼仪基于这一神圣皇权模式而建，而非人文主义的天子模式。有关早期日本礼制及其与中国的关联的出色研究，参见 Ooms 2008；Como 2008 和 2009。

〔54〕Ownby 1999.

有直接的联系。在两个帝国，该主张都断言存在一种统治形式，它超越了早先的统治形式和运行于这些形式之中的宗教活动。[55]这一部分是因为，这些神圣统治王权的主张标志着与早先统治模式的断裂，于是人们也就一再努力去重申人的统治，帝国政治神学的许多复杂性都围绕着神权、人权与当时的宗教活动之间互为竞争的主张。而且，神圣统治及其所包括的超越主张也有助于建立千禧年运动的基础，后者建基于人类可能成神的主张并尝试将这种可能性扩展至大众。这些千禧年运动起初与帝国激烈对峙，但无论是在罗马还是在中国，这些运动的其中之一（分别是基督教与天师）都最终为国家所据有并被转化为新的帝国意识形态。

繁盛于早期中国的宗教及政治愿景不仅同那些繁盛于
258 罗马的一样丰富多彩，而且它们实际上非常相似，都因类似的原因在类似的环境下诞生。

不过请允许我暂时回到早前提及过的差异，这些差异常常关乎这两个帝国留给欧洲与中国的不同遗产。一边的遗产是共和—王政—帝国，另一边则是王制，或可能是帝—王制。考虑到显著的相似性，我们又该如何理解两个帝国留下的看上去不同的遗产呢？

首先要强调的一点是，从经验上看差异并不正确。如

〔55〕有关罗马皇帝的神化，参见 Taylor 1931；Pollini 1990；Weinstock 1971；Yavetz 1983 及 Zanker 1988。

我已经指出的，上文被称作第一种及第三种政治神学的遗产被后来的运动不断挪用。但可以肯定的是，后来的王朝再三启用第二种政治神学（发展于公元前1世纪30年代礼制改革的这一种），这也就是为何我们倾向于将其与一般的中国政治理论相联系：一名天子作为王朝君主进行统治，沟通天与地，并联络国家中的不同元素。

确实，当唐在公元7世纪成功地在中国重建一个完整的帝国时，其礼制建基于发展于公元前1世纪30年代的礼制的变体。唐朝统治者在重建秦—汉初帝国体制并大力支持道家的同时，也从礼的角度主张自己作为天子沟通天地，联络国家并延续了青铜时代的王朝传统。[56]尽管我所说的第一种和第三种政治神学（以制度化、非革命式的形式）被充分地体现，但主导的公共礼仪很大程度上建基于第二种政治神学。

并且，就政治而言，这是明智之选。正如我们所见，支撑公元前1世纪30年代礼制改革的愿景几乎很难建基在和谐宇宙的假说上。近来，学者们试图如此刻画礼制改革，而非将其作为复杂争论中的一种主张，这导致其被误解。相反，这一立场所主张的恰恰是世界根本不是内在和谐的或内在彼此相系的。天地冷漠，诸灵无常，民众分裂为不同族系，争夺权力。但这一切都通过礼而被驯化，进而被界定为系于单一族系并以统治者为这一家族网络的中心。我们应把

〔56〕参见 Wechsler 1985；McMullen 1987。

这一主张——统治者作为天子将宇宙与政治领域统一进单一族系——解读为一种礼制的表达而绝非一种猜想：如果世界真的根据礼而运行（当然事实肯定不是这样），那么事物是如何运作的。将其解读为一种猜想，其实就是相信这一礼制表达并且将其视为关于宇宙真实所是的一种看法。

259 强调这一点有几个原因。首先，礼制改革是对当时宗教活动一次非常成功的借用，这有助于解释其部分的文化共鸣和成功。相比之下，神圣皇权模式与千禧年运动都将其权力构筑于对当时宗教活动的拒斥上，这个事实有助于解释为何它们容易带着惊人的威力历史性地出现，但长期来看却不那么流行。

其次，秩序的礼仪基础有助于解释其部分的可塑性。因为统治者被要求通过协调一切存在来建立一个成功的秩序，这也意味着他能够且必须处理任何新的制度或活动。这里有一个重要的例子，由墨家及后来的千禧年运动大力推行的贤能制度日后成为天子所执掌的帝国中愈发重要的部分。

简言之，所主张的并非宇宙是内在和谐的，统治者与这更广袤的和谐相一致。基于当时的宗教活动，所主张的是统治者必须驯化并转化一切存在者，为被构建的家族关系建立一个和谐秩序。由之所导致的政治神学，是一个在驯化革新或任何外来事物上极其灵活的政治神学。如此一来，平衡的行动在某种程度上永无止境。它试图将神圣皇权与贤能的主张纳入基于青铜时代帝制的人类王权主张。最终，它会被证明是格外成功的帝国意识形态。

在有关早期中国与古罗马政治、宗教秩序的这一争论中，两者在较早的王权观念、帝王神圣主张的出现以及千禧年运动的发展方面存在显著的相似性。同样显著的还有这些彼此对抗的秩序所留下的一些颇为不同的遗产。

参考文献

Abd-el-Gany, M. 1990. "Notes on the Penthemeral Reports of Revenue Accounts in Roman Egypt," *Zeitschrift für Papyrologie und Epigraphik* 82: 107–5.

Abrams, P. 1978. "Towns and economic growth: some theories and problems," in P. Abrams and E. A. Wrigley, eds., *Towns and Society: Essays in Economic History and Historical Sociology*, 9–33. Cambridge.

Absil, M. 1997. *Les Préfets du prétoire d'Auguste à Commode, 2 av. Jésus-Christ–192 ap. Jésus-Christ*. Paris.

Acham, K. 1992. "Struktur, Funktion und Genese von Institutionen aus sozialwissenschaftlicher Sicht," in G. Melville, ed., *Institutionen und Geschichte: Theoretische Aspekte und mittelalterliche Befunde*, 25–71. Cologne.

Adams, J. 2005. *The Familial State: Ruling Families and Merchant Capitalism in Early Modern Europe*. Ithaca.

Adams, J., Clemens, E. S., and Orloff, A. S., eds. 2005. *Remaking Modernity: Politics, History, and Sociology*. Durham.

Adshead, S. A. M. 2000. *China in World History*. 3rd ed. New York.

Adshead, S. A. M. 2004. *T'ang China: The Rise of the East in World History*. Basingstoke.

Alcock, S. 1993. *Graecia Capta: The Landscapes of Roman Greece*. Cambridge.

Alcock, S., and Osborne, R., eds. 2012. *Classical Archaeology*, 2nd ed. Malden.

Alcock, S. E., D'Altroy, T. D., Morrison, K. D., and Sinopoli, C. M., eds. 2001. *Empires: Perspectives from Archaeology and History*. New York.

Aldrete, G. S. 2008. *Daily Life in the Roman City: Rome, Pompeii, and Ostia*. Norman.

Alföldi, A. 1952. *A Conflict of Ideas in the Late Roman Empire*. Oxford.

Alföldy, G. 1981. "Die Stellung der Ritter in der Führungsschicht des Imperium Romanum," *Chiron* 11: 169–215.

Alföldy, G. 1989. "Cleanders Sturz und die antike Überlieferung," in G. Alföldy, ed., *Die Krise des römischen Reiches: Geschichte, Geschichtsschreibung und Geschichtsbetrachtung*, 81–126. Stuttgart.

Alföldy, G. 2000. "Das neue Edikt des Augustus aus El Bierzo in Hispanien," *Zeitschrift für Papyrologie und Epigraphik* 131: 177–205.

Alföldy, G. 2007. "Fasti und Verwaltung der hispanischen Provinzen: Zum heutigen Stand der Forschung," in R. Haensch and J. Heinrichs, eds., *Herrschen und Verwalten: Der Alltag der römischen Administration in der Hohen Kaiserzeit*, 325–56. Cologne.

Alföldy, G. 2011. *Römische SozialgeschicShte*, 4th ed. Stuttgart.

An, Z., and Xiong, T. 1984. *Qinhan guanzhi shigao* (A history of the bureaucratic system of the Qin and Han Dynasties). 2 vols. Jinan.

Anagnostou-Canas, B. 2000. "La Documentation judiciaire pénale dans l'Égypte romaine," *Mélanges de l'Ecole française de Rome. Antiquité* 112: 753–79.

Anderson, J. C. 1984. *The Historical Topography of the Imperial Fora*. Brussels.

Anderson, J. T. 2003. "To Whom It May Concern: The Dynamics of Address in Ancient Roman, Greek and Chinese Poetry." PhD thesis, Berkeley.

Anter, A. 2007. "Max Webers Staatssoziologie im zeitgenössischen Kontext," in A. Anter and S. Breuer, eds., *Max Webers Staatssoziologie: Positionen und Perspektiven*, 13–37. Baden-Baden.

Antoine, M. 1982. "Genèse de l'institution des intendants," *Journal des savants* 3/4: 283–317.

Arnheim, M. T. W. 1972. *The Senatorial Aristocracy in the Later Roman Empire*. Oxford.

Artan, T., Duindam, J. F. J., and Kunt, M., eds. 2011. *Royal Courts in Dynastic States and Empires: A Global Perspective*. Leiden.

Asch, G. 1995. "Triumph des Revisionismus oder Rückkehr zum Paradigma der bürgerlichen Revolution? Neue Forschungen zur Vorgeschichte des englischen Bürgerkrieges," *Zeitschrift für Historische Forschung* 22: 523–40.

Athanassiadi, P., and Frede, M. 1999. *Pagan Monotheism in Late Antiquity*. Oxford.

Aubert, J.-J., ed. 2003. *Tâches publiques et entreprise privée dans le monde romain*. Genf.

Badian, E. 1968. "The Sempronii Aselliones," *Proceedings of the African Classical Association* 11: 1–6.

Badian, E. 1972. "Tiberius Gracchus and the Beginning of the Roman Revolution," *Aufstieg und Niedergang der römischen Welt* 1/1: 668–731.

Bai, S., Gao, M., and An, Z. 1995. *Zhongguo Tongshi* (A comprehensive history of China). Vol. 5. Shanghai.

Bairoch, P. 1989. "Urbanization and the Economy in Preindustrial Societies: The Findings of Two Decades of Research," *Journal of European Economic History* 18/2: 239–90.

Balazs, E. 1964. *Chinese Civilization and Bureaucracy: Variations on a Theme*. New Haven.

Banaji, R. 2007. *Agrarian Change in Late Antiquity: Gold, Labour, and Aristocratic Dominance*, 2nd ed. Oxford.

Bang, P. 2002. "Romans and Mughals: Economic Integration in a Tributary Empire," in L. de Blois and J. Rich, eds., *The Transformation of Economic Life under the Roman Empire*, 1–27. Amsterdam.

Bang, P. F. 2008. *The Roman Bazaar: A Comparative Study of Trade and Markets in a Tributary Empire*. Cambridge.

Bang, P. F. 2013. "The Roman Empire, II: The Monarchy," in Bang and Scheidel 2013: 412–72.

Bang, P. F., and Bayly, C. A. 2003. "Introduction: Comparing Pre-modern Empires," *Medieval History Journal* 6: 169–87.

Bang, P. F., and Bayly, C. A., eds. 2011. *Tributary Empires in Global History*. Basingstoke.

Bang, P. F., Bayly, C., and Scheidel, W., eds. forthcoming. *The Oxford World History of Empire*. 2 vols. New York.

Bang, P. F., and Kolodziejczyk, D., eds. 2012. *Universal Empire: A Comparative Approach to Imperial Culture and Representation in Eurasian History*. Cambridge.

Bang, P. F., and Scheidel, W., eds. 2013. *The Oxford Handbook of the State in the Ancient Near East and Mediterranean*. New York.

Barbieri-Low, A. J. 2001. "The Organization of Imperial Workshops during the Han Dynasty." PhD thesis, Princeton University.

Barbieri-Low, A. J. 2007. *Artisans in Early Imperial China*. Seattle.

Barchiesi, A. 1993. *The Poet and the Prince: Ovid and Augustan Discourse*. Berkeley.

Barfield, T. J. 1989. *The Perilous Frontier: Nomadic Empires and China, 221 BC to AD 1757*. Cambridge.

Bartsch, S. 1994. *Actors in the Audience: Theatricality and Doublespeak from Nero to Hadrian*. Cambridge.

Beard, M. 2007. *The Roman Triumph*. Cambridge.

Beecroft, A. 2010. *Authorship and Cultural Identity in Early Greece and China: Patterns of Literary Circulation*. Cambridge.

Bell, A. 2004. *Spectacular Power in the Greek and Roman City*. Oxford.

Beutler F. 2007. "Wer war ein procurator usiacus? Die Verwaltung des Patrimoniums in Ägypten in der ersten Hälfte des 2. Jahrhunderts," *Cahiers du Centre Gustave-Glotz* 18: 67–82.

Bielenstein, H. 1947. "The Census of China during the Period 2–742 A.D.," *Bulletin of the Museum of Far Eastern Antiquities* 19: 125–63.

Bielenstein, H. 1980. *The Bureaucracy of Han Times*. Cambridge.

Bielenstein, H. 1986. "The Institutions of Later Han," in Twitchett and Loewe 1986: 491–519.

Bielenstein, H. 1987. "Chinese Historical Demography A.D. 2–1982." *Bulletin of the Museum of Far Eastern Antiquities* 59: 1–288.

Billows, R. 2003. "Cities," in A. Erskine, ed., *A Companion to the Hellenistic World*, 196–215. Malden.

Birley, A. R. 1993. *Marcus Aurelius*, 2nd ed. London.

Birley, E. 1969. "Septimius Severus and the Roman Army," *Epigraphische Studien* 8: 63–82.

Blanton, R., and Fargher, L. 2008. *Collective Action in the Formation of Pre-Modern States*. New York.

Boatwright, M. T. 2002. *Hadrian and the Cities of the Roman Empire*. Princeton.

Bodde, D. 1986. "The State and Empire of Ch'in," in Twitchett and Loewe 1986: 20–102.

Bokenkamp, S. 1993. "Traces of Early Celestial Master Physiological Practice in the *Xiang'er* Commentary," *Taoist Resources* 4/2: 37–51.

Bokenkamp, S. 1997. *Early Daoist Scriptures*. Berkeley.

Boltz, W. G. 1982. "The Religious and Philosophical Significance of the 'Hsiang Erh' Lao-tzu in Light of the Ma-wang-tui Silk Manuscripts," *Bulletin of the School of Oriental and African Studies* 45: 95–117.

Bomgardner, D. L. 2000. *The Story of the Roman Amphitheatre*. London.

Bonneau, D. 1964. *La Crue du Nil, divinité égyptienne à travers mille ans d'histoire (332 av.—641 ap. J. C.)*. Paris.

Bonneau, D. 1972. *Le Fisc et le Nil: Incidences des irrégularités de la crue sur la fiscalité foncière dans l'Égypte grecque et romaine*. Paris.

Bonneau, D. 1993. *Le Régime administratif de l'eau du Nil dans l'Égypte*. Leiden.

Bonnell, V. E. 1980. "The Uses of Theory, Concepts and Comparison in Historical Sociology," *Comparative Studies in Society and History* 22: 156–73.

Bost, J.-P. 2000. "Guerres et finances, de Marc-Aurèle à Maximin (161–238)," in J. Andreau, P. Briant, and R. Descat, eds., *Économie antique: La guerre dans les économies antiques*, 399–415. Saint-Bertrand-de-Comminges.

Boulvert, G. 1970. *Esclaves et affranchis impériaux sous le Haut-Empire romain: Rôle politique et administratif*. Naples.

Boulvert, G., and Bruschi, C. 1982. "Staatsdienst und soziale Strukturen—die Lage der subalternen Provinzbeamten," *Klio* 64: 421–9.

Bowersock, G. 2005. "The East-West Orientation of Mediterranean Studies and the Meaning of North and South in Antiquity," in W. V. Harris, ed., *Rethinking the Mediterranean*, 167–78. Oxford.

Bowman, A. K. 1971. *The Town Councils of Roman Egypt*. Toronto.

Bowman, A. K. 1996. "Egypt," in A. K. Bowman, E. Champlin, and A. Lintott, eds., *The Cmbridge Ancient History*, 2nd ed. Vol. 10: *The Augustan Empire, 43 B.C.–69 A.D.*, 676–702. Cambridge.

Bowman, A. K., and Rathbone, D. 1992. "Cities and Administration in Roman Egypt," *Journal of Roman Studies* 82: 107–27.

Bowman, A., and Wilson, A., eds. 2011. *Settlement, Urbanization and Population*. Oxford Studies on the Roman Economy. Oxford.

Bradley, G., and Wilson, J. P. 2006. *Greek and Roman Colonization: Origins, Ideologies and Interactions*. Oakville.

Bradley, K., and Cartledge, P., eds. 2011. *The Cambridge World History of Slavery*. Vol. 1: *The Ancient Mediterranean World*. Cambridge.

Bransbourg, G. 2010. "Politique fiscale et enjeux de pouvoir dans le monde romain." Doctoral thesis, Ecole des Hautes Etudes en Sciences Sociales, Paris.

Bransbourg, G. 2011. "*Fides et Pecunia Numerata*: Chartalism and Metallism in the Roman World. Part 1: The Republic," *American Journal of Numismatics* 23: 87–152.

Bransbourg, G. Forthcoming. "The Later Roman Empire," in Monson and Scheidel forthcoming.

Brashier, K. E. 1996. "Han Thanatology and the Division of 'Souls,'" *Early China* 21: 125–58.

Braun, R. 1975. "Taxation, Sociopolitical Structure, and State-Building: Great Britain and Brandenburg-Prussia," in C. Tilly, ed., *The Formation of the National States in Western Europe*, 243–327. Princeton.

Braund, D. 1984. *Rome and the Friendly King: The Character of the Client Kingship*. London.

Braund, S. 2009. *Seneca, De Clementia*. Oxford.

Brennan, T. C. 2000. *The Praetorship in the Roman Republic*. New York.

Brennan, T. C. 2001. "Consulting and Decisionmaking," in T. J. Figueira, T. C. Brennan, and R. H. Sternberg, eds., *Wisdom from the Ancients*, 53–76. New York.

Brennan, T. C., and Hsing I-tien. 2010. "The Eternal City and the City of Eternal Peace," in Nylan and Loewe 2010: 186–212.

Brewer, J. 1989. *The Sinews of Power: War, Money, and the English State, 1688–1783*. London.

Brilliant, R. 1987. *The Arch of Septimius Severus in the Roman Forum*. Philadelphia.

Brooks, B. E., and Brooks, A. T. 1998. *The Original "Analects": Sayings of Confucius and His Successors*. New York.

Broughton, T. R. S. 1986. *Magistrates of the Roman Republic*. New York.

Brown, M. 2008. *The Politics of Mourning in Early China*. New York.

Brunt, P. A. 1975. "The Administrators of Roman Egypt," *Journal of Roman Studies* 65: 124–47.

Brunt, P. A. 1981. "The Revenues of Rome," *Journal of Roman Studies* 71: 161–72.

Brunt, P. A. 1990. *Roman Imperial Themes*. Oxford.

Brunt, P. A., and Moore, J. M. 1967. *Res Gestae Divi Augustii: The Achievements of the Divine Augustus*. Oxford.

Bu, X. 1996. "Li yu Qinhan guanliao xingzheng guanli" (Clerks and the government administration and management during the Qin and Han Dynasties), *Zhongguo Shi Yanjiu* 2: 41–50.

Bu, X. 2002. *Qinhan guanliao zhidu* (The bureaucratic system during the Qin and Han Dynasties). Beijing.

Bujard, M. 2000. *Le Sacrifice au ciel dans la Chine ancienne: Théorie et pratique sous les Han occidentaux.* Paris.

Buraselis, K. 1998. "Aelius Aristides als Panegyriker und Mahner: Von Theorie und Praxis des politisch-sozialen Gleichgewichts im griechischen Osten der Kaiserzeit," in W. Schuller, ed., *Politische Theorie und Praxis im Altertum*, 183–203. Darmstadt.

Burbank, J., and Cooper, F. 2010. *Empires in World History: Geographies of Power, Politics of Difference*. Princeton.

Burgers, P. 1993. "Taxing the Rich: Confiscation and the Financing of the Claudian Principate (AD 41–54)," *Laverna* 4: 55–68.

Burkhalter, F. 1990. "Archives locales et archives centrales en Égypte romaine," *Chiron* 20: 191–216.

Burton, G. 1993. "Provincial Procurators and the Public Provinces," *Chiron* 23: 13–28.

Burton, G. 2004. "The Roman Imperial State, Provincial Governors and the Public Finances of Provincial Cities, 27 B.C. – A.D. 235," *Historia* 53: 311–42.

Cai, Z. 2002. *Configurations of Comparative Poetics: Three Perspectives on Western and Chinese Literary Criticism*. Honolulu.

Cameron, A. 1976. *Circus Factions: Blues and Greens at Rome and Byzantium*. Oxford.

Camodeca, G. 1976. "Nota critica sulle 'regiones iuridicorum,'" *Labeo* 22: 86–95.

Carlsen, J. 1995. *Vilici and Roman Estate Managers until AD 284*. Rome.

Carlson, J. 2009 "The Rhetoric and Imagery of Conquest in the Roman and Early Chinese Empires." Honors thesis, Georgetown University.

Carrié, J.-M. 1998. "Le Gouverneur romain à l'époque tardive: Les directions possibles de l'enquête," *Antiquité Tardive* 6: 17–30.

Carrié, J.-M., and Rousselle, A. 1999. *L'Empire romain en mutation: Des Sévères à Constantin, 192–337.* Paris.

Carter, M. 2003. "Gladiatorial Ranking and the *SC de pretiis gladiatorum minuendis* (*CIL* II 6278 = *ILS* 5163)," *Phoenix* 57: 83–114.

Cecconi, G. 1994. *Governo imperiale e élites dirigenti nell'Italia tardoantica, Problemi di storia politico-amministrativa (270–476 d.C.).* Como.

Cecconi, G. 1998. "I governatori delle province italiche," *Antiquité Tardive* 6: 149–79.

Champlin, E. 1991. *Final Judgments: Duty and Emotion in Roman Wills, 200 B.C.–A.D. 250.* Berkeley.

Chang, C.-s. 2007a. *The Rise of the Chinese Empire.* Vol. 1: *Nation, State, and Imperialism in Early China, ca. 1600 B.C.–A.D. 8.* Ann Arbor.

Chang, C.-s. 2007b. *The Rise of the Chinese Empire.* Vol. 2: *Frontier, Immigration, and Empire in Han China, 130 B.C.–A.D. 157.* Ann Arbor.

Chase-Dunn, C., Hall, T. D., and Turchin, P. 2007. "World-Systems in the Biogeosphere: Urbanization, State Formation and Climate Change since the Iron Age," in A. Hornberg and C. Crumley, eds., *The World System and the Earth System: Global Socioenvironmental Change and Sustainability since the Neolithic*, 132–48. Walnut Creek.

Chastagnol, A. 1988. "La Fin de l'ordre équestre: Réflexions sur la prosopographie des 'derniers' chevaliers romains," *Mélanges de l'Ecole française de Rome. Antiquité* 100: 199–206.

Chastagnol, A. 1992. *Le Sénat romain à l'époque impériale: Recherches sur la composition de l'assemblée et le statut de ses membres.* Paris.

Chen, S. 1994. "Early Urbanization in the Eastern Zhou in China (770–221 BCE): An Archaeological View," *Antiquity* 68: 724–44.

Chen, W., Li, D., and Liu, S., eds. 1998. *Zhongguo junshi tongshi diwujuan: xihan junshi shi* (A military history of China, vol. 5: The Western Han era). Beijing.

Chiang, T. 1975. "The Salt industry of Ming China," *Geographical Review* 65: 93–106.

Ch'ien, M. 1982. *Traditional Government in Imperial China: A Critical Analysis.* NewYork.

Christol, M. 1982. *Epigrafia e ordine senatorio.* Vol. 1, part 4: *Les Réformes de Gallien et la carrière sénatoriale.* Rome.

Christol, M. 1989. "Ti. Claudius Proculus Cornelianus, procurateur de la région de Théveste," *Africa Romana* 7: 893–905.

Ch'ü, T.-t. 1972. *Han Social Structure.* Seattle.

Chua, A. 2007. *Day of Empire: How Hyperpowers Rise to Global Dominance—and Why They Fall.* New York.

Clapham, C. S. 1985. *Third World Politics: An Introduction.* Madison.

Clarke, J. R. 1991. *The Houses of Roman Italy, 100 B.C.–A.D. 250: Ritual, Space, and Decoration.* Berkeley.

Clauss, M. 1980. *Der Magister Officiorum in der Spätantike (4.–6. Jh.).* Munich.

Cockle, W. E. H. 1984. "State Archives in Graeco-Roman Egypt from 30 B.C. to the Reign of Septimius Severus," *Journal of Egyptian Archaeology* 70: 106–22.

Cohen, R. and Britan, G. M. 1980. "Toward an Anthropology of Formal Organizations," in R. Cohen and G. M. Britan, eds., *Hierarchy and Society: Anthropological Perspectives on Bureaucracy*, 9–30. Philadelphia.

Coles, R. A. 1966. *Reports of Proceedings in Papyri.* Brusells.

Collot, C. 1965. "La Pratique et l'institution du *suffragium* au Bas-Empire," *Revue historique de droit français et étranger* 43: 185–221.

Como, M. I. 2008. *Shotoku: Ethnicity, Ritual, and Violence in the Japanese Buddhist Tradition.* Oxford.

Como, M. I. 2009. *Weaving and Binding: Immigrant Gods and Female Immortals in Ancient Japan.* Honolulu.

Cook, C. A. 2006. *Death in Ancient China: The Tale of One Man's Journey.* Leiden.

Cooper, F. 2004. "Empire Multiplied," *Comparative Studies in Society and History* 46: 247–72.

Corcoran, S. 2000. *The Empire of the Tetrarchs: Imperial Pronouncements and Government, AD 284–324*, 2nd ed. Oxford.

Coriat, J.-P. 1985. "La Technique du rescrit à la fin du principat," *Studio et documenta historiae et iuris* 51: 319–48.

Coriat, J.-P. 1990. "Technique législative et système du gouvernement à la fin du principat," in C. Nicolet, ed., *Du Pouvoir dans l'antiquité: Mots et realités*, 221–53. Geneva.

Coriat, J.-P. 1997. *Le Prince législateur: La technique législative des Sévères et les méthodes de création du droit impérial à la fin du principat.* Rome.

Coşkun, A. 2001. "Ausonius und die spätantike Quästur," *Zeitschrift der Savigny-Stiftung für Rechtsgeschichte* 118: 312–43.

Coşkun, A., ed. 2005. *Roms auswärtige Freunde in der späten Republik und im frühen Kaiserzeit*. Göttingen.
Crawford, M. 1974. *Roman Republican Coinage*. Cambridge.
Crawford, D. J. 1976. "Imperial Estates," in M. I. Finley, ed., *Studies in Roman Property by the Cambridge Univ. Research Seminar in Ancient History*, 35–70. Cambridge.
Creel, H. G. 1970. *The Origins of Statecraft in China*. Vol. 1: *The Western Chou Empire*. Chicago.
Crone, P. 1989. *Pre-Industrial Societies*. Oxford.
Crook, J. H. 1955. *Consilium Principis*. Cambridge.
Custers, M. 2008. "Balancing Acts: Comparing Political and Cultural Unification and Persistence in the Roman Empire during the Principate and the Western Han Empire." MA thesis, Utrecht.
Dannenbring, R. 1972. "Arma et leges: Über die justinianische Gesetzgebung im Rahmen ihrer eigenen Zeit," *Acta Classica* 15: 113–37.
Darwin, J. 2008. *After Tamerlane: The Global History of Empire since 1405*. New York.
David, J.-M. 2006. "La Prise en compte des intérêts des Italiens par le gouvernement de Rome," in M. Jehne and R. Pfeilschifter, eds., *Herrschaft ohne Integration? Rom und Italien in republikanischer Zeit*, 95–110. Frankfurt.
DeBary, T., and Bloom, I., eds. 1999. *Sources of Chinese Tradition: From Earliest Times to 1000*. Vol. 1. New York.
de Blois, L. 2006. "The Onset of Crisis in the First Half of the Third Century AD in the Roman Empire," in Johne, Gerhardt, and Hartmann 2006: 25–36.
De Crespigny, R. 1981. "Inspection and Surveillance Officials under the Two Han Dynasties," in K. Bünger, ed., *State and Law in East Asia*, 40–79. Wiesbaden.
De Laet, S. J. 1949. *Portorium: Étude sur l'organisation douanière chez les Romains, surtout à l'époque du Haut-Empire*. Bruges.
DeLaine, J. 1997. *The Baths of Caracalla: A Study in the Design, Construction, and Economics of Large-Scale Building Projects in Imperial Rome*. Portsmouth.
De Ligt, L. 2003. "Taxes, Trade, and the Circulation of Coin: The Roman empire, Mughal India and T'ang China Compared," *Medieval History Journal* 6: 231–48.
Delmaire, R. 1984. "Le Personnel de l'administration financière en Égypte sous le Bas-Empire Romain (IVᵉ –VIᵉ siècle)," *Cahier de recherches de l'Institut de papyrologie et d'égyptologie de Lille* 10: 113–37.
Delmaire, R. 1989. *Largesses sacrées et res privata: L'Aerarium impérial et son administration du IVᵉ au VIᵉ siècle*. Rome.
Delmaire, R. 1995. *Les institutions du Bas-Empire romain de Constantin à Justinien I: Les institutions civiles palatines*. Paris.
De Vries, J. 1990. "Problems in the Measurement, Description, and Analysis of Historical Urbanization," in A. van der Woude, A. Hayami, and J. de Vries, eds., *Urbanization in History: A Process of Dynamic Interactions*, 43–60. Oxford.
Deng, G. 1999. *The Premodern Chinese Economy: Structural Equilibrium and Capitalist Sterility*. London.
Depeyrot, G., and Hollard, D. 1987. "Pénurie d'argent-métal et crise monétaire au IIIᵉ siècle après J.-C.," *Histoire et Mesure* 2: 57–85.
d'Escurac, H. P. 1976. *La Préfecture de l'annone, service administratif impérial d'Auguste à Constantin*. Rome.
Dettenhofer, M. H. 2006. "Das römische Imperium und das China der Han-Zeit: Ansätze zu einer historischen Komparatistik," *Latomus* 65: 880–97.

Dettenhofer, M. H. 2009. "Eunuchs, Women, and Imperial Courts," in Scheidel 2009a: 83–99.
Dey, H. W. 2011. "Urban Public Building during the 'Crisis' of the 3rd c. A.D," *Journal of Roman Archaeology* 24: 822–30.
Di Cosmo, N. 2004. *Ancient China and Its Enemies: The Rise of Nomadic Powers in East Asian History*. Cambridge.
Di Cosmo, N., ed. 2009. *Military Culture in Imperial China*. Cambridge.
Dietler, M. 2007. "The Iron Age in the Western Mediterranean," in Scheidel, Morris, and Saller 2007: 242–76.
Dillon, J. 1977. *The Middle-Platonists*. Ithaca.
Dirscherl, H.-C. 2002. *Der Gaustratege im römischen Ägypten: Seine Aufgaben am Beispiel des Archiv-, Finanz-, Bodenwesens und der Liturgien. Entstehung, Konsolidierung, Niedergang*? St. Katharinen.
Domergue, C., and Hérail, G. 1978. *Mines d'or romaines d'Espagne: Le district de la Valduerna (León): Étude géomorphologique et archéologique*. Toulouse.
Downing, B. M. 1992. *Military Revolution and Political Change: Origins of Democracy and Autocracy in Early Modern Europe*. Princeton.
Downs, A. 1967. *Inside Bureaucracy*. Boston.
Doyle, M. 1986. *Empires*. Ithaca.
Drecoll, C. 1997. *Die Liturgien im römischen Kaiserreich des 3. und 4. Jh. n. Chr.: Untersuchungen über Zugang, Inhalt und wirtschaftlicher Bedeutung der öffentlichen Zwangsdienste in Ägypten und anderen Provinzen*. Stuttgart.
Drinkwater, J. F. 1987. "Urbanization in Italy and the Western Empire," in J. Wacher, ed., *The Roman World*. Vol. 2: 345–79. London.
Du, Z. 1979. *Zhoudai Chengbang* (The Zhou Dynasty city-states). Taibei.
Duan, Y. 1999. "The Origin, Structure and Networks of Early Shu Cities," in R. Whitfield and W. Tao, eds., *Exploring China's Past: New Discoveries and Studies in Archaeology and Art*, 95–103. London.
Duindam, J. 1994. *Myths of Power: Norbert Elias and the Early-Modern European Court*. Amsterdam.
Duindam, J. 2003. *Vienna and Versailles: The courts of Europe's Major Dynastic Rivals, 1550–1780*. Cambridge.
Duncan-Jones, R. 1982. *The Economy of the Roman Empire: Quantitative Studies*, 2nd ed. Cambridge.
Duncan-Jones, R. 1990. *Structure and Scale in the Roman Economy*. Cambridge.
Duncan-Jones, R. 1994. *Money and Government in the Roman Empire*. Cambridge.
Duncan-Jones, R. 2004. "Economic Change and Transition to Late Antiquity," in M. Edwards and S. Swain, eds., *Approaching Late Antiquity*, 20–52. Oxford.
Durrant, S. W. 1995. *The Cloudy Mirror: Tension and Conflict in the Writings of Sima Qian*. Albany.
Dyson, S. 2010. *Rome: A Living Portrait of an Ancient City*. Baltimore.
Ebrey, P. B. 1978. *The Aristocratic Families of Early Imperial China: A Case Study of the Po-Ling Ts'ui Family*. Cambridge.
Ebrey, P. B. 1986. "The Economic and Social History of Later Han," in Twitchett and Loewe 1986: 608–48.
Eck, W. 1979. *Die staatliche Organisation Italiens in der hohen Kaiserzeit*. Munich.

Eck, W. 1998. "Die Bedeutung der claudischen Regierungszeit für die administrative Entwicklung des römischen Reiches," in W. Eck, ed., *Die Verwaltung des Römischen Reiches in der Hohen Kaiserzeit: Ausgewählte und erweiterte Beiträge*. Vol. 2: 147–63. Basel.

Eck, W. 2000. "Government and Civil Administration," in A. Bowman, P. Garnsey, and D. Rathbone, eds., *The Cambridge Ancient History*, 2nd ed. Vol. 11: *The High Empire, A.D. 70–192*, 195–292. Cambridge.

Eck, W. 2011. "Professionalität als Element der politisch-administrativen und militärischen Führung: Ein Vergleich zwischen der Hohen Kaiserzeit und dem 4. Jh. n. Chr.," in Eich, Schmidt-Hofner and Wieland 2011: 97–115.

Edelmann, B. 2007. *Religiöse Herrschaftslegitimation in der Antike: Die religiöse Legitimation orientalisch-ägyptischer und griechisch-hellenistischer Herrscher im Vergleich*. St. Katharinen.

Eder, W. 1990. "Augustus and the Power of Tradition: The Augustan Principate as Binding Link between Republic and Empire," in Raaflaub and Toher 1990: 71–122. Berkeley.

Edmondson, J. C. 1989. "Mining in the Later Roman Empire and Beyond: Continuity or Disruption?" *Journal of Roman Studies* 79: 84–102.

Edwards, R. A. 2009. "Federalism and the Balance of Power: China's Han and Tang Dynasties and the Roman Empire," *Pacific Economic Review* 14: 1–21.

Eich, A., ed. 2009. *Die Verwaltung der römischen Armee in der Kaiserzeit*. Stuttgart.

Eich, A., and Eich, P. 2004. "Thesen zur Genese des Verlautbarungsstiles der spätantiken kaiserlichen Zentrale," *Tyche* 19: 75–104.

Eich, A., and Eich, P. 2005. "War and State-Building in Roman Republican Times," *Scripta Classica Israelica* 24: 1–33.

Eich, P. 2004. "*Proconsulis appellatio specialis est*," *Scripta Classica Israelica* 23: 213–38.

Eich, P. 2005. *Zur Metamorphose des politischen Systems in der römischen Kaiserzeit: Die Entstehung einer "personalen Bürokratie" im langen dritten Jahrhundert*. Berlin.

Eich, P. 2007. "Die Administratoren des römischen Ägyptens," in R. Haensch and J. Heinrichs, eds., *Herrschen und Verwalten: Der Alltag der römischen Administration in der Hohen Kaiserzeit*, 378–99. Cologne.

Eich, P. 2008a. "Bürokratie in Rom? Grenzen und Nutzen eines Konzeptes in der althistorischen Forschung," in A. Baroni, ed., *Amministrare un Impero: Roma e le sue province*, 31–49. Trento.

Eich, P. 2008b. "Aristokratie und Monarchie im kaiserzeitlichen Rom," in H. Beck, P. Scholz, and U. Walter, eds., *Die Macht der Wenigen: Aristokratische Herrschaftspraxis, Kommunikation und "edler" Lebensstil in Antike und Früher Neuzeit*, 125–51. Munich.

Eich, P. 2010. "Überlegungen zur Entstehung, Bedeutung und Konfliktträchtigkeit des sogenannten heidnischen Monotheismus im zweiten und dritten Jahrhundert n. Chr.," in P. Barceló, ed., *Religiöser Fundamentalismus in der römischen Kaiserzeit*, 99–118. Stuttgart.

Eich, P. 2011. "Bürokratie, Autokratie, Aristokratie: Die Entwicklung der römischen Administration im Zeichen einer religiös fundierten Monokratie im 4. Jh. n. Chr.," in Eich, Schmidt-Hofner, and Wieland 2011: 43–80.

Eich, P. 2012. "Administration," in R. Bagnall et al., eds., *The Blackwell Encyclopaedia of Ancient History, Internet Edition*.

Eich, P. Forthcoming. "Raum als Strukturkategorie imperialer Administration: Provinzteilungen und Provinzzusammenschlüsse im frühen vierten Jahrhundert."

Eich, P., Schmidt-Hofner, S., and Wieland, C., eds. 2011. *Der wiederkehrende Leviathan. Staatlichkeit und Staatswerdung in Spätantike und Früher Neuzeit: Akten der gleichnamigen Konferenz in Heidelberg*. Heidelberg.

Eisenberg, A. 1998. "Weberian Patrimonialism and Imperial Chinese History," *Theory and Society* 27: 83–102.

Eisenstadt, S. N. 1958. "Bureaucracy and Bureaucratization: A Trend Report," *Current Sociology* 7: 99–128.

Eisenstadt, S. N. 1963. *The Political Systems of Empires*. New York.

Eisenstadt, S. N. 1987. *Patterns of Modernity*. Vol. 1: *The West*. New York.

Elias, N. 1969. *Die höfische Gesellschaft: Untersuchungen zur Soziologie des Königtums und der höfischen Aristokratie: Mit einer Einleitung: Soziologie und Geschichtswissenschaft*. Neuwied.

Elias, N. 1997. *Über den Prozess der Zivilisation: Soziogenetische und psychogenetische Untersuchungen*. Vol. 2. Frankfurt.

Elliott, J. H. 2006. *Empires of the Atlantic World: Britain and Spain in America, 1492–1830*. New Haven.

Elman, B. A. 2002. "The Social Role of Literati in Early to Mid Ch'ing," in W. J. Peterson, ed., *The Cambridge History of China*. Vol. 9: 360–427. Cambridge.

Erickson, S., Song-mi, Y., and Nylan, M. 2010. "The Archaeology of the Outlying Lands," in Nylan and Loewe 2010: 135–68.

Errington, R. M. 2000. "Themistius and His Emperors," *Chiron* 30: 861–904.

Ertman, T. 1997. *Birth of the Leviathan: Building States and Regimes in Medieval and Early Modern Europe*. Cambridge.

Evans, John K. 1985. "The Cult of the Dead in Ancient Rome and Modern China: A Comparative Analysis," *Journal of the Hong Kong Branch of the Royal Asiatic Society* 25: 119–51.

Ewald, B., and Noreña, C., eds. 2010. *The Emperor and Rome: Space, Representation, and Ritual*. Cambridge.

Fagan, G. 2002. *Bathing in Public in the Roman World*. Ann Arbor.

Fagan, G. 2011. *The Lure of the Arena: Social Psychology and the Crowd at the Roman Games*. Cambridge.

Favro, D. 1996. *The Urban Image of Augustan Rome*. Cambridge.

Feissel, D., and Gauscou, J., eds. 2006. *La Pétition à Byzance*. Paris.

Ferrary, J.-L. 2001. "À propos des pouvoirs d'Auguste," *Cahiers du Centre Gustave Glotz* 12: 101–54.

Finer, S. E. 1997. *The History of Government from the Earliest Times*. 3 vols. Oxford.

Flaig, E. 1992. *Den Kaiser herausfordern: Die Ursurpation im römischen Reich*. Frankfurt.

France, J. 2001a. "Remarques sur les *tributa* dans les provinces nord-occidentales du Haut Empire romain (Bretagne, Gaules, Germanies)," *Latomus* 60: 359–79.

France, J. 2001b. *Quadragesima Galliarum: L'organisation douanière des provinces alpestres, gauloises et germaniques de l'empire romain*. Rome.

France, J. 2007. "Fiscalité et société romaine," in J.-P. Genet, ed., *Rome et l'état moderne européen*, 365–80. Rome.

Frank, T. 1933. *An Economic Survey of Ancient Rome*. Vol. 1: *Rome and Italy of the Republic*. Baltimore.

Frank, T. 1940. *An Economic Survey of Ancient Rome*. Vol. 5: *Rome and Italy of the Empire*. Baltimore.

Fredrick, D. 2002. *The Roman Gaze: Vision, Power and the Body*. Baltimore.

Fronda, M. 2010. *Between Rome and Carthage: Southern Italy during the Second Punic War*. Cambridge.

Fu, Z. 1996. *China's Legalists: The Earliest Totalitarians and Their Art of Ruling*. London.

Fuhrmann, C. 2011. *Policing the Roman Empire: Soldiers, Administration, and Public Order*. Oxford.

Futrell, A. 1997. *Blood in the Arena: The Spectacle of Roman Power*. Austin.

Futrell, A. 2006. *The Roman Games: Historical Sources in Translation*. Malden.

Gale, E. M. 1931. *Discourses on Salt and Iron: A Debate on State Control of Commerce and Industry in Ancient China*. Leiden.

Galinsky, K. ed. 2005. *The Cambridge Companion to the Age of Augustus*. Cambridge.

Gao, M. 1998. "Qinhan shangji zhidu shulue" (An analysis of the auditing system of the Qin and Han Dynasties), in M. Gao, ed., *Qinhan shi Tantao* (On the history of the Qin and Han Dynasties), 174–95. Zhengzhou.

Garnsey, P. 1970. *Social Status and Legal Privilege in the Roman Empire*. Oxford.

Garnsey, P., and Humfress, C. 2001. *The Evolution of Late Antiquity*. Cambridge.

Garnsey, P., and Saller, R. 1987. *The Roman Empire: Economy, Society and Culture*. London.

Gaudemet, J. 1951. "Utilitas publica," *Revue historique de droit français et étranger* 29: 465–99.

Ge, S. 1992. "Botai fengxian Kuangzheng feng – jiancha zhidu" (The censorial system of China), in Q. Zheng, ed., *Liguo de honggui* (The institutional and philosophical foundations of imperial China), 139–86. Beijing.

Gellner, E. 1983. *Nations and Nationalism*. Oxford.

Geraci, G. 1983. *La genesi della provincia romana d'Egitto*. Bologna.

Giangrieco Pessi, M. V. 1988. *Situazione economico-sociale e politica finanziaria sotto i Severi*. Naples.

Giardina, A., and Grelle, F. 1983. "La tavola di Trinitapoli: Una nuova costituzione di Valentiniano I," *Mélanges de l'Ecole française de Rome. Antiquité* 95: 249–303.

Giele, E. 2006. *Imperial Decision-Making and Communication in Early China: A Study of Cai Yong's* Duduan. Wiesbaden.

Gizewski, C. 1994. "Römische und alte chinesische Geschichte im Vergleich: Zur Möglichkeit eines gemeinsamen Altertumsbegriffs," *Klio* 76: 271–302.

Golas, P. J. 1999. *Science and Civilization in China*. Vol. 5: *Chemistry and Chemical Technology*. Part 13: *Mining*. Cambridge.

Goldscheid, R. 1917. *Staatssozialismus oder Staatskapitalismus*. Vienna.

Goldsmith, R. W. 1987. *Pre-modern Financial Systems: A Historical Comparative Study*. Cambridge.

Gordon, C. D. 1949. "Subsidy in Roman Imperial Defence," *Phoenix* 3: 60–9.

Graff, D. A. 2002. *Medieval Chinese Warfare, 300–900*. London.

Grelle, F. 1987. "Arcadio Carisio, l''officium' del prefetto pretorio e i 'munera civilia,'" *Index* 15: 63–78.

Grelle, F. 1993. "La forma dell'impero," *Storia di Roma*. Vol. 3: *L'età tardoantica I: Crisi e trasformazioni*, 69–82. Turin.

Gualandi, G. 1963. *Legislazione imperiale e giurisprudenza*. 2 vols. Milan.

Günther, S. 2008. "*Vectigalia nervos esse rei publicae*": *Die indirekten Steuern in der Römischen Kaiserzeit von Augustus bis Diokletian*. Wiesbaden.

Gutsfeld, A. 1998. "Der Prätorianerpräfekt und der kaiserliche Hof im 4. Jahrhundert n. Chr.," in Winterling 1998: 75–102.

Gwynn, D., ed. 2008. *A. H. M. Jones and the Later Roman Empire*. Leiden.

Haas, J. 2006. *Die Umweltkrise des dritten Jahrhunderts n. Chr. im Nordwesten des Imperium Romanum: Interdisziplinäre Studien zu einem Aspekt der allgemeinen Reichskrise im Bereich der beiden Germaniae sowie der Beligica und der Raetia*. Stuttgart.

Haensch, R. 1992. "Das Statthalterarchiv," *Zeitschrift der Savigny-Stiftung für Rechtsgeschichte* 109: 209–317.

Haensch, R. 2006. "Von den Augusti liberti zu den Caesariani," in A. Kolb, ed., *Herrschaftsstrukturen und Herrschaftspraxis: Konzepte, Prinzipien und Strategien der Administration im römischen Kaiserreich, Akten der Tagung an der Universität Zürich, 18.-20.10.2004*, 153–64. Berlin.

Haensch, R. 2008. "Die Provinz Aegyptus: Kontinuitäten und Brüche zum ptolemäischen Ägypten: Das Beispiel des administrativen Personals," in I. Piso, ed., *Die römischen Provinzen: Begriff und Begründung*, 81–105. Cluj-Napoca.

Hagedorn, D. 1985. "Zum Amt des διοικητής im römischen Ägypten," *Yale Classical Studies* 28: 167–210.

Hagedorn, D., and Maresch, K., eds. 1998. *Die verkohlten Papyri aus Bubastos II (P. Bub. II 5)*. Opladen.

Hagedorn, U., and Hagedorn, D. 2000. "Aus einem τὸμοω συγκολλήσιμοω: Σαυρῶται κροκοδείλυν," in H. Melaerts, ed., *Papyri in Honorem Johannis Bingen Octogenarii (P.Bingen)*, 293–308, nos. 70–2. Leuven.

Halfmann, H. 2002. "Die Selbstverwaltung der kaiserzeitlichen Polis in Plutarchs Schrift *praecepta gerendae rei publicae*," *Chiron* 32: 83–95.

Hall, D. L., and Ames, R. T. 1995. *Anticipating China: Thinking through the Narratives of Chinese and Western Culture*. Albany.

Hall, D. L., and Ames, R. T. 1998. *Thinking from the Han: Self, Truth, and Transcendence in Chinese and Western Culture*. Albany.

Hall, P. A., and Taylor, R. C. R. 1996. "Political Science and the Three New Institutionalisms," *Political Studies* 44: 936–57.

Hampshire-Monk, I., Tilmans, K., and van Vree, F., eds. 1998. *History of Concepts: Comparative Perspectives*. Amsterdam.

Han, X. 2005. *Rufa Zhenghe: Qinhan zhengzhi wenhua lun* (The synthesis of Confucianism and Legalism: On the political culture of Qin and Han Dynasties). Beijing.

Handelman, D. 1998. *Models and Mirrors: Towards an Anthropology of Public Events*, 2nd ed. New York.

Hanel, N. 2007. "Military Camps, *Canabae*, and *Vici*: The Archaeological Evidence," in P. Erdkamp, ed., *A Companion to the Roman Army*, 395–416. Malden.

Hansen, M. H., and T. H. Nielsen, eds. 2004. *An Inventory of Archaic and Classical Poleis: An Investigation Conducted by the Copenhagen Polis Centre for the Danish National Research Foundation*. Oxford.

Hardy, G. 1999. *Worlds of Bamboo and Bronze: Sima Qian's Conquest of History*. New York.

Harl, K. W. 1996. *Coinage in the Roman Economy, 300 B.C. to A.D. 700*. Baltimore.

Harries, J. 1988. "The Roman Imperial Quaestor from Constantine to Theodosius II," *Journal of Roman Studies* 78: 148–72.

Harries, J. 1998. *Law and Empire in Late Antiquity*. Cambridge.
Harris, W. V. 2001. *Restraining Rage. The Ideology of Anger Control in Classical Antiquity*. Cambridge.
Hartmann, F. 1982. *Herrscherwechsel und Reichskrise: Untersuchungen zu den Ursachen und Konsequenzen der Herrscherwechsel im Imperium Romanum der Soldatenkaiserzeit (3. Jahrhundert n. Chr.)*. Frankfurt.
Hasler, K. 1980. *Studien zu Wert und Wesen des Geldes in der römischen Kaiserzeit von Augustus bis Severus Alexander*. Bochum.
Haupt, H.-G., and Kocka, J., eds. 1996. *Geschichte und Vergleich: Ansätze und Ergebnisse international vergleichender Geschichtsschreibung*. Frankfurt.
Haynes, I., ed. 2011. *Early Roman Thrace: New Evidence from Bulgaria. Journal of Roman Archaeology* supplement 82.
Heather, P. 1994. "New Men for New Constantines? Creating an Imperial Elite in the Eastern Mediterranean," in P. Magdalino, ed., *New Constantines: The Rhythm of Imperial Renewal in Byzantium, 4th–13th Centuries*, 11–33. Aldershot.
Heather, P. 1998. "Senators and Senates," in A. Cameron and P. Garnsey, eds. *The Cambridge Ancient History*, 2nd ed. Vol. 13: *The Late Empire, A.D. 337–425*, 184–210. Cambridge.
Hekster, O., De Kleijn, G., and Slootjes, D., eds. 2007. *Crises and the Roman Empire: Proceedings of the 7th Workshop of the International Network Impact of Empire*. Leiden.
Hemelrijk, E. A. 1999. *Matrona Docta: Educated Women in the Roman Élite from Cornelia to Julia Domna*. New York.
Hendrischke, B. 1991. "The Concept of Inherited Evil in the *Taiping Jing*," *East Asian History* 2: 1–30.
Hendrischke, B. 1992. "The Daoist Utopia of Great Peace," *Oriens Extremus* 35: 61–91.
Hendrischke, B. 2000. "Early Daoist Movements," in L. Kohn, ed., *The Daoism Handbook*, 143–5. Leiden.
Hendrischke, B. 2007. *The Scripture on Great Peace: The Taiping Jing and the Beginnings of Daoism*. Berkeley.
Hendrischke, B. 2010. "Early Daoist Ideas on Political Practice: How to Select and Control Government Officials," *Daoism: Religion, History and Society* 2: 1–36.
Herrmann, P. 1990. *Hilferufe aus römischen Provinzen: Ein Aspekt der Krise des römischen Reiches im 3. Jh. n. Chr*. Hamburg.
Herz, P. 2007. "Finances and Costs of the Roman Army," in P. Erdkamp, ed., *A Companion to the Roman Army*, 306–22. Malden.
Hicks, B. W. 2011. *The Process of Imperial Decision-Making from Augustus to Trajan*. PhD. dissertation, Rutgers.
Hirschfeld, O. 1905. *Die kaiserlichen Verwaltungsbeamten bis auf Diocletian*, 2nd ed. Berlin.
Hirt, A. M. 2010. *Imperial Mines and Quarries in the Roman World: Organizational Aspects 27 BC–AD 235*. Oxford.
Höbenreich, E. 1997. *Annona: Juristische Aspekte der stadtrömischen Lebensmittelversorgung im Principat*. Graz.
Hoffman, P. T., and Rosenthal, J. L. 1997. "The Political Economy of Warfare and Taxation in Early Modern Europe: Historical Lessons for Economic Development," in J. N. Drobak and J. V. C. Nye, eds., *The Frontiers of the New Institutional Economics*, 31–55. New York.

Hoffmann, F., Minas-Nerpel, M., and Pfeiffer, S. 2009. *Die dreisprachiche Stele des C. Cornelius Gallus: Übersetzung und Kommentar.* New York.

Honoré, T. 1984. "Ausonius and Vulgar Law," *Iura* 35: 75–85.

Honoré, T. 1998. *Law in the Crisis of Empire, 379–455 AD.* Oxford.

Hopkins, K. 1978. *Conquerors and Slaves: Sociological Studies in Roman History.* Vol. 1. Cambridge.

Hopkins, K. 1980. "Taxes and Trades in the Roman Empire (200 B.C.–A.D. 400)," *Journal of Roman Studies* 70: 101–25.

Hopkins, K. 2002. "Rome, Taxes, Rents and Trade," in W. Scheidel and S. van Reden, eds., *The Ancient Economy*, 190–230. Edinburgh.

Hopkins, K. 2009. "The Political Economy of the Roman Empire," in Morris and Scheidel 2009: 178–204.

Hopkins, K., and Beard, M. 2005. *The Colosseum.* London.

Hopkins, K., and Burton, G. 1983. "Ambition and Withdrawal: The Senatorial Aristocracy under the Emperors," in K. Hopkins, ed., *Death and Renewal: Sociological Studies in Roman History*, vol. 2: 120–200. Cambridge.

Hoppál, K. 2011. "The Roman Empire according to the Ancient Chinese Sources," *Acta Antiqua Academiae Scientiarum Hungaricae* 51: 263–306.

Horden, P., and Purcell, N. 2000. *The Corrupting Sea: A Study of Mediterranean History.* Malden.

Hotaling, S. 1978. "The City Walls of Han Ch'ang-an," *T'oung Pao* 64: 1–46.

Hou, Jiaju 2005. *Zhongguo jingjishi* (China's economic history). Taipei.

Howard, M. 1976. *War in European History.* Oxford.

Howe, S. 2002. *Empire: A Very Short Introduction.* Oxford.

Howgego, C. 2009. "Some Numismatic Approaches to Quantifying the Roman Economy," in A. K. Bowman and A. Wilson, eds., *Quantifying the Roman Economy: Methods and Problems*, 287–95. Oxford.

Hoyos, D. 1990. "POPULUS SEANOC[...], 104 BC," *Zeitschrift für Papyrologie und Epigraphik* 83: 89–95.

Hsiao, K. 1977. "Legalism and Autocracy in Traditional China," in Y. Li, ed., *Shang Yang's Reforms and State Control in China*, 125–43. New York.

Hsing, I-t. 1980. "Rome and China: The Role of the Armies in the Imperial Succession: A Comparative Study." PhD thesis, University of Hawai'i at Manoa.

Hsu, C.-y. 1980. *Han Agriculture: The Formation of Early Chinese Agrarian Economy (206 B.C. –A.D. 220).* Seattle.

Hsu, C.-y. 1999. "The Spring and Autumn Period," in M. Loewe and E. L. Shaughnessy, eds., *The Cambridge History of Ancient China*, 545–86. Cambridge.

Hsu, C.-y., and Linduff, K. M. 1988. *Western Chou Civilization.* New Haven.

Huang, L. 1985. *Qinhan shijin zhidu* (Official recruitment and promotion during the Qin and Han Dynasties). Xi'an.

Huang, L. 1989. *Zhongguo gudai xuanguan zhidu xulue* (A brief history of the official recruitment system in ancient China). Xi'an.

Huang, R. 1974. *Taxation and Governmental Finance in Sixteenth-Century Ming China.* Cambridge.

Hucker, C. O. 1966. *The Censorial System of Ming China.* Stanford.

Hui, V. T.-b. 2005. *War and State Formation in Ancient China and Early Modern Europe.* Cambridge.

Humphrey, J. H. 1986. *Roman Circuses: Arenas for Chariot Racing.* Berkeley.
Hung, W. 1995. *Monumentality in Early Chinese Art and Architecture.* Stanford.
Hung, W. 2005. *Remaking Beijing: Tiananmen Square and the Creation of a Political Space.* Chicago.
Hurlet, F., ed. 2008. *Les Empires: Antiquité et Moyen Âge: Analyse comparée.* Rennes.
Jacques, F. 1984. *Le Privilège de liberté: Politique impériale et autonomie municipale dans les cités de l'Occident romain (161–244).* Rome.
Johne, K.-P., Gerhardt, T., and Hartmann, U., eds. 2006. *Deleto iam paene imperio Romano: Transformationsprozesse des römischen Reichs im dritten Jahrhundert und ihre Rezeption in der Neuzeit.* Stuttgart.
Johnson, T., and Dandeker, C. 1989. "Patronage: Relation and System," in A. Wallace-Hadrill, ed., *Patronage in Ancient Society*, 219–41. London.
Johnston, P. D. 2008. *The Military* Consilium *in Republican Rome.* Piscataway.
Jones, A. H. M. 1940. *The Greek City from Alexander to Justinian.* Oxford.
Jones, A. H. M. 1949. "The Roman Civil Service," *Journal of Roman Studies* 39: 38–55.
Jones, A. H. M. 1964. *The Later Roman Empire: A Social, Economic and Administrative Survey.* 3 vols. Oxford.
Jongman, W. M. 2006. "The Rise and Fall of the Roman Economy: Population, Rents and Entitlement," in P. F. Bang, M. Ikeguchi, and H. Ziche, eds., *Ancient Economies, Modern Methodologies: Archaeology, Comparative History, Models and Institutions*, 237–54. Bari.
Jongman, W. M. 2007. "The Early Roman Empire: Consumption," in Scheidel, Morris, and Saller 2007: 592–618.
Jördens, A. 1999. "Das Verhältnis der römischen Amtsträger in Ägypten zu den 'Städten' in der Provinz," in W. Eck, ed., *Lokale Autonomie und römische Ordnungsmacht in den kaiserzeitlichen Provinzen vom 1. bis 3. Jh.*, 141–80. Munich.
Jördens, A. 2009. *Statthalterliche Verwaltung in der römischen Kaiserzeit: Studien zum praefectus Aegypti.* Stuttgart.
Jullien, F. 2000. *Detour and Access: Strategies of Meaning in China and Greece.* New York.
Kaiser, M., and Pečar, A. 2003. *Der zweite Mann im Staat: Oberste Amtsträger und Favoriten im Umkreis der Reichsfürsten in der Frühen Neuzeit.* Berlin.
Kaltenmark, M. 1979. "The Ideology of the *T'ai-p'ing Ching*," in H. Welch and A. Seidel, eds., *Facets of Taoism: Essays in Chinese Religion*, 19–45. New Haven.
Kamenka, E. 1989. *Bureaucracy.* Oxford.
Karamboula, D. 1993. "Ta koina: Das 'Gemeinwesen' der Römer, in spätantiker und frühbyzantinischer Zeit," *Tyche* 8: 41–62.
Karamboula, D. 1996. "*Soma Basileias*: Zur Staatsidee im spätantiken Byzanz," *Jahrbuch der österreichischen Byzantinistik* 46: 1–24.
Karayannopolis, P. 1958. *Das Finanzwesen des frühbyzantinischen Staates.* Munich.
Kaser, M. and Hackl, K. 1996. *Das römische Zivilprozeßrecht*, 2nd ed. Munich.
Katsari, C. 2011. *The Roman Monetary System: The Eastern Provinces from the First to the Third Century* AD. Cambridge.
Kaufman, S. 1997. "The Fragmentation and Consolidation of International Systems," *International Organizations* 51: 173–208.
Kautsky, J. H. 1982. *The Politics of Aristocratic Empires.* New Brunswick.
Kehoe, D. P. 1988. *The Economics of Agriculture on Roman Imperial Estates in North Africa.* Göttingen.

Keightley, D. 1983. "The Late Shang State: When, Where, and What?" in D. Keightley, ed., *The Origins of Chinese Civilization*, 523–64. Berkeley.

Keightley, D. 2000. *The Ancestral Landscape: Time, Space, and Community in Late Shang China (ca. 1200–1045 B.C.)*. Berkeley.

Kelly, C. 1998. "Emperors, Government and Bureaucracy," in A. Cameron and P. Garnsey, eds., *The Cambridge Ancient History*, 2nd ed. Vol. 13: *The Late Empire, A.D. 337–425*, 138–83. Cambridge.

Kelly, C. 2004. *Ruling the Later Roman Empire*. Cambridge.

Kelly, C. 2005. "John Lydus and the Eastern Praetorian Prefecture in the Sixth Century AD," *Byzantinische Zeitschrift* 98: 431–58.

Kelly, C. 2009. Review of Scheidel 2009a, *Times Literary Supplement*, October 2, 8.

Kemmers, F. 2006. *Coins for a Legion: An Analysis of the Coin Finds from the Augustan Legionary Fortress and Flavian* canabae legionis *at Nijmegen*. Mainz.

Kern, M. 2000. *The Stele Inscriptions of Ch'in Shih-huang: Text and Ritual in Early Chinese Imperial Representation*. New Haven.

Kern, M. 2001. "Ritual, Text, and the Formation of the Canon: Historical Transitions of Wen in Early China," *T'oung Pao* 87/1–3: 43–91.

Kim, H. J. 2009. *Ethnicity and Foreigners in Ancient Greece and China*. London.

King, R., and Schilling, D., eds. 2011. *How Should One Live? Comparing Ethics in Ancient China and Greco-Roman Antiquity*. Berlin.

Kiser, E., and Baer, J. 2005. "The Bureaucratization of States: Toward an Analytical Weberianism," in Adams, Clemens, and Orloff 2005: 225–48.

Kiser, E., and Cai, Y. 2003. "War and Bureaucratization in Qin China: Exploring an Anomalous Case," *American Sociological Review* 68: 511–39.

Kleeman, T. 1998. *Great Perfection: Religion and Ethnicity in a Chinese Millennial Kingdom*. Honolulu.

Kleeman, T. 2007. "Daoism in the Third Century," in F. C. Reiter, ed., *Purposes, Means and Convictions in Daoism: A Berlin Symposium*, 11–28. Wiesbaden.

Kleiner, F. S. 1985. *The Arch of Nero in Rome: A Study of the Roman Honorary Arch before and under Nero*. Rome.

Knapowski, R. 1961. *Der Staatshaushalt der römischen Republik*. Frankfurt.

Knapowski, R. 1967. *Die Staatsrechnungen der römischen Republik in den Jahren 49 bis 45 v. Chr.* Frankfurt.

Knechtges, D. R., transl. 1982. *Xiao Tong: Wen xuan, or Selections of Refined Literature*. Vol. 1: *Rhapsodies on Metropolises and Capitals*. Princeton.

Köhne, E., and Ewigleben, C. 2000. *Gladiators and Caesars: The Power of Spectacle in Ancient Rome*. Berkeley.

Kokkinia, C. 2006. "The Governor's Boot and the City's Politicians," in A. Kolb, ed., *Herrschaftsstrukturen und Herrschaftspraxis: Konzeption, Prinzipien und Strategien der Administration im römischen Kaiserreich*, 181–9. Berlin.

Kolb, A. 2000. *Transport und Nachrichtentransfer im römischen Reich*. Berlin.

Konrad, C. F. 1994. *Plutarch's* Sertorius: *A Historical Commentary*. Chapel Hill.

Konrad, N. I. 1967. "Polybius and Ssu-ma Ch'ien," *Soviet Sociology* 5/4: 37–58.

Körber, E.-B. 1998. "Zum Geschäftsgang der Verwaltung: Vorschläge von Rotteck, Welcker und Malchus im frühen 19. Jahrhundert," in E. Laux and K. Teppe, eds., *Der Neuzeitliche Staat und seine Verwaltung: Beiträge zur Entwicklungsgeschichte seit 1700*, 99–114. Stuttgart.

Kramers, R. P. 1986. "The Development of the Confucian Schools," in Twitchett and Loewe 1986: 747–65.

Krause, J.-U. 1987. *Spätantike Patronatsformen im Westen des römischen Reiches.* Munich.

Krause, J.-U., and Witschel, C., eds. 2006. *Die Stadt in der Spätantike: Niedergang oder Wandel?* Stuttgart.

Kruse, T. 2002. *Der Königliche Schreiber und die Gauverwaltung: Untersuchungen zur Verwaltungsgeschichte Ägyptens in der Zeit von Augustus bis Philippus Arabs (30 v. Chr.–245 n. Chr.).* Munich.

Kuhoff, W. 2001. *Diokletian und die Epoche der Tetrarchie: Das römische Reich zwischen Krisenbewältigung und Neuaufbau (284–313 n.Chr.).* Frankfurt.

Kuhrt, A. 1997. *The Ancient Near East, c. 3000–330 BC*, 2 vols. New York.

Kunisch, J. 1999. *Absolutismus*, 2nd ed. Göttingen.

Kupiszewski, H. 1953–4. "The Iuridicus Alexandreae," *Journal of Juristic Papyrology* 7/8: 187–204.

Kuriyama, S. 1999. *The Expressiveness of the Body and the Divergence of Greek and Chinese Medicine.* New York.

Laffi, U. 2001. "L'iscrizione di Sepino (CIL IX, 2438) relativa ai contrasti fra le autorità municipali e i *conductores* delle greggi imperiali con l'intervento dei prefetti del pretorio," in U. Laffi, ed., *Studi di Storia Romana e di diritto*, 173–205. Rome.

Lange, C. H. 2009. Res Publica Constituta: *Actium, Apollo and the Accomplishment of the Triumviral Assignment.* Leiden.

Laniado, A. 2002. *Recherches sur les notables municipaux dans l'empire protobyzantin.* Paris.

Lao, G. 2006. *Gudai zhongguo de lishi yu wenhua* (The history and culture of ancient China). Beijing.

LaRoca, E. 1995. *The Imperial Fora.* Rome.

Lavan, L. 2006. "Social and Political Life in Late Antiquity: A Bibliographical Essay," in W. Bowden, A. Gutteridge, and C. Machado, eds., *Social and Political Life in Late Antiquity*, 3–40. Leiden.

Legge, J. 1935. *The Chinese Classics.* Vol. 3: *The Shujing*, repr. ed.Shanghai.

Leitner, U. 2011. *Imperium: Geschichte und Theorie eines politischen Systems.* Frankfurt.

Le Masurier, J. 1981. "Le fonctionnaire en France," *L'educazione giuridica IV 3, Il pubblico funzionario: Modelli storici e comparativi.* Vol. 3: 3–17. Perugia.

Lendon, J. E. 1997. *Empire of Honour: The Art of Government in the Roman World.* Oxford.

Lendon, J. E. 2006. "The Legitimacy of the Roman Emperor: Against Weberian Legitimacy and Imperial 'Strategies of Legitimation,'" in A. Kolb, ed., *Herrschaftsstrukturen und Herrschaftspraxis: Konzeption, Prinzipien und Strategien der Administration im römischen Kaiserreich*, 53–63. Berlin.

Levick, B. 1987. "Urbanization in the Eastern Empire," in J. Wacher, ed., *The Roman World.* Vol. 2: 329–44. London.

Lewis, M. E. 1990. *Sanctioned Violence in Early China.* Albany.

Lewis, M. E. 1997. "Ritual Origins of Warring States," *Bulletin de l'école française de l'Extrême-Orient* 84: 75–89.

Lewis, M. E. 1999. "Warring States Political History," in M. Loewe and E. Shaughnessy, eds., *The Cambridge History of Ancient China: From the Origins of Civilization to 221 B.C.*, 587–650. Cambridge.

Lewis, M. E. 2000a. "The Han Abolition of Universal Military Service," in H. van de Ven, ed., *Warfare in Chinese History*, 33–75. Leiden.

Lewis, M. E. 2000b. "The City-State in Spring-and-Autumn China," in M. H. Hansen, ed., *A Comparative Study of Thirty City-State Cultures*, 359–74. Copenhagen.

Lewis, M. E. 2006. *The Construction of Space in Early China*. New York.

Lewis, M. E. 2007. *The Early Chinese Empires: Qin and Han*. Cambridge.

Lewis, M. E. 2009a. *China's Cosmopolitan Empire: The Tang Dynasty*. Cambridge.

Lewis, M. E. 2009b. "Gift Circulation and Charity in the Han and Roman Empires," in Scheidel 2009a: 121–36. Oxford.

Lewis, M. E. 2009c. *China between Empires: The Northern and Southern Dynasties*. Cambridge.

Lewis, M. E. 2012. "Swordsmanship and the Socialization of Violence in Early China" in S. Brownell, ed., *From Athens to Beijing: West Meets East in the Olympic Games*, 153–75. New York.

Lewis, M. E. Forthcoming. "Fiscal Regimes of Early Imperial China: From Qin/Han through Tang," in Monson and Scheidel Forthcoming.

Lewis, N. 1995. "The Limited Role of the Epistrategus in Liturgic Appointments," in A. E. Hanson, ed., *On Government and Law in Roman Egypt: Collected Papers of N. Lewis*, 108–16. Atlanta.

Lewis, N., ed. 1997. *The Compulsory Public Services of Roman Egypt*, 2nd ed. Florence.

Li, F. 2001–2. "'Offices' in Bronze Inscriptions and Western Zhou Government Administration," *Early China* 26/27: 1–72.

Li, F. 2004. "Succession and Promotion: Elite Mobility during the Western Zhou," *Monumenta Serica* 54: 1–35.

Li, F. 2006. *Landscape and Power in Early China: The Crisis and Fall of the Western Zhou, 1045–771 BC*. Cambridge.

Li, F. 2007. *Xizhou de miewang* (The demise of the Western Zhou Dynasty). Shanghai.

Li, F. 2008. *Bureaucracy and the State in Early China: Governing the Western Zhou*. Cambridge.

Li, F. 2009. *Landscape and Power in Early China: The Crisis and Fall of the Western Zhou, 1045–771 BC*. Cambridge.

Li, X. 2008. "Research Trends in Urban History in China," *Asian Research Trends* 3: 1–23.

Li, X., and Wen, X. 2001. "New Light on the Early Han Code: A Reappraisal of the Zhangjiashan Bamboo Slip Legal Texts," *Asia Major* 14: 125–46.

Li, Y. 2002. *Qinhan zhidu shilun* (On the institutional history of the Qin and Han Dynasties). Jinan.

Li, Z., and Du, J. 1993. *Zhongguo gudai guanliao zhengzhi—gudai xingzhengguanli ji guanliaobing pouxi* (The bureaucratic politics of ancient China—an analysis of the ancient China administration and its problems). Beijing.

Liao, B. 2005. *Jiandu yu zhidu: Yinwan hanmu jiandu guanwenshu kaozheng* (Bamboo slips and institutions: a study of the government documents unearthed at Yinwan tomb). Guilin.

Lieven, D. 2000. *Empire: The Russian Empire and Its Rivals*. New Haven.

Lin, J. 2003. *Qinhan Shi* (The history of the Qin and Han Dynasties). Shanghai.

Lin, L. 1992. "Imperial China's Chancellor System," in Q. Zheng, ed., *Liguo de honggui* (The institutional and philosophical foundations of imperial China), 89–138. Beijing.

Lloyd, G. E. R. 1994. "Methodological Issues in the Comparison of East and West," in H. Numata and S. Kawada, eds., *Is It Possible to Compare East and West?* Tokyo: 23–36.

Lloyd, G. E. R. 1996. *Adversaries and Authorities: Investigations into Ancient Greek and Chinese Science*. Cambridge.

Lloyd, G. E. R. 2002. *The Ambitions of Curiosity: Understanding the World in Ancient Greece and China*. Cambridge.

Lloyd, G. E. R. 2004. *Ancient Worlds, Modern Reflections: Philosophical Perspectives on Greek and Chinese Science and Culture*. Oxford.

Lloyd, G. E. R. 2005. *The Delusions of Invulnerability: Wisdom and Morality in Ancient Greece, China and Today*. London.

Lloyd, G. E. R. 2006. *Principles and Practices in Ancient Greek and Chinese Science*. Aldershot.

Lloyd, G. E. R. 2011a. "Comparative Ethics: Some Methodological Considerations," in King and Schilling 2011: 18–21.

Lloyd, G. E. R. 2011b. "The Greeks and Chinese on the Emotions and the Problem of Cross-cultural Universals and Cultural Relativism," in King and Schilling 2011: 241–58.

Lloyd, G., and Sivin, N. 2002. *The Way and the Word: Science and Medicine in Early China and Greece*. New Haven.

Lo Cascio, E. 1984. "Dall'*antoninianus* al 'laureato grande': L'evoluzione monetaria del III secolo alla luce della nuova documentazione di età dioclezianea," *Opus* 3: 133–201.

Lo Cascio, E. 2000. "La popolazione," in E. Lo Cascio, ed., *Roma Imperiale: Una metropoli antica*, 17–70. Rome.

Lo Cascio, E. 2006. "The Role of the State: Budgetary Policies," in A. Kolb, ed., *Herrschaftsstrukturen und Herrschaftspraxis: Konzeption, Prinzipien und Strategien der Administration im römischen Kaiserreich*, 26–34. Berlin.

Lo Cascio, E. 2007. "The Early Roman Empire: The State and the Economy," in Scheidel, Morris, and Saller 2007: 619–47. Cambridge.

Loewe, M. 1967. *Records of Han Administration*. 2 vols. Cambridge.

Loewe, M. 1974. *Crisis and Conflict in Han China: 104 BC to AD 9*. London.

Loewe, M. 1986a. "The Former Han Dynasty," in Twitchett and Loewe 1986: 103–222.

Loewe, M. 1986b. "The Conduct of Government and the Issues at Stake A.D. 57–167," in Twitchett and Loewe 1986: 291–316.

Loewe, M. 1986c. "The Structure and Practice of Government," in Twitchett and Loewe 1986: 463–90.

Loewe, M. 1986d. "The Religious and Intellectual Background," in Twitchett and Loewe 1986: 649–725.

Loewe, M., ed. 1993. *Early Chinese Texts: A Bibliographical Guide*. New Haven.

Loewe, M. 2004. *The Men Who Governed Han China: Companion to a Biographical Dictionary of the Qin, Former Han, and Xin Periods*. Leiden.

Loewe, M. 2006. *The Government of the Qin and Han Empires, 221 BCE–220 CE* Indianapolis.

Loewe, M. 2009. "The Western Han Army: Organization, Leadership and Operation," in di Cosmo 2009: 65–89. Cambridge.

Loewe, M. 2010a. "Imperial Tombs," in Nylan and Loewe 2010: 213–27.

Loewe, M. 2010b. "The Operation of the Government," in Nylan and Loewe 2010: 308–19.

Lomas, K. 2011. "Rome, Latins, and Italians in the Second Punic War," in D. Hoyos, ed., *A Companion to the Punic Wars*, 339–57. London.

Longo, G. 1972. "Utilitas publica," *Labeo* 19: 7–71.

Lorenz, G. 1990. "Das Imperium Romanum und das China der Han-Dynastie: Gedanken und Materialien zu einem Vergleich," *Informationen für Geschichtslehrer* 12: 9–60.

Lou, J., and Liu, G. 1992. *Zhongguo gudai wenguan zhidu* (The bureaucratic system of ancient China). Lanzhou.

Löwy, M., and Sayre, R. 2001. *Romanticism against the Tide of Modernity*. Durham.

Lu, X. 1998. *Rhetoric in Ancient China, Fifth to Third Century BCE: A Comparison with Classical Greek Rhetoric*. Columbia.

Lucrezi, F. 1982. *Leges super principem: La "monarchia costituzionale" di Vespasiano*. Naples.

Luhmann, N. 1968. "Zweck-Herrschaft-System: Grundbegriffe und Prämissen Max Webers," in R. Mayntz, ed., *Bürokratische Organisation*, 36–55. Cologne.

MacCormack, G. 2006. "Filial Piety (*xiao*) and the Family in Pre-*Tang* Law," *Revue internationale des droits de l'antiquité* 53: 55–83.

MacMullen, R. 1959. "Roman Imperial Building in the Provinces," *Harvard Studies in Classical Philology* 64: 207–35.

MacMullen, R. 1966. *Enemies of the Roman Order*. Cambridge.

MacMullen, R. 1987. "Tax-Pressure in the Roman Empire," *Latomus* 46: 737–54.

Mahoney, J., and Rueschemeyer, D., eds. 2003a. *Comparative Historical Analysis in the Social Sciences*. Cambridge.

Mahoney, J., and Rueschemeyer, D. 2003b. "Comparative Historical Analysis: Achievements and Agendas," in Mahoney and Rueschemeyer 2003a: 3–38.

Mann, C., and Scholz, P. 2012, eds. *"Demokratie" im Hellenismus: Von der Herrschaft des Volkes zur Herrschaft der Honoratioren?* Mainz.

Mann, M. 1986. *The Sources of Social Power*. Vol. 1: *A History of Power from the Beginning to A.D. 1760*. Cambridge.

Manning, J. G. 2003. *Land and Power in Ptolemaic Egypt: The Structure of Land Tenure*. Cambridge.

Marichal, O. 1992. *Les Ostraca de Bu Njem*. Tripoli.

Marini Avonzo, F. 1964. "La giustizia nelle provincie agli inizi del basso impero," *Synteleia Vincenzo Arangio-Ruiz* 2: 1039–62.

Marotta, V. 2008. "Un esempio di amministrazione giudiziale: Decreti di consigli e *appellatio*," in A. Baroni, ed., *Amministrare un Impero: Roma e le sue province*, 51–87. Trento.

Martin, J. 1984. "Zum Selbstverständnis, zur Repräsentation und Macht des Kaisers in der Spätantike," *Saeculum* 35: 115–31.

Martin, T. R. 2009. "La natura 'frammentaria' delle storie di Erodoto e di Sima Qian," in E. Lanzillotta, V. Costa, and G. Ottone, eds., *Tradizione e trasmissione degli storici greci frammentari*, 695–729. Rome.

Martin, T. R. 2010. *Herodotus and Sima Qian: The First Great Historians of Greece and China: A Brief History with Documents*. Boston.

Matthews, J. F. 1975. *Western Aristocracies and Imperial Court, A.D. 364–425*. Oxford.

Matthews, J. M. 2000. *Laying Down the Law: A Study of the Theodosian* Code. New Haven.

Mattingly, D. J. 2006. *An Imperial Possession: Britain in the Roman Empire, 54 BC–AD 409*. Cambridge.

Maurice, L. 2013. *The Teacher in Ancient Rome: The Magister and His World*. Plymouth.

McKay, A. G. 1975. *Houses, Villas, and Palaces in the Roman World*. Ithaca.

McLaughlin, R. 2010. *Rome and the Distant East: Trade Routes to the Ancient Lands of Arabia, India and China*. London.

McMullen, D. 1987. "Bureaucrats and Cosmology: The Ritual Code of Tang China," in D. Cannadine and S. Price, eds., *Rituals of Royalty: Power and Ceremonial in Traditional Societies*, 181–236. Cambridge.

McNeill, W. H. 1982. *The Pursuit of Power: Technology, Armed Forces, and Society since A.D. 1000*. Chicago.

Mélèze-Modrzejewski, J. 1990. "La Dévolution au fisc des biens vacants d'après le Gnomon de l'Idiologue (BGU 210, § 4)," in J. Mélèze-Modrzejewski, ed., *Droit impérial et traditions locales dans l'Égypte romaine*, 91–125. Aldershot.

Merton, R. K. 1968. "Bürokratische Struktur und Persönlichkeit," in R. Mayntz, ed., *Bürokratische Organisation*, 265–76. Cologne.

Meyer, E. 2004. *Legitimacy and Law in the Roman World: Tabulae in Roman Belief and Practice*. Cambridge.

Meyer, E. 2006. "The Justice of the Roman Governor and the Performance of Prestige," in A. Kolb, ed., *Herrschaftsstrukturen und Herrschaftspraxis: Konzeption, Prinzipien und Strategien der Administration im römischen Kaiserreich*, 167–80. Berlin.

Meyer-Zwiffelhoffer, E. 2002. Πολιτικῶς ἄρχειν: *Zum Regierungsstil der senatorischen Statthalter in den kaiserzeitlichen griechischen Provinzen*. Stuttgart.

Migl, J. 1994. *Die Ordnung der Ämter: Prätorianerpräfektur und Vikariat in der Regionalverwaltung des römischen Reiches von Konstantin bis zur Valentinianischen Dynastie*. Frankfurt.

Millar, F. 1977. *The Emperor in the Roman World (31 BC–AD 337)*. London.

Millar, F. 1980. "The *Privata* from Diocletian to Theodosius: Documentary Evidence," in C. E. King, ed., *Imperial Revenue, Expenditure and Monetary Policy in the Fourth Century A.D. The Fifth Oxford Symposium on Coinage and Monetary History*, 125–40. Oxford.

Millar, F. 1984a. "Conviction to Hard Labour in the Roman Empire, from the Julio-Claudians to Constantine," *Papers of the British School at Rome* 52: 124–47.

Millar, F. 1984b. "The Mediterranean and the Roman Revolution: Politics, War, and the Economy," *Past and Present* 102: 3–24 (repr. in *Rome, the Greek World, and the East*, vol. 1: *The Roman Republic and the Augustan Revolution*, Chapel Hill, 2002, 215–37).

Millar, F. 1986. "Italy and the Roman Empire: Augustus to Constantine," *Phoenix* 40: 295–318.

Millar, F. 1990. "L'Empereur romain comme décideur," in C. Nicolet, ed., *Du Pouvoir dans l'antiquité: Mots et réalité*, 207–20. Geneva.

Millett, M. 1990. *The Romanization of Britain: An Essay in Archaeological Interpretation*. Cambridge.

Ming, W. 1992. *Taiping Jing hejiao* (Collated edition of the Taiping Jing). Beijing.

Mitchell, S., and van Nuffelen, P., eds. 2010. *One God: Pagan Monotheism in the Roman Empire*. Cambridge.

Mittag, A. 2008. "Forging Legacy: The Pact between Empire and Historiography in Ancient China," in Mutschler and Mittag 2008: 143–68.

Mittag, A., and Mutschler, F.-H. 2010. "Empire and Humankind: Historical Universalism in Ancient China and Rome," *Journal of Chinese Philosophy* 37: 527–55.

Mitthof, F. 2001. *Annona Militaris: Die Heeresversorgung im spätantiken Ägypten: Ein Beitrag zur Verwaltungs- und Heeresgeschichte des römischen Reiches im 3. bis 6. Jahrhundert*. Florence.

Mladenovic, D. 2012. *Urbanism and Settlement in the Roman Provinces of Moesia Superior*. Oxford.

Mommsen, T. 1963. *Römisches Staatsrecht*, 3rd ed. Basel.

Monson, A. 2012. *From the Ptolemies to the Romans: Political and Economic Change in Egypt*. Cambridge.

Monson, A., and Scheidel, W., eds. Forthcoming. *Fiscal Regimes and the Political Economy of Premodern States*. Cambridge.

Morley, N. 1996. *Metropolis and Hinterland: The City of Rome and the Italian Economy, 200 BCE–AD 200*. Cambridge.

Morley, N. 2001. "The Transformation of Italy, 225–28 BCE," *Journal of Roman Studies* 91: 50–62.

Morris, I. 2010. *Why the West Rules—For Now: The Patterns of History, and What They Reveal about the Future*. New York.

Morris, I. 2013. *The Measure of Civilization: How Social Development Decides the Fates of Nations*. Princeton.

Morris, I., and Scheidel, W., eds. 2009. *The Dynamics of Ancient Empires: State Power from Assyria to Byzantium*. New York.

Morstein-Marx, R. 1995. *Hegemony to Empire*. Berkeley.

Mortara, V. 1973. *L'analisi delle strutture organizzative*. Bologna.

Mote, F. W. 1989. *Intellectual Foundations of China*, 2nd ed. New York.

Motomura, R. 1991. "An Approach towards a Comparative Study of the Roman Empire and the Ch'in and Han Empires," *Kodai* 2: 61–9.

Motyl, A. J. 2001. *Imperial Ends: The Decay, Collapse, and Revival of Empires*. New York.

Mourgues, J.-L. 1995. "Les Formules 'rescripsi', 'recognovi' et les étapes de la rédaction des souscriptions impériales sous le Haut-Empire romain," *Mélanges de l'Ecole française de Rome. Antiquité* 107: 255–300.

Mousnier, R. 1980. *Les Institutions de la France sous la monarchie absolue 1598–1789*, Vol. 2: *Les Organes de l'état et la société*. Paris.

Muñiz Coello, J. 1989. "*Officium dispensatoris*," *Gerion* 7: 107–19.

Münkler, H. 2007. *Empires: The Logic of World Domination from Ancient Rome to the United States*. Cambridge.

Mutschler, F.-H. 1997. "Vergleichende Beobachtungen zur griechisch-römischen und altchinesischen Geschichtsschreibung," *Saeculum* 48: 213–53.

Mutschler, F.-H. 2003. "Zu Sinnhorizont und Funktion griechischer, römischer und altchinesischer Geschichtsschreibung," in K. J. Hölkeskamp et al., eds., *Sinn (in) der Antike*, 33–54. Mainz.

Mutschler, F.-H. 2006. "Tacitus und Sima Qian: Eine Annäherung," *Philologus* 150: 115–35.

Mutschler, F.-H. 2007a. "Sima Qian and His Western Colleagues: On Possible Categories of Description," *History and Theory* 46: 194–200.

Mutschler, F.-H. 2007b. "Tacitus und Sima Qian: Persönliche Erfahrung und historiographische Perspektive," *Philologus* 151: 127–52.

Mutschler, F.-H. 2008a. "Tacite (et Tite-Live) et Sima Qian: La vision politique d'historiens latins et chinois," *Bulletin de l'Association Guillaume Budé* 2: 123–55.

Mutschler, F.-H. 2008b. "The Problem of 'Imperial Historiography' in Rome," in Mutschler and Mittag 2008: 119–42.

Mutschler, F.-H., and Mittag, A., eds. 2008. *Conceiving the Empire: China and Rome Compared*. Oxford.

Neesen, L. 1980. *Untersuchungen zu den direkten Staatsabgaben der römischen Kaiserzeit, 27 v. Chr.–284 n. Chr.* Bonn.

Nelis-Clément, J. 2000. *Les* Beneficarii: *Militaires et administrateurs au service de l'empire (Ier s. a. C.—VIe s. p.C.)*. Paris.

Newlands, C. E. 1995. *Playing with Time: Ovid and the "Fasti."* Ithaca.

Nicasie, M. J. 1998. *Twilight of Empire: The Roman Empire from the Reign of Diocletian until the Battle of Adrianople*. Amsterdam.

Nicolet, C. 1991a. *Space, Geography, and Politics in the Early Roman Empire*. Ann Arbor.

Nicolet, C. 1991b. "Frumentum mancipale en Sicilie et ailleurs," in A. Giovannini, ed., *Nourrir la plèbe: Actes du coll. tenu à Genève en hommage à D. Van Berchem*, 119–40. Kassel.

Nienhauser, W. H., Jr., ed. 1994–2010. *The Grand Scribe's Records: The Memoirs of Han China*. 9 vols. Bloomington.

Nishijima, S. 1961. *Chugoku kodai teikoku no keisei to kozo*. Tokyo.

Nishijima, S. 1986. "The Economic and Social History of Former Han," in Twitchett and Loewe 1986: 545–607.

Noreña, C. 2011. *Imperial Ideals in the Roman West: Representation, Circulation, Power*. Cambridge.

Noreña, C. Forthcoming. "Western Han Chang'an and Early Imperial Rome: Structural Parallels and the Logics of Urban Form," in Nylan and Vankeerberghen forthcoming.

Noreña, C., ed. In progress a. *An Atlas of Urbanization in the Roman Empire*.

Noreña, C. In progress b. "The Dynamics of Urbanization in the Roman Empire," in Noreña in progress a.

North, J. C., Wallis, J. J., and Weingast, B. R. 2009. *Violence and Social Orders: A Conceptual Framework for Interpreting Recorded Human History*. Cambridge.

Nylan, M. 2001. *The Five "Confucian" Classics*. New Haven.

Nylan, M. 2005–6. "Notes on a Case of Illicit Sex from Zhangjiashan: A Translation and Commentary," *Early China* 30: 25–45.

Nylan, M. 2008. "The Rhetoric of 'Empire' in the Classical Era in China," in Mutschler and Mittag 2008: 39–66.

Nylan, M., and Loewe, M., eds. 2010. *China's Early Empires: A Re-appraisal*. Cambridge.

Nylan, M., and Vankeerberghen, G., eds. Forthcoming. *Chang'an 26 BCE From Drains to Dreams*. Cambridge.

Ôfuchi, N. 1991. *Shoki no dôkyô*. Tokyo.

Ogilvie, R. M. 1965. *A Commentary on Livy, Books 1–5*. Oxford.

Oliver, J. H. 1953. *The Ruling Power: A Study of the Roman Empire in the Second Century after Christ through the Roman Oration of Aelius Aristides*. Philadelphia.

Oliver, J. 1989. *Greek Constitutions of Early Roman Emperors from Inscriptions and Papyri*. Philadelphia.

Oltean, I. 2007. *Dacia: Landscape, Colonisation and Romanisation*. London.

Ooms, H. 2008. *Imperial Politics and Symbolics in Ancient Japan: The Tenmu Dynasty, 650–800*. Honolulu.

Osgood, J. 2006. *Caesar's Legacy: Civil War and the Emergence of the Roman Empire*. Cambridge.

Osgood, J. 2010. *Claudius Caesar: Image and Power in the Early Roman Empire*. Cambridge.

Östenberg, I. 2009. *Staging the World: Spoils, Captives, and Representations in the Roman Triumphal Procession*. Oxford.

Ownby, D. 1999. "Chinese Millenarian Traditions: The Formative Age," *American History Review* 104/5: 1513–30.

Pagden, A. 1995. *Lords of All the World: Ideologies of Empire in Spain, Britain and France c. 1500–c. 1800*. New Haven.

Palme, B. 1999. "Die *Officia* der Statthalter in der Spätantike: Forschungsstand und Perspektiven," *Antiquité Tardive* 7: 85–133.
Pani, M. 2003. *La corte dei Cesari fra Augusto e Nerone*. Bari.
Parássoglou, G. 1978. *Imperial Estates in Roman Egypt*, 2nd ed. Amsterdam.
Parsons, J. 1967. "Phillippus Arabs and Egypt," *Journal of Roman Studies* 57: 134–41.
Parsons, T. W. 2010. *The Rule of Empires: Those Who Built Them, Those Who Endured Them, and Why They Always Fall*. New York.
Paterson, J. 2007. "Friends in High Places: The Creation of the Court of the Roman Emperor," in Spawforth 2007: 121–56.
Patterson, J. R. 2006. *Landscapes and Cities: Rural Settlement and Civic Transformation in Early Imperial Italy*. Oxford.
Patterson, O. 1982. *Slavery and Social Death*. Cambridge.
Peachin, M. 1986. "The *procurator monetae*," *Numismatic Chronicle* 146: 94–106.
Peachin, M. 1996. *Iudex vice Caesaris: Deputy Emperors and the Administration of Justice during the Principate*. Stuttgart.
Peachin, M. 2004. *Frontinus and the* curae *of the* curator aquarum. Stuttgart.
Peck, L. 1990. *Court Patronage and Corruption in Early Stuart England*. Boston.
Pedersen, F. S. 1976. *Late Roman Public Professionalism*. Odense.
Pelling, C. 2011. *Plutarch* Caesar: *Translated with an Introduction and Commentary*. Oxford.
Peng, X. 1994. *A Monetary History of China*. Vol. 1. Bellingham.
Petersen, J. Ø. 1989. "The Early Traditions Relating to the Han Dynasty Transmission of the Taiping Jing, Part One," *Acta Orientalia* 50: 133–71.
Petersen, J. Ø. 1990a. "The Early Traditions Relating to the Han Dynasty Transmission of the Taiping Jing, Part Two," *Acta Orientalia* 51: 173–216.
Petersen, J. Ø. 1990b. "The Anti-Messianism of the *Taiping Jing*," *Studies in Central and East Asian Religions* 3: 1–41.
Pflaum, H.-G. 1950. *Les Procurateurs équestres sous le haut-empire romain*. Paris.
Pflaum, H.-G. 1960. *Les Carrières procuratoriennes équestres sous le haut-empire romain*. Paris.
Pflaum, H.-G. 1974. *Abrégé des procurateurs équestres*. Paris.
Pines, Y. 2008. "Imagining the Empire? Concepts of 'Primeval Unity' in Pre-Imperial Historiographic Tradition," in Mutschler and Mittag 2008: 67–90.
Pines, Y. 2009. *Envisioning Eternal Empire: Chinese Political Thought of the Warring States Era*. Honolulu.
Pines, Y. 2014. "The Messianic Emperor: A New Look at Qin's Place in China's History," in Y. Pines, G. Shelach, L. von Falkenhausen, and R. D. S. Yates, eds., *The Birth of an Empire: The State of Qin Revisited* 258–79. Berkeley.
Pirazzoli-t'Serstevens, M. 2010. "Urbanism," in Nylan and Loewe 2010: 169–85.
Plass, P. 1995. *The Game of Death in Ancient Rome: Arena Sport and Political Suicide*. Madison.
Pokora, T. 1975. *Hsin-Lun (New Treatise) and Other Writings by Huan T'an (43 B.C.–28 A.D.)*. Ann Arbor.
Pollini, J. 1990. "Man or God: Divine Assimilation and Imitation in the Late Republic and Early Pricipate," in Raaflaub and Toher 1990: 334–57.
Pomeranz, K. 2000. *The Great Divergence: Europe, China, and the Making of the Modern World Economy*. Princeton.

Ponting, M. 2009. "Roman Silver Coinage: Mints, Metallurgy, and Production," in A. K. Bowman and A. Wilson, eds., *Quantifying the Roman Economy: Methods and Problems*, 269–80. Oxford.

Poo, M.-c. 1998. *In Search of Personal Welfare: A View of Ancient Chinese Religion*. Albany.

Poo, M.-c. 2005. *Enemies of Civilization: Attitudes toward Foreigners in Ancient Mesopotamia, Egypt, and China*. Albany.

Porter, B. N., ed. 2000. *One God or Many? Concepts of Divinity in the Ancient World*. Casco Bay.

Potter, D. S. 1990. *Prophecy and History in the Crisis of the Roman Empire: A Historical Commentary on the Thirteenth Sibylline Oracle*. Oxford.

Poulter, A. 1987. "Townships and Villages," in J. Wacher, ed., *The Roman World*, 388–409. London.

Puett, M. 2001. *The Ambivalence of Creation: Debates concerning Innovation and Artifice in Early China*. Stanford.

Puett, M. 2002. *To Become a God: Cosmology, Sacrifice, and Self-Divinization in Early China*. Cambridge.

Puett, M. 2004. "Forming Spirits for the Way: The Cosmology of the *Xiang'er* Commentary to the *Laozi*," *Journal of Chinese Religions* 32: 1–27.

Puett, M. 2005. "The Offering of Food and the Creation of Order: The Practice of Sacrifice in Early China," in R. Sterckx, ed., *Of Tripod and Palate: Food, Politics, and Religion in Traditional China*, 75–95. New York.

Puett, M. 2008. "Human and Divine Kingship in Early China: Comparative Reflections," in N. Brisch, ed., *Religion and Power: Divine Kingship in the Ancient World and Beyond*, 199–212. Chicago.

Puett, M. 2010. "Ritualization as Domestication: Ritual Theory from Classical China," in A. Michaels, A. Mishra, L. Dolce, G. Raz, and K. Triplett, eds., *Ritual Dynamics and the Science of Ritual*. Vol. 1: *Grammars and Morphologies of Ritual Practices in Asia*, 365–76. Wiesbaden.

Puett, M. 2011. "Sages, the Past, and the Dead: Death in the Huainanzi," in A. Olberding and P. J. Ivanhoe, eds., *Mortality in Traditional Chinese Thought*, 225–48. Albany.

Purcell, N. 1990. "The Creation of Provincial Landscape: The Roman Impact on Cisalpine Gaul," in T. Blagg and M. Millett eds., *The Early Roman Empire in the West*, 7–29. Oxford.

Purpura, G. 1992. "Gli editti dei prefetti d'Egitto I sec. a. C. – I sec. d. C.," *Annali del seminario giuridico del Università di Palermo* 42: 485–676.

Quass, F. 1993. *Die Honoratiorenschicht in den Städten des griechischen Ostens: Untersuchungen zur politischen und sozialen Entwicklung in hellenistischer und römischer Zeit*. Frankfurt.

Quint, D. 1993. *Epic and Empire: Politics and Generic Form from Virgil to Milton*. Princeton.

Raaflaub, K. A., and Toher, M., eds. 1990. *Between Republic and Empire: Interpretations of Augustus and His Principate*. Berkeley.

Ragin, C. C. 1987. *The Comparative Method: Beyond Qualitative and Quantitative Strategies*. Berkeley.

Rambaldi, S. 2009. *L'edilizia pubblica nell'impero romano all'epoca dell'anarchia militare*. Bologna.

Rao, Z. 1991. *Laozi Xiang'er zhu jiaojian*. Shanghai.

Raphals, L. A. 1992. *Knowing Words: Wisdom and Cunning in the Classical Tradition of China and Greece*. Ithaca.

Rathbone, D. 1993. "Egypt, Augustus and Roman Taxation," *Cahiers du Centre Gustave Glotz* 4: 81–112.

Rathbone, D. W. 1996. "The Imperial Finances," in A. K. Bowman, E. Champlin, and A. Lintott, eds., *The Cambridge Ancient History*. Vol. 10: *The Augustan Empire, 43 B.C.–A.D. 69*. 2nd ed., 309–23. Cambridge.

Rathbone, D. 2000. "Ptolemaic to Roman Egypt: The Death of the *dirigiste* State?" in E. Lo Cascio and D. Rathbone, eds., *Production and Public Powers in Classical Antiquity*, 44–54. Cambridge.

Rathbone, D. W. 2001. "The 'Muziris' Papyrus (SB XVIII 13167): Financing Roman Trade with India," *Bulletin de la Société Archéologique d'Alexandrie* 46: 39–50.

Rathbone, D. W. 2007. "Military Finance and Supply," in P. Sabin, H. van Wees, and M. Whitby, eds., *The Cambridge History of Greek and Roman Warfare*, vol. 2: *Rome from the Republic to the Late Empire*, 158–75. Cambridge.

Razeto, A. 2011. "A Comparative Study of Cities: Rome and Han China," PhD thesis London.

Reding, J.-P. 2004. *Comparative Essays in Early Greek and Chinese Rational Thinking*. Aldershot.

Reinhard, W. 1992. "Das Wachstum der Staatsgewalt: Historische Reflexionen," *Der Staat* 31: 59–75.

Reinhard, W. 2002. *Geschichte der Staatsgewalt: Eine vergleichende Verfassungsgeschichte Europas von den Anfängen bis zur Gegenwart*, 3rd ed. Munich.

Revell, L. 2009. *Roman Imperialism and Local Identities*. Cambridge.

Reynolds, J. 1988. "Cities," in D. Braund, ed., *The Administration of the Roman Empire*, 15–51. Exeter.

Reynolds, S. 2006. "Empires: A Problem of Comparative History," *Historical Research* 79: 151–65.

Richter, D. 2011. *Cosmopolis: Imagining Community in Late Classical Athens and the Early Roman Empire*. Oxford.

Rickman, G. 1980. *The Corn Supply of Ancient Rome*. Oxford.

Riggs, F. W. 1964. *Administration in Developing Countries: The Theory of Prismatic Society*. Boston.

Rigsby, K. J. 1985. "On the High-Priest of Egypt," *Bulletin of the American Society of Papyrologists* 22: 279–89.

Roller, M. 2001. *Constructing Autocracy: Aristocrats and Emperors in Julio-Claudian Rome*. Princeton.

Roniger, L. 1983. "Modern Patron-Client Relations and Historical Clientelism: Some Clues from Ancient Republican Rome," *Archives of European Sociology* 24: 63–95.

Rosenstein, N. 2008. "Aristocrats and Agriculture in the Middle and Late Republic," *Journal of Roman Studies* 98: 1–26.

Rosenstein, N. 2009. "War, State Formation, and the Evolution of Military Institutions in Ancient China and Rome," in Scheidel 2009a: 24–51.

Rosenstein, N. 2012. *Rome and the Mediterranean, 290 to 146 BC: The Imperial Republic*. Edinburgh.

Rostovtzeff, M. 1927. *A History of the Ancient World*. Vol. 2. Rome.

Rowe, G. 2002. *Princes and Political Cultures: The New Tiberian Senatorial Decrees*. Ann Arbor.

Rowlandson, J. 1996. *Landowners and Tenants in Roman Egypt: The Social Relations of Agriculture in the Oxyrhynchite Nome*. Oxford.

Rudich, V. 1997. *Dissidence and Literature under Nero: The Price of Rhetoricization*. New York.

Rueschemeyer, D. 2003. "Can One or a Few Cases Yield Theoretical Gains?" in Mahoney and Rueschemeyer 2003a: 305–36.

Russell, D. A. 1983. *Greek Declamation*. Cambridge.

Sablayrolles, R. 1996. *Miles libertinus: Les cohortes de vigiles*. Paris.

Sahara, Y. 2002. *Kandai toshi kikō no kenkyū*. Tokyo.

Sailor, D. 2008. *Writing and Empire in Tacitus*. Cambridge.

Saller, P. 1982. *Personal Patronage under the Early Empire*. Cambridge.

Salmon, E. T. 1970. *Roman Colonization under the Republic*. Ithaca.

Sanft, C. 2005. "Rituals That Don't Reach, Punishments That Don't Impugn: Jia Yi on the Exclusions from Punishment and Ritual," *Journal of the American Oriental Society* 125: 31–44.

Sanft, C. 2014. *Communication and Cooperation in Early Imperial China: Publicizing the Qin Dynasty*. New York.

Schaberg, D. 1999. "Travel, Geography, and the Imperial Imagination in Fifth-Century Athens and Han China," *Comparative Literature* 51: 152–91.

Schäfer, C. 1998. *Spitzenmanagement in Republik und Kaiserzeit: Die Procuratoren von Privatpersonen im Imperium Romanum vom 2. Jh. v. Chr. bis zum 3. Jh. n. Chr.* St. Katharinen.

Scheidel, W. 1991. "Dokument und Kontext: Aspekte der historischen Interpretation epigraphischer Quellen am Beispiel der 'Krise des dritten Jahrhunderts,'" *Rivista storica dell'antichità* 21: 145–64.

Scheidel, W. 1996. "Finances, Figures and Fiction," *Classical Quarterly* 46: 222–38.

Scheidel, W. 1997. "Quantifying the Sources of Slaves in the Early Roman Empire," *Journal of Roman Studies* 87: 156–69.

Scheidel, W. 2005. "Real Slave Prices and the Relative Cost of Slave Labor in the Greco-Roman World," *Ancient Society* 35: 1–17.

Scheidel, W. 2007a. "Demography," in Scheidel, Morris, and Saller 2007: 38–86.

Scheidel, W. 2007b. "A Model of Real Income Growth in Roman Italy," *Historia* 56: 322–46.

Scheidel, W. 2008a. "The Divergent Evolution of Coinage in Eastern and Western Eurasia," in W. V. Harris, ed., *The Monetary Systems of the Greeks and Romans*, 267–86. Oxford.

Scheidel, W. 2008b. "Roman Population Size: The Logic of the Debate," in L. de Ligt and S. J. Northwood, eds., *People, Land, and Politics: Demographic Developments and the Transformation of Roman Italy, 300 BCE–AD 14*, 17–70. Leiden.

Scheidel, W., ed. 2009a *Rome and China: Comparative Perspectives on Ancient World Empires*. Oxford.

Scheidel, W. 2009b. "From the 'Great Convergence' to the 'First Great Divergence,' Roman and Qin-Han State Formation and Its Aftermath," in Scheidel 2009a: 11–23.

Scheidel, W. 2009c. "In Search of Roman Economic Growth," *Journal of Roman Archaeology* 22: 46–70.

Scheidel, W. 2009d. "The Monetary Systems of the Han and Roman Empires," in Scheidel 2009a: 137–207.

Scheidel, W. 2010a. "Coin Quality, Coin Quantity, and Coin Value in Early China and the Roman World," *American Journal of Numismatics* 22: 93–118.

Scheidel, W. 2010b. "Real Wages in Early Economies: Evidence for Living Standards from 1800 BCE to 1300 CE," *Journal of the Social and Economic History of the Orient* 53: 425–62.

Scheidel, W. 2011a. "Fiscal Regimes and the 'First Great Divergence' between Eastern and Western Eurasia," in Bang and Bayly 2011: 193–204.

Scheidel, W. 2011b. "The Roman Slave Supply," in Bradley and Cartledge 2011: 287–310.

Scheidel, W. 2011c. "The Xiongnu and the Comparative Study of Empire," in U. Brosseder and B. K. Miller, eds., *Xiongnu Archaeology—Multidisciplinary Perspectives on the First Steppe Empire in Inner Asia*, 111–20. Bonn.

Scheidel, W. 2013. "Studying the State," in Bang and Scheidel 2013: 5–57.

Scheidel, W. Forthcoming a. "Comparing Ancient Worlds: Comparative History as Comparative Advantage," in *Proceedings of the 2012 International Symposium on Ancient World History in China*.

Scheidel, W. Forthcoming b. "Comparing Comparisons," in G. E. R. Lloyd, Z. Dong, and J. J. Zhao, eds., *Ancient Greece and Rome Compared*. Cambridge.

Scheidel, W. Forthcoming c. "Slavery and Forced Labor in Early China and the Roman World," in C. Laes and K. Verboven, eds., *Work, Labour, Professions in the Roman World*. Oxford.

Scheidel, W. Forthcoming d. "The Early Roman Monarchy," in Monson and Scheidel Forthcoming.

Scheidel, W. In progress a. "Monarchical Succession and Dynastic Continuity in World History."

Scheidel, W. In progress b. "The 'First Great Divergence': Causes and Consequences of Post-Ancient State Formation in Eastern and Western Eurasia."

Scheidel, W., and Friesen, S. J. 2009. "The Size of the Economy and the Distribution of Income in the Roman Empire," *Journal of Roman Studies* 99: 61–91.

Scheidel, W., Morris, I. and Saller, R., eds. 2007. *The Cambridge Economic History of the Greco-Roman World*. Cambridge.

Schellakovsky, J. 1998. "Die Instruktion König Friedrich Wilhelms I. von Preußen für das 'General-Ober-Finanz-, Krieges und Domänen-Direktorium' aus dem Jahre 1723," in E. Laux and K. Teppe, eds., *Der Neuzeitliche Staat und seine Verwaltung*, 13–33. Stuttgart.

Schiavone, A. 2005. *Ius: L'invenzione del diritto in Occidente*. Turin.

Schiller, A. A. 1949. "Bureaucracy and the Roman Law," *Seminar* 7: 26–48.

Schleussner, B. 1978. *Die Legaten der römischen Republik: Decem Legati und ständige Hilfigesandte*. Munich.

Schlinkert, D. 1996a. "Vom Haus zum Hof: Aspekte römischer Herrschaft in der Spätantike," *Klio* 78: 454–82.

Schlinkert, D. 1996b. Ordo senatorius *und* nobilitas: *Die Konstitution des Senatsadels in der Spätantike*. Stuttgart.

Schmidt-Hofer, S. 2006. "Die städtische Finanzautonomie im spätrömischen Reich," in H.-U. Wiemer, ed., *Staatlichkeit und politisches Handeln in der römischen Kaiserzeit*, 209–48. Berlin.

Schmitz, T. 1997. *Bildung und Macht: Zur sozialen und politischen Funktion der zweiten Sophistik in der griechischen Welt der Kaiserzeit*. Munich.

Scholten, H. 1998. "Der oberste Hofeunuch: Die politische Effizienz eines gesellschaftlich Diskriminierten," in Winterling 1998: 51–73. Berlin.

Schörner, G. 2003. *Votive im römischen Griechenland: Untersuchungen zur späthellenistischen und kaiserzeitlichen Kunst- und Religionsgeschichte*. Stuttgart.

Schuller, W. 1982. "Prinzipien spätantiken Beamtentums," in W. Schuller, ed., *Korruption im Altertum*, 201–8. Munich.

Schulz, R. 1997. *Herrschaft und Regierung: Roms Regiment in den Provinzen in der Zeit der Republik*. Paderborn.

Schumpeter, J. A. 1954 [1918]. "The Crisis of the Tax State." Trans. W. F. Stolper and R. A. Musgrave. *International Economic Papers* 4: 5–38 (originally published in German in 1918).

Schwarz, H. 2001. *Soll oder Haben? Die Finanzwirtschaft kleinasiatischer Städte in der römischen Kaiserzeit am Beispiel von Bithynien, Lykien und Ephesos (29 v.Chr.–284 n.Chr.)*. Bonn.

Scodel, R., ed. 1993. *Theater and Society in the Classical World*. Ann Arbor.

Seibel, S. 2004. *Typologische Untersuchungen zu den Usurpationen der Spätantike*. PhD thesis, Universität Duisburg-Essen.

Seidel, A. 1987. "Traces of Han Religion in Funeral Texts Found in Tombs," in A. Kan'ei, ed., *Dôkyô to shûkyô bunka*, 21–57. Tokyo.

Shankman, S., and Durrant, S. W. 2000. *The Siren and the Sage: Knowledge and Wisdom in Ancient Greece and China*. Albany.

Shankman, S., and Durrant, S. W., eds. 2002. *Early China/Ancient Greece: Thinking through Comparisons*. Albany.

Shaughnessy, E. L. 1999. "Western Zhou History," in M. Loewe and E. L. Shaughnessy, eds., *The Cambridge History of Ancient China*, 292–351. Cambridge.

Sherk, R. K. 1969. *Roman Documents from the Greek East*. Baltimore.

Sherk, R. K. 1988. *The Roman Empire: Augustus to Hadrian*. Cambridge.

Sherwin-White, A. N. 1973. "The Tabula of Banasa and the Constitutio Antoniniana," *Journal of Roman Studies* 63: 86–98.

Sica, A. 2000. "Rationalization and Culture," in S. Turner, ed., *The Cambridge Companion to Weber*, 42–58. Cambridge.

Sidebotham, S. E. 2011. *Berenike and the Ancient Maritime Spice Route*. Berkeley.

Sim, M. 2007. *Remastering Morals with Aristotle and Confucius*. Cambridge.

Simon, H. A. 1997. *Administrative Behavior: A Study of Decision-Making Processes in Administrative Organization*, 4th ed. New York.

Sinnigen, W. G. 1967. "Tirones et Supernumerarii," *Classical Philology* 62: 108–11.

Sipilä, J. 2009. *The Reorganisation of Provincial Territories in Light of the Imperial Decision-Making Process: Later Roman Arabia and Tres Palaestinae as Case Studies*. Helsinki.

Sirks, B. 2006. "The Food Distributions in Rome and Constantinople: Imperial Power and Continuity," in A. Kolb, ed., *Herrschaftsstrukturen und Herrschaftspraxis. Konzeption, Prinzipien und Strategien der Administration im römischen Kaiserreich*, 25–34. Berlin.

Skinner, G. W., ed. 1977. *The City in Late Imperial China*. Stanford.

Skocpol, T., and Somers, M. 1980. "The Uses of Comparative History in Macrosocial Inquiry," *Comparative Studies in Society and History* 22: 174–97.

Slater, W. J., ed. 1996. *Roman Theater and Society*. Ann Arbor.

Smith, A. D. 2010. "The Chinese Sexagenary Cycle and the Ritual Origins of the Calendar," in J. M. Steele, ed., *Calendars and Years II: Astronomy and Time in the Ancient and Medieval World*, 1–37. Oxford.

Smith, R. 2007. "The imperial Court of the Late Roman Empire," in Spawforth 2007: 157–232.

Snodgrass, A. 2010. "Archaeology in China: A View from Outside," in Nylan and Loewe 2010: 232–50.

Spagnuolo Vigorita, T. 1978a. "'Bona caduca' e giurisdizione procuratoria agli inizi del terzo secolo d. C.," *Labeo* 24: 157–68.

Spagnuolo Vigorita, T. 1978b. *Secta temporum meorum: Rinnovamento politico e legislazione fiscale agli inizi del principato di Gordiano* Ⅲ. Palermo.

Spawforth, A., ed. 2007. *The Court and Court Society in Ancient Monarchies*. Cambridge.

Speidel, M. A. 1996. *Die römischen Schreibtafeln von Vindonissa: Lateinische Texte des militärischen Alltags und ihre geschichtliche Bedeutung*. Brugg.

Speidel, M. A. 2007. "Einheit und Vielfalt in der römischen Heeresverwaltung," in R. Haensch and J. Heinrichs, eds., *Herrschen und Verwalten: Der Alltag der römischen Administration in der Hohen Kaiserzeit*, 173–94. Cologne.

Stambaugh, J. 1988. *The Ancient Roman City*. Part 1: *The Growth of Rome*. Baltimore.

Stauner, K. 2004. *Das offizielle Schriftwesens des römischen Heeres von Augustus bis Gallienus*. Bonn.

Stein, E. 1927. *Der römische Ritterstand: Ein Beitrag zur Sozial- und Personengeschichte des römischen Reiches*. Munich.

Stein, E. 1928. *Geschichte des spätrömischen Reichs*. Vol. 1. Vienna.

Steinhardt, N. S. *Chinese Imperial City Planning*. Honolulu. 1990.

Stephan, E. 2002. *Honoratioren, Griechen, Polisbürger: Kollektive Identitäten innerhalb der Oberschicht des kaizerzeitlichen Kleinasien*. Göttingen.

Stevens, E. B. 1933. "Divinity and Deliberation," *American Journal of Philology* 54: 225–46.

Stollberg-Rilinger, B. 1986. *Der Staat als Maschine: Zur politischen Metaphorik des absoluten Fürstenstaates*. Berlin.

Stroh, W. 2007. *Latein is tot, es lebe Latein: Kleine Geschichte einer grossen Sprache*. Berlin.

Strootman, R. 2007. *The Hellenistic Royal Court: Court Culture, Ceremonial and Ideology in Greece, Egypt and the Near East, 336–30 BCE* PhD thesis, Utrecht.

Stroux, J. 1929. *Eine Gerichtsreform des Kaisers Claudius*. Munich.

Stuurman, S. 2008. "Herodotus and Sima Qian: History and the Anthropological Turn in Ancient Greece and Han China," *Journal of World History* 19: 1–40.

Swain. S. 1996. *Hellenism and Empire: Language, Classicism, and Power in the Greek World, AD 50–250*. Oxford.

Swann, N. L. 1950. *Food and Money in Ancient China: The Earliest Economic History of China to A.D. 25: Han Shu 24 with Related Texts, Han Shu 91 and Shih-chi 129*. Princeton (repr. New York 1974).

Swarney, P. R. 1970. "Prefect and Idios Logos," in D. H. Samuel, ed., *Proceedings of the 12th International Congress of Greek Papyrology*, 455–60. Toronto.

Syme, R. 1939. *The Roman Revolution*. Oxford.

Syme, R. 1958. *Tacitus*. 2 vols. Oxford.

Talbert, R. J. A. 1984. *The Senate of Imperial Rome*. Princeton.

Tan, J. Forthcoming. "Roman Republic," in Monson and Scheidel forthcoming.

Tanner, J. 2009. "Ancient Greece, Early China: Sino-Hellenic Studies and Comparative Approaches to the Classical World: A Review Article," *Journal of Hellenic Studies* 129: 89–109.

Taylor, L. R. 1931. *The Divinity of the Roman Emperor*. Middletown.

Thomas, R. 1982. *The Epistrategos in Ptolemaic and Roman Egypt*. Vol. 2: *The Roman Epistrategos*. Opladen.

Thompson, K. W. 1984. *The Eisenhower Presidency*. Lanham.

Thornton, M. K., and Thornton, R. L. 1989. *Julio-Claudian Building Programs: A Quantitative Study in Political Management*. Wauconda.
Thuillier, G. 1999–2001. *Pour une histoire de la bureaucratie en France*. 2 vols. Paris.
Tilly, C., ed. 1975. *The Formation of National States in Western Europe*. Princeton.
Tilly, C. 1984. *Big Structures, Large Processes, Huge Comparisons*. New York.
Tilly, C. 1985. "War Making and State Making as Organized Crime," in P. B. Evans, D. Rueschemeyer, and T. Skocpol, eds., *Bringing the State Back In*, 169–91. Cambridge.
Tilly, C. 1992. *Coercion, Capital, and European States, AD 990–1992*. Cambridge.
Tisdale, H. 1942. "The Process of Urbanization," *Social Forces* 20: 311–16.
Tuck, S. 2009. *Experiencing Rome: A Visual Exploration of Antiquity's Greatest Empire*. Chantilly.
Turchin, P. 2009. "A Theory for Formation of Large Empires," *Journal of Global History* 4: 191–217.
Turchin, P., Whitehouse, H., Francois, P., Slingerland, E., and Collard, M. 2012. "A Historical Database of Sociocultural Evolution," *Cliodynamics* 3.2, http://escholarship.org/uc/item/2v8119hf.
Turner, K. 1992. "Rule of Law Ideals in Early China?" *Journal of Chinese Law* 6: 1–44.
Turner, K. 2013. "Laws, Bureaucrats, and Imperial Women in China's Early Empires," in J. Duindam, N. Hurvitz, J. Harries, and C. Humfress, eds., *Law and Empire: Ideas, Practices, Actors*, 63–85. Leiden.
Twitchett, D. C. 1963. *Financial Administration under the Tang Dynasty*. Cambridge.
Twitchett, D., and Loewe, M., eds. 1986. *The Cambridge History of Ancient China*. Vol. 1: *The Ch'in and Han Empires, 221 B.C.–A.D. 220*. Cambridge.
van de Mieroop, M. 2007. *A History of the Ancient Near East, ca 3000–323 BC*. Malden.
Van Ess, H. 2007. "The Imperial Court in Han China," in Spawforth 2007: 233–66.
van Minnen, P. 2000. "An Official Act of Cleopatra (with a Subscription in Her Own Hand)," *Ancient Society* 30: 29–34.
van Nijf, O. M. 2011. "Public Space and Political Culture in Roman *Termessos*," in O. M. van Nijf and Richard Alston, eds., *Political Culture in the Greek City after the Classical Age*, 215–42. Leuven.
Vasunia, P. 2011. "The Comparative Study of Empires," *Journal of Roman Studies* 101: 222–37.
Vera, D. 1994. "Strutture agrarie e strutture patrimoniali nella tarda antichità: L'aristocrazia romana fra agricoltura e commercio," in S. Roda, ed., *La parte migliore del genere umano: Aristocrazie, potere e ideologia nell'occidente tardoantica*, 165–224. Turin.
Versnel, H. 2000. "Thrice One: Three Greek Experiments in Oneness," in Porter 2000: 79–163.
Vervaet, F. J. 2007. "The Reapparance of the Supra-Provincial Commands in the Late Second and Early Third Centuries CE," in Hekster, De Kleijn, and Slootjes 2007: 125–39.
Veyne, P. 1976. *Le Pain et le cirque: Sociologie historique d'un pluralisme politique*. Paris.
Veyne, P. 1980. "L'Empire romain," in M. Duverger, ed., *Le concept de l'empire*, 121–30. Paris.
Veyne, P. 1981. "Clientèle et corruption au service de l'État," *Annales: Économies, Sociétés, Civilisations* 36: 339–60.

Virlouvet, C. 2004. "Les Naviculaires d'Arles: À propos de l'inscription provenant de Beyrouth," *Mélanges de l'École française de Rome: Antiquité* 116: 327–70.
Vittinghoff, F. 1990. "Gesellschaft," in F. Vittinghoff, ed., *Europäische Wirtschafts- und Sozialgeschichte in der Römischen Kaiserzeit*, 161–369. Stuttgart.
Von Falkenhausen, L. 2006. *Chinese Society in the Age of Confucius (1000–250 BC): The Archaeological Evidence*. Los Angeles.
Von Glahn, R. 2004. "Revisiting the Song Monetary Revolution: A Review Essay," *International Journal of Asian Studies* 1: 159–78.
Von Reden, S. Forthcoming. "Global Economy History," in C. Benjamin, ed., *The Cambridge History of the World. Vol. 4: A World with States, Empires and Networks, 1200 BCE–900 CE*. Cambridge.
Waelkens, M. 2002. "Romanization in the East: A Case Study: Sagalassos and Pisidia," *Istanbuler Mitteilung* 52: 311–68.
Wagner, D. B. 2000. *The State and the Iron Industry in Han China*. Copenhagen.
Walbank, F. W. 1979. *A Historical Commentary on Polybius*. Vol. 3. Oxford.
Walker, D. R. 1978. *The Metrology of the Roman Silver Coinage*. Part 3: *From Pertinax to Uranius Antoninus*. Oxford.
Wallace-Hadrill, A. 1994. *Houses and Society in Pompeii and Herculaneum*. Princeton.
Wallace-Hadrill, A. 2008. *Rome's Cultural Revolution*. Cambridge.
Wang, Q. 2006. *Lianhan weijin nanchao zhou, cishi zhidu yanjiu* (A study on the censorial inspector system during the Han, Wei, Jin and South Dynasties). Hefei.
Wang Y.-c. 1949. "An Outline of the Central Government of the Former Han Dynasty," *Harvard Journal of Asiatic Studies* 12: 134–87.
Wang, Y. 1981. *Zhongguo guanliao zhengzhi yanjiu* (A study of the bureaucratic politics of China). Beijing.
Wang, Z. 1982. *Han Civilization*. Trans. C. Kwang-chih. New Haven.
Wassink, A. 1991. "Inflation and Financial Policy under the Roman Empire to the Price Edict of 301 A.D.," *Historia* 40: 465–93.
Watson, B., trans. 1958. *Ssu-ma Qian: Grand Historian of China*. New York.
Watson, B. 1993. *Records of the Grand Historian: Han Dynasty*. 3 vols. New York.
Watson, G. R. 1969. *The Roman Soldier*. Ithaca.
Weber, M. 1946. *From Max Weber: Essays in Sociology*. H. H. Gerth and C. W. Mills, eds. New York.
Weber, M. 1951. *The Religion of China: Confucianism and Taoism*. Glencoe.
Weber, M. 1970. *From Max Weber: Essays in Sociology*. Repr. H. H. Gerth and C. W. Mills, eds. New York.
Weber, M. 1972. *Wirtschaft und Gesellschaft: Grundriss der verstehenden Soziologie*. 5th ed. Tübingen.
Weber, M. 1978. *Economy and Society: An Outline of Interpretive Sociology*. Berkeley.
Weber, M. 1984. "Parlament und Regierung im neugeordneten Deutschland: Zur politischen Kritik des Beamtentums und Parteienwesens," in W. Mommsen, ed., *Max Weber Gesamtausgabe Abt. I/15: Zur Politik im Weltkrieg. Schriften und Reden, 1914–1918*, 432–596. Tübingen.
Weber-Schäfer, P. 1968. *Oikumene und Imperium: Studien zur Ziviltheologie des chinesischen Kaiserreichs*. Munich.
Wechsler, H. J. 1985. *Offerings of Jade and Silk: Ritual and Symbol in the Legitimation of the T'ang Dynasty*. New Haven.

Weinstock, S. 1971. *Divus Julius*. Oxford.
Weiss, P. 1975. *Consistorium und comites consistoriani: Untersuchungen zur Hofbeamtenschaft des vierten Jahrhunderts nach Christus auf prosopographischer Grundlage*. Phd thesis Würzburg.
Welch, K. E. 2009. *The Roman Amphitheatre: From the Origins to the Colosseum*. Cambridge.
Whitby, M. 2007. "War in the Later Roman Empire," in M. Whitby, P. Sabin, and H. van Wees, eds., *The Cambridge History of Greek and Roman Warfare*. Vol. 2: 310–41. Cambridge.
Whittaker, C. R. 1997. "Imperialism and Culture: The Roman Initiative," in D. Mattingly, ed., *Dialogues in Roman Imperialism: Power, Discourse, and Discrepant Experience, Journal of Roman Archaeology* supplement 23: 143–63.
Whittaker, C. R. 2002. "Supplying the Army: Evidence from Vindolanda," in P. Erdkamp, ed., *The Roman Army and the Economy*, 204–34. Amsterdam.
Wickham, C. 1984. "The Other Transition: From the Ancient World to Feudalism," *Past and Present* 103: 3–36.
Wickham, C. 2000. "Le forme del feudalesimo," *Settimane di studio* 47: 15–56.
Wickham, C. 2005. *Framing the Early Middle Ages: Europe and the Mediterranean, 400–800*. Oxford.
Wieacker, F. 1960. *Textstufen klassischer Juristen*. Göttingen.
Wieber-Scariot, A. 1997. *Zwischen Polemik und Panegyrik: Frauen des Kaiserhauses und Herrscherinnen des Ostens in den Res Gestae des Ammianus Marcellinus*. Bochum.
Wiemer, H.-U. 2006. "Staatlichkeit und politisches Handeln in der römischen Kaiserzeit: Einleitende Bemerkungen," in H.-U. Wiemer, ed., *Staatlichkeit und politisches Handeln in der römischen Kaiserzeit*, 1–39. Berlin.
Wilbur, M. 1943. *Slavery in China during the Former Han Dynasty*. New York.
Wilcken, U. 1908. "Aus der Straßburger Sammlung," *Archiv für Papyrus- forschung* 4: 115–47.
Wilkes, J. J. 2005. "The Roman Danube: An Archaeological Survey," *Journal of Roman Studies* 95: 124–225.
Wilson, A. 2009. "Indicators for Economic Growth: A Response to Walter Scheidel," *Journal of Roman Archaeology* 22: 71–82.
Winterling, A., ed. 1997. *Zwischen "Haus" und "Staat": Antike Höfe im Vergleich*. Munich.
Winterling, A., ed. 1998. *Comitatus: Beiträge zur Erforschung des spätantiken Kaiserhofes*. Berlin.
Winterling, A. 1999. *Aula Caesaris: Studien zur Institutionalisierung des römischen Kaiserhofes in der Zeit von Augustus bis Commodus (31 v.Chr.–192 n.Chr.)*. Munich.
Winterling, A. 2003. *Caligula: Eine Biographie*. Munich.
Witschel, C. 1999. *Krise—Rezession—Stagnation? Der Westen des römischen Reiches im dritten Jahrhundert n. Chr.* Frankfurt.
Wolters, R. 1999. *Nummi Signati: Untersuchungen zur römischen Münzprägung und Geldwirtschaft*. Munich.
Wood, E. M. 2003. *Empire of Capital*. London.
Woodman, A. J., ed. 2009. *The Cambridge Companion to Tacitus*. Cambridge.
Woodside, A. 2006. *Lost Modernities: China, Vietnam, Korea, and the Hazards of World History*. Cambridge.
Woolf, G. 1998. *Becoming Roman: The Origins of Provincial Civilization in Gaul*. Cambridge.

Woolf, G. 2003. "The City of Letters," in C. Edwards and G. Woolf, eds., *Rome the Cosmopolis*, 203–21. Cambridge.

Woolf, G. 2009. "Literacy or Literacies in Rome?" in W. A. Johnson and H. N. Parker, eds., *Ancient Literacies: The Culture of Reading in Greece and Rome*, 46–68. New York.

Woolf, G. 2012. *Rome: An Empire's Story*. New York.

Wörrle, M., and Wurster, W. W. 1997. "Dereköy: Eine befestigte Siedlung im nordwestlichen Lykien und die Reform ihres dörflichen Zeuskultes," *Chiron* 27: 393–469.

Wu, H. 1995. *Monumentality in Early Chinese Art and Architecture*. Stanford.

Wu, S., ed. 1980. *Ying Shao: Feng su tong yi jiao shi*. Tianjin.

Xiong, D. 1962. "Taiping jing de zuozhe he sixiang ji qi yu Huangjin he Tianshidao de guanxi" (The authorship and thought of the Taiping Jing and its relationship with the Yellow Turban Movement and the Way of the Celestial Masters), *Lishi yanjiu* (Historical research) 4: 8–25.

Yan, B. 2002. *Pingwei yu Zhiwei: Qinhan wei jin nanbei chao guanjie zhidu yanjiu* (Rank and position: a study of the official ranking system during the Qin, Han, Wei, Jin and South-North Dynasties). Beijing.

Yan, G. 1961. *History of the Regional and Local Administration in China*. Part 1: *The Qin and Han Dynasties*. Taipei.

Yang, H. 2005. *Han-Wei zhidu congkao* (A study of the government institutions of the Han and Wei Dynasties). Wuhan.

Yang, H., and Mutschler, F.-H. 2008. "The Emergence of Empire: Rome and the Surrounding World in Historical Narratives from the Late Third Century BC to the Early First Century AD," in Mutschler and Mittag 2008: 91–118.

Yang, K. 1984. "Xizhou zhongyang zhengquan jigou pouxi" (An analysis of the structure of the Western Zhou central government), *Lishi Yanjiu* 1: 78–91.

Yang, K. 2003. *Xizhou shi* (The history of the Western Zhou Dynasty). Shanghai.

Yang, S. 2001. *Han wudi zhuan* (A biography of Emperor Wu of the Western Han). Beijing.

Yates, R. D. S. 1995. "State Control of Bureaucrats under the Qin: Techniques and Procedures," *Early China* 20: 331–65.

Yates, R. D. S. 2001. "Slavery in Early China: A Socio-Cultural Approach," *Journal of East Asian Archaeology* 3: 283–331.

Yates, R. D. S. 2007. "Making War and Making Peace in Early China," in K. A. Raaflaub, ed., *War and Peace in the Ancient World*, 34–53. London.

Yavetz, Z. 1983. *Julius Caesar and His Public Image*. London.

Yegül, F. 2009. *Bathing in the Roman World*. Cambridge.

Yinong X. 2000. *The Chinese City in Space and Time: The Development of Urban Form in Suzhou*. Honolulu.

Young, G. K. 2001. *Rome's Eastern Trade: International Commerce and Imperial Policy, 31 BC–AD 305*. London.

Yu, J. 2007. *The Ethics of Confucius and Aristotle: Mirrors of Virtue*. London.

Yu, Y. 1987. "'O Soul, Come Back!' A Study in the Changing Conceptions of the Soul and Afterlife in Pre-Buddhist China," *Harvard Journal of Asiatic Studies* 47/2: 363–95.

Yü, Y.-s. 1967. *Trade and Expansion in Han China: A Study in the Structure of Sino-Barbarian Economic Relations*. Berkeley.

Zanker, P. 1988. *The Power of Images in the Age of Augustus*. Trans. Alan Shapiro. Ann Arbor.

Zhao, D. 2006. *Eastern Zhou China Warfare and the Formation of the Confucianism-Legalist State* (in Chinese). Shanghai.

Zhao, D. Forthcoming a. "In Defense of Max Weber—the Logic of Comparison and Patterns of Chinese History."

Zhao, D. Forthcoming b. *The Rise of the Confucian-Legalist State and Its Legacies in Chinese History*. New York.

Zheng, Q. 1992a. "Diguo yigui liangqiannian—zhongguo zhengzhi zhidu de tese" (Characteristics of the Chinese political system), in Q. Zheng, ed., *Liguo de honggui* (The institutional and philosophical foundations of imperial China), 11–28. Beijing.

Zheng, Q. 1992b. "Xiangyu lixuan—lianghan de xuanju zhidu" (The Han Dynasty official recruiting system), in Q. Zheng, ed., *Liguo de honggui* (The institutional and philosophical foundations of imperial China), 187–212. Beijing.

Zhou, G. 1999. *Qinhan Sixiang shi* (An intellectual history of the Qin and Han Dynasties). Shijiazhuang.

Zhou, Y. 2010. *Festivals, Feasts, and Gender Relations in Ancient China and Greece*. Cambridge.

Zuckerman, C. 1998. "Comtes et ducs en Égypte autour de l'an 400 et la date de la notitia dignitatum orientis," *Antiquité Tardive* 6: 137–47.

Zuiderhoek, A. 2009. *The Politics of Munificence in the Roman Empire: Citizens, Elites and Benefactors in Asia Minor*. Cambridge.

索 引

（所列数字为原书页码，即本书边码）

译后记

古代中西帝国的比较研究虽一直不是学界热点，但因其独特的研究问题和视角，在世界局势风云变化的当下，愈加呈现出活力和生机。在帝国比较的众多议题中（古代中国、古埃及、古印度、古巴比伦、古波斯、古罗马），古代中国与古罗马的比较格外受到学者的青睐，其中又以（秦）汉和罗马帝制的比较最为集中。正如本书的编者在引言中所说：（秦）汉帝国与罗马帝国是古代丝绸之路连通的两大文明，也是在统治时间长度与地域广度上竞相媲美的两大帝国，围绕帝国体制，双方有诸多可以比较研究之处。

本论文集的翻译是 2016 年春季中山大学博雅学院研究生学术英语课程的结晶。博雅学院重视中西经典的研读，在汉朝与罗马方面都有相应的课程与师资。借着本书的翻译，本人与同学们既了解到近年来比较历史学研究的进路与方法，又从中学习到古代中西帝国比较研究的视角与思路。非常感谢承担本书翻译初稿的各位同学：蔡映洁、冯欢（引言、第一章、第三章），黄政培、张江毅（第二章、第六章、第七章），薛思赟、董耀民（第五章、第八章），黄政培、薛思赟（第四章），他们的努力为本书的翻译奠定了坚实的基础，也令本书的翻译成为学术共同体的一项成果。当然，译文中一定还有诸多问题，本人理当全部承担。最后，感谢三联书店王晨晨编辑的耐心联络与辛勤的编辑，使得本书的出版成为可能。

杨砚

2018 年 5 月 15 日

“古典与文明”丛书

第一辑

义疏学衰亡史论　乔秀岩　著

文献学读书记　乔秀岩　叶纯芳　著

千古同文：四库总目与东亚古典学　吴国武　著

礼是郑学：汉唐间经典诠释变迁史论稿　华喆　著

唐宋之际礼学思想的转型　冯茜　著

中古的佛教与孝道　陈志远　著

《奥德赛》中的歌手、英雄与诸神　〔美〕查尔斯·西格尔　著

奥瑞斯提亚　〔英〕西蒙·戈德希尔　著

希罗多德的历史方法　〔美〕唐纳德·拉泰纳　著

萨卢斯特　〔新西兰〕罗纳德·塞姆　著

古典学的历史　〔德〕维拉莫威兹　著

母权论：对古代世界母权制宗教性和法权性的探究

〔瑞士〕巴霍芬　著